Frank Hills

Der Bericht von IRON MOUNTAIN

Postfach 22; D-87467 Durach
Credo: Pro Fide Catholica
Druck: Eigendruck
Printed in Germany 2004

I S B N 3 - 932352 - 99 - 8
A.Schmid, Oberstr. 57, 56341 Filsen; keine Korrespondenz- und Bestelladresse

Frank Hills

Der Bericht von IRON MOUNTAIN

Geheimplan zur Bevölkerungskontrolle

Pro Fide Catholica

„Nichts ist verhüllt, was nicht offenbar, und nichts ist verborgen, was nicht bekannt werden wird."

Lukas 12, 2

„In der Politik geschieht nichts zufällig! Wenn etwas geschieht, kann man sicher sein, daß es auf diese Weise geplant war!"

Franklin Delano Roosevelt, jüdischstämmiger US-Präsident (1933 bis 1945), der die Vereinigten Staaten gegen Deutschland in den Krieg führte

„Das Bild der Welt von 1987, wie ich es mir vorstelle: Der Kalte Krieg wird der Vergangenheit angehören. Der innere Druck der laufend anwachsenden russischen Intelligenz für mehr Freiheit und der Druck der Massen für bessere Lebensbedingungen könnten zu einer allmählichen Demokratisierung der Sowjetunion führen. ... West- und Osteuropa werden eine Föderation autonomer Staaten werden, mit einem sozialistischen und demokratischen Regime. Mit Ausnahme der UdSSR als föderiertem eurasischen Staat werden alle anderen Kontinente in einer Weltallianz, der eine internationale Polizeieinheit [Anm.: die NATO] zur Verfügung steht, vereinigt werden. Alle Armeen werden abgeschafft sein, und es wird keine Kriege mehr geben. In Jerusalem werden die Vereinten Nationen (wahrlich Vereinte Nationen) einen Schrein des Propheten bauen, der der föderierten Union aller Kontinente dient; das wird der Sitz des Obersten Gerichts der Menschheit sein, das alle Kontroversen zwischen den konföderierten Kontinenten schlichtet, wie es von Jesaia prophezeit wurde. ... Eine Pille, die die Schwangerschaft verhindert, wird den explosiven, natürlichen Zuwachs in China und Indien verlangsamen. Und bis 1987 wird die durchschnittliche Lebensspanne des Menschen 100 Jahre erreichen."

David Ben Gurion, Ministerpräsident Israels (1948 bis 1953 und 1955 bis 1963), in der Zeitschrift „Look Magazine", 16.1.1962; zit. nach Milton William Cooper, Die Apokalyptischen Reiter, S. 459

„Der Kalte Krieg endete mit dem Fall der Berliner Mauer im Jahre 1989. Die Welt nach dem Kalten Krieg endete am 11. September 2001. An diesem Tag begannen wir einen Weltkrieg gegen den Terrorismus als direkte Antwort auf die neueste globale Herausforderung für die rasche Verbreitung der Freiheit - den extremistischen islamischen Terrorismus."

Joseph Lieberman, jüdischstämmiger US-Senator; zit. nach The Nationalist Times, April 2002, S. 4

Inhaltsverzeichnis

Worum handelt es sich bei dem Bericht von „Iron Mountain"?

Im Laufe der Geschichte haben die Reichen und Mächtigen sich immer wieder darüber Gedanken gemacht, wie dem Freiheitsdrang der Massen beizukommen wäre. Dazu engagierten sie nicht selten die klügsten Köpfe der Gesellschaft, die sich anschließend in elitären Zirkeln zusammenfanden, um in allen Einzelheiten zu ergründen, wie dieses Ziel am besten zu verwirklichen sei.

Im August 1963 begann die Arbeit an einem solchen Projekt, das von einer hohen amerikanischen Regierungsstelle in Auftrag gegeben worden war. „Der Eindruck, daß es sich hier um eine geheime Verschwörung auf Staatsebene handle, wurde noch verstärkt durch die Wahl des Versammlungsorts. Iron Mountain, der 'Eisenberg', nahe dem Hudson gelegen, ist so eine Art Schöpfung von Ian Fleming und E. Phillips Oppenheim: ein unterirdischer Atomschutzbunker für Hunderte von amerikanischen Unternehmen. Die meisten benutzen ihn als Tresorraum für wichtige Dokumente. Manche haben ihre Räume aber auch als Ausweich-Hauptquartier eingerichtet, in dem der Firmenstab nach menschlichem Ermessen einen Atomangriff überleben und danach die Arbeit wiederaufnehmen kann. Zu dieser Gruppe gehören unter anderem die Standard Oil Company of New Jersey, Manufacturer Hanover Trust und Shell." [1]

Die Tätigkeit dieser einmal im Monat zusammenkommenden „Sonderstudiengruppe", wie die Kommission sich offiziell nannte, dauerte drei Jahre und fand im September 1966 ihren Abschluß. Laut einem dort Anwesenden, der nur unter dem Pseudonym John Doe bekannt sein wollte und sich nach Auflösen des Fachkreises mit seinen Erkenntnissen an einen gewissen Leonard C. Lewin vom New Yorker Verlag „Dial Press" wandte - dieser veröffentlichte den Bericht im Jahre 1967 -, nahmen an diesem Arbeitskreis fünfzehn Experten der verschiedensten Fachgebiete teil, nicht nur Vertreter der akademischen Disziplinen: „Naturwissenschaftler, Soziologen, aber auch Geisteswissenschaftler. Ferner war unter uns ein Jurist, ein Geschäftsmann und ein Rüstungsplaner. Übrigens hatte jedes Mitglied auf mindestens zwei Gebieten Leistungen vorzuweisen. Das war sogar eines der wichtigsten Kriterien bei der Auswahl der Teilnehmer. Frauen waren nicht unter uns, aber ich glaube, das hat weiter keine Bedeutung. ... Wir waren selbstverständlich alle Amerikaner.“ [2]

John Doe listet für uns die einzelnen Hauptbetätigungsfelder seiner „Kollegen“ im einzelnen auf, wobei die Namen, die er für seine Fachgenossen gewählt hat, keine Ähnlichkeit mit den wirklichen Namen haben; er ist einfach dem Alphabet gefolgt. „So war z. B. ‘Able’ der Verbindungsmann der Gruppe, der den Kontakt mit Washington aufrechterhielt. Er war es, der zu dem ersten Zusammentreffen die Personalakten mitbrachte, sie vorlas und meistens als ‘Vorsitzender’ fungierte. Er, ‘Baker’ und ‘Cox’ waren die drei, die bei der Organisation der Gruppe mitgewirkt hatten.“ [3]

Arthur Able	- Historiker und Politologe, der zeitweilig auch Regierungsbeamter war
Bernhard Baker	- Professor für internationales Recht und als Regierungsberater tätig
Charles Cox	- Nationalökonom, der sozialkritische Abhandlungen und Biographien veröffentlicht hat
John Doe	
Edward Ellis	- Soziologe, häufig mit öffentlichen Angelegenheiten beschäftigt
Frank Fox	- Kultursoziologe
George Green	- Psychologe und Pädagoge; hat Eignungstestverfahren entwickelt
Harold Hill	- Psychiater; hat vor allem über die Beziehungen zwischen Einzel- und Gruppenverhalten gearbeitet
John Jones	- Geisteswissenschaftler und Literaturkritiker
Martin Miller	- Chemophysiker von internationalem Rang
Paul Peters	- Biochemiker; er hat bedeutende Entdeckungen auf dem Gebiet der Fortpflanzung gemacht
Richard Roe	- Mathematiker; arbeitete in einem nichtstaatlichen Forschungsinstitut an der Westküste der USA
Samuel Smith	- Astronom, Physiker und Kommunikationsexperte
Thomas Taylor	- Systemanalytiker und Rüstungsplaner
William White	- Industrieller, der zahlreiche Regierungsaufträge ausgeführt hat

Die der Expertengruppe von „Iron Mountain“ zugewiesene Aufgabe bestand in der Beantwortung der Frage, wie man unter dem Deckmantel des Zustands eines „dauernden Friedens“ (unter der Kontrolle einer Weltregierung!) weiterhin die ganze Menschheit beherrschen könne.

Folgende Ziele wurden den „Denkern vom Eisernen Berg“ gestellt:

1. die Probleme, die das mögliche Eintreten eines dauernden Friedenszustandes mit sich bringen würde, zu erörtern, und
2. Verfahren zu empfehlen, mit denen diese Probleme bewältigt werden könnten.

Im Grunde genommen ging es dabei um folgende Fragen:

* Ist ein Friede möglich?
* Ist ein Friede überhaupt wünschenswert?
* Was kann man erwarten, würde eine Friedenszeit eintreten?
* Welche Vorbereitungen müßten in solch einem Fall getroffen werden? und
* Welche Maßnahmen wären in einer friedlichen Welt notwendig, um die Massen weiterhin unter Kontrolle zu halten?

Das Resultat ihrer Untersuchungen lautete: „Ein ständiger Friede ist, wenn auch theoretisch durchaus vorstellbar, praktisch vermutlich unerreichbar. Und selbst wenn er erreicht werden könnte, so wäre dies doch mit größter Wahrscheinlichkeit nicht im Interesse einer stabilen Gesellschaft.

Das ist die Quintessenz ihrer Forschungsergebnisse. Trotz der sorgfältig abgewogenen akademischen Diktion kommt das Hauptargument gegen einen dauerhaften Frieden klar zum Ausdruck: Der Krieg erfüllt gewisse Funktionen, die für die Stabilität unserer Gesellschaft von großer Wichtigkeit sind. Bis man für diese Funktionen einen wirksamen Ersatz gefunden hat, muß das ‘Kriegssystem’ erhalten bleiben - und seine Wirksamkeit noch verbessert werden.“ [4]

John Doe führt aus: „Es ist sicher keine Übertreibung zu sagen, daß ein solcher Weltfrieden zu beispiellosen umwälzenden Veränderungen der Gesellschaftsstruktur der Völker führen würde. Der Rückstoß einer totalen Abrüstung auf die Wirtschaft, d. h. auf das Produktions- und Güterverteilungsschema der ganzen Erde - um hier nur die plausibelste Konsequenz zu nennen -, würde so stark sein, daß dagegen die Entwicklung auf diesem Gebiet während der letzten fünfzig Jahre völlig unbedeutend erscheinen müßte. Die politischen, soziologischen, kulturellen und ökologischen Veränderungen würden ebenfalls einschneidend sein. Die wachsende Erkenntnis vorausschauender Männer innerhalb und außerhalb der Regierung, daß die Welt auf einen dauerhaften Frieden ganz unvorbereitet ist, hat uns veranlaßt, die in diesem Fall auftretenden Probleme in breitestem Rahmen zu untersuchen.

Zu Beginn hatten wir vorgesehen, uns mit zwei großen Fragenkomplexen zu befassen: Was geschieht, wenn ein Weltfrieden eintritt?, und: Wie soll man sich auf ihn vorbereiten? Aber während unserer Arbeit wurde uns klar, daß wir uns noch mit bestimmten anderen Problemen beschäftigen müßten. **Welche anderen wichtigen Funktionen, abgesehen von der Wahrung 'nationaler Interessen', hat der Krieg in der modernen Gesellschaft? Welche Institutionen könnten, falls es keinen Krieg mehr gibt, diese Funktionen übernehmen?**

Angenommen, daß eine friedliche Beilegung von Differenzen zwischen einzelnen Völkern im Rahmen der gegenwärtigen internationalen Beziehungen überhaupt im Bereich des Möglichen liegt: Wäre die totale Abschaffung des Krieges wirklich realisierbar? Wenn Ja, wäre dies im Hinblick auf eine stabile Gesellschaftsordnung wünschenswert? Wenn nicht, was kann getan werden, um die Leistungsfähigkeit und Kriegsbereitschaft unserer Gesellschaft zu erhöhen?

Das Wort 'Frieden' ... meint einen permanenten oder beinahe permanenten Zustand völlig frei von jeder Form von organisierter nationaler Gewaltanwendung oder Androhung von Gewalt gegenüber anderen Nationen, die gewöhnlich 'Krieg' genannt wird. Dieser Frieden bezieht völlige und weltweite Abrüstung mit ein; wir bezeichnen damit nicht den vertrauten Zustand des 'Kalten Krieges' und des 'bewaffneten Friedens' oder andere längere oder kürzere Erholungspausen zwischen zwei kriegerischen Konflikten; und wir verwenden das Wort auch nicht als Synonym für die Beilegung internationaler Differenzen auf diplomatischem Wege. Die Vielzahl von Massenvernichtungswaffen, ihre schnelle Einsatzfähigkeit und Wirksamkeit auch über große Distanzen hinweg, erfordert die Einschränkung des Begriffs gemäß der oben gegebenen Definition." [5]

Auch wenn er uns nicht die Namen der im Atombunker von „Iron Mountain" Anwesenden mitteilt, ist es John Doe zu verdanken, daß dieser Bericht überhaupt an die Öffentlichkeit gelangte: „Entgegen dem Wunsch der Sonderstudiengruppe, deren Mitglied ich war, habe ich dafür gesorgt, daß dieser Bericht veröffentlicht wird. Ich danke

Herrn Leonard C. Lewin für seine unschätzbare Unterstützung und dem Verlag Dial Press, daß er das Wagnis der Publikation auf sich nimmt. Die Verantwortung dafür trage jedoch ich allein.

Ich bin darauf vorbereitet, daß einige meiner früheren Kollegen meine Handlungsweise als Vertrauensbruch betrachten werden. Meiner Meinung nach ist aber die Verantwortung vor der Gesellschaft, der auch ich angehöre, größer als jede selbstauferlegte Verpflichtung gegenüber fünfzehn Einzelpersonen [bzw. gegenüber deren geheimen Hintermännern!]. Da dieser Bericht für sich spricht, ist es nicht notwendig, daß ich die Namen der Mitarbeiter nenne, um mein Ziel zu erreichen: die Unterrichtung der Öffentlichkeit.“ [6]

Man weiß heute, daß es der Ökonom Professor John Kenneth Galbraith war, dem wir diese „Unterrichtung der Öffentlichkeit“ zu verdanken haben, denn er war der mysteriöse John Doe. Weitere Leute, die bei der Verschwörung rund um den Bericht von „Iron Mountain“ eine entscheidende Rolle spielten, waren Dean Rusk (1909-1994), der von 1961 bis 1969 unter den US-Präsidenten John F. Kennedy und Lyndon B. Johnson das Amt des Außenministers bekleidete, der 1916 geborene, mittlerweile im hohen Alter von 88 Jahren stehende amerikanische Geschäftsmann und Politiker Robert Strange McNamara, Verteidigungsminister der USA von 1961 bis 1968 und Präsident der Weltbank (!) von 1968 bis 1981, E.L. Doctorow, Victor Navasky und George McBundy. Sie alle waren an dem Projekt beteiligt, unheilvolle und doch sehr kluge Pläne für Amerika und die Welt zu formulieren.

„Diese ‘illuminierte’ Elite glaubt an ein Weltsystem, das von Leuten geleitet wird, die sich selbst als eine göttergleiche, überlegene Rasse von Individuen betrachten, die durch ihr Blut und ihr königliches Erbrecht die Begabung erhalten hätten, Wohltäter dieses Planeten und aller Menschen zu sein, natürlich einzig und allein zu ihrem eigenen persönlichen Vergnügen und für ihre eigenen Gelüste.

An der ‘Iron-Mountain’-Verschwörung waren auch die höchsten Kreise mehrerer Bundesbehörden beteiligt, die dabei mithalfen, das Geschehen zu vertuschen. Hauptsächlich handelte es sich dabei um das FBI, die CIA und die National Security Agency (NSA).

Diese Geheimoperation wurde hinter dem Rücken von Präsident John F. Kennedy durchgeführt. Als John Kennedy davon erfuhr, soll er gesagt haben, er werde ‘die CIA in tausend Stücke zersplittern’. Er schwor auch, daß er J. Edgar Hoover [Anm.: den damaligen Leiter des FBI!] nach seiner Wiederwahl feuern würde. Selbstverständlich kam es nie zu einer Wiederwahl Kennedys" [7], da das beliebte katholische Staatsoberhaupt am 22. November 1963 in Dallas, Texas, einem heimtückischen Attentat zum Opfer fiel, an dem führende Kreise seiner eigenen Regierung beteiligt gewesen sein müssen.

Jedenfalls war die Expertenkommission vom „Eisernen Berg" die Denkfabrik, der die Verantwortung übertragen wurde, einen weltweiten Plan zu entwerfen, „wie das Weltgeschehen dirigiert, die Erde entvölkert, die Massen vollständig kontrolliert und die Menschheit bis zum Ende dieses Jahrhunderts [Anm.: hier wird vom *vergangenen* Jahrhundert gesprochen!] in das unentrinnbare Netz einer Eine-Welt-Regierung hineinmanövriert werden könnte." [8]

Und all das sollte unter dem Deckmantel der Beantwortung der Fragen geschehen, wozu das sogenannte Kriegssystem überhaupt dient und welche Auswirkungen der Eintritt in ein Zeitalter des „dauernden Friedens" auf die Gesellschaft haben würde!

Die Ergebnisse der Kommission

Die Sonderstudiengruppe gelangte unter anderem zu dem Resümee, daß das Kriegssystem „in der modernen Gesellschaft unsichtbare nichtmilitärische Funktionen ausübt. Wirtschaftlich ist die Rüstungsproduktion die Sicherung gegen Depressionen und von hohem sozialen Nutzen. Politisch sichert eine Kriegsdrohung von außen die Stabilität der nationalen Regierungen. In soziologischer und bevölkerungspolitischer Hinsicht wirken Krieg und Kriegsdrohungen regulierend.“ [1]

Vor allem aber zwingt das Kriegssystem die Gesellschaft durch Bedrohungen von außen, „die politische Führung zu akzeptieren. Es schafft die Basis für das nationale Zusammengehörigkeitsgefühl und sichert das Recht der Regierung, die einzelnen Mitglieder der Gesellschaft unter Kontrolle zu halten.“ [2]

Die „Denker vom Eisernen Berg“ standen also vor der Aufgabe, mögliche Ersatzformen für diese Funktionen zu untersuchen. Sie sollten entscheiden, ob und welche anderen Möglichkeiten es geben könnte, die Menschheit zu kontrollieren, abgesehen von dem Kriegssystem, und ihre Erkenntnisse in einem Traktat zur Niederschrift bringen.

„Menschlich betrachtet, ist dieser Bericht ein empörendes Dokument“, kritisiert Leonard C. Lewin im Juni 1967 im Vorwort zu dem von ihm herausgegebenen Buch „Verdammter Friede“ (S. 15), das die Schlußfolgerungen der „Denker vom Eisernen Berg“ der breiten Öffentlichkeit zugänglich machte. „Aber dennoch zeugt er von dem ernsthaften und angestrengten Bemühen, sich über ein ungeheures Problem klarzuwerden. Ferner erhellt er - anscheinend wenigstens - gewisse Aspekte der amerikanischen Politik, die auf andere Weise dem gesunden Menschenverstand gar nicht begreiflich zu machen sind. Was wir über diese Erklärungen denken, ist eine andere Sache, doch glaube ich, daß wir Anspruch darauf haben, sie zu kennen.“

Hier also nun die Ergebnisse der Experten-Kommission von „Iron Mountain“, wie die Menschheit unter einem dauernden Friedenszustand auch weiterhin beherrscht werden könnte:

1.) Eine moderne Form der Sklaverei

Eine denkbare Möglichkeit für die „Kontrolle potentieller Feinde der Gesellschaft in einer Welt ohne Krieg wäre - in gewisser Weise mit der weiteren **technologischen und politischen Entwicklung** gut vereinbar - die **Wiedereinführung der Sklaverei**. Bis zum heutigen Tage ist dieser Gedanke nur in Zukunftsromanen aufgetaucht, z. B. in den Werken von H. G. Wells, Aldous Huxley und George Orwell, die sich mit viel Phantasie die Lebensbedingungen einer künftigen Gesellschaft ausgemalt haben. Doch sind die Zukunftsvisionen, wie sie uns in 'Schöne neue Welt' und '1984' vor Augen geführt werden, seit der Veröffentlichung der Bücher der Wirklichkeit immer nähergekommen. Die traditionelle Verknüpfung von Sklaverei mit vergangenen vorindustriellen Kulturen sollte uns nicht hindern, ihre Anpassungsfähigkeit an fortgeschrittene Gesellschaftsformen zu erkennen, noch sollten wir starr an der ebenfalls traditionellen Unvereinbarkeit der Sklaverei mit westlichen Moralbegriffen und wirtschaftlichen Wertvorstellungen festhalten. Möglicherweise ist die **Entwicklung einer sorgsam angepaßten Form der Sklaverei eine unerläßliche Vorbedingung für die Gesellschaftskontrolle in einer Welt des Friedens.**“ [1]

Es wird hier von einer „technologischen und politischen Sklaverei“ als unerläßlicher (!) Vorbedingung für die Gesellschaftskontrolle gesprochen. Man gelangte auch zu dem Schluß, daß man die einzelnen Volkswirtschaften der Welt schließlich zusammenbrechen lassen müsse, damit die Menschen auf die Stufe wirtschaftlicher Knechte herabgedrückt werden könnten, was in den letzten Jahren bereits in einer Reihe von Staaten geschehen ist, darunter in Mexiko und Argentinien: Am 1. Januar 1994 trat das Nordamerikanische Freihandelsabkommen (NAFTA) zwischen Kanada, den USA und Mexiko in Kraft. Was dem mexikanischen Volk angeblich einen größeren Wohlstand bescheren sollte, führte ein Jahr später zu einer schweren Finanzkrise in dem mittelamerikanischen Land (unter anderem kam es zu einem Kursverfall des Peso von fast 50 % innerhalb weniger Wochen). Viele Arbeiter und Angestellte erhielten nur noch die Hälfte ihres Lohnes - sie wurden zu regelrechten Sklaven degradiert.

Der Internationale Währungsfonds, die Weltbank, die USA und eine Reihe anderer Staaten schnürten ein internationales Hilfspaket für das Land in Höhe von insgesamt 48 Milliarden US-Dollar. Allerdings mußte Mexiko im Gegenzug harte Auflagen akzeptieren, die für die mexikanische Bevölkerung drastische Steuer- und Preiserhöhungen sowie ein Ansteigen der Arbeitslosigkeit bedeuteten (allein im öffentlichen Dienst verloren rund 250 000 Menschen ihren Arbeitsplatz). Zahlreiche Firmen mußten nach dem Wegfall von staatlichen Subventionszahlungen Konkurs anmelden.

Während in allen Ländern der Welt eine kleine Gruppe skrupelloser Magnaten immer größeren Reichtum zusammenrafft, leben ständig mehr Menschen in elenden Verhältnissen. Insgesamt sollen bereits bis zu 1 000 000 000 Erdenbürger in Slums hausen, die meisten davon in Indien - hier Obdachlose in Kalkutta. In den nächsten Jahrzehnten soll sich diese Zahl sogar noch verdoppeln.

389 Milliardäre sollen mehr Vermögen in Händen halten als die Hälfte der Weltbevölkerung (3 000 000 000 Menschen!). Und so kommt es, daß, während einige sich jeden nur erdenklichen Luxus leisten können, andere ihr Dasein unter unwürdigsten Bedingungen fristen müssen, wie diese in einem Slum in Dhaka, Bangladesch, badenden (!) Kinder.

(Quellenhinweise: Oben: Der Spiegel, 29.5.04, S.112; Unten: ebd. S.113)

In Argentinien, das bis vor einiger Zeit noch eines der wohlhabendsten Länder Südamerikas war, bietet sich heute das gleiche Bild, wobei die seit dem Kollaps des Finanzsystems in den Jahren 2001/2002 seit Jahren schwelende Wirtschaftskrise auch hier besonders die Ärmsten der Armen getroffen hat, wie der „Fuldaer Zeitung“ vom 28. Dezember 2002 zu entnehmen war: „In den argentinischen Slums verhungern immer mehr Kinder. Arbeitslosigkeit, falsche Ernährung und katastrophale hygienische Verhältnisse sind die Hauptgründe für diese Tragödie.

Nicht weit vom Zentrum der Provinzhauptstadt Corrientes wohnt Maria in einer wackeligen Hütte. Arbeit gibt es in den Provinzen nur in der öffentlichen Verwaltung und im Handel. Zu beidem hat jemand ohne Beziehungen wie Maria keinen Zugang. Sie bringt ihre sieben Kinder mit umgerechnet 1,40 Euro pro Tag Sozialhilfe mehr schlecht als recht durch. Hier wie in so vielen [!] anderen Slums Argentiniens regiert der Hunger und lauert der Tod. ... Mehr als 40 Fälle verhungerter Kinder wurden in den vergangenen Wochen bekannt.

Das Gesundheitssystem ist wegen Geldmangels ebenso wie ein Frühwarnsystem für Mangelernährung zusammengebrochen. Aus dem gleichen Grund haben viele Armenküchen ihre Pforten geschlossen. ... Um die Ecke im Supermarkt gibt es für Geld Lebensmittel im Überfluß, sogar Pflaumenmus aus Schleswig-Holstein oder französischen Weichkäse. Leisten können sich das die Großgrundbesitzer, mittelständische Unternehmer und leitende Angestellte, alles in allem vielleicht zehn Prozent der Provinzgesellschaft.“

Auf dem Höhepunkt der Wirtschaftskrise in Argentinien (Mitte 2002), mit seinen 34 Millionen Einwohnern, stieg die Armutsrate auf 57 %, die Arbeitslosenrate erreichte 23 %. Gegenwärtig (Mitte 2004) liegt die Armutsrate bei 47 % und die Arbeitslosigkeit immerhin noch bei 14 %. Niemand weiß, wie lange die Krise in dem südamerikanischen Land noch währen wird. (In einer ganzen Reihe anderer Länder sieht es ganz ähnlich aus.)

Dabei beschloß die internationale Staatengemeinschaft bereits im September 2000 ihr (angebliches!) Millenniumsziel: „Die extreme Armut sollte bis 2015 halbiert werden. Ein ambitionierter Vorsatz, der nicht zu schaffen ist.

Es ist nicht einmal drei Jahre her, da erklärten die Staats- und Regierungschefs von rund 170 Ländern feierlich der Armut den Krieg. Damals sprach UN-Generalsekretär Kofi Annan von einer ‘bemerkenswerten Übereinstimmung der Ansichten’. ...

Heute erscheint es fast unvorstellbar, daß die Vereinten Nationen ihr ambitioniertes Ziel [Anm.: das nur nach außen hin propagiert wurde!] tatsächlich erreichen werden. Die Welt befinde sich bei der Armutsbekämpfung auf dem falschen Weg, kritisiert Kofi Annan. Denn **noch immer müssen rund 1,2 Milliarden Menschen mit weniger als einem Dollar pro Tag auskommen**. Seit 1987 hat sich ihre Zahl nicht verändert. Die Weltbank prophezeit sogar, daß im Jahr 2015 allein in den afrikanischen Staaten südlich der Sahara fast eine Milliarde Menschen in extremer Armut leben werden." [2] Das bedeutet, 20 % der Menschheit - jeder fünfte Erdenbürger! - leben in bitterer Armut.

Demgegenüber gibt es weltweit an die 590 Milliardäre, die sich jeden nur erdenklichen Luxus leisten können. Allein in Rußland sollen es 25 Dollar-Milliardäre sein, darunter die jüdischstämmigen Oligarchen Michail Chodorkowski, Roman Abramowitsch, Leonid Newslin und Michail Fridman.

Halten wir uns folgende Einkünfte bzw. Vermögen vor Augen:

1 200 000 000 Menschen haben weniger (!) als	1	Dollar am Tag zum leben
590 Personen haben mindestens (!)	1.000.000.000	Dollar an Vermögen
So soll allein Abramowitsch mehr als	12.000.000.000	Dollar haben,
Chodorkowski besitzt rund	10.000.000.000	Dollar und
Leonid Newslin nennt immerhin noch rund	1.100.000.000	Dollar sein eigen.

Würde Abramowitsch sein Geld lediglich für 3 % verzinsen, bekäme er jährlich (!) 360.000.000 Dollar an Zinsen - pro Tag (!) sind das an die 990.000 Dollar. Und für den Zinszuwachs dieses neu hinzugekommenen Betrages bekäme er dann nochmals knapp 11.000.000 Dollar pro Jahr ausbezahlt, und für diese Zinsen wiederum dann 330.000 Dollar - so funktioniert das verbrecherische Zins-und-Zinseszins-System, bei dem die Super-Reichen ständig noch reicher werden, ohne dafür auch nur einen einzigen Finger rühren zu müssen! Das bedeutet: die 11.000.000 Dollar „verdient" Abramowitsch allein mittels seiner Zinsen. (Man sollte sich angesichts dessen vor Augen führen, daß es weltweit eine Reihe weiterer - ebenfalls meist jüdischstämmiger - Milliardäre gibt, die *Zigmilliarden* von Dollar an Vermögen haben. Familien aus dem Dunstkreis der internationalen Hochfinanz, wie die Rothschilds oder Rockefellers, haben sogar *Billionen von Dollar* an Vermögen!)

Und da die große Politik weltweit von den gleichen Kräften gesteuert wird, bietet sich heute überall dasselbe Bild wie im Land der unbegrenzten Möglichkeiten: „Die Schere zwischen arm und reich vergrößert sich in den USA dramatisch. Die Zahl der US-Amerikaner, die in Armut leben, ist 2002 um 1,7 Millionen Menschen auf insgesamt 34,6 Millionen gestiegen. Laut jüngstem Bericht des US-Census-Bureaus vom 26. September [2003] hat damit die Armut bereits das zweite Jahr in Folge zugenommen. Besonders schwer sind von dieser Entwicklung die Staaten im mittleren Westen und die nichtweißen Bevölkerungsgruppen getroffen. ...

Ganz anders sieht es an der Spitze der amerikanischen Einkommenspyramide aus. Dort kommt selbst der Letztplazierte auf einer Liste der 400 reichsten Einkommensmillionäre im Jahre 2001 auf ein Jahreseinkommen von etwa 40 Millionen US-Dollar. Da die verschiedenen US-Regierungen in den vergangenen 20 Jahren ein Füllhorn mit immer neuen Steuergeschenken über ihnen ausgeschüttet haben, sind die Reichen in den Vereinigten Staaten - wie anderswo auf der Welt - immer reicher geworden. Zugleich wurde mit fast missionarischem Eifer von den US-amerikanischen Massenmedien, die fast ausschließlich selbst in der Hand von Superreichen sind, darauf hingewiesen, daß absolut kein Zusammenhang zwischen den ärmer werdenden Armen und den reicher werdenden Reichen bestehe. ...

Auch in Deutschland läuft die Umverteilung von unten nach oben auf Hochtouren. Anders als in den USA jedoch möchte man hier die Auswirkungen dieser Entwicklung möglichst lange verstecken, weshalb trotz zahlreicher Petitionen von Bürgern und Verbänden die Bundesregierung nach wie vor keinen Armutsbericht anfertigen läßt. In den USA, in denen Reichtum immer noch als Synonym für das Wohlgefallen Gottes gilt und der Arme an seiner Armut selbst schuld sein soll, geht man mit den jüngsten Zahlen des Census Bureaus freimütig um. Das gilt auch für die Menschen, die 'in extremer Armut' leben. Diese Schwelle liegt bei einem Jahreseinkommen, das unter der Hälfte der offiziellen Armutsgrenze liegt [Anm.: Diese liegt in den USA für eine vierköpfige Familie bei einem Jahreseinkommen von 18 392 Dollar, für Einzelpersonen bei 9183 Dollar!]. Die Zahl der US-Amerikaner, die in 'extremer Armut' leben, stieg von 13,4 Millionen 2001 auf 14,1 Millionen im Jahre 2002 an.“ [3]

„Die USA bezeichnen sich gern als Demokratie. Tatsächlich sind sie eine Oligarchie. Der Begriff geht auf Aristoteles zurück und meint ein Staatssystem, in dem eine kleine Gruppe von Reichen den Ton angibt [Anm.: Ganz ähnlich übrigens wie im „demokratischen" Rußland, das von einer kleinen Clique milliardenschwerer Magnaten dirigiert wird!]. Wie der amerikanische Sender CNN dieser Tage veröffentlichte, verfügen mindestens 40 der 100 US-Senatoren über einen Millionenbesitz. **An der Spitze steht der 'demokratische' Präsidentschaftskandidat John Kerry. Er gibt sein eigenes Nettovermögen mit 164 Millionen Dollar an (seine Ehefrau Teresa, Erbin des Heinz-Ketchup-Konzerns, bringt es zusätzlich auf 500 Millionen Dollar).**

Zu den 'ärmeren' Senatorinnen zählt Hillary Clinton. Aber auch sie strich im vergangenen Jahr [Anm.: 2002] allein 1,1 Millionen Dollar Buchhonorare ein. Insgesamt zahlt der Verlag acht Millionen Dollar an die Ehefrau des Ex-Präsidenten, der seinerseits für 60 Reden letztes Jahr 9,5 Millionen Dollar kassierte (die Senatoren müssen auch Auskunft über das Einkommen der Ehepartner geben). Lediglich zehn Senatoren wiesen ein Vermögen von weniger als 100 000 Dollar aus.

Nicht zufällig nennt sich die US-Föderativkammer 'Senat'. So hieß schon im antiken Rom der regierende Ältestenrat. Jedes seiner Mitglieder mußte Grundbesitz in Italien und ein Mindestvermögen von einer Million Sesterzen (Silbermünzen) nachweisen. Amerikanischer Präsident kann praktisch nur werden, wer selber steinreich ist, oder wem es - mit dem Versprechen von Gegenleistungen - gelingt, steinreiche Förderer zu gewinnen. Anders ließe sich ein effizienter Wahlkampf nicht finanzieren." [4]

Der US-amerikanische Enthüllungsjournalist Des Griffin klärt uns über den Niedergang seines Heimatlandes und die diabolischen Ziele der Internationalisten auf: „Über die letzten fünf Jahrzehnte haben verräterische Kriminelle die Zügel der Politik in Washington übernommen - und uns in Richtung unseres Untergangs als Nation manövriert. Was unserer einst großartigen Republik zugestoßen ist, geschah nicht durch Zufall. Wir wurden absichtlich und systematisch einen Pfad entlang dirigiert, der zu unserem Verfall führt. Als Nation haben wir all die Lektionen, die von vergangenen Zivilisationen in die Korridore der Geschichte eingraviert wurden, verschmäht und abgelehnt. Als Folge des blinden Befolgens sozialer und wirtschaftlicher Entscheidungen, die nur im Abgrund der Hölle ausgedacht worden sein konnten, wurden die Vereinigten Staaten ihres moralischen

Rückgrats, ihrer Männlichkeit, ihres Wohlstandes, ihres Nationalstolzes und jeder Ähnlichkeit mit einem wahren Republikanismus und verfassungsmäßigen Gesetzen systematisch entledigt.

Das sozialistische Utopia, das wir zu errichten versucht haben, und unsere humanistische Überheblichkeit brechen um uns herum zusammen [Anm.: ganz ähnlich wie in Deutschland!]. Aufgrund von GATT und NAFTA, wurden viele Millionen von Arbeitsplätzen nach Übersee geschafft - hauptsächlich ins kommunistische China. Millionen, die bis vor kurzem noch gut bezahlte Posten hatten, leben jetzt von der Fürsorge. Viele ihrer Ehepartner verlieren jetzt ebenfalls ihre Anstellung. Die Kündigungen von Hypotheken schnellen in die Höhe. Familien ohne Einkommen werden aus ihren gemieteten Häusern und Wohnungen auf die Straße gesetzt, weil sie ihre Pacht nicht mehr bezahlen können. Viele Millionen ehrlicher, fleißiger, produktiver Amerikaner finden sich in völliger Armut wieder. **Und doch wagt es niemand, all diese Vorgänge als Verrat zu bezeichnen!**

Die gesamten Verbindlichkeiten des Bundes werden jetzt auf 43 **BILLIONEN** Dollar (43.000.000.000.000) geschätzt. **Das Defizit für das aktuelle Steuerjahr** [Anm.: 2003] **wird auf 455.000.000.000 Dollar geschätzt.** Nichtsdestotrotz besitzt die Bush-Administration die Unverschämtheit, zu behaupten, 'dies sei kontrollierbar'.

Jeder mit einem Funken Verstand begreift, daß die Situation eindeutig alle Zutaten einer kombinierten politischen, wirtschaftlichen und sozialen Katastrophe besitzt, die so verheerend sein wird, daß sie unbeschreibbar ist. Es ist **NICHT** eine Frage, **OB** diese Verwüstung sich ereignen wird, sondern einzig und allein, **WANN** sie einsetzen wird!

Eine letzte Frage: Ist dieses deutlich vorhersehbare Ereignis einer der Hauptgründe für die drakonischen Maßnahmen, die durch den Kongreß unter der 'Patriot Act'- und 'Homeland Security'-Gesetzgebung auf den Weg gebracht wurden? Um die Worte von Joseph Sobran zu gebrauchen: Es scheint, daß 'Bush [möglicherweise] den Alkoholrausch durch den Rausch der Macht ersetzt hat.'

Man sollte bedenken, daß das Ziel der Elite letzten Endes in nichts geringerem als einem Weltsystem der finanziellen Kontrolle besteht, 'das sich in privaten Händen befinden soll, um die Welt als ganze zu beherrschen. **Dieses System soll in einer feudalen Art und Weise kontrolliert werden** (Carroll Quigley, Tragedy and Hope, S. 324). ... '" [5]

„Das Handelsdefizit der USA ist im vergangenen Jahr [Anm.: 2003] auf ein Rekordhoch geklettert", teilte die „Fuldaer Zeitung" in ihrer Ausgabe vom 14. Februar 2004 mit. „Der Fehlbetrag betrug 489,4 Milliarden Dollar, wie das Handelsministerium gestern in Washington mitteilte. Das war ein Anstieg gegenüber dem vorangegangenen Rekord von 2002 um 17,1 Prozent."

Der „Spiegel" kam in seiner Ausgabe vom 9. Februar 2004 (S. 102; Herv. v. Verf.) ebenfalls auf das Handelsdefizit der USA zu sprechen: „Mindestens [!] **521 Milliarden Dollar Defizit** sollen es in diesem Jahr [Anm.: 2004] sein - **ein Rekord**. Die **Bundesverschuldung** liegt derzeit bei **3,9 Billionen Dollar** - eine Summe so groß wie das Bruttosozialprodukt von Deutschland und Frankreich zusammen."

Die gleiche katastrophale Politik trifft man auch in Deutschland an, wo scheinbar keine Gelegenheit ausgelassen wird, mittels „Reformen" das einfache Volk immer mehr an den Rand des Ruins zu führen: „Kernpunkt der ... beschlossenen Arbeitsmarktreform ('Hartz III' und 'Hartz IV') ist die Zusammenlegung von Sozialhilfe und Arbeitslosengeld zu einem sogenannten 'Arbeitslosengeld II'. Es bedeutet für die Mehrzahl der davon betroffenen 4,3 Millionen Menschen und 2,1 Millionen Haushalte eine empfindliche Einkommeneinbuße. Bisher erhielten Arbeitslose, wenn ihr Arbeitslosengeld nach zwölf Monaten auslief, Arbeitslosenhilfe in Höhe von 53 Prozent ihres früheren Nettogehalts. Nach der neuen Regelung erhalten sie nur noch einen monatlichen Pauschalbetrag von maximal 505 Euro (West) bzw. 491 Euro (Ost), der innerhalb von zwei Jahren auf den Sozialhilfesatz von 345 Euro (West), bzw. 331 Euro (Ost) fällt. Hinzu kommen Erstattungen für Wohnungs- und Heizkosten.

Die Zumutbarkeitsregeln wurden so verschärft, daß ein Arbeitsloser zukünftig jeden Job annehmen muß, auch wenn die Bezahlung unter der staatlichen Unterstützung liegt und der Arbeitsplatz nicht seiner Qualifikation entspricht. Theoretisch kann ein arbeitsloser Akademiker gezwungen werden, bei McDonalds zu arbeiten. Einzige Bedingung ist - dies war ein Zugeständnis an die 'Abweichler' -, daß der Job nach Tarif oder dem ortsüblichen Lohnniveau bezahlt wird. Da aber auch sogenannte Mini-Jobs unter die Zumutbarkeitsregeln fallen, hat dies wenig zu bedeuten.

Die Zielsetzung dieser Arbeitsmarktreform ist offensichtlich. Sie soll nicht nur den Arbeits- und Sozialämtern erhebliche Summen einsparen, sondern auch eine **Kettenreaktion von Lohndumping** in Gang setzen. Sie beseitigt die meisten Barrieren, die den deutschen

Arbeitsmarkt bisher vor Zuständen schützten, wie sie in den USA, Großbritannien oder den Niedriglohnländern Osteuropas längst gang und gäbe sind.

Parallel zur Arbeitsmarktreform beschloß der Bundestag das Vorziehen der dritten Stufe der im Jahr 2000 beschlossenen Steuerreform auf 2004 und eine Amnestie für Steuersünder. Kernpunkt ist die Senkung des Spitzensteuersatzes von 48,5 auf 42 Prozent und des Eingangssteuersatzes von 19,9 auf 15 Prozent. **Hauptgewinner dieser Reform sind hohe Einkommen und Vermögen**, die erheblich weniger belastet werden." [6]

Planmäßig (!) wird es in Zukunft also viel mehr arme Kinder in Deutschland geben. Zu diesem Ergebnis kommt auch eine Studie vom Dezember 2003: „Die Zahl der Kinder und Jugendlichen in Deutschland, die von Sozialhilfe leben müssen, wird nach Expertenschätzung in den nächsten zwei Jahren von einer auf 1,5 Millionen ansteigen. Die 'WamS' beruft sich auf eine Studie des Paritätischen Wohlfahrtsverbandes. Eine Hauptursache für die befürchtete Zunahme um eine halbe Million: Die Zusammenlegung von Arbeitslosen- und Sozialhilfe (Hartz IV). Die Kürzungen beträfen vor allem die Familien." [7]

Der Publizist Claus Jakobi, ehemaliger Herausgeber der „Welt", zeichnet in seinem „Tagebuch", 5.7.2003 [8] nicht umsonst ein düsteres Bild von Deutschland: „Bald fünf Millionen Arbeitslose. Erste Lebensversicherung pleite. Jede Sekunde steigen die Staatsschulden um über 2000 Euro [Anm.: Laut „steuerzahler.de" vom 10. Dezember 2003 sogar um 2.374 Euro je Sekunde!]... Schlaglöcher werden tiefer, Kinder dümmer, Bettler mehr. Mosaik des Abstiegs. Gewalt, Betrug und Korruption haben ihr häßliches Haupt erhoben. Geld ist Götze. Zwänge von Moral und Religion sind weitgehend abgeschüttelt: Lust statt Liebe, Selbstsucht statt Nächstenliebe, Laster statt Tugend. Die Spaßgesellschaft feiert Straßenfeste. Brot und Spiele, Schemen der Dekadenz. Der süßliche Geruch von Fäulnis streicht über das Land."

„Wer Augen im Kopf hat, der kann sie im Jahr 2004 nicht mehr vor dem offenkundigen Niedergang verschließen", pflichtet Karl Richter [9] dem bei und führt aus: „Die Innenstädte verwahrlosen, weil die Kommunen immer weniger Geld für die Infrastruktur haben. Schulen und Kindergärten müssen schließen, weil der Nachwuchs ausbleibt, oder füllen sich mit nichtdeutschen Sprößlingen, die den Nachschub für das multikulturelle Sub-Proletariat der kommenden Jahrzehnte stellen. Was von den Schulen kommt, beherrscht die primären Kulturtechniken wie Schreiben und Rechnen nur noch unzureichend. Die Basis bricht weg, um auch nur die mittleren Plätze in den internationalen Vergleichsstatistiken halten zu können. ... In den letzten fünfzehn Jahren [Anm.: Seit dem Beginn der satanischen „Neuen Weltordnung“ in den Jahren 1989/90!] fand eine stillschweigende Neuverteilung der Welt statt: Staaten, staatliche Hemmnisse und Grenzen fielen, gleichzeitig schlug das internationale Bankenkapital zu, das sich in den Händen weniger Mega-Konzerne und hyperreicher Multi-Milliardäre konzentriert. Die starken Männer sind nicht mehr Staatspräsidenten und Volksführer, sondern Währungshüter wie Alan Greenspan, Großspekulanten wie George Soros, globale Superverdiener wie Ron Sommer [Anm.: bei diesen Personen handelt es sich allesamt um *jüdischstämmige* Magnaten!].

Als letztes Hindernis wurde 1991 die Sowjetunion aufgelöst und zur Ausschlachtung freigegeben. Seither gibt es auf dem Weg zur ‘One World’, zur kannibalischen Internationale des Geldes kein Halten mehr.“

Die Publikation „Nation & Europa“ [10] legt dar, daß die wirtschaftliche Misere Deutschlands nicht zufällig eingetreten ist: „Manche Wahrheiten werden zunächst abgestritten und später, ganz beiläufig, als Selbstverständlichkeiten verkauft. Ein aktuelles Beispiel: Als Gegner der Euro-Einführung auf die anti-deutsche Zielsetzung dieser Währungsreform hinwiesen, wurden sie als ‘Verschwörungsphantasten’ belächelt. Nun aber veröffentlichte die von solchen Unterstellungen unberührte ‘Süddeutsche Zeitung’ (Nr. 124/03) einen bemerkenswerten Kommentar zu der Frage, weshalb sich Großbritannien dem Euro verweigert. Darin heißt es:

‘Tatsächlich geht es beim Euro um mehr als um Wirtschaft: Er soll die europäischen Staaten politisch enger zusammenbringen. Und nicht nur nebenbei **soll in diesem Prozeß Deutschlands Gewicht als drittgrößte Industrienation abgeschmolzen werden - ein Punkt, dem die Bundesregierung im Zuge der Wiedervereinigung zugestimmt [!!!] hat.**’

Diese Abschmelzung Deutschlands ist in vollem Gange - mit allen dazugehörigen Folgewirkungen: Massenarbeitslosigkeit, Staatsüberschuldung, Zusammenbruch der sozialen Versorgungssysteme. Welche Rolle dabei der Euro spielt, erfährt man freilich nur versteckt im Wirtschaftsteil einer Zeitung, die von den meisten Deutschen nicht gelesen wird.“

Lassen wir einige Meldungen der Monate **September 2003 bis Februar 2004** auf uns wirken, die in dramatischer Weise zeigen, daß sich die „Abschmelzung" Deutschlands derzeit bereits im Endstadium befindet:

„Die **Zahl der Pleiten** von Unternehmen in der Bundesrepublik Deutschland hat ein **neues Rekordhoch** erreicht. Im ersten Halbjahr diesen Jahres meldeten insgesamt 19 953 Unternehmen in Deutschland ihre Insolvenz an.

Insgesamt stieg die Zahl der Pleiten in Deutschland um 9,1 Prozent im Vergleich zum Vorjahr, berichtete das Statistische Bundesamt.

Die Zahl der insolventen Selbständigen und Verbraucher in der Bundesrepublik stieg um 38,2 Prozent auf mittlerweile 29 562." [11]

(Anm.: Bereits im Jahre **2001**, als in Deutschland 32 278 Firmen zahlungsunfähig wurden, beliefen sich die **offenen Forderungen der Gläubiger** auf **31 Milliarden Euro**. „Die Insolvenzen bei Unternehmen sind nach Darstellung des Statistischen Bundesamtes seit Anfang der 90er Jahre gestiegen. Nur 1999 war es zu einer Unterbrechung des negativen Trends gekommen. Auch die seit 1999 möglichen **Verbraucherinsolvenzen** erreichten im vergangenen Jahr einen **Rekordwert**." [12])

„Bundesregierung und Opposition sind in der Haushalts- und Finanzpolitik heftig aneinandergeraten. Die Union warf Rot-Grün zu Beginn der mehrtägigen Haushaltsberatungen des Bundestages vor, Deutschland an den 'Rand des Staatsbankrotts' zu treiben. ... Die Union sieht im Haushalt 2004 Risiken von mehr als 20 Milliarden Euro ... Der Nachtragshaushalt für 2003 wurde ... zum Auftakt der Haushaltswoche mit Koalitionsmehrheit verabschiedet. Darin steigt die **Netto-Kreditaufnahme** gegenüber dem Ansatz von 18,9 Milliarden auf den **Nachkriegsrekord von 43,4 Milliarden Euro**.

Der Etat 2004 sieht eine Netto-Kreditaufnahme von 29,3 Milliarden vor." [13]

„Schuldenberg wächst weiter - Hessens Finanzminister Karlheinz Weimar (CDU) will zur Finanzierung der vorgezogenen Steuerreform im nächsten Jahr [Anm.: 2004] 269 Millionen Euro zusätzliche Schulden aufnehmen.

Die **Netto-Neuverschuldung des Landes** würde damit 2004 bei einem Haushaltsvolumen von gut 21 Milliarden Euro auf über 1,1 Milliarden Euro steigen und **die Verfassungs-Höchstgrenze deutlich**

[!] überschreiten. Das Land darf nur in Höhe der Neuinvestitionen (2004 rund 872 Millionen Euro) neue Kredite aufnehmen.

Die Sparmöglichkeiten des Landes seien ausgeschöpft, begründete Weimar die zusätzlichen Schulden." [14]

„Am 31. Dezember 2002 stand der Bund mit sage und schreibe 784,5 Milliarden Euro in der Kreide, die Länder zusammen mit 391,8 Milliarden und die Kommunen mit 101,3 Milliarden. Unter dem Strich bedeutet das für **jeden einzelnen Bundesbürger eine Pro-Kopf-Verschuldung** von 15.500 Euro [Anm.: Laut „www.steuerzahler.de" vom 6. Mai 2004 stieg die Pro-Kopf-Verschuldung auf mittlerweile **16.402 Euro** an!]. Allein bis Ende 2003 prognostizieren Experten nochmals eine Neuverschuldung von 120 Milliarden Euro." [15]

„**Noch nie** [!] gab es in Deutschland **so wenig Lehrstellen** wie 2003. Dies geht aus der Lehrstellen-Jahresbilanz der IG Metall hervor, die sich auf amtliche Daten stützt. So haben Wirtschaft und Verwaltung Jugendlichen im auslaufenden Jahr nur knapp 575 000 Ausbildungsplätze angeboten. 1992 - im ersten gemeinsamen Bilanzjahr nach der deutschen [Teil-]Vereinigung - waren es noch fast 722 000 Lehrstellen." [16]

„**Stärkster Beschäftigungsrückgang seit zehn Jahren** - Die schwache Konjunktur hat den Personalabbau in Deutschland im Jahr 2003 stark beschleunigt." [17]

„'Nach wie vor befinden sich die Städte und Gemeinden in der **schwersten Finanzkrise seit Gründung der Bundesrepublik**', sagte der Präsident des Deutschen Städte- und Gemeindebundes, Christian Schramm." [18]

„Die **gesetzliche Pflegeversicherung** ist im vergangenen Jahr [Anm.: 2003] noch **tiefer in die roten Zahlen** geraten. Das **Defizit** stieg nach vorläufigen Zahlen des Verbandes der Angestellten-Krankenkassen (VdAK) auf etwa **650 Millionen Euro**." [19]

„**Immer mehr Haushalte** in Deutschland sind **überschuldet**. Bei den Schuldnerberatungen meldeten sich 2003 ein Drittel mehr Ratsuchende als 2002, wie die Bundesarbeitsgemeinschaft Schuldnerberatung mitteilte.

Inzwischen seien **drei Millionen Haushalte überschuldet**. Die Zahl der **Verbraucherinsolvenzen** wird 2004 laut Schätzungen von Experten auf **weit über 40 000** [Anm.: rund 110 Verbraucherinsolvenzen je Tag!] steigen. ... Als Gründe für die zunehmende Überschuldung nannte die Arbeitsgemeinschaft Schuldnerberatung die hohe Arbeitslosigkeit und die zunehmende Zahl von Scheidungen.“ [20] Mittlerweile werden in Deutschland **pro Jahr** rund **90 000 Immobilien zwangsversteigert** - das sind pro Tag mehr als 240!

„Das **Defizit der Kommunen** wird nach Angaben des Deutschen Städtetages in diesem Jahr [Anm.: 2004] auf **Rekordhöhe** verharren. Die Präsidentin des Städtetags, Petra Roth (CDU), sagte, bei den Haushalten von Städten und Gemeinden müsse mit einem Minus von **10 Milliarden Euro** gerechnet werden. ‘**Viele Städte sind finanziell handlungsunfähig**.’“ [21]

„Die **Schuldenfalle** schnappt immer häufiger **bei ‘ganz normalen Familien’** zu, so die Caritas.

Die bisher typischen Ursachen wie Scheidung oder Arbeitslosigkeit spielten bei dieser Gruppe keine Rolle, heißt es aus Caritas-Kreisen. ‘Oft sind das junge Familien, die für die Einrichtung oder für Anschaffungen beim ersten Kind nicht bezahlen konnten’, so Roman Schlag von der Caritas-Schuldnerberatung.“ [22]

„Die **deutsche Wirtschaft** ist 2003 **erstmals seit zehn Jahren geschrumpft**.“ [23]

„Das **Defizit der Bundesländer** hat im vergangenen Jahr [Anm.: 2003] den **höchsten Stand seit** der [Teil-]**Wiedervereinigung** [Anm.: 1990] erreicht. Das geht aus vorläufigen Berechnungen des Bundesfinanzministeriums hervor, die dem ‘Handelsblatt’ vorliegen.

Demnach beträgt das Minus insgesamt fast **32 Milliarden Euro**. Vier Länder sollen sogar die Maastrichter **Defizit-Obergrenze** von drei Prozent des Bruttoinlandsprodukts **überschritten** haben, heißt es. Das sind Berlin, Mecklenburg-Vorpommern, Bremen und Sachsen-Anhalt.“ [24]

„Die **Ausbildungsmisere** ist nach Angaben des Deutschen Gewerkschaftsbundes deutlich größer als allgemein bekannt. DGB-Chef Sommer sagte der ‘Welt’, die Lücke zwischen angebotenen und nachgefragten Ausbildungsplätzen liege derzeit nicht bei etwa 20 000, wie offiziell gemeldet.

Sie sei ‘in Wahrheit zehn Mal so groß und betrug 2003 weiter **über 200 000**’, betonte er. Dies sei eine ‘**alarmierende Entwicklung**’.“ [25]

„Die **Schulden der öffentlichen Haushalte** sind Ende 2003 auf **mehr als 1,326 Billionen Euro** gestiegen. Das waren 72,4 Mrd. Euro mehr als ein Jahr zuvor. ... Die Länder-Finanzminister wollen heute [26. Februar 2004] in Berlin über Konzepte zur Steuervereinfachung beraten. Berechnungen ergaben, daß die Modelle von Union, FDP sowie Wirtschaftsexperten zu **sofortigen Einnahmeverlusten zwischen 9 und 43 Mrd. Euro** führen würden.“ [26]

„Neben den Kreditmarktschulden haben die öffentlichen Haushalte vorläufigen Berechnungen des Statistischen Bundesamtes zufolge auch Kassenkredite zur Überbrückung kurzfristiger Liquiditätsengpässe aufgenommen. ... Die **Kassenkredite der Gemeinden/Gemeindeverbände** lagen zum Jahresende 2003 **bei 15,9 Milliarden (plus 5,2 Milliarden Euro oder fast 50 Prozent mehr als im Vorjahr**).“ [27]

„Deutschland wird in diesem Jahr [2004] **zum dritten Mal in Folge die EU-Defizitgrenze** von drei Prozent **überschreiten**.

Das Finanzministerium erwartet ein Defizit von 3,3 % des Bruttoinlandsprodukts (BIP) ... Die Schulden sollen ... auf 65 % des BIP steigen. 2003 lagen sie bei 64,2 %, das Defizit betrug 3,9 %.“ [28]

„In Ostdeutschland hat die **Unzufriedenheit** mit den sozialen und wirtschaftlichen Verhältnissen einen **neuen Höhepunkt** erreicht. Zudem bezeichnen die Menschen dort ihre Zukunftsaussichten als düster ... Mit rund 45 Prozent stellte fast jeder zweite eine Verschlechterung seiner wirtschaftlichen Lage im Vergleich zu vor fünf Jahren fest, nur 13 Prozent sahen eine Verbesserung. Für die kommenden fünf Jahre gehen 35 Prozent von weiteren Verschlechterungen und nur 13 Prozent von Verbesserungen ihrer wirtschaftlichen Situation aus. ... 68 Prozent der 18- bis 59jährigen Ostdeutschen gehen von weiteren Verschlechterungen auf dem Arbeitsmarkt aus, nur sieben Prozent erwarten Verbesserungen. ...

Die Unzufriedenheit schlägt sich ... nieder in einem Vertrauensverlust in Staat, Parteien und Institutionen. Die Hälfte aller Befragten sieht ihre Interessen weder durch Regierung noch durch die Opposition, einzelne Parteien oder Verbände vertreten.“ [29]

Im März 2004 gingen die Hiobsbotschaften weiter: „Die **gesetzlichen Krankenkassen** stecken offenbar in einer **schweren finanziellen Krise** [Anm.: Gibt es heute überhaupt noch irgendeine Behörde bzw. staatliche Institution in der Bundesrepublik, die nicht in einer „schweren finanziellen Krise“ steckt?!?]. Trotz drastischer Spargesetze haben die Kassen das Jahr 2003 erneut [!] mit einem **Milliarden-Defizit** abgeschlossen.

Nach einem Bericht der ‘Bild’ lagen die Ausgaben im vergangenen Jahr um rund **drei Milliarden Euro** über den Einnahmen der gesetzlichen Krankenversicherungen. Damit erreicht das Minus erneut das Niveau des Vorjahres, schreibt das Blatt weiter.“ [30]

Und auch was die hohe Arbeitslosigkeit anbelangt, scheint keine Besserung in Sicht zu sein: „Der Arbeitsmarkt in Deutschland hat sich im Februar erneut [!] ungünstig entwickelt. Die **Zahl der Arbeitslosen** stieg auf **4 641 000**. Das waren 43 600 mehr als im Januar, berichtete die Bundesagentur für Arbeit.

Die Arbeitslosenquote erhöhte sich ... auf 11,1 Prozent. Auch saisonbereinigt nahm die Arbeitslosigkeit zu.“ [31]

Zu allem Überfluß will Arbeitsminister Wolfgang Clement die Arbeitslosenzahl mit einem neuen Statistik-Trick künstlich nach unten drücken. „Nach einer Vorschrift, die in den gerade verabschiedeten Hartz-Reformen versteckt ist, gelten Jobsuchende in Trainingsmaßnahmen, in denen Arbeitslose zum Beispiel lernen, Bewerbungen zu schreiben, anders als bisher nicht mehr als arbeitslos. Die Vermittler der Bundesagentur für Arbeit dürfen sie deshalb seit Monatsbeginn nicht mehr mitzählen, so ein interner BA-Rundbrief.

Die statistisch ausgewiesene Zahl der Arbeitslosen sinkt dadurch nach einer Schätzung des agentureigenen Instituts für Arbeitsmarkt- und Berufsforschung um monatlich rund 70 000. Der neue Kniff gehört zu einer Reihe von Maßnahmen, mit denen die Regierung im Zuge der Hartz-Reformen die Arbeitslosenstatistik schönt. So führt der verstärkte Druck auf Jobsuchende dazu, daß sich immer mehr von ihnen abmelden und die ausgewiesenen Erwerbslosenzahlen um mindestens [!] 100 000 niedriger liegen als bisher, wie der Bonner Arbeitsmarktforscher Hilmar Schneider prognostiziert. Zudem bereitet Clement eine Reform der Erwerbslosenstatistik vor, die die Arbeitslosenzahl weiter senkt.“ [32] Das bedeutet, bis zum Februar 2005 könnten durch Trickserei unserer Regierenden bis zu 1 000 000 Arbeitssuchende aus der offiziellen Statistik herausgefallen sein.

In ähnlicher Weise will die Regierung mit einem statistischen Trick den Spielraum für die Aufnahme neuer Schulden erweitern: „Das Bundesfinanzministerium will gemeinsam mit den Haushaltsexperten der Koalitionsfraktionen den Investitionsbegriff ausdehnen, der bislang nur Staatsausgaben wie Baumaßnahmen, den Erwerb von beweglichen Sachen sowie Darlehen und Gewährleistungen umfaßt.

Künftig sollen auch Ausgaben für Bildung dazu zählen. ‘Der Investitionsbegriff ist nicht mehr zeitgemäß’, sagte die haushaltspolitische Sprecherin der Grünen im Bundestag, Antje Hermenau, der Wirtschaftswoche. ‘Der Haushalt 2005 wird sonst kaum zu stemmen sein’, bestätigen Haushälter in der SPD-Fraktion. In diesem Jahr liegt die

Investitionsquote des Bundes mit unter zehn Prozent auf einem historischen Tief. 'Wir sind dabei, den Investitionsbegriff zu lockern', erklärt ein hoher Beamter im Finanzministerium.

Ziel sei es, künftig alle 'wachstums- und nachhaltigkeitswirksamen öffentlichen Ausgaben' zu den Investitionen zu zählen. 'Je mehr Ausgaben zu den Investitionen gerechnet werden, desto größer ist der Spielraum für neue Schulden', warnt Finanzwissenschaftler Rolf Peffekoven, ehemals Mitglied im Sachverständigenrat zur Begutachtung der gesamtwirtschaftlichen Entwicklung." [33] (Man hat es heute sowohl auf der nationalen als auch auf der internationalen Politbühne nur noch mit Lug und Trug zu tun!)

„Die **Pleitewelle** hat 2003 **in Deutschland** einen **neuen Rekord erreicht**. Rund **100 000 Unternehmen und Privatleute meldeten Insolvenz an**, das waren 19 Prozent mehr als 2002. Diese Zahlen gab das Statistische Bundesamt bekannt. Das Plus bei den Firmenpleiten betrug 4,6 Prozent.

Drastisch nahm die Zahl der Pleiten privater Verbraucher zu. Hier betrug der Anstieg 57 Prozent. Bei rund drei Millionen überschuldeter Haushalte werde sich dieser Trend weiter fortsetzen, so die Statistiker." [34]

Und auch im April 2004 gingen die Hiobsbotschaften weiter, hieß es doch etwa am 24.4. im Videotext von „SAT.1" [35], die Kommunen im Osten stünden vor einem Desaster: „Der Osten steuert offenbar auf eine **finanzielle Katastrophe** zu. Die **Situation** in den Städten und Gemeinden **'ist dramatisch'**, sagte der Innenminister von Sachsen-Anhalt, Jeziorsky der 'Berliner Zeitung'. Vor allem der Bevölkerungsrückgang im Osten führe 'automatisch zu geringeren Einnahmen'. Die Belastung auf der Ausgabenseite aber bleibe.

Das derzeitige Defizit der Ost-Kommunen von 1 Milliarde Euro könnte sich in den nächsten zehn Jahren verdreifachen, befürchten die Kommunalverbände."

Zwei abschließende Meldungen des „RTL Text" vom 29. April 2004 verdeutlichen nochmals den Ernst der Lage in Deutschland: **„Bund, Länder und Gemeinden** müssen sich **in diesem und auch im nächsten Jahr** auf **Steuerausfälle von 20 Milliarden Euro** einstellen. Das berichtet die 'Berliner Zeitung' gut zwei Wochen vor der amtlichen Steuerschätzung (Anm.: „Laut 'Süddeutscher Zeitung' erwartet Eichel ... , daß die **Neuverschuldung mit 47 Milliarden Euro** in diesem Jahr (2004) einen **neuen Höchststand** erreicht." [36])

Das Blatt beruft sich auf Kreise der Finanzminister. Ein Grund sei die schlechter als erwartet laufende Konjunktur. Sie werde zu Ausfällen von vier Milliarden führen. Zudem käme durch die Steueramnestie längst nicht so viel Geld aus dem Ausland zurück wie erhofft." [37]

Mitte Mai 2004 ergab die amtliche Steuerschätzung dann, daß sich Bund, Länder und Gemeinden bis 2007 auf **Steuerausfälle** in Höhe von rund **61 Milliarden Euro** einstellen müßten (Jeder, der sich noch an die „gute alte" DM erinnert, halte sich diese gewaltige Summe vor Augen: 120.000.000.000 DM Fehlbetrag allein in vier Jahren!), was wiederum dazu führt, daß noch viel mehr Schulden als bisher aufgenommen werden müssen: „Bei Rot-Grün wächst nach den verheerenden Ergebnissen der Steuerschätzung die Sorge wegen des Schuldenkurses: **NRW-Ministerpräsident Steinbrück sagte, er mache sich Sorgen, 'daß wir da etwas tun, was dramatisch ist'**", so der „RTL Text" am 15. Mai 2004 (S. 116; Herv. v. Verf.).

„Auf dem Arbeitsmarkt zeichnet sich [ebenfalls] keine Entspannung ab: Im April waren nach Information der 'Welt' 4,43 Millionen Menschen ohne Arbeit. Das wäre ein Minus von 65 000 gegenüber dem vergleichbaren Vorjahresmonat.

Im Gegensatz zum Vorjahr tauchen in diesem Jahr allerdings rund 80 000 Arbeitslose nicht mehr in der Statistik auf - sie absolvieren Trainingsmaßnahmen. Ohne diese Änderung hätte die **Arbeitslosigkeit im April [2004] den höchsten Stand seit** der [Teil-]**Wiedervereinigung** erreicht." [38]

Bereits 1998 schrieb ich, daß Deutschland *ganz gezielt* in den Staatsbankrott getrieben wird, und lieferte eine ganze Reihe von Indizien für diese Behauptung (siehe: „Eine Welt des Bösen III - Die Erde im Chaos", S. 49-56). Damals hatten viele Bundesbürger - vor allem im Westen - noch die Hoffnung, es werde ein „Ruck" durch unser Land gehen. Sie rechneten sogar fest mit einem wirtschaftlichen Aufschwung, der die Arbeitslosigkeit maßgeblich senken und zu mehr Wohlstand führen würde. Nun, heute haben sich viele von dieser Illusion längst verabschiedet und blicken ziemlich pessimistisch in die Zukunft, da sich die wirtschaftliche Situation Jahr für Jahr - plangemäß! - nur noch verschlimmert hat.

Unsere Politiker haben alles dafür getan, daß die Bürger in der Schuld der Banken stehen. Man halte sich nur vor Augen, wieviel Euro Zinsen die internationalen Bankiers vom deutschen Volk in den letzten Jahrzehnten abkassiert haben: **„Seit 1962 mußte der Bund**

allein rund 617 Milliarden Euro an Zinsen zahlen - weit mehr als die im gleichen Zeitraum aufgenommenen Kredite, die bei 592,4 Milliarden Euro lagen.“ [39]

Das bedeutet, die Deutschen sind längst zu Sklaven der internationalen Hochfinanz geworden, die in vielen Ländern unter dem Deckmantel der „Demokratie“ ihre Marionetten eingesetzt hat, die für sie die Geschäfte tätigen. Und das schlimmste dabei ist: diese Marionetten mit der Bezeichnung „Volksvertreter“ lassen sich nicht von ihren geheimen Auftraggebern, sondern noch von den Wählern großzügig entlohnen. (Anm.: Während die Deutschen den Banken jedes Jahr [!] über 40.000.000.000 Euro schenken, entrichten die amerikanischen Steuerzahler ihren geheimen Herrschern jährlich [!] sogar 400.000.000.000 Dollar an Zinsen; insgesamt haben die internationalen Bankiers die Völker der Welt in den letzten 50 Jahren um Billionen [!!!] von Euro gebracht - ohne dafür auch nur einen einzigen Finger krumm gemacht zu haben, versteht sich; sie ließen einfach nur „ihr“ Geld für sich arbeiten.)

Während viele mittelständische Unternehmen oder einfache Bürger heute große Probleme haben, bei ihrer Bank überhaupt noch einen Kredit zu bekommen, zögern die Fürsten der Finanzwelt andererseits keine Sekunde, dem hochverschuldeten deutschen Staat weitere zig Milliarden Euro zu bewilligen, wissen sie doch, daß dadurch *das Volk an sich* zu ihrem „Eigentum“ wird und daß sie praktisch *jederzeit* die Notbremse ziehen und die Deutschen *insgesamt* ins Chaos stürzen können.

Und daß das deutsche Volk in den letzten Jahrzehnten *ganz methodisch* in die Verelendung getrieben wurde, läßt sich bereits anhand folgender Ausgaben-Aufstellung - die keineswegs Anspruch auf Vollständigkeit erhebt - beweisen:

1.100.000.000.000 Euro	Gesamtlasten durch die Gastarbeiter, netto, seit 1993 (laut Dipl. Volkswirt Karl Baßler [Stand: 31.12.93] jährlich rund 110.000.000.000; inzwischen dürften diese Lasten weiter gestiegen sein)
617.000.000.000 Euro	Zinsen an die Banken für die Staatsschuld seit 1962
254.260.000.000 Euro	von 1958 bis 2002 an die Europäische Union geschenkt**
240.000.000.000 Euro	Steuerverschwendung allein seit 1992 (durch Schlamperei, Fehlplanung und Inkompetenz)
60.000.000.000 Euro	Wiedergutmachung an den zionistischen Staat Israel geleistet

60.000.000.000 Euro	Unterstützung von Osteuropa in den Jahren 1990 bis Ende 1993
10.000.000.000 Euro	Erster Golf-Krieg und diverse Auslandseinsätze der Bundeswehr
7.500.000.000 Euro	Überbrückungshilfe für mindestens 100 000 neu eingebürgerte Juden laut Karl Baßler (Stand: 31.12.93)*
3.600.000.000 Euro	Zahlungen Kindergeld an Ausländer allein im Jahre 2002
2.352.360.000.000 Euro	Gesamtbelastung des deutschen Volkes allein für die oben aufgeführten Posten

* Deutschland hat im Jahre 2002 „erstmals mehr jüdische Einwanderer aufgenommen als der Judenstaat Israel und das jahrzehntelang bevorzugte Einwanderungsland USA. Im vergangenen Jahr kamen fast 20 000 jüdische Zuwanderer aus den Nachfolgestaaten der Sowjetunion nach Deutschland, während Israel mit nicht ganz 19 000 Einwanderern vorliebnehmen mußte. In den USA liegt die Zahl der russisch-jüdischen Zuwanderer unter 10 000 [Anm.: In der Schweiz betrug die Zahl nur etwa 20 Personen!].

Diese Angaben machte jetzt der Leiter des Potsdamer Moses-Mendelssohn-Zentrums, Professor Julius Schoeps, in der jüdischen Zeitung ‘Aufbau’ (New York). Er wertet dies als ‘größte Überraschung’. ... Bei den deutschen Konsulaten in den GUS-Staaten lägen weitere 70 000 Übersiedlungsanträge von Juden vor [Anm.: Macht zusätzliche rund sieben Milliarden Euro, die für diese Einwanderer aufgebracht werden müßten!].

Nach Schätzungen befinden sich noch mindestens 1,5 Millionen jüdische Bürger in den Ländern der ehemaligen UdSSR. Ein Großteil von ihnen drängt es nach Deutschland, obwohl unablässig an den ‘Holocaust’ erinnert wird und nahezu täglich von Antisemitismus in der Bundesrepublik die Rede ist. Schoeps zitiert die italienische Politologin Diana Pinto mit ihrer These, daß sich mit dem russisch-jüdischen Zuzug nach Deutschland ‘ein jüdisches Europa in ganz neuer kultureller und historischer Dimension ausbreitet’.

Seit 1991 sind offiziell insgesamt 175 000 jüdische Einwanderer aus der ehemaligen Sowjetunion nach Deutschland umgesiedelt. ... Sogar aus Israel kommen immer mehr Juden nach Deutschland, weil hier die politischen Rahmenbedingungen besser und die Sozialleistungen höher sind.

Bundeskanzler Helmut Kohl (CDU) hatte sich in einem Geheimabkommen [!!!] mit dem damaligen Vorsitzenden des Zentralrats der Juden in Deutschland, Heinz Galinski (SPD), verpflichtet, eine unbegrenzte [!] Zahl von jüdischen Einwanderern aufzunehmen - ohne Anwendung des Asylrechts." [40]

Übrigens: „Bei der Einwanderung jüdischer 'Kontingentflüchtlinge' ist es zu massenhaftem Betrug gekommen. Das räumte jetzt auch Bayerns Innenminister Günther Beckstein (CSU) ein: '240 000 sind aus Rußland gekommen, aber nur 80 000 bis 90 000 haben sich bei den Jüdischen Gemeinden in Deutschland angemeldet.'" [41] Und trotzdem: „Der besondere Status, der den Kontingentflüchtlingen in Deutschland gewährt wird, erlaubt es unter anderem, daß viele von ihnen die deutsche Rentenversicherung beanspruchen, ohne eingezahlt zu haben." [42] Nach dem Bundessozialhilfegesetz bekommt ein Ehepaar mit drei Kindern 1.871 Euro in den alten Bundesländern und 1.728 Euro in den neuen Bundesländern im Monat für den Lebensunterhalt. Danach ergibt sich pro Jahr für eine Familie aus dem Personenkreis der aus Rußland einwandernden Juden ein Gesamtbetrag in Höhe von 22.452 Euro für die alten Bundesländer und 20.736 Euro für die neuen Bundesländer. (Alles Gelder, für die der deutsche Steuerzahler aufkommen muß!)

Man beachte: Es geht in diesen Belangen *nicht* um die Frage, ob nun Polen, Afrikaner, Inder oder eben jüdischstämmige Russen nach Deutschland einwandern. Tatsache ist: Obwohl die Deutschen *schon seit Jahrzehnten* pleite sind und selbst immer drastischere finanzielle Einbußen hinnehmen müssen, sollen sie im Auftrag ihrer Regierenden (die „repräsentative Demokratie" läßt grüßen!) noch für Hunderttausende - wenn nicht gar Millionen - Zuwanderer aufkommen. (In diesem Zusammenhang sollte man auch bedenken, daß rund 800 000 Deutsche obdachlos sind!)

Das ist denn auch, neben der hohen Zinslast und den Aufwendungen für das Ausland (vor allem an die EU), der wahre Grund, warum viele Deutsche künftig immer länger für das gleiche Gehalt arbeiten gehen sollen, wie führende Politiker fordern: „Arbeiter und Angestellte im öffentlichen Dienst müssen sich offenbar auf deutlich [!] längere Wochenarbeitszeiten einstellen.

Ein Rahmen von bis zu 42 Stunden könne bereits in diesem Jahr [Anm.: 2004] für alle Neueinstellungen gültig werden, kündigte Bayerns Ministerpräsident Stoiber in der 'Bild am Sonntag' an. Auch solle künftig jede Beförderung von der Bereitschaft zu längerer Arbeitszeit abhängig gemacht werden. Ähnlich äußerte sich Präsidentschaftskandidat Köhler", hieß es im „ARD-Text" am 27. März 2004 auf Seite 122 hierzu. (Im Mittelalter bezeichnete man eine solche Praxis als Knechtschaft!)

Man darf sich nicht täuschen lassen: Die Forderung nach einer längeren Wochen- bzw. Lebensarbeitszeit, die Streichung von Feiertagen, wie dem Buß- und Bettag, sowie die in manchen Betrieben praktizierte Kürzung des Urlaubs dient nicht etwa der Belebung der Konjunktur oder der Erhöhung der Wettbewerbsfähigkeit Deutschlands, sondern stellt eine regelrechte Fronarbeit für die *von der Logik her* kaum noch zu begreifenden politischen Entscheidungen unserer Oberen dar.

** Laut Dr. Franz-Ulrich Willeke, emeritierter Professor am Heidelberger Alfred-Weber-Institut für Wirtschaftswissenschaften (der Betrag ist netto und kaufkraftbereinigt). „Diese halbe Billion Mark entsprechen dem gesamten [!] Bundeshaushalt 2003 und sind fast zehnmal soviel, wie Deutschland im letzten Jahr für die Bundeswehr ausgab. Mit dem, was bislang an Brüssel floß, könnten die Schulden aller [!] deutschen Kommunen zweieinhalbmal zurückgezahlt werden." [43]

Bis zum heutigen Tage ist Deutschland der mit Abstand größte Nettozahler der Europäischen Union. Nettozahler sind Staaten, die mehr in die europäischen Kassen zahlen, als sie bekommen. Bezugsgröße für die EU-Beiträge ist das Bruttonationaleinkommen, wobei jedes Jahr alles in allem 14 bis 15 Milliarden Euro an deutschen Steuergeldern mehr in die EU eingezahlt werden, als zurückfließen.

„Nach Angaben aus Brüssel finanziert Deutschland derzeit etwas mehr als 40 Prozent der EU-Nettoleistungen. **Es steckt also keine Übertreibung in der Annahme, daß es die Europäische Union in ihrer jetzigen Gestalt ohne die deutschen Zahlungen [bzw. ohne den dummen deutschen Steuerzahler!] längst nicht mehr gäbe.**" [44]

Und jetzt die Ungeheuerlichkeit: „Mehrere der neuen EU-Mitgliedsländer haben kurz vor dem Beitritt [am 1. Mai 2004] die deutsche Haushaltspolitik kritisiert.

Deutschland sollte sich bemühen, seine Staatsfinanzen in den Griff zu bekommen, sagte Ungarns Finanzminister Draskovics dem Berliner 'Tagesspiegel'. Wenn die Defizite und die öffentlichen Ausgaben in der EU nicht reduziert würden, könne die EU nicht wettbewerbsfähig mit den USA und Asien werden. ... Ähnlich äußerten sich die Finanzminister der Slowakei und Estlands." [45]

Dabei drohen Deutschland *gerade wegen* der EU-Osterweiterung weitere Milliarden-Zahlungen ans Ausland: „Eine von den meisten Medien ignorierte Mitteilung machte Bundesfinanzminister Hans Eichel (SPD) in der kürzlichen Haushaltsdebatte: Nach der EU-Osterweiterung sei damit zu rechnen, daß die Bundesrepublik Deutschland ab dem Jahr 2007 jährlich sieben Milliarden Euro mehr für den EU-Haushalt aufbringen müsse als bisher. Experten rechnen deshalb mit weiteren Steuererhöhungen.“ [46] (Obwohl also gerade die Deutschen für die „neue“ Europäische Union einen hohen Preis zu zahlen haben, der unter anderem in Steigerung der Arbeitslosigkeit, Lohndumping sowie weiteren Sparmaßnahmen besteht, damit Milliarden für Polen, die Tschechei und andere Beitrittsstaaten aufgebracht werden können, müssen sie sich noch kritisieren lassen, daß aufgrund dessen ihre Staatsfinanzen vollends aus dem Ruder laufen. Der offensichtlich völlig verblödete deutsche Michel muß für seine europäischen Nachbarn also nicht nur Sklavenarbeit leisten, sondern sich dafür auch noch verspotten lassen. Der Wahnsinn kennt in der Tat keine Grenzen mehr!)

Angesichts solcher Zahlen versteht man jedenfalls die Aussage von Gregor Schöllgen, Professor für Neuere Geschichte, in seinem Buch „Der Auftritt / Deutschlands Rückkehr auf die Weltbühne“ [47]: „Europa wurde erfunden, um die Deutschen zu bändigen ... Wenn es ein politisches Ziel gab, das die Mitglieder der europäischen Gemeinschaften von ihren Gründungstagen im Jahr 1950 bis hin zur Vereinigung Deutschlands vier Jahrzehnte darauf nie aus dem Auge verloren haben, dann war es die Zähmung deutscher Macht.“

Fazit: Seit den 1950er Jahren wurden die Deutschen von ihrer eigenen (!) Regierung - ganz gleich ob „schwarz-gelb“ oder „rot-grün“ regiert - letztendlich um einen Betrag von weit mehr als 2.000.000.000.000 Euro (eine geradezu unvorstellbare Zahl!) „erleichtert“, was auch der wahre Grund dafür ist, warum die Sozialkassen heute leer sind und die Deutschen bald bis zum 67. Lebensjahr schuften müssen, bevor sie in den verdienten Ruhestand treten können. Im Rahmen der gezielten „Abschmelzung“ unseres Vaterlandes wurde Deutschland ganz offensichtlich unter der stillschweigenden Duldung seiner politischen „Elite“ auf dem Altar der „Einen Welt“ geopfert.

Übrigens: Während die Deutschen tagtäglich auf äußerst subtilem Wege radikal ausgebeutet werden, tingelt neuerdings eine Schau durch das Land, die sich mit dem Fiskus und der Ausbeutung der Juden in

Hessen 1933 bis 1945 auseinandersetzt: „Mit der fiskalischen Ausplünderung jüdischer Bürger in der Nazizeit beschäftigt sich eine Ausstellung des Fritz-Bauer-Instituts und des Hessischen Rundfunks (hr), die unter dem Titel 'Legalisierter Raub' ab dem 13. Februar [2004] im Vonderau-Museum Fulda präsentiert wird. Anhand zahlreicher Dokumente, Fotografien und Exponate stellt sie die Geschichte des gesetzlich legalisierten Raubzuges und seiner Opfer sowie die zentrale Rolle des Fiskus in dem Geschehen dar. Die Ausstellung war bisher in Frankfurt am Main, Marburg, Gießen und Darmstadt zu sehen. Für die Präsentation in Fulda wurde sie mit neu erarbeiteten Vitrinen zur regionalen Geschichte versehen. Gefördert wurde die Ausstellung, die bis zum 21. März im Vonderau-Museum zu sehen ist, von der Hessischen Landesregierung [!] und der Sparkassen-Kulturstiftung Hessen-Thüringen.“ [48]

„Zur Vor- und Nachbereitung eines Ausstellungsbesuches steht eine Mappe mit Arbeitsmaterialien und Bearbeitungsvorschlägen zur Verfügung. Schulen aus Fulda und Umgebung können diese kostenfrei ... anfordern.“ [49]

Während einerseits also tagtäglich Themen „aufgearbeitet“ werden, die rund 70 Jahre zurückliegen, hat es ganz den Anschein, als werde Deutschland gegenwärtig restlos ruiniert. (Daß der heimtückische - weil angeblich demokratisch legitimierte! - „legalisierte Raub“ am deutschen Volk Einrichtungen wie das Fritz-Bauer-Institut und den Hessischen Rundfunk nicht zu interessieren scheinen, läßt vermuten, in wessen Diensten sie stehen.) Das Vermögen wird heute dem deutschen Volk eben viel subtiler entwendet als damals dem jüdischen, weshalb sich die deutschen Schüler auch mit den Verbrechen ihres Volkes von vor über 70 Jahren auseinandersetzen müssen, ohne im geringsten zu ahnen, was aufgrund ihrer großen Schuldenlast eines nicht allzu fernen Tages noch alles *auf sie selbst* zukommen wird.

Angesichts dessen haben die Bundesbürger keine andere Wahl mehr: Sie müssen sich endlich von der Illusion verabschieden, bei der CDU handele es sich um eine „christliche“ und bei der SPD um eine „soziale“ Partei. Und was die „Grünen“ anbelangt, so scheint bei ihnen keineswegs der Umweltschutz-Gedanke im Vordergrund zu stehen. Immerhin wandte sich der Mitbegründer der grünen Bewegung Baldur Springmann, der am 24. Oktober 2003 im hohen Alter von 91 Jahren verstarb, von ihr ab, „als sie von Kommunisten unterwandert wurde. Der Schutz der Natur, Kampf gegen die Atomkraftwerke, Volksgesundheit, Artenerhalt und Vaterlandsliebe [!] waren für ihn Dinge, die eng zusammengehörten. ... Es gelang Springmann, viele Naturschützer zu überzeugen, daß sie als Naturschützer automatisch auch Patrioten und nicht Globalisten sind ... " [50]

Wie dem auch sei, der Staatsbankrott, und damit die Zwangsenteignung des Volkes, wird vor allem aus dem Grund vorangetrieben, weil sich arme Menschen leichter kontrollieren lassen, getreu dem Motto: „Wes' Brot ich eß, des' Lied ich sing!" Viele fürchten sich um den Verlust ihres Arbeitsplatzes, müssen so schwer schuften, daß sie für Politik und Hintergrundinformationen keine Zeit - und kein Interesse! - mehr aufbringen. Einige besitzen sogar zwei Arbeitsplätze, um sich oder ihre Familie durchzubringen (vor allem Alleinerziehende). Für diese Menschen geht es nicht mehr um den Kampf für die Wahrheit, sondern um den Kampf ums tägliche nackte Überleben, wie Josef M. Rauenthal [51] darlegt: „In wirtschaftlich völlig verarmten Gesellschaften kommt es selten zur Revolution, da hier die bloße Selbsterhaltung die körperlichen und geistigen Energien der Menschen aufzehrt."

Überdies verfolgen die Hintermänner der Weltpolitik mit der ausufernden Staatsverschuldung Deutschlands ein ganz besonderes Ziel, wie uns E. Kemper in seinem Brief an einen gewissen Professor Weinschenk darlegt. Darin kommt er unter anderem auf die schlimmen Folgen der Zinsknechtschaft an sich zu sprechen und zeichnet ein düsteres Bild unserer unmittelbaren Zukunft: „ ... Das zu erwartende Bild des kommenden und unabänderlichen - **systembedingten** - Chaos werden Sie als Vertreter des intellektuellen Deutschlands kennen. Ich erspare es mir, Ihnen dies zu beschreiben. Durch Notverordnungen (unseligen Andenkens) werden die 'Regierenden' diese Schäden nicht beheben können ... Noch sind bei uns für den Normalbürger von den anstehenden Entwicklungen erst lichte Anzeichen und Schäden in Umrissen zu erkennen. **Doch die Ärmsten der Armen (Arbeitslose, Rentner und Sozialhilfeempfänger), die sich nicht mehr wehren können, spüren es schon. Es wird sie als erste hart treffen!**

Dies alles ist allgemein bekannt. Es fragt sich 'nur', warum die fast zweitausend hochbezahlten Wirtschaftsprofessoren in der BRD nicht den Mut haben, dies offenzulegen, nicht erkennen wollen (?), oder dürfen sie es nicht? Arbeitet keiner dieser Wissenschaftler an einer anderen, besseren Währungsordnung, oder stehen bereits alle im Dienst und Sold der 'Neuen Weltordnung'?

Den Wissenden unter ihnen ist dabei längst bekannt ..., daß die 'Ausbeutung des Menschen durch den Menschen' über diese Währungs-'Ordnung' wider jede Vernunft ist und in einer Dikta-

tur von globalen Ausmaßen mit einer Einheitswährung enden wird! ... "[52]

Halten wir uns vor Augen, daß es in Deutschland 20 Millionen Rentner, etwa drei Millionen Sozialhilfeempfänger und (offiziell) rund 4,5 Millionen Arbeitslose gibt, so sind bei uns mehr als 26 Millionen Menschen von den „Reformen" der Bundesregierung unmittelbar betroffen. (Was indes die Gesamtzahl armer Menschen anbelangt, so soll es in Rußland 50 Millionen, in den USA mindestens 34 Millionen und in Deutschland rund 10 Millionen Arme geben - macht zusammen etwa 100 Millionen, allein in diesen drei Ländern!)

Die gezielt herbeigeführte Verelendung von immer mehr Menschen, vor allem in den Industriestaaten, ist jedoch nur der eine Schritt hin zu der neuen Form von Sklaverei, die von den „Denkern des Eisernen Berges" vorgeschlagen wurde. Die andere Maßnahme stellt die totale Überwachung des ganzen Volkes dar, um all diejenigen unter Kontrolle zu halten, die sich der finanziellen Knechtschaft bzw. Ausplünderung noch widersetzen wollen.

So ist es eine Tatsache, daß seit den 1960er Jahren in vielen Ländern der Ausbau eines mächtigen Überwachungsstaates vorangetrieben wird, wozu die automatische Überwachung aller öffentlichen und privaten Kommunikationssysteme, die Erstellung eines automatischen Profils aller Bürger per Computer, das Zusammentragen aller erhältlichen Daten, unter anderem Verbraucherinformationen, Gesundheit, politische Aktivitäten und Ansichten und neuerdings der Einsatz einer „digitalen Identität" mittels „biometrischer Merkmale" dient.

Gleichzeitig wurde ein Netzwerk von Regierungsbehörden ins Leben gerufen, das auf die riesigen Datenbanken kontinuierlich Zugriff hat, die zur Verfügung stehenden Informationen ständig aktualisiert und sie auswertet. In den USA handelt es sich dabei um Behörden wie den Geheimdienst Central Intelligence Agency (CIA), die Bundespolizeibehörden Federal Bureau of Investigation (FBI) und Bureau of Alcohol, Tobacco and Firearms (ATF), die Drogenbehörde Drug Enforcement Agency (DEA), die Behörde gegen den Terrorismus Counter-Terrorist Center (CTC) und die Militärische Aufklärung Defense Intelligence Agency (DIA). Nicht zu vergessen auch die im Zuge des 11. September 2001 errichtete neue Mammutbehörde „Homeland Security" - das sogenannte „Heimatschutzministerium" -, die zunächst mit einem Etat von 40 Milliarden Dollar ausgestattet wurde und 170 000 Beamte umfaßt. Unter ihrem Dach wurden 22 bislang nebeneinander operierende Bundesbehörden (wie CIA und FBI) einer einheitlichen Führung untergeordnet.

Am 25. November 2002 übernahm der ehemalige Gouverneur von Pennsylvania und Befürworter der Todesstrafe Thomas Ridge die Leitung des Heimatschutzministeriums. (Der internationale „Kampf gegen den Terror", auf den wir noch näher zu sprechen kommen werden, dient heute als Rechtfertigung, die Datenbanken der Welt immer enger miteinander zu vernetzen und den Geheimdiensten ständig weitere Befugnisse zu übertragen.)

Doch damit nicht genug: Seit mittlerweile mehr als 30 Jahren wird die Öffentlichkeit auf den massenhaften Einsatz von in den Menschen einpflanzbaren Mikrochips vorbereitet. „Bereits im Jahre **1973** machte das von einer säkularen Oberschule herausgegebene Journal 'Senior Scholastic' Kinder im schulpflichtigen Alter mit dem Konzept vertraut, mittels Zahlen, die in die Stirn eingesetzt sind, zu kaufen und zu verkaufen. In dem Artikel 'Who Is Watching You?' vom 20. September 1973 spekulierte das Journal:

'Bei diesem Projekt wird alles Kaufen und Verkaufen über den Computer getätigt werden. Keine Währungen, kein Wechselgeld und keine Schecks werden mehr benötigt. Alle daran teilnehmenden Leute würden eine Zahl zugewiesen bekommen, die ihnen auf das Handgelenk oder die Stirn tätowiert werden würde. Die Zahl wird durch einen Laserstrahl angebracht und kann nicht gespürt werden. Diese Zahl am Körper läßt sich mit dem bloßen Auge nicht wahrnehmen und ist so dauerhaft wie Fingerabdrücke. Alle Gegenstände des täglichen Bedarfs werden mit einem Computer-Zeichen markiert. Das Computer-Zusatzgerät im Geschäft, das die Zahl auf den Gegenständen an der Kasse erfaßt, wird auch die Zahl im Körper der Person registrieren, den Gesamtbetrag summieren und ihn [automatisch] vom Konto des jeweiligen Kunden abziehen.'

In dem Artikel 'The Specter of Eugenics' aus dem Jahre **1974**, wies Charles Frankel auf die Vorschläge des (Nobelpreisträgers) Linus Pauling hin. Dieser empfahl, jeder jungen Person ein Malzeichen auf den Fuß oder die Stirn zu tätowieren. Pauling schwebte ein Kennzeichen vor, das das Erbbild angeben würde.

Am 20. April **1976** wurde ein Patent für ein Gerät und eine Methode zugelassen, Gehirnwellen aus der Ferne zu überwachen und sie zu verändern.

Im Jahre **1980** wies 'U.S. News and World Report' erneut warnend darauf hin, daß die Bundesregierung 'Nationale Identifikationskarten' in Erwägung zog, ohne die niemand arbeiten oder geschäftliche Transaktionen tätigen könnte.

Die 'Denver Post Sun' griff diese Geschichte im Jahre **1981** auf und behauptete, daß Chip-Implantate eines Tages Identifikationskarten ersetzen könnten. Der Bericht vom 21. Juni 1981 las sich in Teilen wie folgt: 'Der Chip wird einer Nadel eingesetzt, die in einer einfachen Injektionsspritze befestigt ist. Diese enthält eine antibakterielle arzneiliche Flüssigkeit. Die Nadel kann irgend etwas - oder irgend jemanden für immer markieren.'

Am 7. Mai **1996** stellte die 'Chicago Tribune' diese Technologie infrage und wollte mit lauter Stimme wissen, ob wir dem Großen Bruder unter unserer Haut vertrauen könnten.

Dann, im Jahre **1997**, wurden Anträge für Patente von subkutan einpflanzbaren Geräten für 'eine Person oder ein Tier' eingereicht.

Am 27. April **1998** brachte das Magazin 'Time' die Geschichte: 'The Big Bank Theory And What It Says About The Future Of Money' ['Die große Banktheorie und was sie über die Zukunft des Geldes aussagt'], in der es die Auffassung vertritt: 'Ihre Tochter kann das Geld verwahren wie immer sie möchte - auf ihrem Laptop, auf einer Kundenkarte, sogar (in der nicht allzu fernen Zukunft) in einem Chip, der unter ihrer Haut eingepflanzt ist.'

Im August **1998** übertrug die BBC die erste bekannte Implantierung eines Mikrochips in einen Menschen.

Im gleichen Monat warnte die Zeitung 'Sunday Oregonian', daß vorgeschlagene medizinische Identifikationsgeräte Privatrechte möglicherweise untergraben, indem Individuen durch alphanumerische Gesundheitsfeststellungs-Technologien überwacht werden. Der alarmierende Bericht aus Oregon stellte Menschen mit einem Strichcode auf ihrer Stirn dar.“ [53]

„Das Einpflanzen von Mikrochips wird ganz bestimmt als freiwilliges Verfahren eingeführt werden. Aber ein von Elaine M. Ramish für das 'Franklin Pierce Law Center' verfaßter Bericht besagt: 'Ein [vorgeschriebenes] nationales Identifikationssystem mittels Mikrochip-Implantaten könnte in zwei Stufen aufgebaut werden: Nach ihrer Einführung als freiwilliges System wird die Implantierung mit Mikrochips als machbar erscheinen. Nachdem die Menschen mit der Maßnahme vertraut geworden sind und wissen, welche Vorteile sie mit sich bringt, würde die Einpflanzung dann zwingend erforderlich werden.'

*Die Technik wird immer kleiner und ausgefeilter: diese präparierte Ameise, die einen Chip in ihren Mundwerkzeugen trägt, symbolisiert für das Unternehmen Philips die Größenverhältnisse seiner Halbleitertechnologie. „Das etwa ein Zentimeter große Insekt hält einen Mini-Chip, auf dem nach Angaben von Philips 19 200 Funktionen Platz finden. So ermöglicht dieser Chip zum Beispiel Radiohören im Mobiltelephon."**

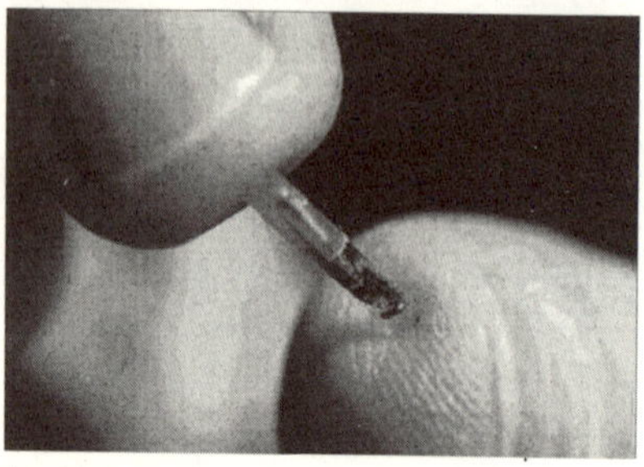

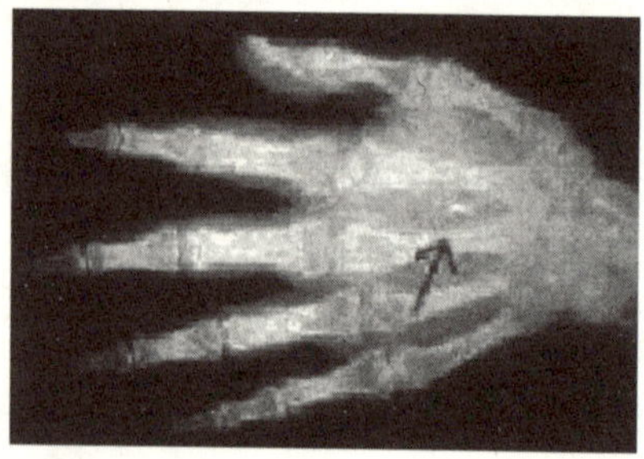

Links: So klein ist der rund 200 Dollar teure Mikrochip, der schon heute (!) einer Reihe von Leuten implantiert wird. Rechts: Ein Röntgenbild von der Hand einer Person, die den Mikrochip bereits eingepflanzt bekommen hat (der Pfeil zeigt auf seinen exakten Platz!). Die Implantation des 2,1 Millimeter großen VeriChips erfolgt unter örtlicher Betäubung und erfordert nur einen kleinen Einschnitt.

(Quellenhinweise: Oben: Fuldaer Zeitung, 10.6.03; Unten links: http://www.davidicke.com/icke/headlines.shtml; Unten rechts: ebd.; *: Fuldaer Zeitung, 10.6.03)

 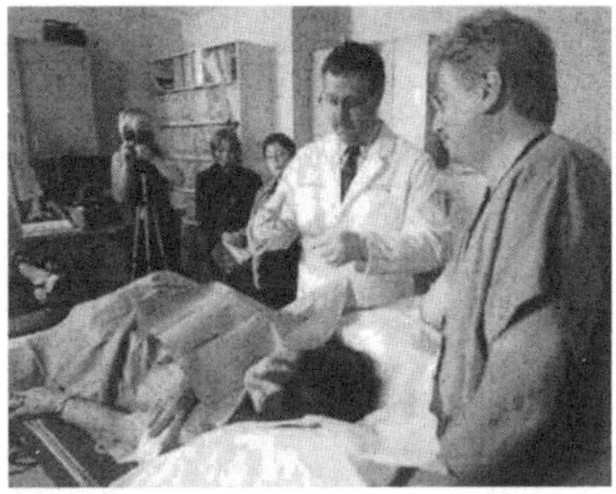

Links: Die einpflanzbaren Mikrochips werden bereits massenweise produziert, und es scheint nur noch eine Frage der Zeit zu sein, bevor sie der breiten Öffentlichkeit unter fadenscheinigen Vorwänden aufgezwungen werden. Dabei ist die Entwicklung dieses Mikrochips „für einen diktatorisch organisierten Staat ein gefundenes Fressen. Sämtliche [!] Einwohner könnten jederzeit [!] kontrolliert und überwacht werden.“ Rechts: Am 10. Mai 2002 ließ sich im US-Bundesstaat Florida eine dreiköpfige Familie unter großem Medienrummel den „VeriChip“ in ihren Arm implantieren: „Die Prozedur in Boca Raton dauerte nur 20 Minuten. Familie Jacobs rollte die Ärmel hoch und bekam ohne Narkose die Chips eingespritzt. Vater Jeffrey Jacobs sagte danach, es sei harmloser gewesen als beim Zahnarzt.“***

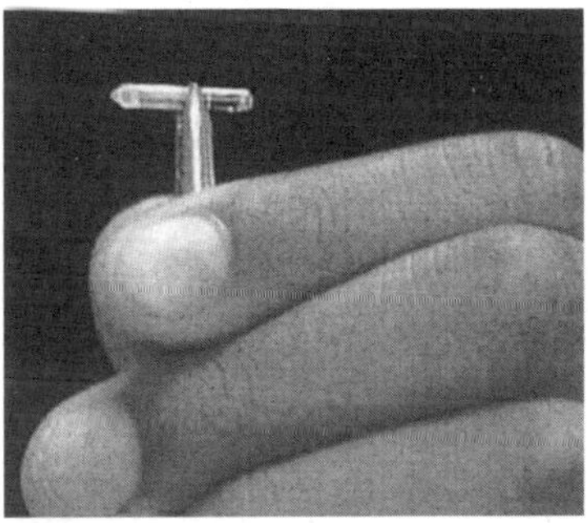 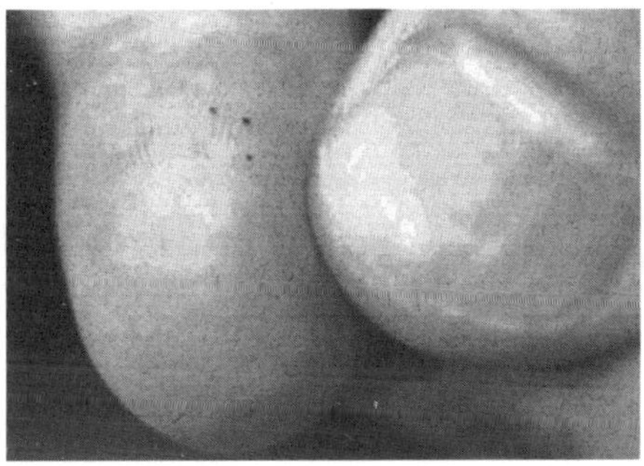

Links: Kein Mensch darf sich diesen Mikrochip jemals unter die Haut einsetzen lassen, denn er läßt sich nicht nur rund um die Uhr überwachen, sondern kann auch Krankheiten auslösen und ferngesteuert Schmerzen hervorrufen. Rechts: Die RFID-Tags - bei denen es sich ebenfalls um Mikrochips handelt - sind winzig klein. Theoretisch könnten auch sie den Menschen unter die Haut implantiert werden.

(Quellenhinweise: Oben links: http://www.7th-day-arm.org/marcaliteral.htm; Oben rechts: ebd.; Unten links: ebd.; Unten rechts: http://mdn.mainichi.co.jp/photojournal/10.html; *: http://futurezone.orf.at/futurezone.orf?read=detail&id=117966; **: http://www.3sat.de/nano/news/32714)

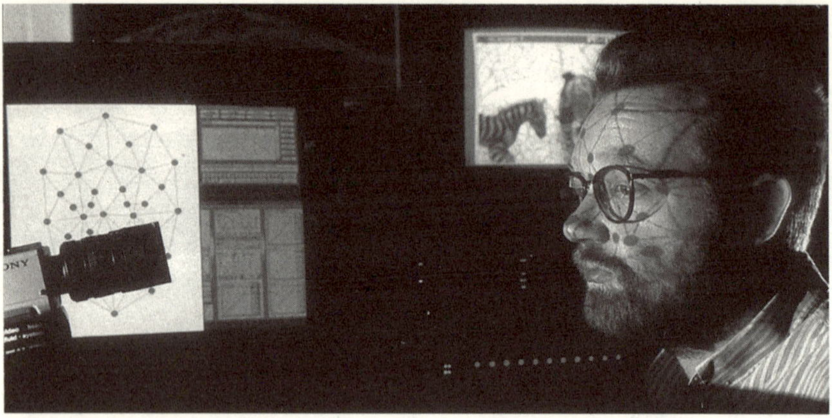

Im Zuge des „Kampfes gegen den Terror" sollen vermehrt „biometrische Verfahren" zum Einsatz kommen, wobei es sich um die Identifikation und Authentifikation von Personen durch die Erkennung mittels körperlicher Merkmale wie Gesicht, Finger oder Stimme handelt. Dazu zählen die computergestützte Gesichtserkennung, der Fingerabdruck-Scanner (unten links) und das Iris-Erkennungsgerät (unten rechts).

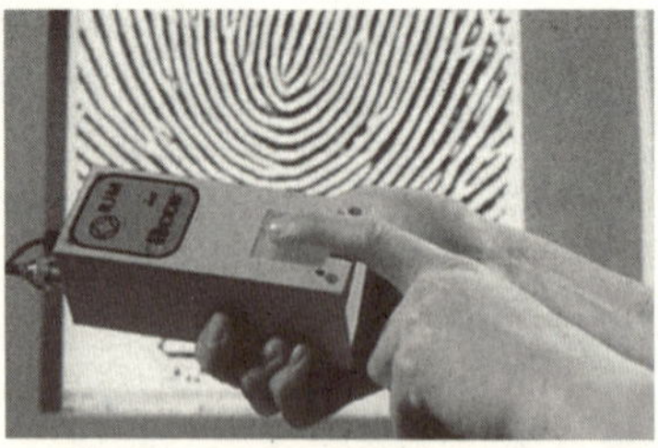

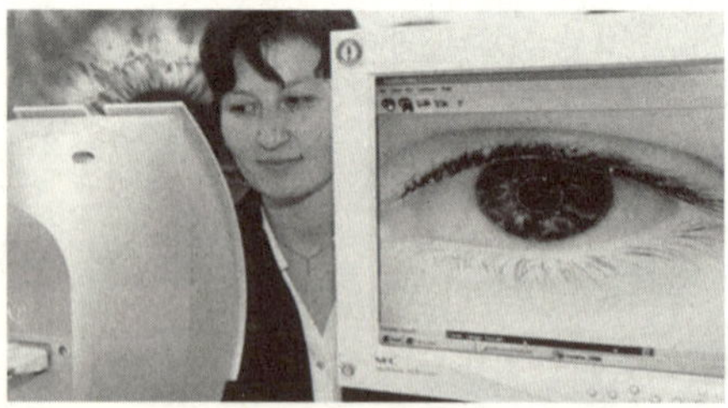

„In Großbritannien werden bereits an 350 Schulen im Schulbibliothekswesen Fingerabdruck-Scanner zur Identifizierung eingesetzt, ist einer Meldung von heise online zu entnehmen", schreibt Markus Bittner (ULD SH) im „Virtuellen Datenschutzbüro". „Von der Einführung dieses biometrischen Systems sind insgesamt mehr als 200 000 Schüler ab dem Alter von sieben Jahren betroffen. Die Menschenrechtsorganisation 'Privacy International' (PI) kritisiert daran scharf, daß oftmals nicht einmal die Eltern der Schüler über die Erfassung informiert werden. PI bezeichnet das System, das zur Kostenreduzierung eingeführt wurde, als 'gefährlich, illegal und unnötig'. Kritik übte PI auch an dem 'Information Commissioner', der in Großbritannien für die Überwachung der Einhaltung des Datenschutzes zuständig ist. Dieser habe die Einführung des Fingerabdruck-Scanners unterstützt."**

(Quellenhinweise: Oben: Der Spiegel, 22.10.01, S.38; Unten links: ebd.; Unten rechts: ebd. S.36; *: http://www.datenschutz.de/news/alle/detail/?nid=644)

George Getz, der Pressechef der 'Libertarian Party', stimmt dem zu und erklärt: 'Schließlich hat die Regierung niemals irgend jemanden gezwungen, einen Führerschein zu haben, [aber] versuchen Sie mal auszukommen, ohne einen zu besitzen, wenn jeder von Ihrem örtlichen Bankier bis hin zum Autovermieter, dem Hotelbetreiber und dem Verkäufer im Lebensmittelmarkt einen benötigt, damit Sie deren Dienste in Anspruch nehmen können. Das führt de facto zu einem Zwang. Wenn die Regierung Sie dazu bringen kann, Ihre Fingerabdrücke abzugeben, um einen Führerschein zu erhalten, warum sollte sie Sie nicht dazu nötigen können, einen einpflanzbaren Computerchip zu tragen?'" [54]

„Verschiedene Gründe wurden vorgebracht, uns Mikrochips aufzuzwingen. Hier sind einige Beispiele:

- Möglicherweise tragen Millionen von Menschen auf der ganzen Welt [bereits] Mikrochips in ihren Körpern. Der *Safe Medical Devices Act*, der im Jahre 1990 zum Gesetz wurde, verlangt von den Herstellern von Implantaten und medizinischen Apparaten in den USA, eine Methode zur Identifizierung und Überwachung ihrer Produkte anzunehmen, die permanent in Menschen eingepflanzt werden, und den Empfänger zu überwachen, falls Fehlfunktionen auftreten. Brustimplantate, Herzschrittmacher, ausgetauschte Herzklappen und prosthetische Apparate, die weltweit in Millionen von Menschen eingesetzt wurden, müssen alle beobachtet werden. Und eine der Methoden, die verwendet werden, um diese Geräte im Auge zu behalten, besteht in der Implantierung von Mikrochips, die Daten über den Hersteller, den Chirurgen, das Datum der Einsetzung etc. speichern.

(Anm.: Die Ärzte finden immer neue Gründe, einem Menschen einen Fremdkörper einzusetzen: „Mit Billigung der Gesundheitsbehörden in den USA haben nun klinische Versuche mit dem sogenannten Orgasmatron begonnen.

Im Rahmen der Testreihe soll Frauen ein Gerät ins Rückenmark [!] eingesetzt werden, das beliebig viele Orgasmen auslösen kann. Der Chirurg Stuart Meloy war vor zwei Jahren während der Behandlung von Schmerzen auf ein Verfahren gestoßen, bei dem einer Frau zwei Elektroden ins Rückenmark eingepflanzt werden, die den Orgasmus auslösen.

Für die Studie war es für den Mediziner jedoch schwierig, Frauen zu finden." [55] [Anm.: Wenn sich Glücksgefühle per Fernbedienung auslösen lassen, dann könnten ebensogut Schmerzen per Fernbedienung ausgelöst werden, worin eben auch eine der großen Gefahren einpflanzbarer Mikrochips liegt!])

- Armbänder, die Mikrochips enthielten, wurden [vor einigen Jahren] mehr als 50 000 kubanischen und haitianischen Flüchtlingen ausgegeben, die auf einem Marinestützpunkt der US-Regierung interniert wurden, um sie identifizieren und überwachen zu können. Kleinen Kindern wurde die enge Manschette an ihren Fußknöcheln befestigt. Einige der Flüchtlinge versuchten die Armbänder zu entfernen. Um die Beseitigung zu verhindern, wurden schmale Streifen aus Metall in den Bändern integriert.

- Um exakte Ergebnisse bei einem Wettrennen zu erhalten, müssen Läufer und Schwimmer ein Armband mit einem Transponder tragen. Fahrradfahrern werden sie auf ihren Rädern befestigt.

- Es wurde vorgeschlagen, den Mikrochip als eine Art weltweites [!] Identifikationsgerät zu gebrauchen, das Kreditkarten und Reisepässe ersetzen soll. Menschen würden in Geschäften bezahlen, indem sie ihre Hände mit den implantierten Mikrochips über den Scanner bewegen, wodurch ihre Bankkonten automatisch belastet würden.“ [56]

Es gibt auch ein Implantat, das als Verhütungsmittel eingesetzt wird: Das Kunststoffstäbchen wird vom Arzt unter die Haut des Oberarms implantiert (!) und gibt dort drei Jahre lang ein Gestagen ab, das den Eisprung verhindert. Bei Kinderwunsch kann dieses Implantat dann wieder entfernt werden.

„In einem Artikel des *Nexus*-Magazins namens ‘Der Mikrochip und das Malzeichen des Tieres’ erzählt Dr. Carl Sanders über das Projekt, das zur Entwicklung des Mikrochips geführt hat, der das [von der Hl. Schrift so bezeichnete] Malzeichen des Tieres sein könnte. Sanders wurde im Jahre 1968 Leiter des Projekts. Den daran teilnehmenden Personen wurde mitgeteilt, der Mikrochip diene medizinischen Zwecken, aber sie fanden später heraus, daß der wahre Grund für seine Entwicklung die **menschliche Identifizierung** war. Der Mikrochip wird durch Veränderungen der Körpertemperatur wieder aufgeladen. Beängstigend dabei ist, daß er ‘auch verwendet werden kann, um starke Kopfschmerzen auszulösen, eine Veränderung des Verhaltens herbeizuführen und die sexuelle Stimulanz entweder zu erhöhen oder aber zu reduzieren - mit anderen Worten: für die **Gedankenkontrolle**. Sanders ist jetzt besorgt, daß der Chip mißbraucht werden könnte, und er glaubt, dieses elektronische Bauteil ‘werde die eindeutige Identifizierung [des Menschen] und das **Malzeichen des Tieres** sein.’“ [57]

Bemerkenswerterweise heißt es in der Hl. Schrift über die Ereignisse der letzten Tage, daß es ein Malzeichen auf der rechten Hand oder auf der Stirn geben werde: „Niemand soll kaufen oder verkaufen können, der nicht das Malzeichen trägt ..."(Offb 13, 16)

Handelt es sich bei dem einpflanzbaren Mikrochip also um dieses vor Jahrtausenden (!) vom hl. Johannes prophezeite Malzeichen oder ist es einfach nur die beste jemals von Menschen ersonnene Methode der Überwachung und Kontrolle? Unabhängig davon, wie man diese Frage beantworten mag, sind wir nicht nur aus medizinischer Sicht - schließlich können durch den Mikrochip aus der Ferne Schmerzen im Körper des Betreffenden ausgelöst werden! - gut beraten, davon die Finger zu lassen. Immerhin spricht die Hl. Schrift eine deutliche Warnung aus: „Wenn einer ... das Malzeichen annimmt auf seiner Stirn oder Hand, wird auch er trinken vom Glutwein Gottes, der ungemischt eingegossen ist in den Becher seines Zornes, und er wird gepeinigt werden in Feuer und Schwefel vor den heiligen Engeln und vor dem Lamm. Und der Rauch von ihrer Qual wird aufsteigen in alle Ewigkeit, und sie werden nicht Ruhe haben Tag und Nacht ..."(Offb 14, 9ff).

(Anm.: Für eine gänzlich andere Erklärung des „Malzeichen des Tieres“, siehe meine Schrift: „Die Entschlüsselung der Apokalypse und die Gerechtigkeit Gottes“, S. 101-104!)

Wie aber könnten die Hintermänner der Weltpolitik den Einsatz „einpflanzbarer Mikrochips“ vor der Offentlichkeit überhaupt recht fertigen? „Durch Konditionierung haben sich Leute bereits daran gewöhnt, Mikrochips in ihren Haustieren zu akzeptieren. Der nächste Schritt besteht darin, sie dazu zu bringen, Implantate für besondere Zielgruppen zu akzeptieren, wie Gefängnisinsassen, die Älteren, Kranken, Kinder usw. Es wurden Vorschläge gemacht, Kinder und Teenager elektronisch zu kennzeichnen, damit sie gefunden werden können, falls sie verlorengehen oder weglaufen. Als weiterer Gedanke ist aufgekommen, medizinische Armbänder durch Mikrochips zu ersetzen, damit Ärzte einfach nur die Hand der Testperson zu scannen brauchen, um ihre Krankengeschichte zu erfahren. Es gab bereits Vorschläge, Menschen miniaturisierte Computer einzusetzen, um den Blutdruck, Herzschlag und Cholesterinspiegel zu messen und um tauben Leuten zu helfen.

Einpflanzbare Mikrochips werden als Lösung für die vielen Karten präsentiert, die uns aufgezwungen werden, wie Bank- und Identifikationskarten, Führerscheine und Reisepässe, die verlorengehen oder gestohlen werden könnten. ... In den USA wird der einpflanzbare Chip sogar in Reklamefilmen angepriesen." [58]

Weitgehend verschwiegen wird in diesem Zusammenhang jedoch, daß der Mikrochip keineswegs so sicher ist, wie die Verantwortlichen suggerieren wollen. So berichtete der „hessentext" am 3. März 2004 [59], daß die Staatsanwaltschaft Darmstadt wegen Tierquälerei gegen zwei Frauen Anklage erhoben hat. „Der 64jährigen und ihrer 24 Jahre alten Tochter wird außerdem Diebstahl und Hehlerei vorgeworfen. Bei einer Hausdurchsuchung waren 30 völlig verwahrloste und kranke Hunde sowie elf Katzen gefunden worden. Zehn Welpen waren in Transportboxen eingepfercht.

Bei einer weiteren Überprüfung entdeckten Beamte vier gestohlene Hunde. Diesen Tieren waren die **Erkennungschips unfachmännisch und ohne Betäubung aus der Haut herausgeschnitten** worden."

Einem Tier oder einem Menschen einen Mikrochip unter die Haut zu pflanzen - vordergründig als fälschungssicheres Identifikationsmerkmal oder zum bequemeren Bezahlen -, hält Kriminelle also keineswegs davon ab, sich dieses Chips zu bemächtigen, wobei das auf eine weitaus grausamere Weise geschieht, als wenn es um die bloße Entwendung von Bargeld oder einer Kreditkarte ginge.

Nichtsdestotrotz muß damit gerechnet werden, daß es in den USA oder Europa zu einem neuen, noch verheerenderen „11. September" kommen wird, der die Menschen derart in Panik versetzen wird, daß sie aus Sicherheitsgründen bereitwillig den Mikrochip akzeptieren; oder daß die Kriminalität (Drogenhandel, Waffenschmuggel, Prostitution, Menschenhandel, illegale Einwanderung, Vergewaltigung, Mord und Totschlag) im „neuen" Europa derartige Ausmaße annimmt, daß das Volk sagt, so könne es nicht weitergehen, und nach der Einführung eines fälschungssicheren Identifikationsmerkmals geradezu verlangt.

Jedenfalls hieß es Anfang Dezember 2003, in Deutschland reiften Pläne, den Menschen zur Ziffer verkommen zu lassen, da für jeden Bundesbürger eine Identifikationsnummer geplant sei: „Laut Regierungsplänen wird die Einführung einer sogenannten ID (Identifikationsnummer) für jeden Bundesbürger geplant. Diese soll mit der Einführung der neuen Steuergesetze für jeden hierzulande eingeführt werden.

In der früheren DDR gab es bereits ein ähnliches Konzept der Numerierung der Bürger. Dort nannte man es PKZ (Personenkennzahl).

Anhand der PKZ/ID können im Zentralregister alle personenbezogenen Daten abgefragt werden. Alles ist gespeichert. Die deutsche Vereinigung für Datenschutz warnt davor. Die ID würde künftig überall verwendet werden. Meldeämter, Arbeitgeber, Finanzamt, Bundespolizei: Alle könnten künftig anhand der ID/PKZ-Nummer alle Daten des Bürgers einsehen" [60], selbstverständlich auch die im Dienste der Hintermänner der Weltpolitik stehenden internationalen Geheimdienste bei ihrem „Kampf gegen den Terror".

Damit aber nicht genug: „Mit modernster Kameratechnik sollen nach einem Bericht des 'Spiegel' an Verkehrsknotenpunkten die Kennzeichen aller [!] vorbeifahrenden Autos gescannt und mit dem Fahndungscomputer des Bundeskriminalamts abgeglichen werden.

Ziel sei es, gesuchte und gestohlene Fahrzeuge sowie gefälschte Nummernschilder mit Hilfe der Technik aufzuspüren. Hessen, Bayern und Thüringen hätten die Technik bereits erprobt, heißt es in dem Bericht.

Der Bundesbeauftragte für den Datenschutz, Schaar, kritisierte das Verfahren im 'Tagesspiegel' als **Vorstufe** für möglicherweise **tiefgehende Eingriffe**." [61] (Auf solche „tiefgehende Eingriffe" können wir gerne verzichten!)

„An zentralen Punkten bundesweit [!] sollen die Kennzeichen aller [!] vorbeifahrenden Autos permanent [!] gefilmt, ausgewertet und mit dem zentralen Fahndungscomputer im Wiesbadener Bundeskriminalamt abgeglichen werden", schreibt der „Spiegel" [62] zu diesem Thema. „Hessens Innenminister Volker Bouffier (CDU) hat, allen voran, bereits einen entsprechenden Gesetzentwurf dafür vorgelegt.

Die Technik ist vergleichsweise simpel und erprobt: Videokamera
sollen die Autos an Kreuzungen, in Tunneln oder auf Autobahn
filmen. Die Bilder werden digitalisiert, sodaß Computer die Kenn
chen lesen können. Ist ein Nummernschild als gefälscht ode
Fahrzeug als gestohlen gemeldet, oder fahndet die Polizei nach
Eigentümer des Autos, löst der Rechner sofort Alarm aus. Anschließe
müssen Beamte den Wagen nur noch abfangen und stoppen.

Mit dem System wollen die Innenminister vor allem Autoschieber und flüchtige Straftäter fassen. Aber auch unterhaltssäumige Väter beispielsweise könnten so geschnappt werden", ebenso wie Leute, die sich etwa für demokratische Grundrechte oder die historische Wahrheit einsetzen, oder die aufgrund ihres christlichen „Fundamentalismus" als „intolerant" und damit „gefährlich" eingestuft werden und in Zukunft möglicherweise pauschal als „Neonazis“ und „Terroristen“ diffamiert werden.

Wie „die tageszeitung“ am 21. Mai 2004 berichtete, will eine neue EU-Verordnung zudem die rechtlichen Voraussetzungen dafür schaffen, „nationale Zentraldateien mit den biometrischen Daten aller Bürger anzulegen. Als Zukunftsperspektive könne daraus eine EU-Zentraldatei entstehen. Begründet wird dies mit der Notwendigkeit, als Reaktion auf die terroristischen [sic!] Anschläge vom und seit dem 11. September 2001 die Sicherheit von Dokumenten zu erhöhen. Dies müsse international ‘harmonisiert’ stattfinden.“

Dabei hatte der Deutsche Bundestag zuvor beschlossen: „Eine bundesweite Datei wird nicht eingerichtet“. „Zu schwer wog die Befürchtung, daß durch die Einrichtung eines Zentralregisters die Polizei Begehrlichkeiten entwickeln würde. Früher oder später würde jede an einem Verbrechensort gefundene Spur mit dem Zentralregister abgeglichen werden. Und jeder [!] Bürger, der je eine Spur, sei es ein Fingerabdruck oder ein auf Video gebanntes Gesichtsbild, an einem Tatort hinterlassen hätte, gälte als Verdächtiger.

Die Einrichtung eines zentralen Paßregisters sieht nun auch der Bundesdatenschutzbeauftragte Peter Schaar als ‘größtes Problem’ der anstehenden EU-Verordnung. Die **Festlegung auf Gesichtsbild und Fingerabdruck** zum einen **und das Zentralregister** zum anderen **‘sind eine brisante Mischung’**, sagt er.

Schaar entwirft, was er selbst ein **‘Überwachungsszenario nie gekannten Ausmaßes’** nennt: Eine Zentraldatei mit den digitalisierten Photos aller [!] EU-Bürger könnte dazu dienen, die Videobilder aus llen Kameras auszuwerten, die mittlerweile im öffentlichen wie priaten Raum installiert sind. Nicht nur könnte dann jeder [!] Schritt es [!] Bürgers gefilmt werden - der Staat hätte auch die Möglichkeit, m Bild einen Namen zuzuordnen.“ (ebd.; Herv. v. Verf.) Die ante EU-Verordnung ist übrigens maßgeblich unter Druck von ndesinnenminister und Freimaurer Otto Schily zustande gekommen!

„Läßt sich die biometrische Aufrüstung aller Papiere [aber] überhaupt mit dem 11. September 2001 rechtfertigen? Der Erfinder der Iris-Erkennung, John Daugman von der englischen Cambridge-Universität, hat darauf eine eindeutige Antwort: Nein. ‘Identifikation und Antiterrorismus durcheinanderzubringen, das ist fehlerhaftes Denken’, sagt er. Wenn man alle EU-Bürger biometrisch erfaßt, wisse man schließlich noch lange nicht, wer davon ein Terrorist ist“ (ebd.), wobei natürlich noch zu beachten ist, daß es sich bei den Anschlägen des 11. September 2001 überhaupt nicht um eine islamische „Aktion" gehandelt hat, sondern daß der Angriff auf das World Trade Center und das Pentagon von Kreisen *innerhalb* der US-Regierung durchgeführt worden *sein muß*!

Nichtsdestotrotz schreitet der Ausbau des allgegenwärtigen Überwachungsstaats *gerade in Deutschland*, das 1945 von seinen „Freunden" in Übersee angeblich „befreit" worden ist, mit Riesenschritten voran: „Auf breiter Front laufen derzeit die Vorbereitungen zur totalen Überwachung. An verschiedenen Stellen wurde auf deutschen Autobahnen erfolgreich die Erfassung der Kennzeichen aller Fahrzeuge getestet. Ohne gesetzliche Grundlage haben die Machthaber die Bürger in Bayern, Thüringen und Brandenburg auf den Autobahnen ausspioniert. (In London ist das längst Alltag.) Auch wenn derzeit noch abgewiegelt wird, so sind die für die LKW-Maut (und spätere PKW-Maut!) aufgebauten Überwachungsbrücken in der Lage, diese Fahrzeugüberwachung flächendeckend zu erledigen. Aber alle Technik braucht ihre Anlaufzeit. Auch die Datenbanken und die Informationsverarbeitung müssen erst aufgebaut werden. Wenn die Politiker nichts zu verbergen haben, warum wurde dann in aller Heimlichkeit getestet? Warum wohl genügt nicht ein einfaches aber funktionierendes System wie in Österreich?

Die neueste Erfindung zur Überwachung sind sogenannte RFID-Tags (radio frequency identification tags: 'Anhängsel' zur Identifikation mit Radiofrequenzen). Das sind winzige Mikrochips, so klein wie ein halbes Sandkorn, die zukünftig an jedem Produkt angebracht werden sollen, um über sogenannte 'smarte Regale' und Scanner an den Kassen den Ladendiebstahl zu verhindern und die Lagerhaltung zu erleichtern. Sie werden derzeit in großen Supermarktketten getestet. Das Problem besteht darin, daß nicht kontrollierbar ist, ob sie beim Bezahlen an der Kasse deaktiviert werden. Ist das nicht der Fall, kann man damit jemanden ganz einfach überwachen. Sie brauchen nämlich keine eigene Stromquelle, sondern werden von jedem geeigneten Scanner zum Leben erweckt und antworten dann mit ihrer eindeutigen 64 Bit-ID-Nummer. Eine deutsche Firma hat schon waschbare RFID-Tags erfunden, die in Kleidungsstücke genäht werden sollen. Die EZB plant, bis 2005 die Euro-Banknoten mit RFID-Tags auszustatten. Alien Technology, die Firma, die die Dinger in den USA produziert, sagt, daß ihre Scanner zur Zeit die Tags auf ca. 5 m Entfernung lesen können.

Bei der Fußballweltmeisterschaft 2006 soll soweit wie möglich die sog. biometrische Zugangskontrolle genutzt werden. Dazu ist also die Erfassung und Speicherung von Fingerabdrücken oder der Struktur der Iris im Auge geplant. ... Um biometrische Erfassung auch von Windows-Rechnern zu ermöglichen, wurden längst die notwendigen Programmbausteine erstellt. Die nächste Generation von Microsofts Betriebssystem integriert außerdem ein neues Rechtesystem und soll 'Sicheres Computern' ermöglichen. Der Computer selbst überprüft, was jemand machen darf und was nicht. Anhand von Checksummen und Registriernummern wird geprüft, ob man zu bestimmten Dingen berechtigt ist. Später wird diese Technologie direkt in die Prozessoren eingebaut. Auch der Internetzugang und die Nutzung der verschiedenen Dienste werden in Zukunft mit Freigaben und Aktivierungsschlüsseln verbunden sein. ...

Um 'Sicheres Computern' zu ermöglichen, haben sich alle großen Unternehmen der Informationstechnologie zur 'Trusted Computing Group' (TCG) zusammengeschlossen. Es sind über 200 Firmen: Microsoft, Intel, AMD, ASUS, HP Siemens, Nokia usw.. Leider wird mit 'Trusted Computing' durch die Signierung und Verschlüsselung jeder Computernutzer registrierbar und überwachbar. Jedes Programm, einerlei von wem es geschrieben ist, würde explizit von diesem 'großen Bruder' freigeschaltet werden müssen. Und die TCG könnte als Verwalter der Identifikationsnummern und Paßwörter auf ALLE persönlichen Daten zugreifen.

Die persönliche Authentifizierung wird dann über einen miniaturisierten Chip erfolgen, den jeder Mensch unter der Haut haben soll. Wichtig soll dieser Chip für alle finanziellen Aktivitäten werden, die ein Mensch tätigen will, aber auch für alle Verwaltungsleistungen.

Geworben wird mit der Tatsache, daß es doch so praktisch sei, nicht mehr viele Geheimnummern und Paßwörter im Kopf haben zu müssen. Firmen werden die Zugangskontrolle zu sensiblen Bereichen mit diesem Chip absichern. Ohne Chip würde man dann arbeitslos. Bei Rassehunden und anderen Tieren, auch bei Soldaten von Eliteeinheiten, die z.B. hinter der Front operieren, ist dies bereits im Einsatz. Die Testphase ist also bereits abgeschlossen, und das System muß nur noch hochskaliert werden.

Am 21.11.2003 stellte die Firma Applied Digital Solutions auf der Konferenz 'ID World 2003' in Paris die neueste Generation dieses Chips vor. **Der 'VeriChip' ist kleiner als ein Reiskorn und wird mit einer Kanüle unter die Haut eingeführt. Er enthält eine ge-**

speicherte ID-Nummer, die sich mittels eines Scanners ablesen läßt. Der Chip benötigt dazu keine eigene Energieversorgung, da der Scanner über Radiosignal (siehe RFID-Tag) eine magnetische Spule im Chip aktiviert, wodurch die Daten übertragen werden. Mit der empfangenen ID-Nummer könnten dann über das Internet weitere Informationen über den Träger aus der zentralen Datenbank abgerufen oder hinzugespeichert werden. Haben Sie schon einmal überlegt, was passieren könnte, wenn solche Scanner im Eingang eines Bahnhofs oder Flughafens eingebaut sind, aber für Sie der Status 'terrorismusverdächtig' gesetzt ist?

Aber woher kommt eine eindeutige (!) Nummer bei Menschen, die nicht sozialversicherungspflichtig sind? (Bankkonten haben oft mehrere Inhaber.) Die Antwort finden Sie auf Seite 45ff der 68-seitigen Drucksache des Deutschen Bundestages 15/1928 über das Steueränderungsgesetz 2003. Laut diesem bekommt bereits jetzt jeder Mensch eine einmalige Identifikationsnummer schon von Geburt an!!!

Umfassende Fahrzeugüberwachung, Speicherung biometrischer Daten für Zugangskontrollen, totale Entmündigung bei Netznutzung und de facto zwangsweise Chipeinpflanzung, das alles bedeutet Alarmstufe ROT für jeden, der die Freiheit liebt.“ [63]

Die US-amerikanische Behörde „Food and Drug Administration“ hatte bereits Anfang April 2002 „den Weg für den sogenannten 'VeriChip' der US-Firma Applied Digital Solutions (ADS) freigegeben. Dieser etwa reiskorngroße Chip wird unter der Haut eingepflanzt und kann diverse Informationen speichern, die über einen speziellen Scanner ausgelesen werden können. ... Möglich wäre ... ein Einsatz bei Gefängnisinsassen oder Kindern, die über ihre jeweilige ID Nummer ständig überwacht und im Falle eines Ausbruchs oder einer Entführung schnell aufgefunden werden könnten.“ [64] Tatsächlich hat die Entwicklung dieses Mikrochips aber einen ganz anderen Hintergrund, wie wir bereits gesehen haben, denn sie ist „für einen diktatorisch organisierten Staat ein gefundenes Fressen. Sämtliche [!] Einwohner könnten jederzeit [!] kontrolliert und überwacht werden.“ [65]

„Im Jahr 1998 erschien in der Zeitschrift 'Wissenschaft ohne Grenzen' ein Artikel mit dem Titel 'Bio-Chips: Wächter für unsere Gesundheit oder Wegbereiter für eine kontrollierte Gesellschaft?'. Darin heißt es: 'Präsident Bill Clinton verlautbarte am 17. Dezember 1997 bei der Ehrung von 14 amerikanischen Wissenschaftlern, daß seine Regierung 96 Millionen Dollar für drei Projekte zur Verfügung stellen wird. Diese Projekte sind:

1. Supercomputer von der Größe eines Microchips
2. die Entwicklung eines Videophones
3. Identifikationssysteme, die mit Hilfe von Radiowellen vermißte Kinder lokalisieren können.'

Hier ... ein Zitat ... von Professor Dr. Josef Binder von der Universität Bremen: ' ... ITES (Implementierbares Telemetrisches Endo-System) ist ein bio-medizinisches Präparat, das direkt dem Menschen ins Gehirn [!] implantiert wird ... ' (Quelle: Dr. Lammer: 'Schwarze Forschungen. Geheime Versuche unter Ausschluß der Öffentlichkeit'). Der Konzern IBM, für den auch ... Dr. Carl Sanders gearbeitet hat, hat solche Implantate bereits an Häftlingen in den USA getestet. Besonders bedenklich ist in diesem Fall, daß eine 'demokratische' Regierung Gefangene für solche Versuche zur Verfügung stellt." [66]

„Die Situation des Individuums angesichts der umfassenden Vernetzung in Kombination mit neuen Identifikationsverfahren, sagt Phil Zimmermann, sei die eines Froschs in einem Topf mit Wasser, der nicht bemerkt, daß es langsam immer heißer wird. 'Eines Tages werden wir aufwachen und müssen feststellen', so der Erfinder des Verschlüsselungsprogramms 'Pretty Good Privacy', daß unsere Privatsphäre einfach verschwunden ist.' Für ganz besonders gefährlich hält Zimmermann biometrische Erkennungssysteme wie Retina-, Iris- und Fingerabdruck-Scanner, aber auch altmodische Überwachungskameras. ... 'Demokratische Staaten hatten es bis jetzt nie mit einer allwissenden Staatslenkung zu tun, die westlichen Regierungen aber sind auf dem besten Weg, allwissend zu werden. Dann werden sie beginnen, Dissidenten [Anm.: wie etwa strenggläubige Christen oder Patrioten!] systematisch zu jagen.'" [67]

Es kommt aber noch schlimmer! Ausgerechnet Deutschland dient nämlich schon seit über 10 Jahren als regelrechtes Versuchsfeld für diverse Implantate: „So zum Beispiel seit 1993 mit dem sogenannten Smart Device, einem von einer Tochtergesellschaft der General Motors in den USA mit dem Namen Hughes Aircraft entwickelten Biochip. Auch das von der schweizerischen Firma LipoMatrix entwickelte Implantat Vigilance TM ID wird seit 1994 in Deutschland an Menschen getestet. In [einer] Sendung des Wissenschaftsmagazins 'Modern Times' [vom 9. Januar 1998 in ORF2] wurde als Entwicklungsstätte der Gehirn-Bio-Chips auch die Universität Bremen genannt, mit dem Professor für angewandte Informatik Dr. Klaus Haefner. Für die Öffentlichkeit wird selbstverständlich der erhoffte medizinische Nutzen herausgestellt und die Manipulationsabsicht verschwiegen. ...

Wie gelangt ein Neurochip ohne Einverständnis und ohne Wissen des Betroffenen in den Körper? Da die Chips inzwischen so klein sind, daß sie auch injiziert werden können, ist ein möglicher Weg dieser: Auf dem Transport von Arzneimittelampullen vom Großhändler zum Apotheker tauscht der Fahrer normale Ampullen gegen solche mit Chip aus. Ahnungslose ÄrztInnen können so Heerscharen von unbewußten Undercover-Agenten erzeugen: wenn der Chip intravenös injiziert wird, bleibt er in der Regel in der Lungenstrombahn hängen und dürfte einheilen, wahrscheinlich symptomlos. Fortan kann die Zentrale den Träger mit Schmerzimpulsen quälen, ihn durch Stimmensenden in die Psychiatrie manövrieren und Informationen abrufen." [68]

Man hat es hier also mit einer Orwell'schen Horrorvision zu tun, die keine Zukunftsmusik mehr ist, sondern *hier und jetzt* verwirklicht wird. Und: „So prophetisch '1984' auch war, George Orwell hätte sich nicht im entferntesten vorstellen können, wie weit sich die Überwachungstechnologie von heute tatsächlich entwickeln würde. ... Armer Orwell! Würde er heute auf Erden wandeln und sehen, wie die Überwachungsmöglichkeiten vorangeschritten sind, würde er vermutlich eine Sterbensangst ausstehen. Zu seiner Zeit war diese Vision pure Science Fiction. Jetzt hat uns die Realität eingeholt - und wird uns so schnell nicht wieder loslassen.

Tatsächlich ist eins der alarmierendsten Zeichen dieser Zeit die gelassene Akzeptanz, mit der die Menschen auf die Tatsache reagieren, daß jede ihrer Bewegungen beobachtet und aufgezeichnet werden können. Alle unverschlüsselten E-mails, die wir versenden, können heutzutage von jemandem gelesen werden. Überwachungsagenturen können anhand von Satelliten und anderen Hilfsmitteln jedes unserer Telephongespräche abhören. Jeder Einkauf, den wir mit einer Kreditkarte tätigen, wird irgendwo in einer Datenbank unter unserem Namen mit Verweis auf unsere Adresse gespeichert. Diese Netzwerkdatenbanken sind ausgestattet, bis zu einem gewissen Maße genaue Angaben zu unseren Aufenthaltsorten und unseren Tätigkeiten zu geben. Durch das Studieren unserer 'Bezahlmuster' haben Andere die Möglichkeit sich über unseren Geschmack und unsere Gewohnheiten zu informieren.

Computerchip-Implantate werden verwendet, um Kinder, Gefangene, Tiere, Alzheimerpatienten und Andere zu überwachen. Die Überwachungskameras, die sich an unseren Straßen aufreihen und Kaufhäuser, Parkhäuser, Privatwohnungen kontrollieren, werden überall auf der Welt zu einem ganz normalen Teil unseres täglichen Lebens. Unsere Aktivitäten im Internet können bis zum allerletzten Mausklick aufgezeichnet werden. Die Big Brother-Society ist hier!

Der Große Bruder ist nicht nur angekommen, sondern er schnürt seinen Griff bereits immer enger um unsere Welt. Von Australien bis Indien, über Kanada, Südamerika, die USA, und selbst Afghanistan, ist die Infrastruktur für eine Weltregierung bereits vorhanden, die 'zu ihrem eigenen Wohle und dem Wohle der Sicherheit' ein Auge auf ihre Bürger wirft. Die heutigen Überwachunsgeräte bereiten den Weg für die wohl am besten kontrollierte Gesellschaft, die man sich vorstellen kann." [69]

„Überwachung und Kontrolle gehen Hand in Hand: man kann nicht jeden kontrollieren, ohne zuvor ein weltweites Überwachungssystem errichtet zu haben. Das Hauptziel ist nicht die Überwachung, sondern die totale Kontrolle. Sie [Anm.: die Hintermänner der Neuen Weltordnung!] beabsichtigen, unsere Handlungen und sogar unsere Gedanken zu kontrollieren ... Gedankenkontroll-Experimente werden bereits seit Generationen durchgeführt, und die Methoden werden immer ausgereifter: Drogen, Mikrowellen, magnetische Felder und einpflanzbare Mikrochips kommen hierbei zum Einsatz. Wir sind besonders über letzteres besorgt, weil diese Geräte auch zur Identifikation verwendet werden könnten, ohne die Kaufen und Verkaufen in einerzukünftigen bargeldlosen Gesellschaft unmöglich sein würden." [70]

Spätestens am 7. April 2004 wurden schließlich all diejenigen, die die massenhafte Ausrüstung des Menschen mit solchen Mikrochips immer noch für bloße Zukunftsmusik halten, eines besseren belehrt: „Während meiner Rundfunkübertragung führte ich ein 30-minütiges Interview mit Conrad Chase, der mir erzählte, daß der Vorstandsvorsitzende von VeriChip, Herr Bolton, ihm mitgeteilt hatte, daß es einen Plan gebe, den VeriChip als ein weltweites [!] einpflanzbares System zur Identifizierung [des Menschen] zu gebrauchen", schreibt der Enthüllungsjournalist Alex Jones und fährt fort: „Ich fragte ihn, ob man zukünftig einen solchen Chip tragen müßte, um zu seinem Club Zutritt zu haben, und er bejahte.

Ich erwiderte mit einem Lächeln, man könne wohl kaum eine VIP [Anm.: Very Important Person = prominente Persönlichkeit] sein, wenn man keinen Chip besäße, worauf er konterte, daß er dies für einen großartigen Werbetext halte, den er nun benutzen werde.

Er führte aus, daß alle Besitzer von Schußwaffen ebenfalls einen Mikrochip in ihrer Hand implantiert haben sollten, um in der Lage zu sein, über eine Waffe zu verfügen. Er sagte auch, daß er vom Unternehmen VeriChip erfahren habe, daß die italienische Regierung sich darauf vorbereitet, all ihren Angestellten [diesen Mikrochip] einzusetzen. Er erklärte, daß dies ein phantastisches System sei, von dem er überzeugt sei, es werde Kreditkarten ersetzen, um kaufen und verkaufen zu können.

Ich fragte ihn, von wem er all diese Ideen hätte, und er entgegnete, daß er diese Dinge aus seinen Unterredungen mit VeriChip erfahren habe, und daß er sich bewußt sei, daß sich die Fabrik, die diese Chips herstellt, in Peking, China, befindet.

Es wird nicht sehr viel gruseliger als dies. Sie haben vor, die Mikrochips als das 'ultimative Modebewußtsein' anzupreisen.“ [71]

Violet Jones von der Internetseite „Infowars.com“ fügt dem hinzu: „Der Baja-Beach-Club-Besitzer Conrad Chase wollte etwas Außergewöhnliches, um seine VIP-Stammkunden zu kennzeichnen. Andere Clubs verwenden dazu einen originellen Schmuck oder Schlüsselanhänger, aber er hatte nach etwas ganz Besonderem gesucht. Schließlich bekam er den Geistesblitz, seinen VIP-Mitgliedern den Mikrochip von VeriChip einpflanzen zu lassen.

Über die Jahre hinweg hat Alex oft darüber gesprochen, daß sie dem Chip einen elitären Status verleihen und es so hinstellen würden, als ob es 'ein riesiger Spaß' und bloß 'zum Vergnügen' sei, sich diesen unter die Haut zu pflanzen. Das hätte zur Folge, daß eine gesamte Generation junger Teenager bald mit ihren Eltern Diskussionen führen und von ihnen die Erlaubnis verlangen würde, sich den Chip implantieren zu lassen, um auf diese Weise der Schickeria zuzugehören. Der Baja-Beach-Club und Chase haben bewiesen, daß dieser Trend begonnen hat.

Als ich heute morgen mit Herrn Chase sprach, erzählte er mir, daß die Einführung seines Implantats die Aufmerksamkeit der internationalen Medien erlangte hätte. Er selbst bekam bei der von den Medien übertragenen Markteinführung des VIP-Implantierungssystem zusammen mit Stars von der spanischen Version der Fernsehsendung 'Big Brother' (in Spanien heißt sie 'Grand Hermano') einen Mikrochip eingesetzt.

Er teilte mir auch mit, daß er mit dem VeriChip-Unternehmen in Verbindung steht und daß es mehrere neue Entwicklungen mit ihrem Implantierungssystem geben würde, unter anderem ein Projekt der belgischen Tochtergesellschaft des Waffenproduzenten 'FN Herstal', die die 'Browning'- und 'Smith and Wesson'-Handfeuerwaffen herstellt. Sie wollen ein Implantierungs-Schußwaffen-System einführen, das eine Schußwaffe nur für das Individuum funktionsfähig macht, dem ein entsprechender Mikrochip eingepflanzt worden ist.

Der Baja-Beach-Club ist einer von Barcelonas beliebtesten Nachtlokalen. Die Internetseite beschreibt seinen VIP-Bereich folgendermaßen: 'Wir haben einen besonderen Bereich im Baja-Beach-Club, den nur prominente Persönlichkeiten betreten dürfen. Dieser bietet verschiedene exklusive Dienste für diese Mitglieder an.

Wir sind die erste Diskothek in der Welt, die den VIP-VeriChip offeriert. Indem wir einen integrierten (eingebetteten) Mikrochip verwenden, können unsere VIPs sich selbst ausweisen und für ihr Essen und ihre Getränke bezahlen, ohne irgendwelche Papiere (zur Identifikation) bei sich tragen zu müssen.'" [72]

Es sind aber nicht nur die Mikrochips des Unternehmens VeriChip, die den Menschen unter die Haut gepflanzt werden sollen. „Seit einiger Zeit berichten wir über den Siegeszug der Radio Frequency Identification=RFID-Chips in den verschiedensten Lebensbereichen", legt das „Virtuelle Datenschutzbüro" auf seiner Internetseite „datenschutz.de" hierzu dar. „Der Einsatz der kleinen, berührungslos lokalisierbaren Peilsender bei Produkten im Einzelhandel stellte erst den Anfang dar. Auch die Idee, derartige RFID-Chips Menschen zu implantieren und sie auf diese Weise lokalisierbar zu machen, ist nicht wirklich neu. Die US-Firma Applied Digital Solutions (ADS) ist bezüglich der Implantation solcher Chips bereits bekannt.

Nach Angaben von futurezone versucht das Unternehmen ADS nun die Implantierung solcher Chips mit dem Wunsch nach komfortablen Zahlungsmöglichkeiten [Anm.: Da es immer mehr Armut auf der Welt gibt, sollte wohl erst einmal dafür gesorgt werden, daß die Leute überhaupt noch etwas zum Bezahlen haben!] zu vereinen: **Unter der Haut implantierte RFID-Chips** sollen als Zahlungsmittel eingesetzt werden und die bislang bekannten Kreditkarten ablösen. Damit geht dieses Konzept derzeit am weitesten in der RFID-Euphorie: Bislang 'begnügte' man sich damit, die RFID-Tags in Schlüsselanhängern einzusetzen und als Zahlungsmittel an Tankstellen zu testen. Im Großraum Chicago wird der als 'Speedpass' bezeichnete Schlüsselanhänger samt RFID-Chip auch bei rund 400 Filialen der Fastfood-Kette McDonalds akzeptiert.

Der ohnehin aus Datenschutzsicht nicht unproblematische **Einsatz der Funkchips** im Zahlungsverkehr stellt als Implantat eine besonders **große Gefahr der Totalüberwachung** dar.“ [73]

Es gibt auch schon eine ganze Weile einen Begriff, „der nicht an die Öffentlichkeit gelangt ist: **‘Silicon Dust’**. Das sind **winzige Chips, die überall eingesetzt werden können**. In diese Rubrik fällt auch ein neuer Chip von Hitachi: ‘MEU’. Seine wesentliche Funktion besteht darin, durch Energie von außen aktiviert zu werden und dann eine interne Nummer nach außen zu funken. Ein System, das schon über 10 Jahre bekannt ist, verwendet beispielsweise in Form von subkutanen Transpondern zur Identifizierung von Zootieren.“ [74]

Der MEU-Chip kann wegen seiner geringen Abmessungen problemlos „in jedes Textil oder Papier [!] eingefügt werden. Durch die von außen zugeführte Energie benötigt er kein so aufwendiges Innenleben wie eine Chip-Karte. Als einzige Verbindung zur Außenwelt ist ein Draht nötig: als Antenne. Aber selbst den muß man nicht aus Metall herstellen: leitfähige Paste genügt. In Textilien können Metallfäden eingezogen werden. Fällt überhaupt nicht auf. Ein Blatt Papier kann sogar mit mehreren solcher MEU-Chips versehen werden (Redundanz als höherer Schutz gegen Ausfall). Bei Geldscheinen kann der Kopierer sofort die Banknote erkennen und den Kopiervorgang melden. Das Photopapier für Ausweise kann mit den Chips versehen und die Identnummern zusätzlich gespeichert werden. Ein Austauschen eines Photos ist damit nicht mehr möglich, denn die Identnummern in Photo und Ausweis müssen zusammengehören. Teile beliebiger Form beliebigen Materials können mit dem Chip versehen werden, auch Keramik und Metalle. Hierbei werden die Chips unter Lack eingesiegelt. Wichtig ist hierbei die nachträgliche Änderung. Waren bislang Schlüssel nur sehr aufwendig mit Identchips zu versehen, kann dies jetzt jederzeit geschehen: Ein Staubkorn mit Antennenfaden auftragen, einsiegeln, fertig. Zur Warenauszeichnung kann sogar jede Tüte Vanillepudding im Papier einen dieser Identchips tragen. Die Bar-Codes werden zur Nebensache. Jedes Stück Ware wird einzeln identifizierbar über seine gesamte Lebensdauer. Und auch danach! Wann welche Batterie gekauft und von welchem Konto sie bezahlt wurde, läßt sich aus der Datenbank ablesen, auch wenn die Batterie längst verbraucht ist und auf dem Acker liegt. Alles läßt sich zurückverfolgen bis zum Käufer. Der Weg der Geldscheine durch die Hände seiner Besitzer wird erkennbar. ... Auf Knopfdruck sind sämtliche finanziellen Transaktionen einer Person sichtbar. Jederzeit. Werden erst die Banknoten mit diesem Chip versehen - und darüber wird hinsichtlich des Euro diskutiert - so hilft es auch nicht mehr, wenn man den Umgang mit Kreditkarten durch Barzahlung umgeht, um seine Lebensgewohnheiten zu verheimlichen. Bis zur Einführung von Euro-Noten und Bekleidungsstücken mit MEU-Chips werden sicher noch acht bis zehn Jahre vergehen, aber gedanklich vorbereiten sollte man sich schon.“ [75] *Spätestens* im Jahre 2010 muß also mit dem massenhaften Einsatz des MEU-Chips gerechnet werden!

Angesichts all dessen gibt es gar keinen Zweifel mehr: Die heute lebenden Erdenbürger sind tatsächlich zu modernen Sklaven einer kleinen, aber äußerst reichen Elite geworden. „Filme und das öffentliche Schulwesen stellen Sklaven gerne als durch Ketten gebunden und mit Peitschen geschlagen dar. Dadurch schaffen sie ein bestimmtes Bild von der Sklaverei, auf das man mit dem Hinweis zeigen kann: ‘Ihnen ergeht es nicht so, von daher sind Sie kein Sklave.’ Aber die Geschichte lehrt uns, daß Sklaven auf unterschiedlichste Weise behandelt wurden, einige dieser Praktiken waren grausamer als andere. Und doch - auch mit der nettesten Behandlung bleibt ein Sklave immer noch ein Sklave. ...

Wie läßt sich ein Sklave definieren? Welchen Test kann man durchführen, um verbindlich sagen zu können, ob jemand ein Sklave ist oder nicht? Was unterscheidet ihn von freien Leuten?

Freie Leute können ‘nein’ sagen. Freie Leute können sich der Inanspruchnahme ihres Geldes, ihrer Zeit und ihrer Kinder widersetzen. Sklaven hingegen können es nicht. Es gibt keine Freiheit ohne die Freiheit ‘nein’ sagen zu können. Wenn irgend jemand von Ihnen etwas zu tun verlangt und Sie ‘nein’ sagen und sich weigern können, dann sind Sie ein freier Mensch. Wenn man sie zwingen kann, etwas zu tun oder etwas aufzugeben, was Sie nicht wünschen, dann sind Sie ein Sklave. Es bedarf keiner anderen Probe.

Wenn Sie aufgrund stetig steigender Steuern gezwungen werden, die Hälfte ihrer Arbeitsleistung an die Regierung abzutreten, dann sind Sie ein Sklave. Während der Geschichte erwartete man von Sklaven, daß sie für ihren Unterhalt selbst die nötige Arbeit verrichten, und dann zusätzliche Arbeit für die Herrscher ausführen. Für römische Sklaven betrug das zahlenmäßige Verhältnis von ‘Arbeit-für-sich-selbst’ gegenüber ‘Arbeit-für-die-Herrscher’ etwa 50 zu 50. Das gleiche zahlenmäßige Verhältnis wurde für mittelalterliche Leibeigene und sogar für die Sklaven im Süden der USA angewandt. Und, wenn man all die offenen Steuern, verdeckten Gebühren, Abgaben, indirekten Verbrauchssteuern zuzüglich des steigenden Preises - den Sie für Produkte entrichten müssen, um die Steuern [bzw. Zinsen] der Unternehmen zu bezahlen, die diese Produkte herstellen - addiert, wird man sehr schnell feststellen, daß Amerikaner [Anm.: und Deutsche!] am gleichen zahlenmäßigen Verhältnis 'die-Hälfte-für-sich-selbst' im Vergleich zu 'die-Hälfte-für-den-Herrscher' angelangt sind! Können Sie gegenüber der Beschlagnahmung der Hälfte Ihres Lebens 'nein' sagen? Können Sie die Herren und Meister dazu bringen, die Last auch nur um einen bedeutsamen Betrag zu senken? Nein? Herzlichen Glückwunsch. Sie sind ein Sklave.“ [76]

Daß es sich bei den Deutschen ebenfalls um wirtschaftliche Sklaven handelt, belegt schon allein die Finanz(Schulden-)politik der Bundesregierung. Hören wir dazu Dr. Christian Friedrich Böhme aus Wiesbaden, der darlegt, wie die Rentenkasse unseres Volkes lange Zeit hindurch systematisch geplündert wurde [77]: „Über die Jahrzehnte nutzten die Regierenden die Gesetzliche Rentenversicherung (GRV) als Finanzquelle für den Bundeshaushalt. Zwei Fälle seien hier genannt: 1995 wurden der GRV versicherungsfremde Leistungen in Höhe von 80 Mrd. DM [Anm.: rund 40 Milliarden Euro] auferlegt, von denen nur 60 Mrd. DM [Anm.: etwa 30 Milliarden Euro] - als 'Bundeszuschuß' gepriesen - erstattet wurden. 1996 nahm man ihr noch mal über 102 Mrd. DM [Anm.: über 50 Milliarden Euro] ab, zahlte aber nur 60 Mrd. DM [Anm.: etwa 30 Milliarden Euro] zurück, auch wieder als 'Bundeszuschuß'. Die Staatskasse behielt mehr als 42 Mrd. DM [Anm.: mehr als 21 Milliarden Euro] ein.

Ebenso unzutreffend wie die Propaganda von den Bundeszuschüssen waren die Beteuerungen über die Sicherheit der Rente. Das Verwenden der GRV-Gelder für vom Bundeshaushalt zu finanzierende Staatsaufgaben ist ein soziales Unrecht an den Versicherten und eine Mißachtung der Eigentumsrechte an ihrem Rentenanspruch. Die dadurch Geschädigten haben also ein Recht auf Schadensersatz durch die Bundesregierung. Das Gerede vom abstrakten Generationenvertrag vertuscht nur nachweisliche Tatsachen.“

Konnten die Deutschen sich weigern, der Europäischen Union mehr als 250 Milliarden Euro ihres Steuergeldes zu schenken, waren sie imstande, den (T)Euro als neues Zahlungsmittel abzulehnen, durften sie in einem Referendum über die EU-Verfassung abstimmen oder wurden sie gefragt, ob sie unter anderem Hunderttausende jüdischstämmige Kontingentflüchtlinge aus dem Osten aufnehmen wollen, für die sie nun zum Teil den Lebensunterhalt bestreiten dürfen?!

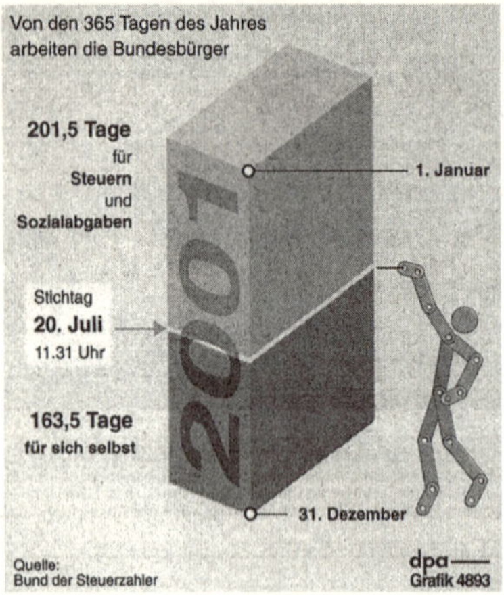

Das linke Schaubild zeigt, daß das deutsche Volk nicht mehr „nur" die Hälfte seines Einkommens an den Staat abtreten muß, sondern mittlerweile rein rechnerisch gesehen bereits über 55 % - 201,5 Tage im Jahr muß nämlich jeder Deutsche allein für Steuern und Sozialabgaben schuften. Rechts: Die Schuldenpolitik der Bundesregierung und die Preisgabe der Souveränität unseres Landes an die Europäische Union in Brüssel hat zu einer Massenverelendung unseres Volkes und zu solchen Szenen geführt: ein Deutscher durchwühlt eine Mülltonne nach verwertbaren Abfällen.

In den letzten Jahren zeigte sich immer wieder, daß die Deutschen von ihren Regierenden in wichtigen politisch-wirtschaftlichen Fragen regelrecht entmündigt wurden und kaum noch ein Mitspracherecht haben. Vor allem die diversen Demonstrationen gegen die Einführung des (T)Euro machten deutlich, daß einige die Bundesrepublik längst als eine „sanfte Diktatur" - nicht unähnlich der ehemaligen DDR - betrachten. Rechts: Völlig gelassen sehen die von uns hochdotierten Politiker, wie Bundeskanzler Gerhard Schröder, dem Protest der Bürger entgegen. Sie wissen ganz genau, daß sie für ihre gebrochenen Wahlversprechen nicht zur Rechenschaft gezogen werden können. Schließlich wurden sie vom Volk ja demokratisch gewählt!

(Quellenhinweise: Oben links: Fuldaer Zeitung, 20.7.01; Oben rechts: ebd. 9.10.96; Unten links: Nation & Europa, März 2000, S.32; Unten rechts: Der Spiegel, 18.10.99, S.44)

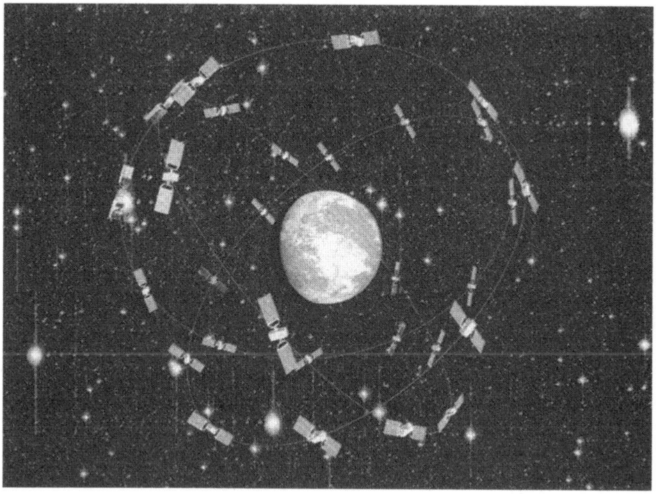

Obwohl bereits ein riesiger Schwarm Überwachungssatelliten unseren ganzen Planeten umgibt, brachte die EU-Kommission das 3,2 Milliarden Euro teure europäische Satellitennavigationssystem „Galileo" auf den Weg, das im Jahr 2008 mit 30 Navigationssatelliten seinen vollen Betrieb aufnehmen wird. Es wird dann keinen Ort mehr geben, der vor dem wachsamen Auge des Großen Bruders noch sicher ist.

Links: Um die Sicherheitssysteme in Autos zu verbessern, entwickelte das in der Bischofsstadt Fulda ansässige Unternehmen „Safe" (Sicherheits-Methodik und -Technologie in der Fahrzeugentwicklung) im Auftrag eines großen Autoteilezulieferers eine Kamera, die die typische Sitzhaltung von Fahrern und Beifahrern untersucht und statistisch erfaßt. Dieses auf einer Brücke montierte Gerät kann genau erkennen, ob es sich ein Autofahrer in seinem Fahrzeug zu „bequem" macht. Auch wenn diese Studie dem Schutz des Lebens dient, sieht man, wie man praktisch überall und jederzeit damit rechnen muß, beobachtet zu werden. Rechts: Überwachungskameras, wie hier im Rennsteigtunnel in Thüringen, sind zu einem ganz normalen Teil unseres täglichen Lebens geworden, wobei neuerdings an Verkehrsknotenpunkten die Kennzeichen aller vorbeifahrenden Autos gescannt und mit dem Fahndungscomputer des Bundeskriminalamts abgeglichen werden sollen. Auf diese Weise kann in naher Zukunft ein perfektes Bewegungsprofil aller (!) Bürger erstellt werden.

(Quellenhinweise: Oben: Fuldaer Zeitung, 9.4.01; Unten links: ebd. 8.4.03; Unten rechts: Der Spiegel, 29.12.03, S.27)

Konnten sie verhindern, daß ihre Sozialkassen jahrzehntelang geplündert und die Gelder zweckentfremdet wurden? Die Antwort auf all diese Fragen lautet: „Nein!"

Fazit: Ohne daß es der überwiegenden Mehrheit der Deutschen bewußt geworden ist, sind auch sie zu Sklaven geworden; zu regelrechten Leibeigenen der internationalen Hochfinanz, bei der ein jeder von ihnen mit mittlerweile mehr als 16.000 Euro in der Kreide steht - Tendenz steigend. Zur gleichen Zeit wurden ihre elementaren Grundrechte mittels eines allgegenwärtigen Überwachungsstaats stark eingeschränkt und das Fundament für eine brutale Unterdrückung von Regimekritikern gelegt (die indes fernab der Blicke der Allgemeinheit bereits heute praktiziert wird!). Die modernen Ketten der Sklaverei sind Computer, Überwachungskameras, RFID-Tags, einpflanzbare Mikrochips usw.

Übrigens: Was die vielgepriesenen, von unseren Oberen auf den Weg gebrachten „Reformen" (vor allem die „Agenda 2010") anbelangt, so dienen sie nicht wirklich dem wirtschaftlichen Aufschwung oder gar der Beschäftigung, sondern leiten die letzten Schritte zur Schaffung einer völlig verarmten Bevölkerung ein.

2.) Die Furcht vor einer allgegenwärtigen Bedrohung

Nachdem man sich im Bericht von „Iron Mountain" auf die „Wiedereinführung der Sklaverei" durch den *politischen Prozeß* und die *moderne Technologie* geeinigt hatte, hielt es die Experten-Kommission für nötig, eine künstliche Bedrohung zu propagieren: „Es wurden hitzige Debatten darüber geführt, ob eine **Gefahr aus dem Weltraum** die 'letzte und größte Hoffnung für den Frieden etc.' darstellen könnte, indem sie **die Menschheit** angesichts der Bedrohung durch Wesen von anderen Planeten oder aus dem Weltall **vereinigt**. Man hat vorgeschlagen, experimentell zu testen, ob die Gefahr einer drohenden Invasion aus dem Weltraum glaubwürdig genug wäre. Es ist denkbar, daß es sich letzthin in einigen Fällen von Beobachtungen 'Fliegender Untertassen', die nicht so einfach zu erklären waren, tatsächlich um Versuche in dieser Richtung handelte." [1]

Die „Denker vom Eisernen Berg" wußten, daß nach dem „Zusammenbruch" der „kommunistischen Bedrohung", der sich in der Zeitenwende 1989/90 ereignete, der „Elite" die Feindbilder ausgehen könnten. In einer solchen Situation befanden sich die Verfechter der „One-World"-Ideologie denn auch bis zum 11. September 2001: „Die Sowjetunion, einschließlich ihrer Satellitenstaaten, kann nach ihrem

Zusammenbruch nicht mehr als Schreckensbild für die 'Westliche Wertegemeinschaft', den real-existierenden Liberal-Kapitalismus, herhalten. Man versucht zwar immer noch verzweifelt, die Gefahr aus dem Osten zu beschwören, doch keiner hierzulande wird wohl ernsthaft glauben, daß großrussische Faschisten tatsächlich die Weltherrschaft anstreben", gab die Monatsschrift „Nation & Europa" in ihrer Ausgabe vom November/Dezember 1996 zu bedenken.

„Als einziger ernstzunehmender Gegenspieler der Eine-Welt-Bourgeoisie kann da nur noch der Neo-Nationalismus, der weltweite Ruf nach volklicher Selbstbestimmung, angesehen werden. Es erscheint daher logisch, daß die PR-Strategen der 'One World' nun an eine vermeintlich gemeinsame Interessenlage und an ein vermeintlich gemeinsames Gefahrenpotential der gesamten Menschheit appellieren müssen.

Weil es diese gesamtmenschlichen Gemeinsamkeiten jedoch im wirklichen Weltenlauf kaum gibt, erhalten derzeit kosmopolitische Prediger enormen Auftrieb, die davon faseln, der Weltzivilisation drohe die Vernichtung durch Außerirdische. Ganz nach dem Motto: 'Vergessen wir unsere kleinlichen ethnischen Streitereien, wir müssen enger zusammenrücken!' Der Hollywood-Film 'Independence Day' des deutschen Regisseurs Roland Emmerich stellt ein Musterbeispiel und zugleich eine Spitzenleistung solcher liberalistischer Verschwörungstheorien dar.

Alle Sehnsüchte der Einweltler gipfeln in dem Film schließlich darin, daß der US-amerikanische Feiertag 'Independence Day' zum Unabhängigkeitstag der Einen Welt [!] avanciert - der Tag, an dem die Welt - zumindest auf der Leinwand - vor der Vernichtung durch außerirdische Unmenschen gerettet wird. Die Retter: ein Jude (Jeff Goldblum als David Levinson) und ein Farbiger (Will Smith als Captain Steven Hiller), die immerhin von ethnisch authentischen Darstellern gespielt werden.

Das im Film durch makellose zwischenmenschliche Harmonie glänzende afro-jüdische Heldenpaar wirkt fast schon wie eine Beschwörung der tatsächlichen, von Rassenunruhen geplagten multikulturellen Gesellschaft Nordamerikas. Der ethnische Frieden zwischen den Davids und Onkel Toms funktioniert jenseits des großen Teichs nämlich nur in den Drehbüchern Hollywoods. Im wirklichen Leben eines amerikanischen Ghettos reichen die multikulturellen Nettigkeiten dagegen von alltäglichen Pöbeleien bis hin zu Plünderungen und Straßenkämpfen." [2]

„Independence Day" spielte weltweit 811 Millionen Dollar ein und ist bis heute der erfolgreichste Science-Fiction-Film. (Es ist wohl kein Zufall, daß es sich dabei ausgerechnet um jenen Streifen handelt, der das im Bericht von „Iron Mountain" dargelegte Programm exakt zum Inhalt hat!)

Jedenfalls vergeht kaum ein Tag, an dem man im Fernsehen nicht neue Filme, Dokumentationen und Berichte über „Außerirdische" und die „Bedrohung aus dem All" vorgesetzt bekommt. Dazu einige Beispiele vom Juni 2000 (Quelle: TV Movie, Ausgabe vom 17.6. - 30.6.2000):

Sonntag, 18. Juni 2000, 22.40 Uhr VOX

LEXX - The Dark Zone

„Auf der Suche nach einer neuen Heimat landen Kai, Zev, Stan und der Roboterkopf 790 mit ihrem Raumschiff LEXX auf dem Planeten Brunnis. Der steht kurz vor der Explosion. Beim Versuch, den Untergang von Brunnis zu verhindern, treffen die vier auf einen irren Dichter, der sie in höchste Gefahr bringt."

Montag, 19. Juni 2000, 20.15 Uhr PRO 7

Akte X - Die unheimlichen Fälle des FBI

In dieser sehr erfolgreichen Serie geht es um eine Verschwörung von Außerirdischen.

Montag, 19. Juni 2000, 21.15 Uhr PRO 7

Seven Days - Das Tor zur Zeit (Folge: Das Opfer)

„Ein Alien aus dem 'Roswell-Ufo' bricht aus und verursacht eine nukleare Katastrophe. Parker reist in der Zeit zurück, um das Unglück zu verhindern."

Mittwoch, 21. Juni 2000, 20.15 Uhr RTL2

Stargate (Doppelfolge)

* „Das zweite Tor - Eine Gruppe gibt sich als SG-1-Team aus und stiehlt auf dem Planeten Madrona einen magischen Stein, der dort das Klima regelt.
* Schwarzes Loch - Das SG-1-Team erhält den Auftrag, die Mitglieder von SG-10 vor einem schwarzen Loch zu retten. Eine gefährliche Mission beginnt."

Mittwoch, 21. Juni 2000, 20.15 Uhr SUPER RTL

Moon Trek - Das Licht der dunklen Seite

„Der von der Raumfahrt begeisterte 17jährige Alex freundet sich mit dem Ex-Apollo-Astronauten Paul an. Kurze Zeit später erfährt Paul, daß er bald sterben wird, und vertraut seinem jungen Freund ein wohlgehütetes Geheimnis an: Paul hat auf dem Mond Beweise für die Existenz von außerirdischem Leben gefunden ... "

Immer neue Spielfilme thematisieren die Bedrohung durch Außerirdische:

Shadow Men - Die Alien Invasion

„Bei einem Campingausflug wird die Familie von Bob Wilson ... plötzlich von einem hellen Licht geblendet - alle versinken in Bewußtlosigkeit. Als sie Stunden später wieder erwachen, fehlt den Opfern jegliche Erinnerung an das Ereignis. Doch damit nicht genug: Bobs Sohn wird kurz danach fast das Opfer einer Entführung. Bob Wilson wendet sich daraufhin an einen Alien-Forscher. Der hält es für besser, wenn sich die Familie versteckt." [3]

Dark Breed - Invasion aus dem All

„Das Raumschiff 'Aquarius' kehrt von einer geheimen Mission zurück. Doch die Astronauten sind nicht allein: Sie sind von außerirdischen Parasiten befallen, die die Erde zerstören wollen. Captain Saxon ... soll die Aliens vernichten." [4]

Kein Wunder also, daß gegenwärtig - plangemäß! - viele Minderjährige fest an die so bezeichneten „Aliens" glauben und einige gar mit einer möglichen Invasion der Erde rechnen: „Die meisten Kinder besitzen nach einer Umfrage einen unerschütterlichen [!] Glauben an Außerirdische. 85 Prozent von 1434 befragten Kindern und Jugendlichen zeigten sich davon überzeugt, daß es Lebewesen auf anderen Planeten gibt. Das ergab eine Studie der Zeitschrift 'Eltern'. Nur bei der Beschreibung der Aliens sind sich die Kids nicht einig: Manch einer sprach von Rüssel-Nasen, dünnen Beinen und Antennen auf dem Kopf. Andere wußten: Fortpflanzung nur per Kuss ... " [6] Experten gehen davon aus, daß in den letzten fünfzig Jahren weltweit rund eine Million Menschen Ufos gesehen haben wollen.

Wir sehen, daß die Politik seit jeher eng mit der „Unterhaltungs"-industrie zusammenwirkt, um ihre Propaganda unters Volk zu streuen. Jede noch so lächerliche Lüge würde geglaubt werden, wenn sie nur *oft genug* und *laut genug* wiederholt würde. (Würde etwa jeden Tag darüber berichtet, eine Privatarmee Adolf Hitlers aus Südamerika stünde kurz vor der Invasion der Vereinigten Staaten, würde selbst dieses Märchen von der verdummten, völlig kritiklosen Masse irgendwann verinnerlicht!)

Daß sich immerhin gerade mit phantastischen Geschichten rund um Außerirdische und UFOs viel Geld verdienen läßt, zeigt das Beispiel Erich von Dänikens. Bekannt wurde der 1935 als Sohn eines Kleiderfabrikanten geborene Schweizer Forscher mit seinem - nur zwei Jahre nach Abschluß des Berichts von „Iron Mountain"! - 1968 erschienenen Erstlingswerk „Erinnerungen an die Zukunft", das gleich zum

Kassenschlager wurde. (Insgesamt verfaßte der gelernte Koch mehr als 20 Bücher mit einer Gesamtauflage von annähernd 60 Millionen Stück.)

In diesem Band versucht Däniken die Hypothese zu belegen, Raumfahrer von fremden Sternen hätten einst die Erde besucht. „Laut Däniken ist von diesen Außerirdischen in zahlreichen literarischen alten Zeugnissen die Rede. Zudem seien Abbilder dieser Raumfahrer von Menschen in Stein gehauen worden. Der Autor veröffentlichte zahlreiche Bücher und Filme zu diesem Thema.

Obwohl Dänikens Thesen von Anfang an umstritten waren, fanden seine zahlreichen Publikationen breites Interesse. Im Mai [2003] eröffnete auf Initiative Dänikens in Interlaken in der Schweiz der sogenannte Mystery Park seine Pforten. In diesem Erlebnispark sollen den Besuchern spannend und wertneutral die großen Rätsel dieser Welt näher gebracht werden.“ [7]

Wie dem auch sei, offensichtlich stellten die Hintermänner der Weltpolitik letzten Endes fest, daß die „Bedrohung durch Außerirdische“ - trotz unentwegter Propaganda aus Hollywood! - wohl zu lächerlich ist, als daß sie noch länger erfolgreich unters Volks gebracht werden könnte. Von daher konzentrierte man sich auf die Schaffung eines ganz anderen Schreckgespenstes, das indes in Wahrheit genauso lächerlich ist wie die „außerirdische Bedrohung“, seit dem 11. September 2001 trotzdem aber ständig durch alle Medien geistert: „El Kaida“ bzw. „Al Qaida“ unter dem Sammelbegriff „fundamentalistischer Islamismus“.

Dabei lassen die Politiker vor allem in Deutschland keine Gelegenheit aus, Panik zu schüren. So warnte **Bayerns Innenminister Beckstein** im **August 2002** kurz vor dem Jahrestag der Anschläge in New York und Washington vor einer erhöhten Terrorgefahr um den 11. September. „**Diese Gefahr werde von der deutschen Öffentlichkeit unterschätzt**, sagte er der ‘Rheinischen Post’.

Nach Erkenntnissen der bayerischen Behörden seien die **islamistischen Extremisten** [Anm.: Über die zionistischen Extremisten bzw. den berüchtigten israelischen Geheimdienst Mossad, dem unter anderem der Mord an dem Politiker Uwe Barschel zur Last gelegt wird, schweigt Beckstein sich merkwürdigerweise aus!] **außerordentlich [?!?] aktiv**. Es würden Leute für terroristische Ausbildungslager im Sudan angeworben und Geld gesammelt. Konkrete Hinweise auf geplante Attentate gebe es aber nicht.

Deutschland sei deutlich schlechter auf islamistische Attentate vorbereitet als andere europäische Staaten, sagte er." [8]

Der Verfassungsschutz schloß sich dieser Meinung an: „Das **Bundesamt für Verfassungsschutz** stuft die **Lage vor dem 11. September 2002** nach Informationen der 'Welt am Sonntag' als **bedrohlich** ein. Mögliche Ziele seien nach übereinstimmender Einschätzung deutscher Sicherheitsbehörden amerikanische und israelische Einrichtungen auch in Deutschland.

Die Post habe ihre Mitarbeiter vor Briefen und Päckchen mit Milzbrand-Erregern gewarnt. Das Bundeskriminalamt habe die Polizeidienststellen zu erhöhter Wachsamkeit gegenüber Aktivitäten von El-Kaida-Anhängern aufgefordert." [9]

Daß sich rund um den 11. September 2002 kein Anschlag in Deutschland ereignet hat, hielt die Verantwortlichen nicht davon ab, im Volk weiterhin die Angst zu schüren: „Das Terrornetzwerk Al-Kaida könnte nach Ansicht des [von den USA eingesetzten] afghanischen Außenministers Abdullah einen Krieg im Irak für neue Anschläge nutzen, um die Situation in Afghanistan zu destabilisieren.

Auch Bundesinnenminister Schily warnte vor möglichen Terroranschlägen. Bei einem Besuch in Washington sagte er, es gebe Hinweise darauf, daß die **Al-Kaida-Führung** wieder Befehle an **weltweit [!] verteilte Zellen** erteile. 'Die **Gefahr** ist **mindestens [!] so groß wie vor dem 11. September**', sagte Schily" am 26. Januar 2003. [10]

Bereits drei Wochen später schlug Schily erneut Alarm: „Innenminister Schily (SPD) hat davor gewarnt, den internationalen Terrorismus zu unterschätzen [Anm.: Im November 1998 bezeichnete Schily noch den Rechtsextremismus als „größte Gefahr für die Grundordnung der Bundesrepublik" [11]!]. Es gebe konkrete Hinweise, daß sich etwa das Terrornetz El Kaida neu formiere und noch über erhebliche [!] Finanzmittel verfüge, sagte Schily. 'Diese **Bedrohungslage** ist **sehr ernstzunehmen**, und sie wird sich noch **erheblich [!] verschärfen, wenn es zum Krieg im Irak kommt**.' Dann seien insbesondere amerikanische und britische Einrichtungen, aber auch Bürger aus diesen Ländern gefährdet, so Schily weiter." [12]

Obwohl es dann im März 2003 tatsächlich zu einem weiteren (!) anglo-amerikanischen Angriffskrieg auf den völlig wehrlosen Irak kam, hat sich in Deutschland auch mehr als ein Jahr nach Beendigung der offiziellen Kampfhandlungen kein einziger Terroranschlag ereignet. Das spielt für Schily aber keine Rolle: „Trotz einer rückläufigen Zahl der Anhänger extremistischer Ausländer-Organisationen ist **Deutschland** nach Überzeugung der Bundesregierung weiterhin [?!?] **durch den internationalen Terrorismus bedroht**. Die **Gefährdung der inneren Sicherheit** erfordere höchste Aufmerksamkeit von Staat und Gesellschaft, sagte Bundesinnenminister Otto Schily (SPD) bei der Vorstellung des Verfassungsschutzberichtes in Berlin" am 13. Mai 2003. [13]

Bereits Anfang Januar 2003 meldete sich Bayerns Innenminister Beckstein erneut zu Wort. Dieser „hält die **Gefahr von Anschlägen** in Deutschland für **groß**.

Beckstein sagte der 'Bild am Sonntag', die Terrordrohungen der vergangenen Tage waren keine 'Geheimdienstmärchen'. Leider werde die **vom islamistischen Extremismus ausgehende Gefahr in der Öffentlichkeit deutlich unterschätzt**." [14]

Anfang April 2004 sah sich dann auch noch die Gewerkschaft der Polizei genötigt, Panik zu schüren: „Die Gewerkschaft der Polizei (GdP) warnt davor, in Deutschland die **aktuellen Gefährdungen durch islamistische Attentäter** auf die leichte Schulter zu nehmen. **'Wir müssen ständig [!!!] mit Anschlägen rechnen'**, so GdP-Chef Freiberg.

Die gegenwärtige Situation sei 'brisanter als gemeinhin angenommen'." [15]

Mitte Mai 2004 wieder das alte Lied: „In Deutschland gibt es nach Ansicht des Bundesamtes für Verfassungsschutz nach wie vor Sicherheitsprobleme durch extremistische Gruppierungen von Ausländern. Dies geht aus dem Verfassungsschutzbericht 2003 hervor, den Bundesinnenminister Otto Schily in Berlin vorlegte. Im Mittelpunkt der Besorgnis stehen islamistische Organisationen.

Zwar sei die Anzahl der aktiven Mitglieder in diesen Gruppen nahezu gleich geblieben. Dies sei aber kein Anzeichen dafür, daß das Gefährdungspotential abgenommen habe, konstatierten die Verfassungsschützer. Die größte Gefahr gehe von Gruppen aus, die dem Leitprinzip des Dschihad, des Heiligen Krieges, folgten. In Deutschland sind dem Bericht zufolge rund 24 islamistische Organisationen aktiv, in die im vergangenen Jahr schätzungsweise 30 950 Menschen eingebunden waren. 2002 waren es noch 350 weniger. Der Wirkungskreis der Organisationen sei allerdings wesentlich größer.

Schily warnte bei der Vorstellung des Berichts, Einrichtungen in der Bundesrepublik könnten auch Ziel von Anschlägen sein. Als Grund nannte Schily, daß **Deutschland in den Augen von Islamisten zu den Helfern der USA und Israels zähle** [Anm.: was politisch betrachtet natürlich der Wahrheit entspricht!] und sich zudem in Afghanistan im Kampf gegen den Terrorismus [Anm.: nicht im „Kampf gegen den Terrorismus", sondern im „Kampf für die Wirtschaftsinteressen der US-Regierung"!] an vorderster Front engagiere." [16]

Immer wieder fordern auch selbsternannte „Terrorismus-Experten" die Deutschen dazu auf, das Problem „islamistischer Fundamentalismus" nicht auf die leichte Schulter zu nehmen, sondern gegenüber der „allgegenwärtigen Bedrohung" wachsam zu sein.

Zur gleichen Zeit tauchen ständig irgendwelche obskuren Briefe und Videos auf, in denen dubiose „El-Kaida"-Sprecher schlimme Drohungen von sich geben, etwa von einem „grenzenlosen Terror" phantasieren, der die ganze Welt überziehen soll. „Sind die christlichen Osterfeiern in Rom Ziel eines Anschlages der Terror-Organisation Al Qaida?", fragte die „Bild"-Zeitung am 3. April 2004 in diesem Zusammenhang besorgt. „Die italienischen Sicherheitsbehörden nehmen eine entsprechende Drohung auf einem jetzt sichergestellten Video sehr ernst.

Wie die italienische Zeitschrift 'Panorama' ... berichtete, stammt die Terror-Botschaft von dem jordanischen Al-Qaida-Mitglied Scheich Abu Qatadah Al Falastini, der derzeit in London inhaftiert ist.

In dem Video wird Rom als das Zentrum des Christentums zum Anschlagsziel erklärt: 'Wir werden Rom öffnen.' Im Arabischen steht das Wort 'öffnen' auch für 'Blutvergießen'!

Anti-Terrorspezialisten hatten das Band bei der Durchsuchung einer konspirativen Wohnung in der norditalienischen Stadt Cremona entdeckt." Welch ein Zufall aber auch! (Übrigens: Die Feiern in Rom über Ostern 2004 waren *natürlich* sicher.)

Tatsache ist, es gibt vor allem ein Land, aus dem in den letzten Jahrzehnten immer wieder unverhohlen Drohungen in alle Welt hinausposaunt wurden, und das ist der zionistische Judenstaat Israel. So erklärte der israelisch-niederländische Militärhistoriker Professor Martin van Creveld zu den Plänen, die Palästinenser zu deportieren, und zur Frage, ob die Weltgemeinschaft eine solche ethnische Säuberung zulassen würde: „Das liegt daran, wer es macht und wie schnell es geht. **Wir haben einige Hunderte von Atomsprengkörpern und Raketen und können sie auf Ziele überall [!] werfen, vielleicht selbst auf Rom. Mit Flugzeugen sind die meisten europäischen**

Hauptstädte ein Ziel.“ [17] Gut möglich, daß in Rom - oder sogar in Deutschland - irgendwann einmal tatsächlich ein schwerer Anschlag stattfinden wird, der jedoch *abermals* nicht auf das Konto irgendwelcher „fundamentalistischer Islamisten“ geht, sondern von den internationalen Geheimdiensten im Auftrag derer verübt wird, die die ganze Menschheit zu Sklaven machen wollen.

Jedenfalls meldete das ZDF am 2. April 2004, daß im Internet ein detailliertes Strategiepapier von El Kaida für Anschläge in ganz Europa kursiere. Dieses Dokument, „das einige westliche Sicherheitsexperten der Führungsebene der islamistischen Terrororganisation Al Qaida zurechnen, entwickelt eine kalt kalkulierte Ökonomie des Terrors. Folgt man den zentralen Anweisungen des 50 Seiten starken Dokuments, das der WELT vorliegt, so sind Juden und Christen in islamischen Ländern die derzeit höchstgefährdeten Ziele. ... Die zentralen Anweisungen sind auf fünf Kapitel verteilt und handeln von ‘innerstädtischen’, ‘religiösen’, ‘wirtschaftlichen’ und ‘menschlichen Zielen’. Zudem wird der Sinn und Zweck menschlicher Ziele ausführlich behandelt. Die Opfer sollen künftig gezielt ausgewählt, Anschläge somit noch effizienter werden. ‘Innerstädtische Ziele’ werden grundsätzlich bevorzugt. ‘Sie sind als eine Art militärischer Diplomatie anzusehen’, heißt es in dem Papier. Diese würde ‘normalerweise mit Blut geschrieben und geschmückt mit Körperteilen und dem Geruch von Waffen’. Solche Anschläge sollen demnach ‘Nachrichten in verschiedene Richtungen senden’: ‘Deshalb ist es sehr wichtig, die richtigen Ziele auszuwählen (ähnlich den Al-Qaida-Explosionen).’ ...

‘Gesegnet ist es, Geistliche, Priester, Rabbis und alle religiösen Personen, die den Islam oder Moslems attackieren, anzugreifen.’ ... hier wird ... ein Attentat als Beispiel hervorgehoben: der Mord einer der Al Qaida nahestehenden Zelle an dem extremistischen Rabbi Meir Kahane im Jahr 1990. Die gleiche Zelle soll nach Erkenntnissen westlicher Geheimdienste drei Jahre später den ersten Anschlag auf das World Trade Center in New York ausgeführt haben.“ [18]

Bei der Beschreibung „menschlicher Ziele“ setzen die Verfasser eine klare Reihenfolge „der Wichtigkeit der Ziele“: „Unter Position eins wird vermerkt: ‘Juden. Es gibt verschiedene Ebenen. Amerikanische und israelische Juden zuerst, dann die britischen und die französischen Juden und so weiter.’ Dann folgen ‘Christen: Ihre Wichtigkeit hat folgende Reihenfolge: Amerikaner, Briten, Spanier, Australier, Kanadier, Italiener.’ Die ‘**Zellen in der ganzen Welt** sollten nicht nach geographischen Grenzen schauen, sondern versuchen, die ungläubigen Staaten zu Schauplätzen von Operationen zu machen. **'Es sollte keine Grenzen und keine geographischen Hindernisse geben. Wir müssen das Land der Ungläubigen in die Hölle verwandeln ... '"** [19]

Verfasser dieses Strategiepapiers soll Abdelasis Al Mukrin, der angebliche Anführer der Al Qaida im arabischen Raum sein. „Ausdrücklich wird dieser Kampf als 'Kampf der Religionen' bezeichnet. 'Indem wir Juden und Christen angreifen, beweisen wir, daß es ein religiöser Kampf ist.'" [20]

Unsere Oberen wollen uns weismachen, die El-Kaida-Organisation setze auf die „Beeinflußbarkeit westlicher Demokratie durch Terroranschläge" und die Bedrohung durch dieses Netzwerk sei unsichtbar und doch allgegenwärtig, ja sogar grenzenlos! Infolge solcher Warnungen sollen sich die Menschen weniger Gedanken über ihre wirtschaftliche Misere machen, sondern sich permanent gefährdet sehen und Angst um ihr nacktes Leben haben. Sie sollen sogar fest mit einem Atombomben-Anschlag rechnen.

Dazu diente das Gespräch eines australischen Fernseh-Senders mit Aiman el-Sawahiri, der angeblichen Nr. 2 des mysteriösen „El-Kaida-Terrornetzwerks", in dem es unter anderem hieß, El Kaida sei im Besitz von Nuklearwaffen. „Das Interview führte der pakistanische Reporter Hamid Mir. Aiman el-Sawahiri behauptet in dem Interview, daß sie auf dem Schwarzmarkt atomare Kofferbomben erstanden hätten. Selbst die US-Geheimdienste gehen davon aus, daß Osama Bin Laden versucht, nukleares Material zu erstehen. ... Osama Bin Laden hatte bereits in einem Interview im November 2001 mit Atomwaffen geprahlt. Diese hätten sie zur Abschreckung versteckt." [21]

Verdächtig erscheint in diesem Zusammenhang auch eine Meldung von Mitte April 2004: „Der UN-Sicherheitsrat wurde über das Verschwinden von nuklearem Material aus dem Irak durch die Internationale Atomenergiebehörde (IAEA) informiert. Laut einem Brief, welcher AFP vorliegt, sollte das Material wiederaufbereitet werden.

Die Feststellung basiert auf Satellitenphotos von Anlagen und Lagerstätten, die aufgrund der Atominspektoren verzeichnet wurden. Außerdem würde dies 'durch Informationen aus den Zielländern' erhärtet, welche aber in dem Brief nicht näher benannt sind.

In dem Schreiben wertet der IAEA-Direktor el Baradei die Entwicklung als besorgniserregend und die Informationen als 'beunruhigend', da die Photos zeigen, daß 'große Ausrüstungsgegenstände, in bestimmten Fällen ganze Gebäude, entwendet wurden'." [22] Möglicherweise wird der Weltöffentlichkeit irgendwann das Märchen aufgetischt, „El Kaida" habe sich dieses Material und die „ganzen Gebäude" unter den Nagel gerissen!

Was mit solchen Meldungen bezweckt wird, ist klar: „Bei der Suche nach einem glaubwürdigen Ersatz für den Krieg, der die menschliche Verhaltensweise zugunsten der gesellschaftlichen Organisation zu beeinflussen vermag, bieten sich nur wenige Möglichkeiten an, und die Voraussetzung ist stets, daß **wahrhaft schreckenerregende stellvertretende Feinde** zur Verfügung stehen, **die auf Grund unmittelbarer [!] und ständiger [!] Drohungen die unerschütterliche Ergebenheit einer Gesellschaft und damit die Anerkennung der politischen Autorität sicherstellen.** Sie müssen die Notwendigkeit rechtfertigen, gegebenenfalls von allen Menschen einen ‘Blutzoll’ zu verlangen" [23], so die „Denker vom Eisernen Berg". (Besser als mit diesen Worten läßt sich die gegenwärtige Situation nicht beschreiben!)

Und so kommt es, daß, während das Schreckgespenst des „islamischen Terrorismus" permanent an die Wand gemalt wird, immer mehr Leute in unserem Lande verelenden, wobei uns das schlimmste noch bevorzustehen scheint: „Die Verbraucherzentralen warnen vor einer Verarmung durch die Agenda 2010. In der täglichen Beratungsarbeit werde deutlich, daß es breiten Bevölkerungsschichten schlechter gehe. Das sagte Bundesverbands-Chefin Müller der ‘Berliner Zeitung’ [am 9. April 2004].

1998 habe es zwei Millionen überschuldete Haushalte gegeben, heute seien es bereits drei Millionen." [24]

Dabei denken sich unsere Oberen ständig neue Wege aus, noch mehr Leute in die Armut zu treiben. „Rund 500 000 von knapp 2,2 Millionen Arbeitslosen verlieren offenbar am 1. Januar 2005 jegliche Arbeitslosenunterstützung. Das berichtet die ‘Hannoversche Allgemeine Zeitung’ unter Berufung auf Regierungskreise.

Demnach sind Arbeitslose von der Streichung betroffen, wenn durch das Einkommen von Angehörigen das Haushaltseinkommen über der Sozialhilfegrenze liegt. Die Zahlen beruhen auf Schätzungen der Arbeitsgruppe ‘Arbeitslosenhilfe/Sozialhilfe’ der Kommission zur Reform der Gemeindefinanzen." [25]

Bezeichnend ist auch, daß die Zahl der Haushalte mit Wohngeldunterstützung seit Jahren beständig steigt. „Wie das Statistische Bundesamt in Wiesbaden mitteilte, betrug die Zahl der Empfänger-Haushalte Ende 2002 rund 3,1 Millionen. Dies seien acht Prozent aller

Haushalte in Deutschland. Die Gesamtausgaben für Wohngeld betrugen 2002 bundesweit rund 4,5 Milliarden Euro, 11,8 Prozent mehr als im Jahr zuvor.“ [26]

„Der Arbeitskreis der SPD-nahen Manager rät zu drastischen [!] Maßnahmen, um strukturschwache Gebiete zu fördern. Dazu gehörten nicht nur niedrigere Lohnzahlungen, sondern auch Kürzungen staatlicher Leistungen wie der Sozialhilfe.

Das sagte der Sprecher des Managerkreises der Friedrich-Ebert-Stiftung, Ulrich Pfeiffer. Das Leben in Mecklenburg-Vorpommern sei um vieles billiger als in München, ist sein Argument. Bundesweit einheitliche Sozialhilfesätze hätten keinen Sinn, sagte Pfeiffer.“ [27]

Während das einfache Volk also immer drastischere finanzielle Einbußen hinnehmen muß und in Teilen bereits große Probleme hat, seinen Lebensunterhalt zu bestreiten, steigen andererseits die Einkünfte der „Elite“ aus der Wirtschaft ins Astronomische, wie folgende Beispiele zeigen: Commerzbank-Chef Klaus-Peter Müller aus Frankfurt/Main bekommt 118.000 Euro brutto im Monat, Telekom-Chef Kai-Uwe Ricke aus Bonn 142.000 Euro, Deutsche-Bank-Chef Josef Ackermann aus Frankfurt/Main 925.000 Euro (Ackermann hat damit ein Jahresgehalt in Höhe von 11.100.000 Euro!), Siemens-Chef Heinrich von Pierer aus Erlangen ca. 240.000 Euro, RWE-Chef Harry Roels aus Essen 366.000 Euro (macht für Roels also 4.392.000 Euro im Jahr!) und VW-Chef Bernd Pischetsrieder aus Wolfsburg 267.000 Euro im Monat an Gehalt.

Halten wir uns auch die Einkommen einiger Repräsentanten aus Politik, Konzilskirche und Medien vor Augen (alle Angaben in brutto):

	Monatsgehalt	*Jahresgehalt*
(Ex-)Bundespräsident Johannes Rau	17.750,00 Euro	213.000 Euro
Ministerpräsident Edmund Stoiber (CSU)	19.679,50 Euro	236.154 Euro
Bundeskanzler Gerhard Schröder (SPD)	22.863,25 Euro	274.359 Euro
Erster Bürgermeister von Hamburg Ole von Beust	12.500,00 Euro	150.000 Euro
[Konzils-]Erzbischof Joachim Kardinal Meisner	11.243,00 Euro	134.916 Euro
ZDF-Moderatorin Petra Gerster	ca. 12.500,00 Euro	150.000 Euro

Heinz Fromm, Präsident des Bundesamts für Verfassungsschutz, bekommt übrigens 8.792,80 Euro brutto im Monat, immerhin also noch über 100.000 Euro an Jahresgehalt.

Um den Volkszorn gegenüber den großen Einkommensungerechtigkeiten zu bändigen, diente den Herrschenden seit jeher die Furcht vor einem Krieg, wie die „Denker vom Eisernen Berg“ wußten: „Das Kriegssystem ermöglicht die stabile Regierungsherrschaft über eine Nation im wesentlichen dadurch, daß es die Gesellschaft durch Bedrohungen von außen zwingt, die politische Führung zu akzeptieren. Es schafft die Basis für das nationale Zusammengehörigkeitsgefühl und sichert das Recht der Regierung, die einzelnen Mitglieder der Gesellschaft unter Kontrolle zu halten.“ [28]

Fazit: Um die in Zukunft immer weiter in Armut und Verschuldung getriebenen Massen unter Kontrolle zu halten, werden sie ständig mit irgendwelchen fiktiven Szenarien verängstigt. Jahrzehntelang diente dazu der Ost/West-Konflikt mit der Drohung eines Atomkrieges zwischen den Supermächten. Als das Säbelrasseln mit den Kommunisten dann offiziell für beendet erklärt worden war und die Sowjetunion planmäßig „auseinanderbrach“, überlegte man sich allen Ernstes, das Schreckgespenst eines bewaffneten Konflikts zwischen US-Amerikanern und Russen durch das Szenario einer möglichen Invasion Außerirdischer zu ersetzen. Da dies aber ganz offensichtlich - trotz ständiger Propaganda in den Medien - nicht den erhofften Erfolg brachte, entschied man sich letzten Endes für den „internationalen Terrorismus“ des „fundamentalistischen Islam“ als neues Schreckgespenst. Somit wird seit dem von Geheimdienstkreisen (!) inszenierten 11. September 2001 in den westlichen Ländern ständig der Anschein erweckt, irgendwelche nicht näher definierten „El-Kaida-Zellen“ könnten *überall* und *jederzeit* zuschlagen - ganz gleich, ob in Einkaufszentren, Bahnhöfen oder auf Flughäfen.

Die Folge davon ist, daß die Terrorangst in sämtlichen Ländern Europas ständig zunimmt. „Vor allem in Spanien, Italien und Frankreich wurden die Sicherheitsvorkehrungen verschärft. In Paris wurde der Bahnverkehr für eine kurze Zeit lahmgelegt“, wie am 10. April 2004 zu erfahren war. [29]

Besonders die Deutschen lassen sich wieder einmal erfolgreich an der Nase herumführen: „Nach den blutigen Anschlägen von Madrid am 11. März [2004] hat die Terrorangst der Deutschen einer Umfrage zufolge deutlich zugenommen. 57 Prozent der Befragten befürchten, die Bundesrepublik könnte Zielscheibe des internationalen Terrorismus werden.

Das geht aus einer bis Mitte April [2004] erstellten Studie des Instituts für Demoskopie in Allensbach am Bodensee hervor. Im vergangenen Januar hatten nur 29 Prozent solche Terrorängste geäußert. Nach den Anschlägen in den USA am 11. September 2001 waren es 56 Prozent gewesen.

44 Prozent sind der Ansicht, daß in der Bundesrepublik mehr gegen die terroristische Bedrohung getan werden müßte. 31 Prozent befanden die bisherigen Sicherheitsmaßnahmen für ausreichend. 61 Prozent plädieren dafür, die Bundeswehr in die Arbeit von Polizei und Grenzschutz mit einzubeziehen." [30]

Die „Denker vom Eisernen Berg" wußten nur zu gut, daß für die Abschaffung des Kriegssystems neue Institutionen entwickelt werden müßten, „die die destruktiven Elemente der Gesellschaft wirksam unter Kontrolle zu halten vermögen. Zweitens muß, um die physischen und psychischen dynamischen Kräfte der menschlichen Verhaltensweise mit den Erfordernissen der gesellschaftlichen Organisation in Einklang zu bringen, **ein glaubwürdiger Ersatz für den Krieg eine allgegenwärtige, weitverbreitete Furcht vor persönlicher Vernichtung erzeugen. Die Gefahr muß so groß sein, daß sie die konstante [!] Anerkennung der übergeordneten nationalen Werte und ihres Vorrangs vor den individuellen Werten menschlichen Lebens sicherstellt.**" [31] Exakt dazu dient die heute permanent von Medien und Politikern propagierte „Terrorgefahr durch El Kaida".

3.) Die Ausrichtung von „Blutspielen" für die Massen

Wir erleben nicht nur die Wiedereinführung der Sklaverei durch die finanzpolitischen Entscheidungen der Politiker und die ausgefeilte Technologie des *Großen Bruder*-Staates, sondern auch, wie ständig Angst vor einer unsichtbaren Bedrohung geschürt wird.

Die „Denker vom Eisernen Berg" gingen bei ihren Überlegungen, wie das Volk unter einem „dauerhaften Friedenszustand" unter Kontrolle zu halten sei, aber noch einen Schritt weiter: „Spieltheoretiker haben in anderem Zusammenhang für die wirksame Kontrolle von individuellen aggressiven Impulsen die Entwicklung von 'Blutspielen' vorgeschlagen. Es ist für den gegenwärtigen Stand der Kriegs- und Friedensstudien bezeichnend, daß nicht etwa Wissenschaftler, sondern rein kommerziell denkende Filmproduzenten das erste Modell eines solchen 'Blutspiels' entwickelt haben [Anm.: *The Tenth Victim* (Das zehnte Opfer)]: eine rituelle Menschenjagd - leider auf dem Niveau der nicht ganz ernstzunehmenden Reißer. Realistischer und annehmbarer werden den Gesellschaften der Nachkriegsepoche **'Blutspiele'** in der Art der spanischen Inquisition und der weniger formellen Hexen-

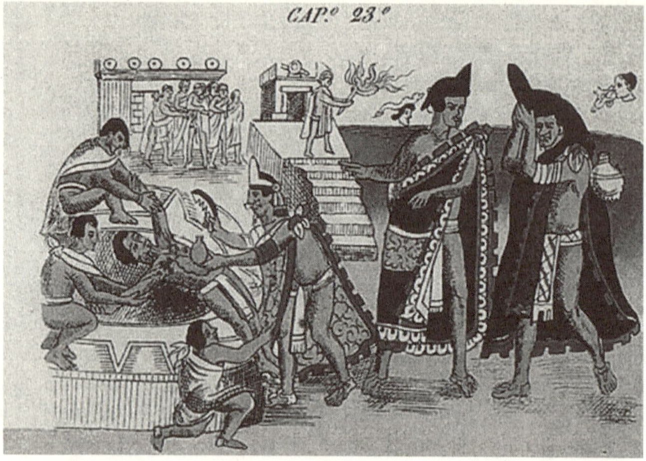

„Die Azteken entfalteten das Menschenopfer zu einem ungewöhnlich reich entwikkelten Ritual; täglich [!] wurde Huitzilopochtli ein Menschenopfer gebracht zur Unterstützung der Sonne bei ihrem Aufgang. Die Weihe des großen Tempels bei Tenochtitlan soll von der Opferung Tausender Menschen begleitet gewesen sein. Die Opfer für Xipe Totec wurden an einen Pfahl gefesselt und mit Pfeilen durchbohrt. Die Mutter Erde Teteoinann forderte die Haut geschundener weiblicher Opfer. Nach spanischen Quellen gehörte zur ursprünglichen Form des aztekischen Spieles ulama die schließliche Opferung der gesamten Verlierermannschaft. Die Azteken führten sogenannte Blumenkriege zum Zweck, Gefangene als Opfermaterial zu machen."* Sie sahen „einen geopferten Gefangenen nicht als Feind, sondern als einen Boten der zu den Göttern geschickt wird."* Kein Wunder, daß der hl. Paulus schreibt, „daß die Heiden das, was sie opfern, den Dämonen opfern und nicht Gott" (1 Kor 10, 20).

Im Zuge der Französischen Revolution, die die Abschaffung des Christentums als Religion zum erklärten Ziel hatte, wurden bis zu 5000 Geistliche getötet bzw. deportiert. Vor allem mittels der nach dem französischen Arzt und Freimaurer Joseph-Ignace Guillotin benannten Guillotine (auch Fallbeil), die zur Vollstreckung der Todesstrafe diente, wurde dabei die Blutlust der Bevölkerung befriedigt. Dem Opfer wird bei dieser Hinrichtungsmethode durch ein in Führungsschienen schnell herabfallendes Beil, das etwa 40 kg wiegt, der Kopf vom Rumpf getrennt. Dieses Gemälde zeigt die Hinrichtung von König Ludwig XVI. im Jahre 1793.

(Quellenhinweise: Oben: http://fas-history.rutgers.edu/~block/aztecsacrifice.jpg; Unten: Der Spiegel, 24.1.2000, S.168; *: http://de.wikipedia.org/wiki/Menschenopfer)

Das Gemälde „Fackeln des Nero" von Henryk Siemiradzki zeigt, auf welch grausame Weise die Christen in Rom gemartert wurden. Viele wurden zur Volksbelustigung gekreuzigt oder in Säcke eingenäht und anschließend als lebende Fackeln verbrannt.

Das Zusammenleben der Menschen wird seit jeher von Kriegen, Mord und Totschlag begleitet. Auch kam es immer wieder zu Verschwörungen, bei denen Politiker und Staatsoberhäupter Attentaten zum Opfer fielen. Bestes Beispiel dafür ist der Mord an Julius Caesar im alten Rom am 15. März 44 v. Chr., der von republikanischen Verschwörern unter Brutus und Cassius umgebracht wurde. Nach der historischen Überlieferung waren an dem Attentat 60 Verschwörer beteiligt. Nach Caesars Tod schlossen seine Vertrauten ein Regierungsbündnis und verfolgten ihre Gegner blutig. Dieses Gemälde zeigt das Gemetzel, das sich in Rom damals zutrug.

(Quellenhinweise: Oben: Der Spiegel, 7.1.02, S.65; Unten: P.M. History 3/98, S.63)

prozesse anderer Zeiten **zum Zwecke der 'gesellschaftlichen Reinigung', der 'Staatssicherheit'** etc. erscheinen. Ob sich diese oder andere historische Einrichtungen in modernisierter Form auf eine künftige Gesellschaft übertragen lassen, mag zweifelhaft sein, doch ist der Grundgedanke gewiß weniger phantastisch als die vom Wunschdenken geprägte Ansicht vieler Friedensplaner, daß ein dauerhafter Friede auch ohne gründliche Prüfung aller erdenklichen Surrogate für die wesentlichen Funktionen des Krieges zustandekommen könnte. Was hier in gewissem Sinne mitinbegriffen ist, ist die Suche nach William James' moralischem 'Äquivalent für den Krieg'", so der Bericht von „Iron Mountain". [1]

Um die Blutlust ihres Stammes zufriedenzustellen, hat die Obrigkeit vieler Kulturen grausame Rituale praktiziert, so etwa das mächtige Indianervolk der Azteken, das um das Jahr 1370 seine Hauptstadt Tenochtitlán (das heutige Mexiko) gründete. Seinen Göttern - neben eigenen Gottheiten wie dem Sonnen- und Kriegsgott Huitzlipochtli standen auch Götter benachbarter oder früherer Kulturen - wurden blutige Menschenopfer in großer Zahl dargebracht.

Im alten Rom kam es ebenfalls zu solchen Blutspielen: Als im Jahre 64 n. Chr. ein schwerer Brand weite Teile der Stadt verwüstete, hatte das eine grausame Christenverfolgung zur Folge. Kaiser Nero suchte den Verdacht der Brandstiftung nämlich von sich auf die unbeliebte religiöse Minderheit zu lenken, „was zu einer Art Kriminalverfolgung führte, die in einem Blutbad endete: Christen wurden gekreuzigt, in Säcke eingenäht und Hunden vorgeworfen oder als lebende Fackeln verbrannt. Die Apostel Petrus und Paulus wurden gemäß verschiedenen Kirchenvätern in Rom im Rahmen dieser Verfolgung hingerichtet, Paulus, als römischer Bürger, durch das Schwert, Petrus als Nichtbürger durch Kreuzigung." [2]

Unter den nachfolgenden römischen Kaisern von Domitian (81-96) bis zu Aurelius Commodus (180-192) kam es ebenfalls zu territorial begrenzten Verfolgungen von Christen: „Meistens wurden die Christen verbrannt, römische Bürger wurden enthauptet, in einigen Fällen gekreuzigt oder in der Arena von wilden Tieren zerrissen. Bei Bedarf sah man auch von der Todesstrafe ab, die Männer landeten in Bleibergwerken, wo sie langsam zugrunde gingen, Frauen und Mädchen wurden an Freudenhäuser ausgeliefert." [3]

In der heutigen Zeit dient vor allem das Medium Fernsehen dazu, die Blutlust der Leute zu stillen, weshalb das Programm auch in der Regel mit allerlei grausamen Szenen angereichert ist, zu sehen etwa im 1976 gedrehten Streifen „Der Marathon-Mann“ des jüdischstämmigen US-Amerikaners John Schlesinger. Darin gerät ein (jüdischstämmiger) Student in die Fänge eines ehemaligen KZ-Arztes: „CIA-Agent Doc Levy ... ist hinter dem früheren KZ-Arzt Szell ... her. Er hat sein südamerikanisches Exil verlassen, um in New York Diamanten abzuholen, die er einst jüdischen KZ-Häftlingen abgenommen hatte. Als Levy dem ‘weißen Engel’ endlich gegenübertritt, wird er von Szell niedergestochen. Schwer verletzt schleppt sich der Agent in die Wohnung seines ahnungslosen Bruders, des Studenten und passionierten Marathonläufers Babe ... Damit bringt er Babe jedoch in größte Gefahr. Weil Szell glaubt, Doc habe seinem Bruder Informationen weitergegeben, entführt er Babe und foltert ihn auf besonders grausame Weise.“ [4]

Es ist heute keine Seltenheit mehr, daß im Fernsehen Mordszenen bis ins letzte Detail gezeigt werden. So sorgte im Januar 2004 die Folge „Bitteres Brot“ der erfolgreichen Krimireihe „Tatort“ für Diskussionen: „Ein Mädchen verbrennt bei lebendigem Leib im Ofen einer Backstube. Kommentar des Pathologen: ‘Die Leiche sieht aus wie Ötzi.’ ... ‘Mit jedem Jahr sinkt die Hemmschwelle im TV. Nicht nur bei Filmen und Serien, auch bei den News’, sagt Wilfried Hendricks (60), Leiter des Instituts für Bildung in der Informationsgesellschaft, Berlin. Seit Jahren durchforstet er das Programm auf Gewaltszenen. Seine Bilanz: ‘Die Sender meinen, einen Kitzel bieten zu müssen, um im Quotenkrieg bestehen zu können. Das Fatale: Die Bilder stumpfen uns langsam ab!’“ [5], was selbstverständlich auch das eigentliche Ziel dieser Praxis ist. Immerhin sollen die Menschen immer gewissen- und rücksichtsloser gemacht werden, damit sich eines Tages kein Widerstand mehr gegen die brutale Verfolgung der letzten glaubenstreuen Katholiken regen wird (mehr dazu unten!).

Nicht umsonst werden auch eine ganze Reihe brutaler Sportarten, wie das Catchen, im Fernsehen Millionen von Menschen dargeboten. Was dem Publikum beim sogenannten Catchen geliefert wird, „ist das große Schauspiel von *Schmerz*, *Niederlage* und *Gerechtigkeit*. Das Catchen vergegenwärtigt den Schmerz des Menschen mit der ganzen Verstärkung der tragischen Masken: Der Catcher, der unter der Auswirkung eines als grausam geltenden Griffes leidet (einem verdrehten Arm, einem eingeklammerten Bein), bietet eine übersteigerte Figur des *Leidens*; gleich einer frühen Pietà bietet er sein durch eine unerträgliche Drangsal übertrieben verzerrtes Gesicht der Betrachtung dar. So leuchtet ein, daß beim Catchen Scham nicht angebracht wäre, da

Boxkämpfe sind im Prinzip nichts anderes als moderne Gladiatorenkämpfe, bei denen zwei Männer aufeinander einprügeln, bis einer entweder auf dem Boden liegenbleibt oder aber die gesamte Rundenzahl übersteht und dann nach Punkten der Gewinner ermittelt wird. Obwohl hierbei nicht selten Blut fließt, sind sie bei vielen Leuten äußerst beliebt.

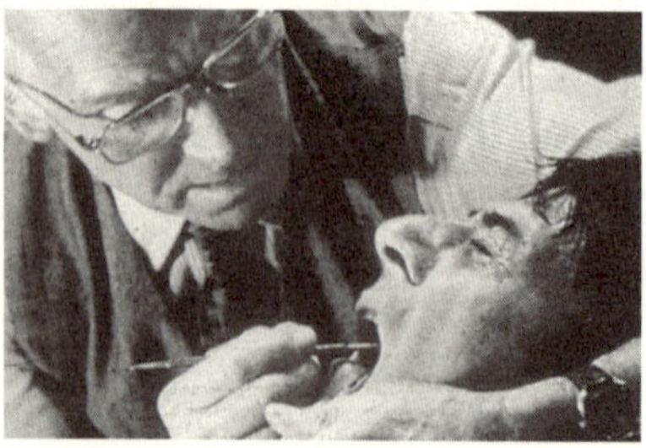

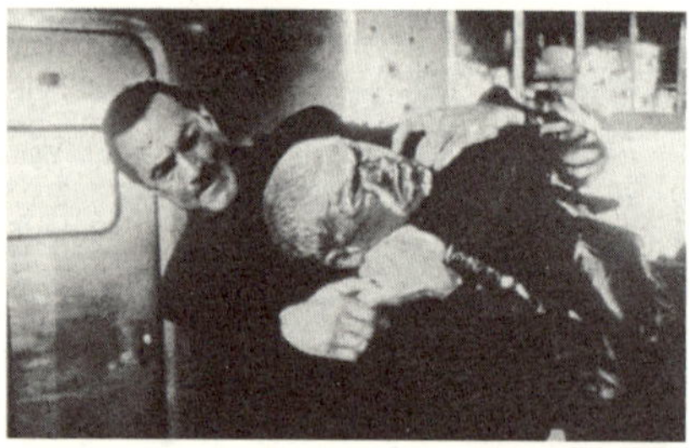

Vor allem mittels des Fernsehens wird heute die Blutlust der Massen gestillt: links eine Szene aus „Der Marathon-Mann", die zeigt, wie der ehemalige KZ-Arzt den jüdischstämmigen Studenten Babe „auf besonders grausame Weise" foltert. Der jüdischstämmige William Goldman verfaßte die Romanvorlage zu diesem Propaganda-Streifen, in dem das alte Stereotyp bedient wird: der „böse Deutsche", der den wehrlosen Juden quält! Rechts: Fast tagtäglich werden im Fernsehen brutale „Action-Filme" ausgestrahlt, in denen eine ganze Reihe gewalttätiger Szenen zu sehen sind - hier der US-Streifen „Alarmstufe: Rot 2". Man sieht, wie der Held des Films, Casey Ryback (links) einen der Terroristen, die den Luxuszug Grand Continental erstürmt und von dort aus einen Killersatelliten des Pentagons in ihre Gewalt gebracht haben, in die Mangel nimmt. (Eine Studie kam in Deutschland zu dem Ergebnis, daß ein Zwölfjähriger im Durchschnitt Zeuge von rund 14 000 Fernsehmorden geworden ist!) Beide Streifen liefen am gleichen Tag im Fernsehen.

(Quellenhinweise: Oben: Der Spiegel, 8.12.03, S.162; S.165; Unten links: TV Movie, Nr. 4/2004, S.134; Unten rechts: ebd)

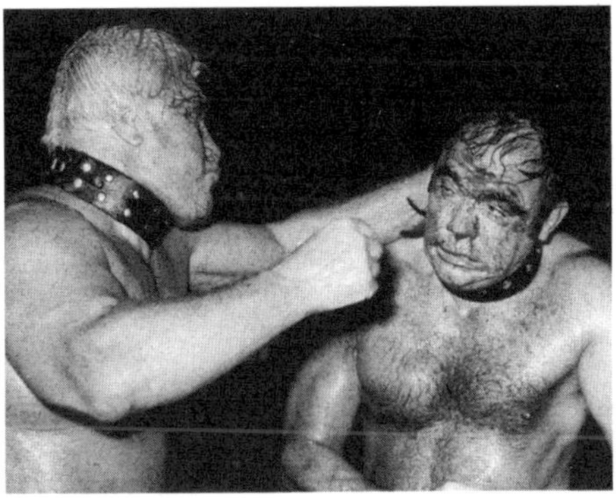

Links: Das „Catchen“ ist eine weitere besonders brutale „Sport“art, bei der die Gegner in der Regel keinerlei Erbarmen kennen und oft Blut fließt. Dieses Photo stammt aus der Catch-Szene in Los Angeles. Rechts: Zahlreiche Menschen haben eine Faszination für Gewalt. So ergab eine im Februar 2004 in den USA durchgeführte Umfrage, daß viele US-Bürger im Fernsehen übertragene Hinrichtungen befürworteten. Es hieß sogar, daß bis zu 21 Prozent der Amerikaner dafür bezahlen würden, miterleben zu dürfen, wie Bin Laden exekutiert würde. Ein ähnliches Verhalten trifft man auch in Deutschland an, wo sich viele Leute am Leid anderer ergötzen. Angesichts des sittlich-moralischen Verfalls ist es kein Wunder, daß die Gewaltkriminalität in unserer Gesellschaft in den letzten Jahren in erschreckendem Maße zugenommen hat. Nach Angaben aus Polizeikreisen ereigneten sich im Jahre 2003 „rund 215 000 derartige Delikte, zu denen unter anderem Mord, Vergewaltigung, gefährliche und schwere Körperverletzung sowie Raub und Erpressung zählen. Das sind täglich fast 600 Taten.“ Mittlerweile ereignet sich also etwa alle 2,5 Minuten irgendwo in Deutschland ein Gewaltverbrechen!*

Links: Eine Szene aus dem „Tatort“-Krimi „Kalte Wut“. Rechts: Der im Jahre 1967 gedrehte US-Streifen „Bonnie and Clyde“ handelt von einer wahren Geschichte: Nach dem Börsenkrach in Amerika 1929 verübt ein Bankräuber-Pärchen brutale Überfälle, bis es zum blutigen Showdown mit der Polizei kommt.

(Quellenhinweise: Oben links: Der Spiegel, 9.7.01, S.165; Oben rechts: http://www.infowars.com/archives/2004/feb/02-24-04.htm; Unten links: TV Movie, Nr. 7/2004, S.46; Unten rechts: ebd. Nr. 4/2004, S.185; *: RTL II, 13.4.04, S.103)

sie dem gewollt ostentativen Charakter des Schauspiels zuwiderläuft, jener *Ausstellung* des *Schmerzes*, die der Zweck [!] des Kampfes selbst ist. Deshalb sind alle Schmerz erzeugenden Handlungen besonders spektakulär, wie die Gebärde eines Zauberers, der seine Karten weithin sichtbar vorzeigt: Man verstünde keinen Schmerz, der ohne einsichtige Ursache wäre; eine heimliche tatsächlich grausame Geste überträte die ungeschriebenen Gesetze des Catchens und hätte keinerlei soziologischen Effekt [!], gliche einer irren oder fehlgeleiteten Geste. Nicht nur müssen alle erkennen, daß der Mann leidet, sondern auch und vor allem, warum er leidet." [6]

In einer gewissen Art und Weise befriedigt das Fernsehen die Faszination der Menschen von Tod und Gewalt und bedient ihre angeblichen „aggressiven Instinkte". Aber die „Denker vom Eisernen Berg", die die Blutspiele als eine Art „gesellschaftlicher Reinigung" im Dienste der „Staatssicherheit" betrachteten, führten aus, daß dies möglicherweise nicht genügen würde; es müßten tatsächliche Blutspiele stattfinden, wobei sogar von möglichen menschlichen Opferungen gesprochen wurde, die es im Laufe der Geschichte immer wieder gegeben hat, um die Massen unter Kontrolle zu halten.

Allerdings geht man heute, im Gegensatz zu den Azteken oder den Freimaurern zu Zeiten der Französischen Revolution, viel subtiler vor und verkauft den Völkern das Morden unschuldiger Zivilisten als „Befreiung", „Befriedung", „Demokratisierung" oder „legitimen Kampf gegen den Terror".

Besonders die russische Staatsführung scheint die Wirksamkeit solcher unter fadenscheinigen Vorwänden durchgeführten Blutspiele gegenüber der eigenen Bevölkerung nur zu gut zu kennen: „Seit dem 5. September 1999 haben die russischen Streitkräfte einen neuen Bombenkrieg gegen das kleine Kaukasusland Tschetschenien begonnen, drei Monate vor den Wahlen der russischen Staatsduma am 19.12.1999", schreibt die „Gesellschaft für bedrohte Völker" (GfbV). „Rußland führt ihn unter dem Vorwand, angebliche 'Terroristen' zu bekämpfen. Zu den schrecklichen Bombenattentaten in Moskau und Wolgodonsk, bei denen mehr als 300 Menschen ums Leben kamen, gebe es eine tschetschenische Spur, behauptet die Propaganda der russischen Regierung. Eine solche Spur hat sich bis heute nicht nachweisen lassen. Kurz vor den Anschlägen und der neuen russischen Invasion in Tschetschenien war bekannt geworden, daß die amerikanischen und schweizerischen Behörden wegen der Geldwäsche und Veruntreuung internationaler Hilfsgelder durch die russische Regierung in Milliardenhöhe ermittelten [Anm.: Wie zu erwarten war, verliefen diese Ermittlungen im Sande!]. Rußland-Kenner und Beobachter äußerten deshalb die Vermutung, daß auch der zweite Tschetschenien-Krieg, wie schon der von 1994, vom Zaun gebrochen wurde, um von innenpolitischen Problemen abzulenken.“ [7]

Tatsache ist: „Tschetschenien ist seit Jahren mit Flächenbombardements, Angriffen auf Städte, Dörfer und Flüchtlingskonvois [!] durch das russische Militär konfrontiert [Anm.: Die russische Regierung betreibt hier also regelrechten Staatsterrorismus!]. Diese stellen eine schwere Verletzung der Genfer Konventionen über den Schutz von Zivilisten in Kriegszeiten und der Protokolle zur Konvention dar. Seit Jahren werden unter der stillschweigenden Duldung [!] der internationalen Regierungen die wichtigsten internationalen Abkommen von der russischen Regierung extrem mißachtet. Besonders die Art und Weise der Kriegsführung verdeutlicht, daß in Tschetschenien kein Krieg gegen ‘sogenannte’ Terroristen geführt wird, sondern **eine ganze Nation zum Genozid getrieben** wird. Dabei ist das Ziel ganz klar: Tschetschenien ohne die Tschetschenen als Teil der russischen Föderation zu erhalten. Die weiteren Pläne beinhalten die Ansiedlung von Russen um endgültige Fakten zu schaffen [Anm.: In ähnlicher Weise verfährt die zionistische Regierung in Israel mit den von ihr völkerrechtswidrig besetzten Palästinensergebieten, wo die angestammte Bevölkerung durch unentwegte Unterdrückung und Schikanen ebenfalls vertrieben werden soll, um für jüdische Zuwanderer Platz zu schaffen!].

Hier werden nicht nur Menschenrechte verletzt, sondern ein Verbrechen gegen die Menschlichkeit begangen! Die Weltöffentlichkeit darf die Unwahrheiten der russischen Führung unter Putin nicht mehr hinnehmen, daß es sich in Tschetschenien ‘nur’ um eine innerrussische Angelegenheit handle. Das ist **Völkermord in seiner schlimmsten Form**.

Die befehlshabenden Generäle der Russen suchen Revanche für den ersten verlorenen Tschetschenienkrieg. Dabei ist die Armee bestrebt, ihre geschwächte Machtposition im Land wieder zu stärken. Das ist eine gefährliche Tendenz. In Tschetschenien hingegen herrscht heute militärische Willkür. In den besetzten Gebieten agiert die Armee ohne politische Kontrolle. Vor Ort entscheiden die Generäle und schicken ihre Soldaten in einen Partisanenkrieg, der unter der rechtmäßigen Führung der Tschetschenen und der Unterstützung der Bevölkerung entschieden geführt wird. Die Armee kann diesen Krieg

Die arme Kaukasusrepublik Tschetschenien wird bereits seit Jahren mit Flächenbombardements der russischen Armee zugedeckt. Viele unschuldige Zivilisten wurden regelrecht abgeschlachtet und anschließend in Massengräbern verscharrt.

Das linke Photo vom Januar 1996 zeigt getötete Tschetschenen, (angeblich!) Geiselnehmer, beim dagestanischen Dorf Perwomaiskoje. Rechts: Von der russischen Armee ermordete Tschetschenen werden in einem Massengrab verscharrt.

(Quellenhinweise: Oben: Der Spiegel, 5.3.01, S.171; Unten links: ebd. 28.10.02, S.131; Unten rechts: ebd. 4.11.02, S.132)

*Ein russischer Soldat vor der Kulisse der völlig zerstörten tschetschenischen Hauptstadt Grosny. Angesichts dieser und der Szenen auf der gegenüberliegenden Seite ist es kein Wunder, daß die „GfbV" die Befürchtung hat, „daß es die Absicht der russischen Führung sein könnte, eine ganze Generation tschetschenischer Männer auszurotten": „Täglich informieren uns unsere Partner aus Tschetschenien über die sogenannten 'Säuberungen' ihrer Städte und Dörfer. Besonders besorgniserregend ist, daß dabei systematisch vor allem junge Männer 'verschwinden'. Sie werden in Filtrationslagern oder an sogenannten Filtrationspunkten festgehalten und gefoltert. ... In vielen Fällen verschwinden sie ... spurlos, bis irgendwann Leichen gefunden werden, die deutliche Mißhandlungsspuren aufweisen. So geht auch die Menschenrechtsorganisation 'International Helsinki Federation for Human Rights' davon aus, daß jeden Monat zwischen 50 und 80 junge Zivilisten von russischen Soldaten ermordet werden. In den Berichten über Folterungen in den Filtrationslagern ist immer wieder die Rede davon, daß das Opfer nach der Folter nicht mehr zeugungsfähig ist oder an den Mißhandlungen stirbt."**

Dank seiner brutalen Vorgehensweise in Tschetschenien erfreut sich der „starke Mann" Wladimir Putin bei weiten Teilen des russischen Volkes - trotz ihrer großen Armut - enormer Beliebtheit. Dieses im Sommer 2002 gemachte Photo zeigt junge Männer und Frauen auf dem roten Platz in Moskau, wo sie „ihren" Präsidenten mit T-Shirts feiern, auf denen ein Porträt von Putin gedruckt ist.

(Quellenhinweise: Oben: Der Spiegel, 3.11.03, S.140; Unten: Fuldaer Zeitung, 7.9.02; *: http://www.gfbv.de/voelker/europa/tschetschenien/t_memo_0902.htm)

gegen die mobilen und gut gerüsteten tschetschenischen Einheiten nicht gewinnen. Daher lautet die Taktik der russischen Regierung unter Putin: 'Vernichtungskrieg gegen die Zivilbevölkerung'. Die Konsequenz daraus ist VÖLKERMORD." [8]

Während die russische Regierung also dem eigenen, völlig verarmten Volk - um es unter Kontrolle zu halten! - hauptsächlich die Tschetschenen als gefährliche „Terroristen" vorstellt und sie bis aufs Blut bekämpft, dienten dazu bis zum 11. September 2001 in den westlichen Ländern jahrzehntelang Patrioten, die grundsätzlich als „Neonazis" und „Rechtsextremisten" diffamiert wurden. Keine Gelegenheit wurde ausgelassen, diese Personengruppe in einem schlechten Licht erscheinen zu lassen und ihr die schlimmsten Schandtaten anzulasten. So weihte der ehemalige US-Präsident Bill Clinton am 20. April 2000 in Oklahoma City für die Opfer des Bombenanschlags fünf Jahre zuvor eine Gedenkstätte ein, wobei die Medien in ihrer Berichterstattung nicht versäumten, auf die vermeintlichen Täter hinzuweisen: „Bei dem Attentat auf ein Bürogebäude der Regierung waren 168 Menschen ums Leben gekommen. Es wurde von zwei Rechtsextremisten verübt. Einer von ihnen ist zum Tode verurteilt worden, der andere zu lebenslanger Haft." [9] Tatsächlich wurde der Bombenanschlag von Oklahoma City, wie von mehreren seriösen Forschern zweifelsfrei nachgewiesen, *eben nicht* von „zwei Rechtsextremisten", sondern von kriminellen Teilen der US-Regierung verübt (siehe hierzu mein Buch: „Das Globale Killernetzwerk - Warum John F. Kennedy, Prinzessin Diana und Jürgen W. Möllemann sterben mußten"!)

Das allerdings hält die System-Medien nicht davon ab, weiterhin die von den Hintermännern der Neuen Weltordnung gewünschten Feindbilder zu konstruieren und auch sonst alles zu tun, damit das geistige Niveau der Leute immer mehr gesenkt wird. Dabei lassen sich deutliche Parallelen zwischen der heutigen Gesellschaft und dem alten Rom ausmachen: „In den römischen Theatern der Antike ließ sich das Publikum mehr von den Äußerlichkeiten eines Bühnenspektakels und der Darstellungskunst der Schauspieler begeistern als vom Inhalt der Stücke. Das Rom der Kaiserzeit war theatersüchtig, die Vorstellungen waren Massenveranstaltungen, die mit den Wagenrennen im Circus maximus und den blutigen Gladiatorenspielen und Tierhetzen in der Arena konkurrierten. Hier wie dort war der Eintritt frei. **Gezielt förderte die Obrigkeit diese Veranstaltungen als Unterhaltungsprogramme, um die Gärungsprozesse in Roms multikultureller Einwohnerschaft unter Kontrolle zu halten.** [Anm.: Heut-

Links: Nach dem ersten Golfkrieg fand am 10. Juni 1991 auf dem Broadway in New York eine große Siegesparade statt. Die Massen feierten „ihre" Soldaten, die grundlos Hunderttausende Iraker abgeschlachtet hatten, euphorisch. Rechts: Hält man sich die Heuchelei und Verlogenheit der Weltpolitik vor Augen, fühlt man sich bisweilen an dunkelste Sowjetzeiten zurückversetzt. Damals schon suchte der blutrünstige Stalin durch Lug und Trug sein Volk hinter sich zu scharen (ganz so wie George W. Bush durch den „Kampf gegen den Terror" die halbe Welt hinter sich scharen will!).

In jedem Land der Erde gibt es wohl Leute, die sich über den Sturz ihrer eigenen Regierung freuen würden. Zu diesen zählen diese jubelnden Exil-Iraker in Dearborn, im US-Bundesstaat Michigan, die es sich nicht nehmen ließen, im Frühjahr 2003 ihren „Glücksgefühlen" über das Töten in ihrem Heimatland freien Lauf zu lassen. Solche Veranstaltungen können dann medienwirksam in Szene gesetzt und der Anschein erweckt werden, als würde die Masse der Menschen den Krieg gutheißen.

(Quellenhinweise: Oben links: Der Spiegel, 18.3.02, S.142; Oben rechts: ebd. 1.12.03, S.172; Unten: ebd. 14.4.03, S.32)

Dank einer unentwegten Propaganda seitens „ihrer" (zionistischen) Politiker und Medien wurden die Amerikaner in den letzten Jahren dazu verleitet, die Iraker als ihre ärgsten Feinde zu betrachten, obwohl die ihnen noch nie (!) etwas getan haben. Deshalb interessierten sich auch nur wenige US-Bürger für das wahre Ausmaß des Gemetzels während des dritten Irak-Kriegs - nicht nur beim Einmarsch der US-Truppen in Bagdad säumten die Leichen verstümmelter Iraker die Straßen -, und die systematische Zerstörung der Wiege der Menschheit am Euphrat und Tigris seit nunmehr 15 Jahren.

(Quellenhinweise: Der Spiegel, 14.4.03, S.86)

zutage dient nicht nur ein völlig primitives Fernsehprogramm, sondern vor allem der Krieg gegen den „internationalen Terrorismus" dazu, die durch die allmähliche Massenverelendung ausgelösten Gärungsprozesse unter Kontrolle zu halten!]

Da das Publikum in seinen künstlerischen Ansprüchen so heterogen war wie in seiner Zusammensetzung, war der Erfolg des Theaters nur gewährleistet, wenn man sich auf den kleinsten gemeinsamen Nenner zu einigen vermochte. Denn längst gehörte die Blütezeit der römischen Dramenkunst der Vergangenheit an. Plautus und Terenz, Naevius und Ennius galten als Klassiker aus republikanischen Tagen, geehrt und gelegentlich gespielt, doch im Sinne des Zeitgeschmacks waren sie antiquiert. Was die Massen faszinierte, waren Spielformen des Komödiantischen, die auf geistiges Niveau verzichteten. Man gab sich zum Gaudium der Zuschauer derb-rustikal, scheute weder obszöne Dialoge noch Beischlaf- und Nacktszenen ...

Mochte die Geisteselite noch so empört gegen die Dekadenz des Theaters anschreiben, für das Amüsement des Massenpublikums wurde der Spielplan nach dem Motto gestaltet: 'Wie es euch gefällt.' Die Darsteller aber, die den Beifall der Zuschauer fanden, avancierten zu Bühnenstars, die mit Ehrungen und Geld überhäuft wurden." [10] Ganz ähnlich wie die heutigen „Superstars" ... !

„Die Schlächterei in der Arena des Imperiums war in der Antike einmalig. **Schaukämpfe vor Publikum** gab es auch schon andernorts und früher, aber das Gemetzel in römischen Stadien sucht seinesgleichen.

Obwohl als Tempel des Bösen verdammt, fand die letzte Tierhatz erst im Jahre 523 statt - einer Zeit, als das Christentum längst Staatsreligion im Römischen Reich war. Die meisten Zeitgenossen hatten an den Spektakeln nichts auszusetzen." [11]

Eine beispiellose Grausamkeit war im **Colosseum in Rom** an der Tagesordnung. „Alle möglichen Arten von 'wilden Bestien', Elefanten, Nashörner, Löwen, Krokodile, Bären, Stiere wurden aufeinandergehetzt - solange, bis die Provinzen praktisch leergejagt waren. Die Preise für Nachschub stiegen ins Astronomische." [12]

Menschen wurden zur **Erheiterung der Massen** in die Arena gejagt, „um dort von hungrigen Löwen und Bären zerrissen zu werden. Der **Appetit nach Blut** kannte keine Grenzen. Die **Sensationsgier des Pöbels** trieb die Veranstalter zu immer perverseren Grausamkeiten.

Von immerhin fünf Kaisern ist bekannt, daß sie selbst ins Geschehen eingriffen. Ein Risiko gingen sie dabei zumeist nicht ein. Ihre Gegner waren mit Holzschwertern bewaffnet, der Sieg des Caesar stand von vornherein fest. Von Commodus sagt man, er habe mit eigener Hand Nilpferde erlegt.

Unter Domitian betraten die ersten Gladiatorinnen den Ring und kämpften gegen Zwerge. Später wurden den Kämpfern die Augen verbunden und sie schlachteten sich im wahrsten Sinne des Wortes blind ab. Berechnungen zufolge sollen rund 300 000 Menschen im Colosseum ihr Leben verloren haben." [13] Für diese vielen Opfer, darunter zahlreiche Christen, wurden selbstverständlich *keine* Denkmäler errichtet!

In den letzten Jahren wurde der Weltöffentlichkeit eine Reihe von „Schurken" präsentiert: Neben dem „Schlächter" Slobodan Milosevic (links) zählt der mittlerweile 88jährige einstige chilenische General und Politiker Augusto Pinochet (Mitte) zu diesem illustren Kreis. Er regierte Chile von 1973 bis 1990 mit diktatorischen Mitteln, nachdem er maßgeblich am Putsch gegen den demokratisch gewählten Präsidenten Salvador Allende beteiligt gewesen war. Rechts: Der bei einem völkerrechtswidrigen Angriffskrieg der Anglo-Amerikaner gestürzte irakische Staatschef Saddam Hussein wurde der Weltöffentlichkeit lange Zeit als „Hitler vom Golf" vorgeführt.

Links: Der mysteriöse Osama bin Laden gilt als Kopf des Terror-Netzwerks „El Kaida", das seit dem 11. September 2001 weltweit für Angst und Schrecken sorgen soll. Rechts: Nord-Korea - hier eine Massenkundgebung am Kim-Il-Sung-Platz -, das als Folge des Zweiten Weltkriegs und des Koreakriegs entstanden ist, ist der einzige verbliebene stalinistische Staat. „Im Januar 2002 wurde Nordkorea in die 'Achse des Bösen' von US-Präsident George W. Bush aufgenommen. Hierauf sah sich das kleine Land immens bedroht durch die USA." Bereits im Oktober 2001 hatte Bush Nordkorea provoziert, „Kim Jong Il als Pygmäen beschimpft und den Wunsch zum Sturz des Staatschef geäußert. ... 2002/2003 nahm Nordkorea das Recht auf einen Präventivkrieg für sich in Anspruch, um sich vor den USA zu verteidigen."**

(Quellenhinweise: 3 Photos oben: Der Spiegel, 8.10.01, S.82; Unten links: ebd. 4.11.02, S.141; Unten rechts: ebd. 24.2.03, S.132; *: http://de.wikipedia.org/wiki/Nord-Korea)

*Der libysche Staatschef Muammar Gaddafi zählte jahrzehntelang zu den Intimfeinden der US-Regierung, weshalb sein Land in schöner Regelmäßigkeit ebenfalls in die Reihe der „Schurkenstaaten" gestellt wurde. Daß auf Gaddafi bereits mehrere heimtückische Mordanschläge verübt wurden, hielt ihn indes nicht davon ab, im Jahre 2003 die Seiten zu wechseln und sich dem Willen der „internationalen Staatengemeinschaft" - gemeint sind hiermit die Oberen der Neuen Weltordnung - zu beugen. „Der libysche Revolutionsführer Gaddafi hat die Ankündigung zur Zerstörung aller Massenvernichtungswaffen seines Landes als 'weise Entscheidung und mutigen Schritt' bezeichnet. Mit dem Verzicht werde Libyen einen Anstoß für solche Schritte geben, meinte Gaddafi. Er nannte den Nahen Osten, Afrika sowie andere Staaten der Dritten Welt. Die Entscheidung seines Landes werde es Libyen erlauben, 'eine internationale Rolle bei der Bildung einer neuen Welt [!!!] zu spielen ... ', sagte Gaddafi weiter."**

Eine Demonstration der deutsch-patriotischen Partei NPD gegen die Kriegspolitik der US-Regierung. Angeführt wird sie von dem ehemaligen NPD-Anwalt Horst Mahler und NPD-Chef Udo Voigt. Bundesdeutsche Politiker wollten unserem Volk lange weismachen, „Neonazis" und „Rechtsextremisten" bedrohten die innere Sicherheit unseres Landes und führten nichts anderes im Schilde, als eine „neue nationalsozialistische Terrorherrschaft" zu errichten. (Vor geraumer Zeit jedoch wurde das Schreckgespenst „wiedererstarkter Nationalsozialismus" durch das Schreckgespenst „fundamentalistischer Islamismus" ersetzt, weshalb man von „Nazi-Sympathisanten" heute seltener aus den Medien hört.)

(Quellenhinweise: Oben: Der Spiegel, 16.9.02, S.125; Unten: ebd. 9.2.02, S.110; *: ZDFtext, 20.12.03, S. 126)

Links: Bei einer Minenexplosion in Afghanistan verlor der Anfang der 1990er Jahre auf Seiten der Mudschaheddin gegen die sowjetischen Besatzer des Landes kämpfende Islamist Abu Hamsa ein Auge und beide Unterarme. Hier sehen wir den 1979 nach England Eingewanderten (mit Polizeischutz) in London bei einer seiner Predigten. Wie der in Deutschland lebende Islamistenführer und als „Kalif von Köln" bekannte Metin Kaplan (rechts) wird er als „Haßprediger" bezeichnet, da er es gewagt hat, gegen die (unter maßgeblicher Kontrolle einflußreicher Zionisten stehende) US-Regierung seine Stimme zu erheben - er bezeichnete Amerika unter anderem als eine verrückt gewordene Supermacht. („Fundamentalisten" - auch des christlichen Glaubens - sowie „Haßprediger" sind heute ebenfalls beliebte Feindbilder!)

Links: Eine Demonstration aufgebrachter Muslime in der pakistanischen Hafenstadt Karatschi mit dem Konterfei Osama bin Ladens auf Plakaten. Rechts: Demonstrierende Anhänger von Metin Kaplan im Jahre 1999 in Karlsruhe. Aufgrund des von der US-Regierung geführten (heuchlerischen!) „Kampfes gegen den Terror", dem bislang zehntausende Zivilisten in Afghanistan und dem Irak zum Opfer fielen, radikalisieren sich viele Menschen in den islamischen Ländern immer mehr. Damit ist nicht nur der Nährboden für neue Gewalt bereitet, diese Leute können von „unseren" propagandistischen Hetzmedien bei Bedarf als neue Feindbilder vom Schlage eines Bin Laden aufgebaut werden. (Auch wenn der Irrglaube des Islam aus katholischer Sicht streng zurückzuweisen ist, darf man sich nicht dergestalt manipulieren lassen, daß man im Dienste der „Staatssicherheit" immer mehr Grundrechte aufgibt. Schließlich sind unsere freimaurerischen Politiker selbst dafür verantwortlich, daß Muslime, aufgrund der gezielt geförderten Religionsvermischung, massenweise ins einstige christliche Abendland Einzug gehalten haben!)

(Quellenhinweise: Oben links: Der Spiegel, 7.6.04, S.28; Oben rechts: ebd. S.9; Unten links: ebd. 26.1.04, S.82; Unten rechts: ebd. 7.6.04, S.30)

Dieser Protestmarsch der schiitischen „Mahdi-Armee“ durch Bagdads Slum Sadr-City belegt in eindrucksvoller Weise, daß die anglo-amerikanischen Angriffskriege ***eben keinen*** *Frieden schaffen, sondern stets eine ganze Reihe neuer Kämpfer hervorbringen, die alles tun, um die verhaßten Invasoren aus ihrer Heimat zu jagen - diverse von ihnen verübte Anschläge können dann im Rahmen der „Blutspiele“ direkt in die Wohnzimmer der Menschen in aller Welt übertragen werden.*

In der irakischen Stadt Nadschaf konfrontieren aufgebrachte schiitische Demonstranten die ihnen verhaßten US-Soldaten; sie fordern Freiheit und wahre Demokratie für ihr Land. Solche Leute werden von Politik und Medien im Westen als gefährliche „Terroristen“ oder „Extremisten“ hingestellt. (Der ganz im Sinne des Staates Israel geführte Krieg gegen die islamische Welt sorgt dafür, daß der Nachschub an neuen Feindbildern nie zum Versiegen kommen wird!)

(Quellenhinweise: Oben: Der Spiegel, 10.4.04, S.111; Unten: ebd. 19.4.04, S. 129)

Die Experten-Kommission von „Iron Mountain“ kannte die Auswirkungen solcher „Blutspiele“ auf die Psyche des Menschen nur zu gut. Sie wußte, daß man mittels solcher offen zur Schau gestellter Grausamkeiten die Öffentlichkeit gezielt manipulieren konnte.

Von daher wurde auch beschlossen, der Öffentlichkeit von Zeit zu Zeit einen Bösewicht - einen regelrechten „Hitler des Monats“ - zu präsentieren, auf den die ganze Abscheu und der ganze Haß des Volkes fixiert werden konnten, wobei es immer genügend Kandidaten für diese Rolle gibt: „Die Dämonisierung bestimmter Personen folgt einem Muster, das den USA bei jedem Krieg in den letzten zwei Jahrzehnten als Modus Operandi gedient hat - gegen den Drogenboß Manuel Noriega in Panama, den Warlord Mohamed Farrah Aidid in Somalia sowie gegen den Barbaren Saddam Hussein und den Balkan-Schlächter Slobodan Milosevic. Jedes Mal versuchten die amerikanische Regierung und die durch die geheimen Drahtzieher kontrollierten Medien, die öffentliche Meinung zu manipulieren, indem der zur Zielscheibe erkorene Staatsführer als das personifizierte Böse hingestellt wurde“, erläutert der niederländische Enthüllungsautor Robin de Ruiter in seinem Buch „Der 11. September 2001“ auf Seite 48. (Gegenwärtig sind es vor allem die Führer der Taliban in Afghanistan, wie Mullah Omar, und die Geistlichen der Schiiten des Irak, wie Muktada el Sadr, die von den USA vor aller Welt als Erz-Bösewichte - sogenannte Extremisten! - hingestellt werden!)

Dabei spielt es für die Herrschenden überhaupt keine Rolle, ob es sich dabei um legitime, demokratisch gewählte (!) Staatsoberhäupter handelt, wie der am 24. August 1941 in Pozarevac, Serbien, geborene Slobodan Milosevic, der von 1989 bis 1997 Präsident Serbiens und von 1997 bis 5. Oktober 2000 Präsident der Bundesrepublik Jugoslawiens (Serbien und Montenegro) war. Durch einen aus dem Ausland angezettelten „Volks“aufstand wurde er gestürzt, und bei einer Nacht- und Nebelaktion entführt und außer Landes gebracht. Seit Juni 2001 muß er sich vor dem UN-Kriegsverbrechertribunal in Den Haag verantworten, das schwere Verletzungen der Genfer Konvention, Verstöße gegen die Gesetze oder Gebräuche des Krieges, Völkermord und Verbrechen gegen die Menschlichkeit ahndet - demnach müßten George W. Bush und dessen Verteidigungsminister Donald Rumsfeld, Ariel Scharon und dessen Verteidigungsminister Shaul Mofas sowie Wladimir Putin und seine Armeespitze für ihre Taten allesamt ebenfalls unverzüglich nach Den Haag gebracht und dort vor Gericht gestellt werden!

Es sind aber nicht nur Individuen (wie Milosevic oder Hussein) und ganze Personengruppen (wie Patrioten, Islamisten oder „fundamentalistische" Christen), die zu regelrechten Objekten des Hasses hochstilisiert werden. Seit Jahren schon geistert der Begriff „Schurkenstaaten" durch die Medien, werden seitens der US-Regierung immer wieder scharfe Drohungen in Richtung „abtrünniger" Länder laut, die sich der weltweiten Hegemonie der USA widersetzen. So auch Anfang Dezember 2003: „[Erneut] Säbelrasseln in Washington. Die US-Regierung hat den von ihr so titulierten Schurkenstaaten unverhohlen gedroht: Sie sollten sich genau ansehen, was die USA mit dem Irak gemacht hätten. ...

Die US-Regierung hat fünf Ländern direkt vorgeworfen, an Massenvernichtungswaffen zu arbeiten. Die Vorgänge im Irak sollten Iran, Nordkorea, Syrien, Libyen und Kuba eine Lehre sein, warnte der Staatssekretär für Rüstungskontrolle im Außenministerium, John Bolton, ... vor dem Institut für Außenpolitik-Analysen.

'Schurkenstaaten wie Iran, Nordkorea, Syrien, Libyen und Kuba, die den USA mit ihrem Streben nach Massenvernichtungswaffen feindlich gesinnt sind, werden merken, daß ihre verdeckten Programme der Entdeckung und den Konsequenzen nicht entgehen', sagte Bolton.

Die USA behielten sich alle Optionen vor. 'Die Lektion (für diese Länder) aus dem Irak ist, daß die USA entschlossen sind, Staaten zu verfolgen, die die Absicht haben, Programme für Massenvernichtungswaffen aufzubauen." [14]

In seinem Buch „Die gekränkte Supermacht" [15] stellt der Ethnologie-Professor Hans-Jürgen Heinrichs richtig: „Amerika denunziert andere Völker als Achsenmächte des Bösen und umhüllt sich selbst mit dem Mythos der Gerechten und Zivilisationshüter. Idealisierung des Eigenen und Denunzierung des Fremden sind aufs engste aneinander gebunden. Selbstgerechtigkeit und Fremderniedrigung, Selbsttäuschung und Projektion spielen sich in die Hände. Die Projektion kann sich zum Wahn steigern und sich darin dem Wahn nähern, den man 'ausrotten' will. Politiker wie Bush ziehen ihre Mitstreiter in die Aura gottähnlicher Selbstherrlichkeit und Omnipotenz."

In Wahrheit wird Ländern wie Syrien oder Iran zu Unrecht unterstellt, sie stellten Massenvernichtungswaffen her oder unterhielten Beziehungen zu Terroristen, die die „freie" westliche Staatengemeinschaft bedrohten. Der „fundamentalistische Islam" und auch die immer wieder durch bundesdeutsche Medien geisternde „Braune Armee-Fraktion" sind nämlich nichts weiter als bloße Schreckgespenster, mittels deren auch der globale Überwachungsstaat gerechtfertigt und ständig ausgebaut wird.

„Nicht nur der Vorwurf der (irakischen) Massenvernichtungswaffen ist konstruiert, sondern auch der sogenannte Krieg gegen den Terror", stellte der kanadische Wirtschaftswissenschaftler Professor Michel Chossudovsky richtig. „Al Quaida ist eine Schöpfung der CIA. Man muß verstehen, daß das Hauptziel dieses Kriegs die Erdölvorkommen des Iraks sind - und nicht nur des Iraks, sondern der gesamten Region." [16]

„Es ergibt sich die große Wahrscheinlichkeit, daß ... die Al Quaida keine islamische Terrororganisation ist", schließen sich die „Politischen Hintergrundinformationen" [17] dieser Meinung an, „sondern vom CIA, Mossad oder einem anderen Geheimdienst ferngelenkt wird. So hat der Anschlag vom 11.9.2001 den Moslems nichts genutzt, wohl aber den Briten und Amerikanern und, indirekt, auch Israel. Auch ist es gänzlich unwahrscheinlich, daß eine wahrhaft moslemische Organisation im Irak Moslems tötet, die gerade direkt vom Besuch einer Moschee kommen. Wenn also Al Quaida keine islamische Organisation ist, sondern von einem Geheimdienst gesteuert wird, so käme von dieser Organisation durchaus gerade ein Attentat in den Staaten [unter anderem Deutschland] infrage, die sich vom amerikanischen Angriff auf den Irak distanziert haben. Der Sinn könnte darin liegen, in diesen Staaten durch Terrorakte die Bereitschaft zu wecken, sich an den anglo-amerikanischen Militäraktionen im Irak zu beteiligen."

Im Gegensatz zu den meisten Deutschen scheinen zumindest viele Araber begriffen zu haben, wer wirklich hinter „El Kaida" steckt. So war dem „ARD-Text" am 22. April 2004 (S. 121) zu entnehmen, daß es in der südirakischen Stadt Basra zu einer Demonstration mehrerer hundert Schiiten gegen die britische Besatzung gekommen war. Einen Tag zuvor ereigneten sich in der Stadt blutige Anschläge: „Die Anhänger des Schiitenpredigers al Sadr machen die Briten für die Attentatsserie verantwortlich, bei der mindestens [!] 68 Menschen starben, darunter auch 18 Kinder.

Auf Plakaten wurde der britische Premierminister Tony Blair als 'Krimineller' bezeichnet und das Terrornetzwerk Al Kaida als 'amerikanische Täuschung, um islamische Staaten zu besetzen'."

„Laut einem iranischen Diplomaten, sind die Vereinigten Staaten und Israel die Köpfe hinter dem terroristischen Chaos von Al Quaida.

'Um Iraks arabische Nachbarn zu zwingen, der US-amerikanischen Irak-Politik zuzustimmen, inszenieren die Vereinigten Staaten und das zionistische Regime solche Terroranschläge', sagte der ehemalige iranische Botschafter für Syrien am Mittwoch [28. April 2004]. Er machte seine Aussagen während eines Interviews mit der iranischen Nachrichtenagentur Mehr (MNA).

Der frühere Botschafter Hossein Sheikholeslam bezog sich auf die Anschläge in Damaskus vom Dienstag [dem 27. April 2004]. Die Angriffe ereigneten sich in jenem Stadtviertel, in dem sich die iranische, kanadische und britische Botschaft befinden, wie auch die Büros der Vereinten Nationen.

'Die meisten arabischen Länder in der Region des Nahen Ostens sind mit der US-amerikanischen Irak-Politik nicht einverstanden. Deshalb versuchen sie regionale Länder [in den Konflikt] zu verwikkeln, indem sie solche terroristischen Handlungen unterstützen', fuhr Sheikholeslam fort.

MNA sagt, der ehemalige Botschafter behauptete, dies sei 'nicht das erste Mal gewesen, daß die Vereinigten Staaten und Israel Teile von Al Quaida einsetzten, um ihnen dabei zu helfen, ihre terroristischen Ziele zu verwirklichen.'

Die erklärte Intention der Nachrichtenagentur Mehr, die in Teheran ihren Sitz hat, besteht darin, 'der Öffentlichkeit exakte und brandaktuelle Informationen zur Verfügung zu stellen, mit dem Schwerpunkt Iran und dem Rest der islamischen Welt'." [18]

Über den von Sheikholeslam angesprochenen Vorfall in Syrien hieß es seinerzeit in der Presse: „Bei einem Feuergefecht im Diplomatenviertel der syrischen Hauptstadt Damaskus sind am Dienstagabend vier Menschen getötet worden. Darunter sind zwei der vier Attentäter sowie ein Polizist und eine Passantin. Vor der Schießerei hatten die Attentäter eine Bombe unter einem geparkten Auto gezündet. Die Explosion beschädigte ein nicht bewohntes Haus. ... Syrien verurteilte den 'terroristischen Vorfall', der die Stabilität und Sicherheit der Bürger und des Landes gefährde, erklärte ein Beamter des Innenministeriums. Damaskus werde alle notwendigen Maßnahmen ergreifen, um gegen den Terrorismus vorzugehen. Ermittlungen zum Hintergrund des Anschlags hätten begonnen." [19]

Hat man also die gewaltige Manipulation der Massen in den westlichen Ländern, vor allem im Hinblick auf „El Kaida", verstanden, sieht man auch, warum zu befürchten steht, daß die Menschen, nachdem sie in den letzten Jahren die Schreckgespenster „Neonazis“ bzw. „rechter Terror“ und „islamischer Fundamentalismus“ bzw. „El-Kaida-Terrornetzerk“ geschluckt haben, auch die nächste auserkorene Gruppe als Feindbild akzeptieren werden. Alles deutet nämlich darauf hin, daß in der nächsten Phase im „Kampf gegen den internationalen Terrorismus“ die „Fundamentalisten“ auch aller anderen Religionen - und nicht mehr nur der islamischen! - an den Pranger gestellt und „ausgeschaltet“ werden sollen.

Denkt man an die Aussage des deutschen Pastors Martin Niemöller im Dritten Reich noch vor Ausbruch des Zweiten Weltkriegs [20], drängt sich damit eine deutliche Parallele zur Gegenwart auf: „In Deutschland kamen sie [die nationalsozialistische Gestapo] als erstes für die Kommunisten, und ich machte den Mund nicht auf, weil ich kein Kommunist war. Dann kamen sie für die Juden, und ich machte den Mund nicht auf, weil ich kein Jude war. Dann kamen sie für die Gewerkschafter, und ich machte den Mund nicht auf, weil ich kein Gewerkschafter war. Dann kamen sie für die Katholiken, und ich machte den Mund nicht auf, weil ich ein Protestant war. Schließlich kamen sie für mich, und zu dieser Zeit gab es niemanden mehr, der seinen Mund noch aufmachen konnte.“

Niemöllers Aussage läßt sich auf die heutige Zeit ummünzen: „Unter der ‘Neuen Weltordnung’ kamen sie [die diversen Inlandsgeheimdienste der westlichen „Demokratien“, die insgeheim von Freimaurern geleitet werden] erst für die ‘Neonazis’ und ich machte den Mund nicht auf, weil ich kein Neonazi war. Dann kamen sie für die „radikalen Islamisten“, und ich machte den Mund nicht auf, weil ich kein „radikaler Islamist“ war. Dann kamen sie für die „Antisemiten“, und ich machte den Mund nicht auf, weil ich kein „Antisemit“ war. Schließlich kamen sie für mich, einen traditionellen Katholiken, und zu diesem Zeitpunkt gab es niemanden mehr, der seinen Mund noch aufmachen konnte.“

Die Furcht, es könne in (naher) Zukunft zu einer landesweiten, wenn nicht gar weltweiten, blutigen Katholikenverfolgung kommen, treibt auch die Redaktion der traditionell-katholischen Publikation „Kyrie eléison“ [21] um: „Die kommende Verfolgung der gläubig gebliebenen Katholiken wird vermutlich mit einer Fernsehkampagne beginnen, in deren Rahmen immer wieder eindringlich vor den Leuten, die sich ‘Sedisvakantisten’ oder ‘katholische Traditionalisten’ nennen, in Wirklichkeit aber ‘fundamentalistische Fanatiker sind’, gewarnt wird und die staatlichen Stellen aufgefordert werden, im

Interesse des inneren Friedens etwas gegen diese 'Fanatiker' zu unternehmen."

Tatsache ist: Katholiken sehen sich *schon heute* großen Anfeindungen gegenüber und werden von der Justiz in nicht seltenen Fällen im Stich gelassen, wie folgender repräsentative Fall zeigt: „Gerald Wissler, stellvertretender Fraktionsvorsitzender der 'Deutschen Liste' im Kreistag Offenbach, wundert sich über die deutsche Justiz [Anm.: nicht nur er!]. Der Kommunalpolitiker, früher bei den Republikanern, hatte Strafanzeige gegen den 'Konkret'-Redakteur Hermann L. Gremliza erstattet. Dieser war verantwortlich für einen Zeitschriften-Beitrag, in dem es wörtlich hieß: 'Die amerikanischen Freunde des Kinderfickens... nennen ihre Bande »Katholische Kirche«.'

Wissler stellte daraufhin Strafanzeige wegen Volksverhetzung (§130 StGB) und Beschimpfung von Religionsgesellschaften (§166 StGB). Die Staatsanwaltschaft Hamburg ließ sich mit der Prüfung fast ein halbes Jahr lang Zeit, um die Sache dann niederzuschlagen. Dem verantwortlichen Journalisten wurde die 'Kunstfreiheit' zugute gehalten. Außerdem fehle es an einem Angriff auf die Menschenwürde der Betroffenen, heißt es in dem Einstellungsbescheid der Staatsanwaltschaft. Die Rechtsprechung lasse scharfe und polemisierende Formulierungen zu, 'solange derartige Äußerungen der Auseinandersetzung in der Sache dienen und jedenfalls nicht vorrangig die Herabsetzung einzelner Personen beinhalten'. Letzteres könne im zitierten Fall nicht festgestellt werden (Az. 7101 Js 435/02).

Diese Gesetzesinterpretation verblüfft nicht nur Wissler. Denn §166 StGB stellt ausdrücklich die (kollektive) Beschimpfung von Religionsgesellschaften unter Strafe. Von einzelnen Personen ist dort nicht die Rede, weil sich diese gegen individuelle Beleidigungen ohnehin auf §185 StGB berufen können. Wenn man zudem bedenkt, daß ansonsten zur Erfüllung des Straftatbestandes der 'Volksverhetzung' bereits eine abweichende Meinung zur Zeitgeschichtsschreibung ausreicht, versteht man die Entscheidung der Hamburger Staatsanwaltschaft umso weniger. Hätte man im übrigen auch so entschieden, wenn die jüdische Gemeinde als 'Bande' und 'Freunde des Kinderfickens' beschimpft worden wäre?" [22]

Überhaupt scheinen ganz andere Regeln zu gelten, werden in Deutschland jüdische Interessen tangiert. So mußte sich der Münchner Privatsender Kabel 1 für seine Ausstrahlung „Judas Game" im Februar 2004 einen neuen Namen suchen. „Wie die Bayerische Landeszentrale für neue Medien (BLM) ... mitteilte, hat der Fernsehausschuß einen entsprechenden einstimmigen Beschluß gefaßt. Der vorgesehene Titel sei geeignet, religiöse Gefühle zu verletzen und antisemitische Ressentiments [?!?] zu provozieren, urteilte das Aufsichtsgremium. Der neue Name ist 'J-Game'. Die erste von sechs Folgen ist bereits ... unter diesem Titel gesendet worden.

Der Name 'Judas' sei im historischen Kontext, insbesondere zur Zeit des Nationalsozialismus, über den Inbegriff des Lügners und Verräters hinaus mit dem Bild 'des Juden' gleichgesetzt worden, erklärte die BLM weiter. Zuvor hatte der Zentralrat der Juden in Deutschland gegen den Namen protestiert. Die Auswahl des Titels für eine Spielshow im Fernsehen sei instinktlos und berge die akute Gefahr verbaler Brandstiftung, erklärte Charlotte Knobloch, die Vizepräsidentin des Zentralrats.

In der Show muß jeder der sechs Kandidaten die Mitspieler mit seiner persönlichen Leidensgeschichte davon überzeugen, daß er den Gewinn von 40 000 Euro unbedingt braucht." [23]

Welche Stellung das Christentum in unserer Gesellschaft mittlerweile einnimmt, dokumentiert auch ein Fall aus Hildesheim vor einigen Jahren: „Die Leitung des Kindergartens im Stadtteil Itzum, von der Arbeiterwohlfahrt (Awo) betrieben, verordnete den Kindern beim diesjährigen Laternenumzug den Verzicht auf christliche Lieder. 'Wir haben nicht nur Christen unter unseren Kindern, sondern beispielsweise auch Muslime', erklärte die Kindergartenleiterin Sandra Hensche in der Ortspresse. Generell würde man in dem Heim keine Lieder mehr singen, in denen Worte wie 'Gott, Jesus oder Christus' vorkommen. Mehr noch: Statt des traditionellen Martinsumzuges startete die Arbeiterwohlfahrt ein eigenes Laternen-Gehen, weil der Martinsumzug sich an christlichen Vorgaben orientiert.

'Wo bleibt denn unsere eigene Kultur, sind wir hier nicht in Deutschland?', fragte erbost Itzums stellvertretende Ortsbürgermeisterin Rita Rühmes (CDU). Immerhin flössen in den AWO-Kindergarten jährlich städtische Mittel in Höhe von 542 000 Mark [Anm.: rund 270 000 Euro], aufgebracht von mehrheitlich christlichen Steuerzahlern. CDU-Ratsherr Klaus Veuskens: 'Schockierend, daß aus offensichtlich falsch verstandener 'Unparteilichkeit' Grundwerte unserer abendländischen Kultur nicht vermittelt werden.'" [24] (Anm.: Daß man es hier längst mit einem *länderübergreifenden* Phänomen zu tun hat, zeigt ein Fall aus England, der sich kurz vor Weihnachten des Jahres 1996 zutrug: „Passend zur Weihnachtszeit setzte die Stadtverwaltung im englischen Northampton ein Zeichen multikultureller

Versöhnlichkeit: Sie wird fortan die Bezeichnung 'Christbaum' in offiziellen Verlautbarungen vermeiden, um die Gefühle nichtchristlicher Mitbürger nicht zu verletzen. Statt 'Christ-' oder 'Weihnachtsbaum' soll es künftig heißen: 'Festliche gartenbauliche Elemente'." [25])

Selbst wenn es zu Anschlägen (!) auf Gotteshäuser kommt, schweigen die überregionalen Medien bei uns in aller Regel. „Keine Aufrufe zum 'Aufstand der Anständigen', keine Lichterketten, keine betroffenen Politiker. Es war ja 'nur' eine katholische Kirche in Kassel, auf die an Pfingsten [des Jahres 2002] ein Brandanschlag verübt wurde. Teile der meterhohen historischen Eingangstür, meldete die Lokalpresse, wurden durch den Brandanschlag unwiederbringlich zerstört.

Die Täter: nach Erkenntnissen der Ermittler möglicherweise Mitglieder der radikal-türkischen Jugendorgansiation 'Graue Wölfe'. Deren Emblem fand die Polizei an die Kirchenwände gesprüht. Und mehrere Christuskreuze wurden mit schwarzer Farbe übermalt. Kein Thema für bundesdeutsche Medien. Die 'Bösen' sind dort nämlich vorzugsweise Inländer." [26]

In Essen zeigte sich im Juni 2003 erneut vor aller Augen, wie groß der Haß bestimmter Leute auf die katholische Kirche inzwischen geworden ist. Dort wurde ein Meßdiener in der Innenstadt von einem Attentäter während der traditionellen Fronleichnamsprozession niedergestochen. „Der 49jährige Täter rammte dem Kreuzträger ein Messer in den Rücken. Er wurde sofort festgenommen und sagte, er habe die katholische Kirche angreifen wollen. Der 44jährige Meßdiener wurde schwer verletzt." [27]

Katholiken müssen nicht nur schlimmste Beleidigungen über sich ergehen lassen, sondern auch miterleben, wie christliches Kulturgut abgeschafft, auf Kirchen Anschläge verübt und Meßdiener in aller Öffentlichkeit niedergestochen werden. (Und da wollen führende jüdische Verbände den Bürgern der Bundesrepublik allen Ernstes weismachen, in Deutschland herrsche bzw. steige der „Antisemitismus" [der eigentlich Anti-Judaismus heißen müßte]?!)

Zudem sehen sich die wahren Christen einer permanenten Verleumdungskampagne ausgesetzt, denn die Medien tun alles, um das Ansehen der - leider nur noch scheinbaren! - katholischen Kirche in Rom in den Dreck zu ziehen. Dazu dienen vor allem Meldungen über die „vielen" pädophilen „Priester": „In den USA haben in den vergangenen 50 Jahren mehr als 4000 katholische Priester Minderjährige sexuell belästigt. Zu dem Ergebnis kommt eine Studie der US-[Konzils-]Bischofskonferenz, deren Entwurf in Auszügen auf der Internet-Seite des Nachrichtensenders CNN veröffentlicht wurde. Untersucht wurden demnach mehr als 11 000 Vorwürfe gegen Priester zwischen 1950 und 2002.

Die katholische Kirche in den USA wird seit Anfang 2002 von einem Skandal um pädophile Priester erschüttert. Die Kirche soll über Jahre hinweg Fälle von Kindesmißbrauch vertuscht haben.“ [28] Selbstverständlich erfährt man aus den gleichen Medien nichts darüber, daß es sich dabei *eben nicht mehr* um die katholische Kirche handelt, sondern tatsächlich um die häretische, ökumenische Konzilssekte, die seit 1965 in Rom ihr weltweites Domizil aufgeschlagen hat. Jean Guitton, ein Freund von Anti-Papst Paul VI., erklärte gegenüber seiner Sekretärin Michèle Reboul diesbezüglich unverhohlen: „Die katholische Kirche ist tot seit dem ersten Tag des II. Vatikanischen Konzils. Sie hat der ökumenischen Kirche Platz gemacht. Sie dürfte sich nicht mehr katholisch, sondern müßte sich ökumenisch nennen.“ [29]

Auch vernimmt man aus Presse, Rundfunk und Fernsehen in Deutschland nichts über die Begebenheit, daß die bis dato noch katholische Kirche jahrzehntelang von allerlei subversiven Elementen gezielt unterwandert wurde (nur deshalb bietet der Vatikan mit seiner Konzilssekte ein derart niederschmetterndes Erscheinungsbild und laufen ihm nicht nur die Priester, sondern auch die Gläubigen in Scharen davon!): „In dem von einem Freimaurer im Jahre 1908 verfaßten Buch ‘Ökumenismus’ heißt es: ‘Das Ziel besteht nicht länger in der Zerstörung der [katholischen] Kirche, sondern eher darin, sie zu gebrauchen indem sie unterwandert wird.’

Bella Dodd konvertierte zum Ende ihres Lebens zum katholischen Glauben. Als ehemalige Kommunistin enthüllte sie folgendes: ‘In den 1930er Jahren schleusten wir 1100 Männer in die Geistlichkeit ein, um auf diese Weise die katholische Kirche aus dem Innersten heraus zu zerstören.’“ [30]

„Unsere“ unter einer strengen Zensur stehenden antichristlichen Systemmedien verschweigen jedoch nicht nur alle diese Tatsachen (besonders die großen Anfeindungen, denen sich die *traditionellen* Katholiken heute ausgesetzt sehen!), sondern versuchen auch vehement, die historische Wahrheit geradezu auf den Kopf zu stellen, vor allem was die Verbrechen von Juden anbelangt, besonders während der bolschewistischen Schreckensherrschaft in Rußland. So kam es nach einer Rede des ehemaligen CDU-Bundestagsabgeordneten Martin Hohmann zum Tag der Deutschen Einheit am 3. Oktober 2003 in Neuhof bei Fulda zu einer beispiellosen Medienhetze, da er nicht nur diese „Sünde“ beging, sondern auch noch eines der größten Tabus in den Augen der Wächter unserer öffentlichen Ordnung brach: er wagte es, entlastende Worte über das deutsche Volk zu sprechen.

Man warf Hohmann Beleidigung, üble Nachrede und Volksverhetzung vor, obwohl er ausdrücklich betonte, daß für ihn „weder ‘die Deutschen’ noch ‘die Juden’ ein ‘Tätervolk’“ seien. Trotzdem bezeichnete man ihn als „Antisemit“ und strebte seine Verurteilung an.

Dabei stellt Jörg Friedrich, Historiker und Bestseller-Autor („Der Brand“), richtig: „Der Begriff des Tätervolkes gehört nicht der Kriegszeit an, sondern unserer Gegenwartsmoral. Wieso haftet den Deutschen neuerdings der Begriff des Tätervolks an wie ein Fettfleck? Es gibt kein Tätervolk der Kambodschaner, weil Pol Pot Genozid betrieben hat. Es gibt kein Tätervolk der Russen, weil Stalin im Gulag gewütet hat. Es gibt kein Tätervolk der Chinesen, weil Mao einige Millionen Bauern vorsätzlich hat verhungern lassen. Niemand dächte im Traum daran, solche Tätervölker zu konstruieren.“ [31] Selbstverständlich käme auch niemand auf die Idee, etwa die Türken als Tätervolk zu bezeichnen, weil sie in den Jahren 1915/16 rund 1,5 Millionen (christliche) Armenier abgeschlachtet haben, oder die Amerikaner, weil sie während des Vietnam-Kriegs mehr als drei Millionen Vietnamesen - die meisten von ihnen Zivilisten - ermordet haben.

Dabei ist es in einem wahrhaft „freiheitlich-demokratischen Rechtsstaat“ *gerade in politischer Hinsicht* vonnöten, sich für differenzierte Meinungsäußerungen einzusetzen. Hören wir dazu Dr. jur. Klaus von Dohnanyi (SPD), den ehemaligen Bundeswissenschaftsminister: „Für Deutschlands Zukunft, für unsere Demokratie und Kultur ist heute nichts wichtiger als ein Klima offener und breiter **Meinungsfreiheit**. Sie ist das **Fundament der Demokratie**. Wir müssen uns vor einer Bedrückung durch allzu mächtige political correctness schützen. Gerade wegen unserer Geschichte gilt dies für uns Deutsche in besonderem Maße. Nur in offener Meinungsfreiheit, die auch extreme [!] Abweichungen toleriert und dann im politischen Streit austrägt, erwachsen Mut und Kreativität.“ [32] Daß es in unserem Lande um das Recht auf freie Meinungsäußerung nicht so gut bestellt sein kann, zeigt schon allein, daß in den letzten Jahren Zehntausende Deutsche aufgrund von Meinungsdelikten vor Gericht gestellt und teilweise zu empfindlichen Strafen verurteilt wurden.

„In diesem Klima der politisch-moralischen Lynchstimmung frei reden?“, fragte der bedeutende deutsche Schriftsteller Martin Walser vor einiger Zeit, um sich sogleich selbst die Antwort zu geben: „Zur

Zeit ist es der Tugendterror der political correctness, der freie Rede zum halsbrecherischen Risiko macht.“ [33]

Der 1996 verstorbene Gustav Sichelschmidt prangerte die Mißstände in unserem Lande in mehreren seiner Bücher ebenfalls scharf an und scheute sich auch nicht, auf die mittlerweile bei uns vorherrschenden regelrechten totalitären Tendenzen zu sprechen zu kommen: „Angesichts eines zunehmenden Freiheitsentzuges und eines kontinuierlichen Abbaus des immer noch vielgerühmten Rechtsstaates, der sich den einmaligen totalitären Luxus leistet, auf irgendeine ferngelenkte Regie hin sogar die geschichtliche Wahrheit zu torpedieren, hat man sich einem gesellschaftlichen Stereotyp angepaßt, das weitgehend auslaufenden amerikanischen Mustern entspricht.

Nach einem halben Jahrhundert, in dem man trübe demokratische Erfahrungen einsammeln konnte, zieht man resigniert das Fazit, in dieser Republik dominierten bereits die totalitären Methoden eines Staatsterrorismus, die jeder Vorstellung von echter Demokratie Hohn sprechen. Es gehört schon ein entwaffnender Grad von Zynismus dazu, in Hinblick auf diesen Staat mit zwingendem Kolonialstatus überhaupt noch von Souveränität zu sprechen, die bekanntlich im Grundgesetz festgeschrieben ist und vom Volke auszugehen hätte. Aber bei diesem Grundgesetz handelt es sich im Grunde auch nur um ein Phantom. Es ist jedenfalls das Papier nicht mehr wert, auf dem es einmal konzipiert wurde. Eine Kommission von dezidierten Internationalisten ist am eifrigen Werk, entsprechende Korrekturen vorzunehmen. Nach Abschluß dieser offenbar schweißtreibenden Schwerstarbeit dürfte dieses Elaborat nicht mehr auf die Bedürfnisse des deutschen Volkes zugeschnitten sein, sondern den Interessen ethnischer Minderheiten dienen. Wir dürften in absehbarer Zeit den Status einer eben noch geduldeten Minderheit im Lande unserer Väter erhalten.“ [34]

„Leute, die partout ihre Tinte nicht halten können, leben in diesem Staat, der unversehens immer deutlicher zu einer Meinungsdiktatur mutiert, nicht gerade ungefährlich“, warnte Sichelschmidt in seinem Buch „Der Tanz auf dem Vulkan“ auf Seite 127, um dann fortzufahren: „Aber eigentlich sollte sich niemand in der amorphen Masse des gemeinen Fußvolkes einbilden, er könnte sich auf Dauer um die zugegeben unpopuläre Wahrheit herumdrücken. Sie verfügt nun einmal über längere Beine als die Lüge, die eines Tages eben doch über ihre eigenen Füße stolpert und ein Mordsspektakel dabei anrichtet.“

Zur Frage, ob man Deutschland überhaupt noch als Rechtsstaat bezeichnen dürfe, hat auch der Universitätsprofessor für Staatsrecht Dr. Erich Dauenhauer eine klare Meinung. Er stellt gleich vier schwerwiegende Verstöße gegen die rechtsstaatliche Verfaßtheit der BRD fest (tatsächlich dürften es noch viel mehr sein!), insbesondere stellt er das Fehlen einer Verfassungs-Legitimität fest:

„1. *Das von den Parteien eingeführte Listenwahlrecht verstößt gegen Art. 38, Abs. 1, Satz 1 Grundgesetz (GG)*

'Die Abgeordneten des Deutschen Bundestages werden in allgemeiner, unmittelbarer, freier, gleicher und geheimer Wahl gewählt.' Danach muß es dem Bürger möglich sein, seinen Abgeordneten unmittelbar zu wählen. Die Wahl von Parteienlisten ist also verfassungswidrig, nicht zuletzt deshalb, weil hierbei Kandidaten zum Zug kommen, die der Listenwähler nicht wählen will.

2. *Der Fraktionszwang verstößt ebenfalls gegen das Grundgesetz. Satz 2 des Art. 38, Abs. 1 lautet nämlich:* 'Sie (die Abgeordneten) sind Vertreter des ganzen Volkes, an Aufträge und Weisungen nicht gebunden und nur ihrem Gewissen unterworfen.' Wenn Fraktionsvorsitzende den frei gewählten Abgeordneten einer Fraktionsdisziplin unterwerfen (und das noch unter Androhung von Sanktionen), erteilen Sie Weisungen darüber, wie die Abgeordneten der Partei abzustimmen haben. *Es handelt sich dann um eine Form fraktionsinternen imperativen Mandats.*

(Anm.: Die „Politischen Hintergrundinformationen - Deutschlanddienst" liefern in ihrer Ausgabe vom 17. September 2001 [Nr. 40-41 / 2001] ein gutes Beispiel für einen solchen verfassungswidrigen Fraktionszwang: „Im Koalitionsvertrag zwischen SPD und GRÜNEN wurde der Fraktionszwang festgelegt. Das hat noch keine Regierung davor gewagt, obwohl die Abgeordneten auch zuvor schon meistens so abgestimmt haben, wie es die Fraktion vorgeschrieben hat. Bei der Abstimmung über den Bundeswehreinsatz in Makedonien haben sich eine erhebliche Zahl von Abgeordneten nicht an den Fraktionszwang gehalten und gegen den Einsatz der Bundeswehr in Makedonien gestimmt. Der SPD-Generalsekretär Müntefering hat deshalb die Abgeordneten der SPD und der GRÜNEN dazu aufgefordert, solches disziplinlose Verhalten nicht zu wiederholen, wenn über die Verlängerung des Aufenthalts der Bundeswehr in Makedonien abgestimmt wird. Im Grundgesetz heißt es jedoch in Artikel 38,1: 'Die Abgeordneten sind Vertreter des ganzen Volkes, an Aufträge und Weisungen nicht gebunden und nur dem Gewissen verpflichtet'. Damit ist der Koalitionsvertrag verfassungswidrig und der SPD-Generalsekretär hat die Abgeordneten der SPD und der GRÜNEN zu einem Verfassungsbruch verleiten wollen und sich selbst also verfassungsfeindlich verhalten." Warum ist hier also der sogenannte Verfassungsschutz nicht sofort aktiv geworden?!)

3. *Die überbordende Staatsverschuldung (vor allem im Bund) verstößt gegen Art. 115 des GG.* Darin heißt es in Abs. 1, Satz 2: 'Die Einnahmen aus Krediten dürfen die Summe der im Haushaltsplan veranschlagten Ausgaben für Investitionen nicht überschreiten; Ausnahmen sind nur zulässig zur Abwehr einer Störung des gesamtwirtschaftlichen Gleichgewichts.' Unter Fachleuten besteht nicht der geringste Zweifel, daß das vorgeschriebene Kreditlimit (Höhe der 'Ausgaben für Investitionen') durch Haushaltstricks sträflich überschritten wurde. Die Folge: Im Jahre 2001 erreichte die Verschuldung der Gebietskörperschaften die unvorstellbare Höhe von 1.210 Mrd. Euro (im Bund: 700 Mrd. Euro); das sind 79 Prozent des jährlichen Volkseinkommens von 1.531 Mrd. Euro.
4. *Die Parteien mißachten Art. 146 GG*, der lautet: 'Dieses Grundgesetz, das nach Vollendung der Einheit und Freiheit Deutschlands für das gesamte deutsche Volk gilt, verliert seine Gültigkeit an dem Tage, an dem eine Verfassung in Kraft tritt, die von dem deutschen Volk in freier Entscheidung beschlossen worden ist.' Die 'Vollendung der Einheit ... Deutschlands' liegt mehr als zehn Jahre zurück, und **kein Verfassungsorgan schickt sich an, seine fehlende Verfassungs-Legitimität zu heilen.** Denn längst hätte 'dem deutschen Volk in freier Entscheidung' eine Verfassung zur Abstimmung vorgelegt werden müssen. Wie erinnerlich, wurde das Grundgesetz 1949 vom Parlamentarischen Rat ohne vorherige Volksabstimmung in Kraft gesetzt [Anm.: Der Entwurf dieses Grundgesetzes wurde von der amerikanischen Besatzungsmacht erarbeitet!]; als 'Grundgesetz' besaß es daher nur vorläufigen Charakter und ist durch eine 'Verfassung' abzulösen, die sich durch direkte Volkslegitimität vom 'Grundgesetz' unterscheidet." [35]

„Die Bundeswehr steht nicht mehr auf dem Boden des Grundgesetzes", konstatiert Dr. jur. Heribert Prantl, Ressortleiter der „Süddeutschen Zeitung". „Ihre Panzer rollen an der Verfassung vorbei, ihre Flugzeuge fliegen darüber hinweg. Kein Wort steht dort über die neuen Aufgaben, die deutsche Soldaten [Anm.: im Auftrag der vorwiegend in den USA anzutreffenden Hintermänner der Neuen Weltordnung!] heute in aller Welt wahrnehmen." [36]

In diesem ganzen Zusammenhang sollte man auch bedenken, daß das Grundgesetz seit Inkrafttreten am 21. September 1949 insgesamt 138mal geändert wurde - und das bei insgesamt nur 146 Artikeln. Somit hat es seinen ursprünglichen Charakter weitgehend verloren.

Warum aber schaut die überwältigende Mehrheit der Deutschen der Ausplünderung, dem Niedergang und der Mißachtung der rechtsstaatlichen Verfaßtheit ihres Heimatlandes tatenlos zu? Weil sie mittels „Brot und Spielen" ruhiggestellt wurden. Ganz nach den vor langer Zeit aufgestellten Plänen führender Kommunisten/Sozialisten werden sie von frühester Kindheit an mit der Ansicht indoktriniert, sie wären frei: „Bereits in einem sehr frühen Alter werden sich Schonkost, Injektionen und Anweisungen miteinander verbinden, um die Art von Charakter zu erzeugen, die von der Obrigkeit als wünschenswert betrachtet wird. Jegliche ernsthafte Kritik an den Mächtigen [im Hintergrund] wird auf diese Weise psychologisch unmöglich werden. Auch wenn es allen schlecht geht, werden alle glauben, sie seien glücklich, weil die Regierung ihnen sagen wird, daß es so ist." [37]

Marie von Ebner-Eschenbach sagte deshalb völlig zurecht: „Glückliche Sklaven sind die erbittertsten Feinde der Freiheit!" Johann Wolfgang von Goethe schloß sich dieser Meinung an: „Niemand ist mehr Sklave, als der sich für frei hält, ohne es zu sein." Der deutsche Schriftsteller Ernst Jünger konstatierte: „Die Sklaverei läßt sich bedeutend steigern, indem man ihr den Anschein der Freiheit gewährt", und der 1950 verstorbene irische Dramatiker G. B. Shaw pflichtete ihm bei: „Es ist leichter, Leuten Ketten anzulegen, als sie ihnen abzunehmen, wenn die Ketten anständig aussehen."

Fazit: Obwohl wir gesehen haben, daß die Deutschen - wie auch die meisten anderen Völker - zu regelrechten Sklaven der milliardenschweren Hintermänner der Neuen Weltordnung geworden sind, leben viele in der Annahme, sie befänden sich in Freiheit. Die bislang dargelegten Tatsachen und soeben zitierten Aussagen zeigen aber, daß dies keineswegs der Fall sein kann.

Auch haben wir gesehen, daß es im modernen Deutschland darauf ankommt, wer etwas sagt - Wahrheit ist nicht immer gleich Wahrheit. Die Einschränkung elementarer Grundrechte ist denn auch, neben der Verarmung und der allgegenwärtigen elektronischen Überwachung, das dritte gewichtige Indiz für die moderne Form der Sklaverei, die bereits vor rund 40 Jahren im Bericht von „Iron Mountain" gefordert und mittlerweile auch in der Bundesrepublik fest etabliert wurde: „Am tyrannischsten ist jene Herrschaft, welche aus Meinungen Verbrechen macht, denn jedermann hat das unverbrüchliche Recht auf Gedankenfreiheit", so der jüdisch-niederländische Philosoph Baruch Spinoza (1632-1677) schon vor Jahrhunderten [38], vorausgesetzt natürlich, es handelt sich hierbei um die Wahrheit.

Widmen wir uns jetzt aber einigen weiteren ganz konkreten Beispielen für moderne „Blutspiele" der US-Regierung, die sowohl auf *nationaler* als auch auf *internationaler Ebene* stattfinden. Sie haben einen entscheidenden Beitrag geleistet, die Bevölkerung zu manipulieren und ihre Sensationsgier zu befriedigen:

a) Der Angriff auf die Kirchengemeinde in Waco

Am 19. April 1993 kam es in Waco, im US-Bundesstaat Texas, zu einem grauenhaften Massaker, verübt von der US-Regierung an einer kleinen Kirchengemeinde, die den Namen „Davidianer" trug und bereits seit 1935 dort ihren Sitz hatte. Während dieser ganzen Zeit gab es niemals irgendwelche Beschwerden über die in „Mt. Carmel" lebenden Personen und ihren Anführer David Koresh. Sie wurden von ihren Nachbarn als stets freundlich und zuvorkommend beschrieben.

Wie dem auch sei, aufgrund falscher Anschuldigungen (unter anderem wurde Koresh Kindesmißbrauch vorgeworfen) stürmten am 28. Februar 1993 etwa 100 schwerbewaffnete Mitglieder der Bundespolizeibehörde (B)ATF das Gelände der Davidianer und eröffneten sofort das Feuer. Als aus dem Gebäude zurückgeschossen wurde, starben mehrere Bundesagenten, die sich dann zurückzogen und mit einer ganzen Armee sowie militärischem Gerät wiederkehrten.

Die anschließende Belagerung der Gemeinde dauerte 51 Tage, in denen sich die von den Regierungsbeamten eingeschlossenen Menschen einem regelrechten Psychoterror ausgesetzt sahen, bevor die Unterkunft am 19. April 1993 in einem Flammeninferno schließlich vollständig zerstört wurde.

Das folgende ist der Auszug eines Berichts, der von dem Rechtsanwalt Paul Wilcher zusammengestellt wurde. Dieses Dokument basiert auf tatsächlichen Aussagen von Augenzeugen. Die Mitglieder des eigentlichen Mord-Kommandos, das im folgenden Bericht erwähnt wird, standen mit Paul Wilcher über einen Mittelsmann in Kontakt. Sie verlangten Immunität vor Strafverfolgung, wenn sie sich dazu bereit erklärten, vor Gericht auszusagen. Obwohl es sich bei diesen

Leuten um eiskalte professionelle Mörder handelte, hatte sie das, was ihnen befohlen wurde und was sie in Waco dann auch taten, zutiefst beunruhigt. Am 21. Mai 1993 wandte sich Wilcher an die damalige US-Justizministerin Janet Reno und präsentierte ihr seine brisanten Erkenntnisse. Nur Wochen später, am 23. Juni, fand man Wilchers stark verweste Leiche in seinem Apartment auf. Unmittelbar danach wurde seine Wohnung versiegelt, durchsucht und alle Dokumente entwendet. Damit hätte die Angelegenheit eigentlich beendet sein können, aber Wilcher hatte in weiser Vorausschau Sara McClendon, einer ranghöheren Berichterstatterin des Weißen Hauses, kurz vor seinem Tode eine Kopie seines 100-seitigen Berichts ausgehändigt.

Wilcher beging jedoch den entscheidenden Fehler, die Unschuld von Janet Reno und dem damaligen demokratischen US-Präsidenten Bill Clinton anzunehmen; es war ein Fehler, der ihn sein Leben kosten sollte.

Mitte 1999 tauchte der Bericht wieder auf, woraufhin die vier Mitglieder des „Delta Force"-Killerkommandos, das in Waco beteiligt war, alle bei Ausbildungs"unfällen" verstarben. Die Tatsache, daß deren Namen in diesem Bericht nicht erwähnt werden, erlaubte ihnen sehr wahrscheinlich, überhaupt so lange am Leben zu bleiben. Wie dem auch sei, sobald der Bericht wieder ans Licht kam, ereigneten sich die „Unfälle", wodurch ihre möglichen Aussagen auf effektive Weise „für immer zum Schweigen gebracht" wurden.

In seinem Bericht schreibt Paul Wilcher: „Laut den mir zugespielten Informationen geschah in Waco folgendes:

1) Bereits am Sonntag-Nachmittag oder -Abend des 18. April (kurz nach Ihrer Konferenz mit Präsident Clinton) gingen im Parkland-Krankenhaus in Dallas Anrufe ein. Es handelt sich hier um das gleiche Krankenhaus, in das Präsident Kennedy nach dem auf ihn in Dealey Plaza am 22. November 1963 verübten Attentat gebracht wurde - auch dieser Mord wurde von professionellen Attentätern der CIA begangen. Das Spital sollte sich darauf vorbereiten, am folgenden Tag eine große Anzahl von Verbrennungsopfern aus Waco eingeliefert zu bekommen.

2) Am Morgen des 19. April befand sich das gleiche 'Delta Force'-Kommando, bei dem es sich um eine ausgewählte Gruppe der professionellsten Mörder der CIA handelt, ... vor Ort in Waco, um sich auf ihre für diesen Montag geplante Geheimoperation vorzubereiten.

3) Dieser Massenmord sollte anschließend vertuscht und als 'Massenselbstmord' hingestellt werden, genauso wie es in Jonestown ge-

schehen ist, um dadurch eine ungeheuerliche CIA-Lüge der nächsten hinzuzufügen. In Wahrheit handelte es sich sowohl bei Waco als auch bei Jonestown um Massenmorde der CIA, und nicht um Massenselbstmorde.

4) Diese 'Delta Force'-Einheit bestand aus 15 Männern, die von einem Oberstleutnant geführt wurden, der ein Verbindungsoffizier zur CIA war. Die Gruppe flog mit ihrem eigenen C-130-Transportflugzeug nach Texas und stellte es entweder auf dem Flughafen von Waco oder von Dallas den ganzen Tag über ab, und flog dann wieder davon, nachdem sie ihre 'Drecksarbeit' erledigt hatte. Das Flugzeug gehört Triangle.

5) Unter den 15 Personen ... gab es zwei kleinere Einsatzteams - das 4-Mann-Team, das schließlich in das Gebäude eindrang, wie unten noch detailliert beschrieben wird, und ein Team, das als Verstärkung diente, aber offensichtlich nie gebraucht wurde.

6) Diese Leute waren alle ganz in schwarz gekleidet - schwarze Hosen, schwarze Schuhe, schwarze Jacken, schwarze Gasmasken, schwarze Handschuhe - sehr poetisch für eine Geheimoperation - und waren wie all die anderen FBI-Beamten vor Ort angezogen, damit sie von diesen nicht unterschieden werden konnten. Wahrscheinlich trugen sie sogar Jacken mit FBI-Insignien darauf (obwohl ich mir dessen nicht sicher bin), so daß es für einen Außenstehenden praktisch keine Möglichkeit gab, diese vier Männer von irgendwelchen der anderen Bundesagenten ... zu unterscheiden.

7) Die ganze Nation beobachtete an diesem Morgen im Fernsehen, wie das FBI M1-A1-Panzer einsetzte, um Löcher in die Außenwände des Gebäudekomplexes zu bohren. Man teilte uns später mit, daß zur gleichen Zeit, zu der diese Wände beschädigt wurden, die Panzer massive Mengen eines sehr virulenten Tränengases in die Unterkunft einführten.

8) Dieses Tränengas war zur Zerschlagung öffentlicher Demonstrationen entwickelt worden, d.h. es ist so virulent und reizend, daß sich Leute sogar an der frischen Luft zur Flucht genötigt sehen, nur um dadurch in der Lage zu sein, zu atmen.

9) Jetzt wurde es in einem abgeschlossenen Wohnbereich verwendet, in dem 95 Männer, Frauen und Kinder gefangen waren. Logischerweise hätte man erwarten dürfen, daß all diese Leute augenblicklich nach draußen gerannt wären, nur um Luft schöpfen zu können. Aber merkwürdigerweise kam keine einzige Person aus dem Gebäude heraus -

sogar nachdem dieses schädliche Mittel in gewaltigen Mengen über einen Zeitraum von mehreren Stunden hinweg in das Gebäude eingelassen worden war.

10) Daher stellt sich zwangsläufig die Frage: Warum nur? Warum floh keiner der 95 Männer, Frauen und Kinder - besonders die Frauen und Kinder - augenblicklich nach draußen an die frische Luft? Die Antwort, die uns von den Medien und den offiziellen Sprechern des FBI aufgetischt wurde, lautet: David Koresh und die Mitglieder seiner Sekte hätten sich selbst einen Vorrat an Gasmasken angelegt, mit denen sie sich nun ausstatteten.

11) Wie dem auch sei, die Wahrheit ist viel grauenvoller und kaltblütiger. Folgendes geschah nämlich wirklich: das Tränengas - so virulent und schädlich es auch gewesen sein mag - war nur der Deckmantel für den wahren Wirkstoff, der von den Panzern in die Unterkunft eingeleitet wurde. Was in das Gebäude wirklich eingelassen wurde, war nämlich ein Kampfstoff - Nervengift. Bei diesem NERVENGAS handelt es sich um eine virulente, giftige Substanz, die augenblicklich lähmt und jeden einzelnen der 95 Männer, Frauen und Kinder innerhalb der Unterkunft völlig hilflos und wehrlos machte, außer für die neun Personen, die später gerettet wurden, wie David Thibideaux. Sie alle befanden sich im zweiten und dritten Stock und hatten die Fenster auf beiden Seiten weit geöffnet. Dadurch blieb ihnen die tödliche Auswirkung dieser Tränengas/Nervengas-Verbindung erspart.

Alle anderen jedoch, konnten ihre Muskeln nicht länger koordinieren, was nötig gewesen wäre, um aufzustehen und an die lebenserhaltende frische Luft nach draußen, nur ein paar Fuß entfernt, zu fliehen.

Es handelt sich hier um eine sehr ernste Angelegenheit, Justizministerin Reno. Es bedeutet nämlich, daß in den Vereinigten Staaten von Amerika das Militär, das FBI und das Justizministerium - unter der Leitung der CIA - gegenüber unschuldigen Männern, Frauen und Kindern aus unserer Zivilbevölkerung Nervengas einsetzten und dann damit fortfuhren, sie eiskalt zu ermorden, wie im einzelnen noch dargelegt werden wird. Ganz offensichtlich stellt dies ein Kriegsverbrechen gegenüber einer Zivilbevölkerung während der Friedenszeit dar, eine unaussprechliche Menschenrechtsverletzung.

Und es wurde von unserem eigenen Geheimdienstapparat an unschuldigen Männern, Frauen und Kindern begangen - einfach nur um die Wahrheit zu vertuschen im Hinblick auf den kriminellen Einsatz der Gedankenkontrolle durch die CIA, der dazu dient, eine Art willenloser Attentäter zu schaffen, die sich wie Roboter benehmen und deren bloße Existenz ein unaussprechliches Verbrechen ist.

12) Nachdem diese tödliche Tränengas/Nervengas-Verbindung Zeit gehabt hatte, ihre entkräftende und lähmende Wirkung auf alle Männer, Frauen und Kinder im Gebäude zu entfalten, drang das 4-Mann-'Delta Force'-Kommando - tatsächlich handelt es sich dabei um einige der professionellsten Mörder der CIA - in den Gebäudekomplex ein. Passend für eine Geheimoperation waren sie alle, vom Kopf bis zu den Zehen, in schwarz gekleidet, wie bereits erwähnt.

13) Sie wurden von einem der etlichen in geringer Höhe fliegenden, schwerbewaffneten Militär-Hubschrauber, die den ganzen Tag über dem Gelände kreisten, auf dem Dach der Unterkunft abgesetzt. Zur gleichen Zeit waren alle Fernsehkameras auf die Ereignisse am Boden fixiert und verfolgten etwa, wie die Panzer die Außenwände des Gebäudes durchbrachen, um die Tränengas/Nervengas-Verbindung einzulassen. Das eigentliche Eindringen in das Gebäude fand um ungefähr 10:25 Uhr statt.

14) Wie dem auch sei, bevor sie die Unterkunft betraten, hatte diese aus vier Personen bestehende Einheit von Attentätern Atropin-Injektionen erhalten. Dieses Gegenmittel zu dem Nervengas sollte verhindern, daß sie selbst übermannt und gelähmt würde.

15) Laut Ihrer Erklärung vor dem 'House Judiciary Committee' am Tag ihrer Aussage, Justizministerin Reno, wurde das Feuer im Gebäude der Davidianer nicht sichtbar bis um etwa 11:45 Uhr an diesem Morgen. Das bedeutet, daß das Team rund eine Stunde und fünfzehn Minuten Zeit hatte, um seine 'Drecksarbeit' zu erledigen und dann zu fliehen.

16) **Der Mord an David Koresh:**

Als erstes gingen sie in das sogenannte Kommunikationszentrum in der Nähe der Küche, wo sie David Koresh fanden, ihn schnell überwältigten und dann töteten, zusammen mit irgendwelchen seiner engsten Vertrauten, die sich möglicherweise bei ihm aufhielten. David Koresh wurde mit einem einzigen Schuß in die Mitte der Stirn getötet, etwa ein Zoll [=2,54 cm] über den Augen, abgefeuert aus einer Entfernung von etwa vier Zoll [= rund 10 cm].

In dieser Beziehung ist ein Artikel der 'Washington Post' vom Dienstag, 18. Mai 1993 auf Seite A-3 direkt relevant. Darin wird der angesehene gerichtsmedizinische Pathologe Dr. Cyril H. Wecht aus

Pittsburg zitiert, der kürzlich eine unabhängige Autopsie der Leichen von David Koresh und Steve Schneider, einer seiner wichtigsten Stellvertreter, durchgeführt hatte. Er sagte, die Schußwunde in der Mitte der Stirn, die Koresh tötete, und die Schußwunde im Hinterkopf, die Schneider tötete, seien 'nicht typisch für einen Selbstmord' gewesen.

Und das ist kein Wunder! Tatsache ist nämlich, daß sie ÜBERHAUPT NICHT durch Selbstmord starben. Es handelte sich hier um einen kalkulierten, sorgfältig geplanten, eiskalt ausgeführten Massenmord ...

17) Vom Kommunikationszentrum aus durchstöberte das Mord-Kommando dann den Rest des Gebäudes und schaltete systematisch die anderen sechs CIA-'Schläfer' aus (d.h. es ermordete sie). Sie hätten sie bereits früher liquidiert, wäre es gestattet worden, daß der 'vorletzte Plan' durchgeführt worden wäre. Darüber hinaus töteten sie eine Anzahl anderer Leute, die sie auf ihrem Weg antrafen. ...

18) Nachdem die oben beschriebenen vielfachen Morde ausgeführt worden waren, bestand die verbleibende Aufgabe für dieses Mord-Kommando - während es sich noch in dem Quartier befand - darin, drei oder vier Kanister mit 'Willie Peter' (weißem Phosphor) an strategischen Plätzen im ganzen Gebäude unterzubringen, um dadurch das Feuer auszulösen.

Diese Kanister waren alle mit Zeitzündern ausgestattet, die zur gleichen Zeit losgehen sollten - offensichtlich um oder kurz vor 11:45 Uhr. Das ist der Zeitpunkt, an dem das Feuer von Augenzeugen vor Ort gesehen worden war.

Weißer Phosphor ist einer der denkbar gefürchtetsten Brandstoffe und wird deshalb von den Mord-Kommandos der CIA gerne eingesetzt. Er entzündet sich augenblicklich, brennt mit einer weißen heißen Intensität und verzehrt alles im Wege Stehende bis zur Unkenntlichkeit. Auf diese Weise wird natürlich jegliches gerichtsmedizinische Beweismaterial ... vernichtet und die Spur von Attentätern verwischt (wie eben auch bei diesem speziellen Mord-Kommando), die später behaupten wollen, es habe sich bei dem von ihnen verübten Massenmord lediglich um einen 'Massenselbstmord' oder ein 'tragisches Unglück' gehandelt.

Es ist bekannt, daß Mord-Kommandos der CIA ihre Opfer oftmals in die Enge treiben bzw. dicht zusammendrängen und dann 'Willie Peter' mitten unter sie werfen, damit diese Opfer augenblicklich vor den Augen des Teams sterben.

Links: Am 19. April 1993 ging die Unterkunft der Davidianer-Gemeinde in Waco in Flammen auf. Rechts: So sehen „Polizisten" der brutalen US-Bundespolizeibehörde „Alcohol, Tabacco and Firearms" (ATF) aus. Tatsächlich wurden unter der „Neuen Weltordnung" in vielen Ländern immer mehr Sondereinsatzkommandos ins Leben gerufen, deren Aussehen dem von Henkern oder Terroristen gleicht.

Kriminelle möchten gerne alle Spuren ihrer Taten verwischen, weshalb auch das Gebäude der Davidianer-Gemeinde nach dem Flammeninferno mit Bulldozern dem Erdboden gleichgemacht wurde. Dadurch sollten alle Hinweise beseitigt werden, daß auf die Menschen im Gebäude geschossen worden war.

(Quellenhinweise: Oben links: Time Magazine, 3. Mai 1993, hier nach http://www.nationoftexas.com/waco/waco/www.public.action.com; Oben rechts: http://www.wizardsofaz.com/waco/agent1.jpg; Unten: The New American, 28. August 2000, S. 27)

In Waco wurden 19 kleine Kinder und eine Reihe von Jugendlichen von der US-Regierung auf brutalste Weise ermordet:

Die hübsche Shari Doyle mit ihrem Hund, bevor sie dem Flammeninferno zum Opfer fiel.

Rechts: Auch Kathrine Andrade überlebte das von den gedungenen Mördern der US-Regierung am 19. April 1993 ausgelöste Inferno nicht.

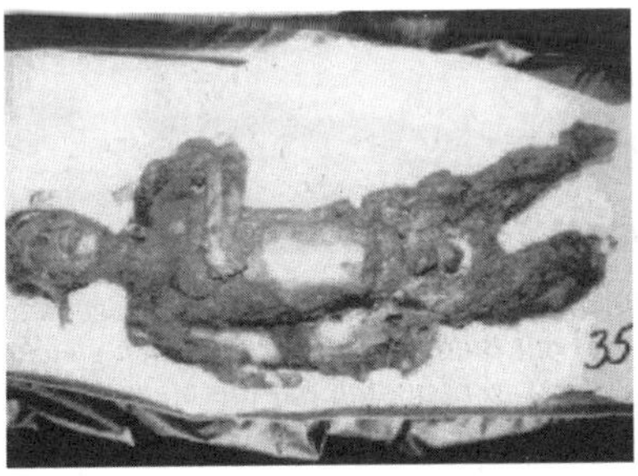

So sah Shari Doyle nach der Brandkatastrophe aus.

Der völlig verkohlte Körper von Kathrine Andrade nach dem Überfall der US-Behörden auf Mt. Carmel.

(Quellenhinweise: alle Photos: http://www.whatreallyhappened.com/rancho/politics/waco/waco.html)

Während des Angriffs auf die Davidianer am 28. Februar 1993 stürmen paramilitärische Truppen der ATF aus einem Viehwagen. Hätte die Kirchengemeinde tatsächlich einen Hinterhalt gelegt, wie die Behörden später behaupteten, wären diese „Polizisten" sofort beim Verlassen des Wagens unter Beschuß genommen und an Ort und Stelle niedergestreckt worden. Schließlich waren sie hier am verwundbarsten. Nach der Zurückschlagung des ursprünglichen Angriffs der schwerbewaffneten ATF-Agenten, stellten die Davidianer ihr Feuer sogar ein und erlaubten den Behörden, ihre Toten und Verwundeten zu bergen. Auch dieses Verhalten spricht nicht dafür, daß es sich bei den Davidianern um eiskalte Mörder handelte.

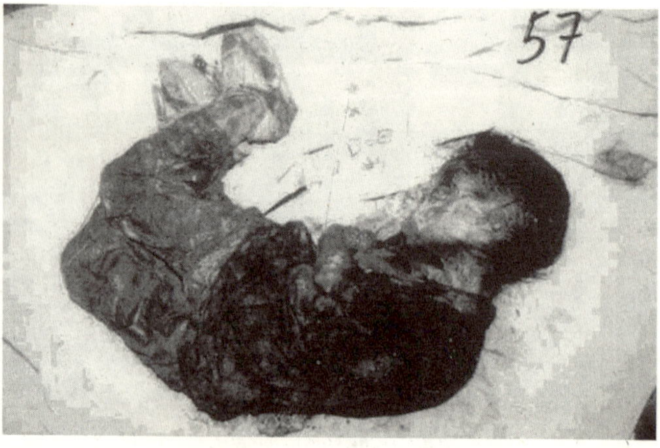

Die Leiche eines weiteren völlig verkohlten, grausam entstellten Kindes aus der Gemeinde der Davidianer. Man bedenke: Für die abscheulichen Verbrechen wurde nie jemand zur Rechenschaft gezogen, weder die ehemalige (jüdischstämmige) Bundesjustizministerin Janet Reno noch die daran beteiligten brutalen Mörder. (Und da spricht US-Präsident George W. Bush von der „Demokratisierung" des Irak!)

(Quellenhinweise: Oben: The New American, 24. Februar 2003, S. 26; Unten: http://www.whatreallyhappened.com/rancho/politics/waco/curledchild.jpg)

*Im Morgengrauen des 22. April 2000, dem Tag vor Ostern (!), stürmte eine schwerbewaffnete US-Sondereinheit die Wohnung des Christen Lazaro Gonzalez in Klein-Havanna in Miami (man beachte das an der Hauswand angebrachte Kreuz!). Gewaltsam zerrten die Beamten den kleinen kubanischen Flüchtlingsjungen Elián aus dem Haus seines Großonkels. Der amerikanische TV-Sender CNN strahlte die Bilder seinerzeit direkt in alle Welt aus. „Offizielle Berichte besagten, die Beamten seien 'mit Disziplin und Zurückhaltung' vorgegangen und während des Sturmangriffs seien 'Professionalität und Kontrolle aufrechterhalten worden'. Aber laut dem Kameramann Tony Zumboda von NBC, der sich zum Zeitpunkt des Überfalls in der Wohnung aufhielt, gingen 'die Agenten mit physischer Gewalt vor und waren beleidigend ... '"**

Dieses Photo ging um die Welt: Ein mit Maschinenpistole (!) bewaffneter US-"Polizei"beamter vor dem völlig verängstigten kleinen Elián im Haus seines Onkels. Obwohl sich seine Verwandten in Miami seinerzeit dafür einsetzten, daß der Junge, der als einziger das Sinken eines Flüchtlingsschiffes überlebt hatte - was viele als Wunder deuteten! -, bei dem auch seine Mutter ums Leben kam, in den USA bleiben wollte, wurde er gewaltsam zu seinem Vater ins kommunistische Kuba zurückgebracht, wo Fidel Castro anschließend einen großen Propaganda-Triumph feiern durfte. (Seit den Jahren 1989/90, und vermehrt seit dem 11. September 2001, ähneln die USA immer mehr einem totalitären Polizeistaat, in dem sich das Volk schlimmen Repressalien ausgesetzt sieht!)

(Quellenhinweise: Oben: The New American, 31. Juli 2000, S.26; Unten: Welt am Sonntag, 23.4.2000; *: The New American, 31. Juli 2000, S. 26)

Das Feuer, das 'Willie Peter' hervorruft, ist so intensiv, und die Oxydation so vollständig, daß Opfer - wie in Waco der Fall war - nur durch ihre Gebißmuster identifiziert werden können.

Da sich das Team hier aber selbst in dem von der Außenwelt abgeschnittenen Quartier befand, mußte es die Zünder auf den 'Willie Peter'-Kanistern benutzen, um genügend Zeit zur Flucht zu haben, bevor der gesamte Gebäudekomplex durch den gewaltigen Großbrand verzehrt wurde, wie wir alle mit Schrecken im Fernsehen miterleben konnten.

19) Beachten Sie, daß diese Schilderung über den Ausbruch des Feuers mit den Beobachtungen vor Ort übereinstimmt - mit dem, was die Fernsehkameras am Boden aufzeichneten, und mit dem, was die Militärhubschrauber und ihre Infrarot-Kameras vom Himmel aus beobachteten, d.h. daß drei oder vier Feuer zur gleichen Zeit an verschiedenen Orten in der Unterkunft aufloderten. Und daß sich diese separaten Feuer dann schnell ausbreiteten, weil die Holzkonstruktion, das Stroh, das überall war, die starken Winde und der weiße heiße 'Willie Peter'-Brandstoff diese zuerst voneinander getrennten Flammen zu einem gewaltigen Inferno werden ließen, das weit zerstörerischer wurde als die Summe der einzelnen kleineren Feuer und letzten Endes die gesamte Unterkunft in Rauch aufgehen ließ. Die massive Feuersbrunst verzehrte schließlich alles im Wege Stehende.

Eine mögliche entgegengesetzte Erklärung, die von Kommentatoren und den Vertretern der 'tragischen Unfall'-Theorie vorgebracht wurde, lautet, daß das Tränengas, das von den Panzern in das Gebäude eingelassen wurde ... (es wurde der Tatsache keine Beachtung geschenkt, daß das, was eingelassen wurde, NICHT nur Tränengas, sondern eine Tränengas/Nervengas-Verbindung war) selbst eine leicht entzündliche Substanz gewesen ist, und daß einer der Panzer, indem er Löcher in die Außenwände bohrte, aus Versehen eine Laterne oder einen Container mit Kerosin umgestoßen hatte, woraufhin das Kerosin dann das Tränengas entflammte, was zu der Brandkatastrophe geführt haben soll.

(Anm.: So hieß es unter der Schlagzeile „Verursachte das FBI das Inferno von Waco?“ vor einigen Jahren im „Spiegel“ [Nr. 35/1999, S. 139]: „Sichtlich geschockt ordnete Justizministerin Janet Reno vergangene Woche eine Untersuchung der ihr selbst unterstehenden Bundespolizei FBI an. Grund: Überraschend hatten FBI-Agenten zugegeben, daß beim Sturm auf das Hauptquartier der Davidianer-Sekte am 19. April 1993 im texanischen Waco auch feuergefährliche Munition verwendet worden war. Sechs Jahre lang hatte die Behörde behauptet, das Inferno, in dem damals mindestens 76 Menschen den Flammentod gefunden hatten, sei von Anhängern des Sektenführers David Koresh selbst verursacht worden. Erst jetzt entdeckten Journalisten auf Videoaufnahmen den Abschuß von mindestens zwei 'pyrotechnischen' 40-Millimeter-Gasgranaten aus Militärbeständen. Die Behälter, die das Reizgas CS verströmen, entwickeln eine Hitze, die durchaus Holzgebäude wie jene in Waco in Flammen setzen kann. Da das Sektenzentrum während der 51-tägigen Belagerung von allen Versorgungsleitungen abgeschnitten worden war, standen in den meisten Räumen mit Petroleum gefüllte Lampen, Heizbrenner und Vorratskannen. Reno wies zwar darauf hin, daß die auf dem Video entdeckten CS-Geschosse nicht gegen die Gebäude gerichtet und sechs Stunden vor dem Großbrand abgefeuert worden waren. Da aber auch während des Sturmangriffs massenhaft Tränengas eingesetzt wurde, fürchten Experten nun, dies sei die wahre Brandursache gewesen." Kein Wort in diesem Artikel darüber, daß nicht nur Tränengas, sondern auch Nervengas in das Gebäude eingeleitet worden war, oder daß ein Mord-Kommando in der Unterkunft der Davidianer systematisch Leute liquidierte und anschließend mittels der Kanister mit weißem Phosphor das Feuer auslöste!)

Wie dem auch sei, die 'tragisches Unglück'-Theorie läßt sich einfach NICHT mit den bekannten Tatsachen, die auf Video festgehalten wurden, in Einklang bringen, weil das Gebäude NICHT auf einmal in einem gewaltigen Feuerball aufloderte (was hätte der Fall sein müssen, wäre das Tränengas selbst entzündbar gewesen und etwa durch eine Fackel entflammt worden).

20) Es muß hier zum Ausdruck gebracht werden, daß, während das 'geheime' Kommando in dem Gebäudekomplex in der Tat viele Leute umgebracht hatte, bevor es (mittels der Kanister mit 'Willie Peter', die die Zeitzünder trugen, wie oben dargelegt) das Feuer legte ... , ganz offensichtlich NICHT (zumindest nicht direkt) ALLE 86 Männer, Frauen und Kinder tötete, die in der Tragödie letzten Endes ums Leben kamen. Das bedeutet, viele von denen, die starben, waren von dem Nervengas gelähmt und nicht mehr in der Lage gewesen, aufzustehen, um sich selbst zu retten. Sie mußten diese sich entfaltende Katastrophe bei vollem Bewußtsein miterleben und waren der durch den weißen Phosphor ausgelösten gigantischen Feuersbrunst hilflos ausgeliefert; sie verbrannten bei lebendigem Leibe. Und die diesem schrecklichen, feurigen Schicksal überlassenen Leute schlossen offensichtlich Männer, Frauen und Kinder ein.

BEACHTEN SIE GANZ GENAU

21) Der entscheidende Punkte hier ist, daß 86 Männer, Frauen und Kinder am 19. April 1993 in der Unterkunft der Davidianer ALLE durch die Hände dieses CIA-Mord-Kommandos, die unter dem Deckmantel der 'Delta Force' operierten, starben - d.h. sie wurden ermordet.

22) Der entscheidende Punkt ist auch, daß hochrangige Regierungsvertreter ... einschließlich Mitglieder der ehemaligen Reagan- und Bush-Administration aus dem Justizministerium, dem FBI, dem BATF, dem Pentagon und der CIA alle im voraus wußten, daß die Operation in Waco von Anfang an darauf angelegt war, ein Massenmord zu werden, bei dem nur diejenigen wenigen Individuen gerettet werden sollten, die die CIA im Vorfeld auswählte - und daß ALLE anderen 86 Männer, Frauen und Kinder im Gebäude von den CIA-'Delta Force'-Mördern eiskalt liquidiert werden sollten.

23) Ich erwähnte auf Seite 30 oben, daß die CIA von ihrer fortgeschrittenen Gedankenkontrolle Gebrauch macht. Sie besteht darin, Gedächtnissperren in das unterbewußte Erinnerungsvermögen ihrer höchsten professionellen Attentäter zu programmieren, um ihnen auf diese Weise zu ermöglichen, mit dem was sie getan haben zu leben und NICHT von Rückblenden und Alpträumen ihrer 'Arbeit' überwältigt zu werden.

Beachten sie genau: Aber ich bin darüber unterrichtet worden, daß diese Gedächtnissperren dieses Mal NICHT so gut funktionieren und daß einige oder alle vier Mitglieder dieses speziellen Mord-Kommandos angewidert sind von dem was ihnen befohlen wurde und was sie dann auch getan haben - von dem, was sie in Waco am 19. April 'vollbrachten'. Für diese abgehärteten, erfahrenen professionellen Attentäter war diesmal alles viel 'zu leicht' gewesen. Die Leute innerhalb der Unterkunft hatten (als Folge des Nervengases) ganz einfach 'nie eine [Überlebens-]Chance' gehabt." [39] (Anm.: Das Schicksal von Paul Wilcher und den vier Mitgliedern des im Dienste der US-Regierung stehenden Mord-Kommandos teilen eine ganze Reihe weiterer Leute, darunter Präsidenten, Prinzessinnen und hochrangige Politiker; siehe hierzu mein im Verlag Anton A. Schmid erschienenes Buch „Das Globale Killernetzwerk - Warum John F. Kennedy, Prinzessin Diana und Jürgen W. Möllemann sterben mußten", in dem ich viele Beispiele liefere, wie oftmals im Zuge von Attentaten und Terroranschlägen im Auftrag der Geheimen Oberen reihenweise störende Mitwisser ermordet werden!)

Warum aber mußten David Koresh und 85 weitere Männer, Frauen und Kinder in Waco an jenem verhängnisvollen 19. April des Jahres 1993 überhaupt sterben? Nun, einerseits diente das Massaker von Waco den Hintermännern der Neuen Weltordnung als Probelauf für die künftige, weltweite blutige Verfolgung aller Katholiken. Mit diesem Massenmord sollte getestet werden, wie die Weltöffentlichkeit und die christlichen „Kirchen" bereits heute auf ein an völlig wehrlosen Frauen und Kindern verübtes Massaker reagierten.

Andererseits sollte die Blutlust des Publikums in den USA befriedigt werden, indem behauptet wurde, die anständigen („guten") Behörden der US-Regierung seien hier gegen eine („böse") fanatische Sekte vorgegangen, die unter anderem Kinder mißbrauchte und illegale Waffen hortete, was jedoch nichts als boshafte Lügen waren.

b) Der weltweite „Kampf gegen den Terror"

Nach dem 11. September 2001 haben die Blutspiele der US-Regierung eine neue Dimension angenommen, da sich für die Militärs nunmehr ständig andere Gelegenheiten bieten, Staatsfeinde in aller Welt - die unter den Sammelbegriffen „Terroristen" und „unrechtmäßige Kämpfer" geführt werden - zu bekriegen.

So stellte sich Anfang März 2004 die Frage, ob das Phantom Osama bin Laden in Afghanistan endlich umzingelt sei: „US-geführte Truppen haben nach Angaben einer Hilfsorganisation den Zugang zur südostafghanischen Bergregion Tora Bora abgeriegelt. Bewohner der Region hätten berichtet, einheimische und US-Soldaten blockierten den Zugang zu Tora Bora und zum Bezirk Paschir Agam südlich von Dschalalabad, sagte ein Mitarbeiter der internationalen Hilfsorganisation am" 4. März 2004 „in Kabul, der anonym bleiben wollte. Die US-Armee wollte die Informationen nicht kommentieren.

Paschir Agam befindet sich rund 50 Kilometer südlich von Dschalalabad an der Grenze zu den pakistanischen Stammesgebieten. Nach Auffassung westlicher Geheimdienste hält sich der Anführer des Al-Qaida-Netzwerks, Osama bin Laden, derzeit in der Region auf. Bin Laden und mehrere Anhänger waren nach Beginn des US-geführten Afghanistan-Krieges im Oktober 2001 im Gebiet Tora Bora umstellt worden, konnten jedoch auf bislang ungeklärte Weise entkommen." [40]

„Der weltweit gesuchte Extremistenführer Osama bin Laden ist nach Angaben eines afghanischen Regionalpolitikers auf der Suche nach einem 'sicheren Versteck'. Wie der Bezirkschef von Paschir

Agam, Hadschi Abdullah, in einem Telefonat mit der Nachrichtenagentur AFP sagte, entkam Bin Laden Ende Februar [2004] der pakistanischen Militäroffensive in Süd-Waziristan an der Grenze zu Afghanistan und dränge nun die führenden Vertreter der radikalislamischen Taliban, ihm ein 'sicheres Versteck' zu suchen. Dafür habe er ein Dringlichkeitstreffen im pakistanischen Quetta einberufen.

'Vor vier Tagen habe ich in Dschalalabad einen ehemaligen Talibanführer getroffen, der aus Peshawar kam, und der nach eigenen Angaben ein Fax per Satellitentelefon erhalten hatte, das mit 'Scheich' unterzeichnet war, der geläufigen Anrede für Osama bin Laden', sagte Abdullah. Dem Fax zufolge sei Bin Laden 'wohlauf' und habe nach der Offensive an einem unbekannten Ort an der Grenze Zuflucht gefunden.

Die pakistanische Armee hatte am 24. Februar bei Wana in Süd-Waziristan rund 300 Kilometer südwestlich von Islamabad einen Großeinsatz gegen 'ausländische Terroristen' gestartet. Dabei wurden rund 20 mutmaßliche Mitglieder des Terrornetzwerks Al-Qaida von Bin Laden gefaßt. ...

Im Südosten Afghanistans wurden nach Angaben der US-Armee neun mutmaßliche Taliban-Kämpfer von US-Soldaten getötet. Die blutigen Zusammenstöße ereigneten sich am Freitag östlich von Orgun nahe der Grenze zu Pakistan, wie Armeesprecher Bryan Hilferty am Samstag mitteilte. Etwa 30 bis 40 Kämpfer hätten versucht, zehn amerikanische Soldaten in den Hinterhalt zu locken. Wer dann zuerst geschossen habe, sei unklar. Opfer auf US-Seite habe es nicht gegeben, auch sei niemand gefangengenommen worden.

Schon eine Woche zuvor hatten US-Soldaten bei Orgun in der Provinz Paktika einen afghanischen Kämpfer erschossen. Die Gegend gilt als Stützpunkt der noch verbliebenen Anhänger von Taliban und Al-Qaida. Die US-Streitkräfte führen dort immer wieder Razzien durch. Jenseits der Grenze sucht auch die pakistanische Armee nach Extremisten des Terrornetzwerks Al-Qaida." [41] Solche Schilderungen erwecken fast den Anschein, als handle es sich beim Kampf gegen El Kaida um einen spannenden Spielfilm, in dem die Grenzen zwischen Gut und Böse genau abgesteckt sind.

Wie dem auch sei, während die US-Truppen in Afghanistan und dem Irak vor aller Welt ihre Blutspiele praktizieren, findet auch im Staate Israel ein vermeintlicher „Kampf gegen den Terror" statt. So rückte die israelische Armee, um nur ein Beispiel zu nennen, am

Morgen des 7. März 2004 (einem Sonntag!) mit Panzern und Kampfhubschraubern in zwei Flüchtlingslagern im Zentrum des Gaza-Streifens ein.

„Bei den Gefechten in El Bureidsch und Nusseirat kamen mindestens [!] 14 Palästinenser ums Leben [Anm.: darunter zwei kleine Kinder!]. Mehr als 60 wurden nach Krankenhaus-Angaben verletzt. Die Zahl der getöteten Extremisten wird nur noch mit drei angegeben. Israel wollte nach eigenen Angaben gegen 'terroristische Infrastruktur' vorgehen.

Der Einsatz war eine Reaktion auf den gestrigen Anschlag militanter Palästinenser auf den Grenzübergang Erez, bei dem sechs Menschen ums Leben kamen“, schreibt der Videotext der „ARD“ am 7. März 2004 (S. 120), ohne allerdings zu erwähnen, daß es sich bei diesen Personen *ebenfalls* um Palästinenser handelte, und daß dieser Angriff wiederum nur die Reaktion auf die gezielte Tötung anderer Palästinenser Tage zuvor war.

Allein die Meldungen vom 4. März 2004 zeigen, welche Verzweiflung den Palästinensern innewohnen muß: „Bei einer israelischen Razzia im palästinensischen Flüchtlingslager Tulkarem im Westjordanland ist ... der 18jährige Palästinenser Qais Aufa getötet worden. Nach palästinensischen Angaben durchsuchten israelische Soldaten das Lager und umstellten das Haus, in dem der 18jährige wohnte und beschossen es. Ein palästinensischer Arzt teilte der Nachrichtenagentur Wafa mit, daß Aufa aus 'sehr geringer Entfernung' erschossen worden sei, zudem habe Aufa im Gesicht und auf dem Bauch Brandwunden gehabt, die von Zigaretten stammen könnten.

Ein weiterer Palästinenser wurde ebenfalls schwer verletzt. Die israelische Armee war mit 20 Panzern und gepanzerten Fahrzeugen in das Flüchtlingslager eingedrungen und hatte im Verlauf der Durchsuchungsaktionen acht Personen festgenommen. ...

Der 17jährige Palästinenser Mohammed Badwan aus der Gegend von Jerusalem erlag am frühen Mittwochmorgen [Anm.: dem 3. März 2004] den Verletzungen, die er am Donnerstag der vergangenen Woche erlitten hatte. Er war von mehreren Schüssen getroffen worden, als israelische Soldaten das Feuer auf Demonstranten eröffneten, die gegen die israelische Sperrmauer demonstrierten. ...

Israel hat den international kritisierten Bau von Siedlungen in den Palästinensergebieten im vergangenen Jahr [Anm.: 2003] noch um 35 Prozent verstärkt. Insgesamt wurden 2003 im Westjordanland und im

Gazastreifen 1850 neue [!] Wohneinheiten gebaut, wie aus Zahlen hervorging, die das Zentrale Statistikbüro Israels am Dienstag veröffentlichte.

Das Amt des Bauministers bekleidet seit einem Jahr der ultra-rechte Abgeordnete Efraim Eitam. Im Juni vergangenen Jahres hatten sich Israelis und Palästinenser auf die Roadmap geeinigt, die einen Stop des Siedlungsbaus vorsieht." [42] Das beweist: Man darf den Verlautbarungen der zionistischen Staatsführung des Judenstaates keinen Glauben schenken.

Was aber ist angesichts dessen noch von der einstmals vielbeschworenen „Roadmap" - dem sogenannten „Fahrplan zum Frieden" - zu halten? Dazu hat der orthodoxe Rabbiner David Algaze eine deutliche Meinung: „Laß die Araber glauben, er (Scharon) werde einem (palästinensischen) Staat zustimmen. Er wird genügend Bedingungen stellen und [den Palästinensern] genügend Hindernisse in den Weg legen, die die Schaffung eines Staates für immer [!] verhindern werden." [43]

Algaze führt aus: " ... Scharon ficht einen Krieg auf der diplomatischen Bühne aus. Als General weiß er, daß die Hinterlist die wichtigste Eigenschaft in einem Krieg ist ... er ist offensichtlich zu dem Schluß gelangt, daß er diesen Kampf am besten durch Gerissenheit führen kann. ... Scharon rechnet mit der Dummheit und dem tödlichen Haß der Araber [Anm.: Dieser Haß in der gesamten arabischen Welt wird in erster Linie durch die Liquidierung palästinensischer Führer, wie Hamas-Gründer Scheich Achmed Jassin am 22. März 2004, geschürt!], um das Aufkommen eines weiteren arabischen Staates zu verhindern. Währenddessen tötet Israel die Terroristen [sic!], zerstört ihre Infrastruktur und bringt das öffentliche Ansehen der Araber in Verruf. Er beabsichtigt nicht, die Tragödie eines arabischen Staates im Lande Israel geschehen zu lassen ..." [44] (Anm.: Nähere Informationen zu den Hintergründen der ständigen Eskalation der Gewalt im Staate Israel und dem unsäglichen Leid der Palästinenser siehe in: „Terror im 'Heiligen Land' und die Machtergreifung der Feinde aller Menschen"!)

Die US-Regierung und die Führung des zionistischen Judenstaates - vereint im „Kampf gegen den Terror", wobei deren Schlachten seit kurzem an regelrechte Computerspiele erinnern: „Mit einem Raketenschlag gegen al-Qaida-Kämpfer eröffneten die USA eine **neue Front im Anti-Terror-Krieg**: Extremistenjagd per Joystick, aber ohne Völkerrechtsgrundlage.

'Robo assassin', Robo-Killer, nennen CIA-Agenten ihr neuestes Werkzeug - ein unbemanntes Kleinstflugzeug, das der trickreiche James-Bond-Ausstatter 'Q' in seinem Geheimlabor ausgetüftelt haben könnte. Nur anderthalb Sekunden benötigt der Automat, um einen Feuerbefehl auszuführen, der, womöglich viele tausend Kilometer entfernt, auf der anderen Seite der Erde abgegeben wurde.

Offiziell heißt die Wunderwaffe - kaum weniger blutrünstig - 'Predator'. Und wie tödlich dieses ferngesteuerte Raubtier' seinen Auftrag ausführen kann, hat es [Anfang November 2002] in der 780 000 Quadratkilometer großen Rub-al-Chali-Wüste, dem trostlosen 'Leeren Viertel' des Jemen, unter Beweis gestellt.

In einem Feuerball verglühten dort auf einer Wüstenpiste sechs mutmaßliche [!] al-Qaida-Terroristen, ohne zu ahnen, was sie aus heiterem Himmel getroffen hatte - eine 'Hellfire'-Rakete [Anm.: „Hellfire" wird mit „Höllenfeuer" übersetzt!!!] AGM-114, die weit schneller als der Schall mit tödlicher Präzision jenem Laserstrahl folgte, den der hoch am Himmel kreisende Predator [= Raubtier] als Zielmarke für seine Bordrakete auf den Geländewagen der Opfer gerichtet hielt.

Das Besondere an diesem Einsatz: Präsident George Bush selbst [!] hätte ihn von Washington aus per Joystick und Computer steuern können. Denn wo der Pilot dieser Kampfdrohne sitzt, ist völlig unerheblich.

Der in einen Container eingebaute mobile Kommandostand, der jeweils zu einer Einheit von vier Predator-Drohnen gehört, stammte jedenfalls aus dem Inventar der CIA in Langley, ihrem Hauptquartier nahe der US-Hauptstadt. Wahrscheinlich hatte ein C-130-Transportflugzeug ihn in Dschibuti entladen, gleich jenseits der Straße von Aden, wo das Pentagon derzeit ein regionales Führungszentrum für den Anti-Terror-Kampf von vorerst 1200 amerikanischen Elitesoldaten einrichtet. ...

In den USA arbeiten derzeit rund 50 Firmen an 150 Drohnentypen. Für 1,2 Milliarden Dollar pro Jahr läßt das Pentagon die absonderlichsten Luftfahrtzeuge entwickeln: insektengroße Mikrospäher etwa, die unerkannt das Innere von Häusern oder Fahrzeugen erkunden sollen. Auf der anderen Seite des Größenspektrums liegen solargetriebene Flugsaurier, die fast unbegrenzt in der Stratosphäre kreisen und Aufgaben übernehmen können, die heute vielfach teurere Satelliten erledigen." [45] Das Ermorden bzw. Abschlachten von Menschen ist für die Militärs in Übersee zu einem regelrechten Computer-Spiel geworden.

c) Der Krieg gegen den Irak

Welche Schreckensszenarien über den Irak wurden in den letzten Jahren nicht alle an die Wand gemalt. Angeblich besäße das völlig verarmte Land im Nahen Osten nicht nur Massenvernichtungswaffen, sondern hätte, laut dem britischen Premierminister Tony Blair, die Fähigkeit, diese ABC-Waffen innerhalb von 45 Minuten einzusetzen.

In den Monaten vor Ausbruch des dritten Irak-Kriegs ließ auch US-Präsident George W. Bush keine Gelegenheit aus, „um die amerikanische Bevölkerung in Angst und Schrecken zu versetzen. Bush stellte Amerika einen Terroranschlag wie den vom 11. September in Aussicht, der aber diesmal mit nuklearen, biologischen oder chemischen Waffen ausgeführt und vom irakischen Präsidenten Saddam Hussein ausgehen werde.

Bush legte keine Beweise vor, sondern behauptete einfach eine von vorne bis hinten erfundene Verbindung zwischen dem Irak und Al Qaida, die in völligem Gegensatz zu dem steht, was über die Politik der islamischen Fundamentalisten wie auch über die Diktatur der säkularen Baath-Partei in Bagdad bekannt ist. (Die *Los Angeles Times* berichtete am 30. Januar [2003] unter Berufung auf einen 'hohen amerikanischen Geheimdienstmitarbeiter , der ungenannt bleiben möchte', daß es keinerlei Beweise für eine Verbindung zwischen dem Irak und Mohammed Atta oder den Anschlägen vom 11. September gibt [Anm.: In Wahrheit existiert höchstwahrscheinlich nicht einmal eine Verbindung zwischen Mohammed Atta und dem 11. September, da die Angriffe auf das World Trade Center und das Pentagon von Kreisen *innerhalb* der US-Regierung durchgeführt worden sein müssen!] und daß die Behauptungen, es existierten andere irakische Verbindungen zu Al Qaida, 'wild übertrieben' sind und jeder 'Tatsachengrundlage' entbehren.)

Die Welt wurde [Anm.: wie so oft in der heutigen Zeit!] auf den Kopf gestellt. Bush ist der Oberbefehlshaber der stärksten Militärmacht in der Welt, die bis an die Zähne mit Atomwaffen, Marschflugkörpern, intelligenten Bomben und allem Drum und Dran der High-Tech-Kriegsführung gerüstet ist. Saddam Hussein steht an der Spitze eines ruinierten und verarmten Staates, der nicht mehr die volle Kontrolle über sein eigenes nationales Territorium hat, geschweige denn über die Fähigkeit verfügt, den Vereinigten Staaten Schaden zuzufügen. Als sich Bush jedoch in seiner Rede [zur Lage der Nation Anfang Februar 2003] dem Thema Irak zuwandte, begann er mit der Erklärung, daß es Saddam Hussein nicht gestattet werde, 'eine wichtige Region zu beherrschen und die Vereinigten Staaten zu bedrohen'.

Bush versuchte seinen Kriegsgründen Glaubwürdigkeit zu verleihen, indem er mehrfach behauptete, der Irak besitze 'Massenvernichtungswaffen'. Diese Behauptungen fußen auf derben Verdrehungen oder glatten Lügen, die eine nähere Betrachtung verdienen. Es ist jedoch notwendig, zunächst auf zwei grundlegende Tatsachen einzugehen.

Erstens ist der wahre Grund für den bevorstehenden Krieg gegen den Irak das Streben der Vereinigten Staaten, Kontrolle über die Erdölvorkommen und eine unangefochtene Vorrangstellung im Nahen Osten zu erlangen [Anm.: um auf diese Weise die Kriegstreibereien der Zionisten im Staate Israel zu unterstützen und im Bedarfsfall selbst in Palästina oder anderen arabischen Staaten einzugreifen!]. Er hat nichts damit zu tun, daß der Irak angeblich chemische und biologische Waffen besitzt oder in der Lage ist, diese zu produzieren. Dutzende Nationen verfügen über solch eine Fähigkeit, die mit einer modernen Chemie- und Lebensmittelindustrie einhergeht. Ein Verbot solcher Technologien auf Weltebene würde bedeuten, das Wirtschaftsleben des gesamten Planeten - mit Ausnahme der Vereinigten Staaten und einiger ihrer bevorzugten Vasallenstaaten - auf den Stand des neunzehnten oder gar achtzehnten Jahrhunderts zurückzuwerfen.

Zweitens wäre es angesichts der militärischen Bedrohung, die von den Vereinigten Staaten und Israel - zwei Atommächten - ausgeht, völlig normal, wenn der Irak solche Waffen zu erwerben oder zu entwickeln versuchte. Bush erklärte gegen Ende seiner Rede, daß der einzige Grund für den Irak, Massenvernichtungswaffen zu besitzen, darin besteht 'zu beherrschen, einzuschüchtern oder anzugreifen'. Diese Worte fassen zusammen, in welcher Weise Bush das Militärarsenal der Vereinigten Staaten, samt ihrer Atomwaffen, einzusetzen gedenkt. Andere Länder, mögliche Ziele amerikanischer Militäraktionen, könnten einen anderen Grund für den Besitz von chemischen, biologischen und nuklearen Waffen geltend machen: Selbstverteidigung gegen die mächtigste imperialistische Nation.

Bush begann seine Litanei über den angeblichen irakischen Besitz von Massenvernichtungswaffen, indem er kurzerhand die Tatsache vom Tisch wischte, daß die UN-Waffeninspektoren seit ihrer Rückkehr in den Irak nichts gefunden haben. Die Inspektoren seien nicht im Irak, um 'im Müll zu stöbern', sagte Bush, sondern vielmehr liege es 'jetzt ganz am Irak, die Verstecke seiner verbotenen Waffen zu zeigen, diese Waffen der Welt offenzulegen und sie wie gefordert zu vernichten. Nichts dergleichen ist geschehen.'

Dies ist ein Beispiel dafür, wie eine Schlußfolgerung behauptet und zugleich zur Voraussetzung des Arguments gemacht wird. Der Ausgangspunkt ist die unbewiesene Behauptung, daß der Irak Massenvernichtungswaffen besitzt. Daß diese Waffen nicht ausgehändigt wurden, wird dann als Beweis für Verheimlichung und Verweigerung der Zusammenarbeit angeführt. Wenn der Irak einen Haufen verbotener Waffen ausgehändigt hätte, wäre dies vom Weißen Haus natürlich als Beweis für irakische Verstöße angeführt worden. Die Kriegsvorbereitungen würden anhalten und Vertreter der amerikanischen Regierung fragen: 'Was versteckt Saddam Hussein noch alles?'

Der Großteil von Bushs Anklage bestand ansonsten aus ähnlich unbewiesenen Behauptungen, so zum Beispiel, daß der Irak mobile Biowaffenlabore entwickelt habe oder Spionageflüge über seinem Territorium verhindern würde. (Die Vereinten Nationen weigern sich, solche Aufklärungsflüge durchzuführen, so lange der Irak amerikanische und britische Kriegsflugzeuge beschießt. Diese wiederum dringen ständig in den irakischen Luftraum ein, um die 'Flugverbotszonen' durchzusetzen, die von Washington ... eingerichtet wurden.)

Bush warf dem Irak weiterhin vor, chemische und biologische Giftstoffe zu besitzen, und stützte sich dabei auf Berichte von UN-Waffeninspektoren. Er sagte: 'Die Vereinten Nationen gelangten 1999 zu der Schlußfolgerung, daß Saddam Hussein genügend biologische Waffen zur Herstellung von über 25.000 Litern Anthrax besaß - eine ausreichende Menge, um mehrere Millionen Menschen zu töten. Über dieses Material hat er keine Rechenschaft abgelegt. Er hat keine Beweise vorgelegt, daß er es zerstört hat.'

Man beachte die sorgfältig gewählte Formulierung: Die UN-Inspektoren behaupten, es gebe 'genügend biologische Waffen zur Herstellung von ... Anthrax', aber nicht, daß der Irak tatsächlich Milzbrand produziert hat oder ihn waffentauglich machen konnte. Ähnliche Formulierungen gab es in Bezug auf den Giftstoff Botulinumtoxin, VX und das Nervengas Sarin.

Ein Großteil dieses 'Waffenmaterials' gehört zur normalen Ausstattung von Anlagen, in denen Impfstoffe, Insektizide oder andere biologische und chemische Produkte für die Landwirtschaft und Industrie hergestellt werden. Chlor und Phenol zum Beispiel sind 'Rohstoffe für die Synthese von chemischen Ausgangsstoffen, die zur Produktion von Reiz- und Nervengasen benutzt werden', wie es in einem CIA-Bericht heißt. Die beiden Chemikalien werden aber auch für gewöhnliche Desinfektionsmittel und Wasseraufbereitungsanlagen gebraucht, auf die eine moderne Gesellschaft nicht verzichten kann.

Die von Bush angeführte Zahl der möglichen Todesopfer - er sprach von einem Waffenlager, das ausreiche, 'um Millionen Menschen dem Tod durch Atemstillstand auszusetzen' - ist eine Hochrechnung, die von der Annahme ausgeht, daß beispielsweise jedes Gramm Chlor im Land dafür verwendet wird, Chlorgas für Gefechtsköpfe herzustellen, und nicht im alltäglichen industriellen Prozeß zum Einsatz gelangt. Man könnte genausogut behaupten, der Irak plane einen Tunnel zu den Vereinigten Staaten zu bauen - durch den dann vermutlich die Terroristen anmarschiert kämen - weil die Gesamtmenge an Baustahl in dem Land aneinander gelegt von Bagdad nach Washington reichen würde.

Bush verdreht vorsätzlich den Inhalt sowie den Kontext der UN-Berichte. Buchstäblich die gesamte Arbeit der Inspektoren im Zeitraum von 1991 bis 1998 war - wenn man einmal davon absieht, daß in der UNSCOM (der damaligen UN-Inspektionsbehörde) auch Agenten von CIA und Mossad [!] tätig waren, die das irakische Regime ausspionierten und Mordanschläge auf Saddam Hussein durchzuführen versuchten - darauf ausgerichtet, den Bestand an chemischen und biologischen Waffen aufzunehmen und zu vernichten, den der Irak in den 1980-er Jahren aufgebaut und im Iran-Irak-Krieg eingesetzt hatte.

Die amerikanische Regierung war über diese Waffen sehr gut informiert, schließlich hatte sie dem Irak bei der Produktion derselben geholfen. Washington unterstützte ihren Einsatz gegen iranische Soldaten, denn die strategische Priorität der Vereinigten Staaten lag darin, einen Sieg des Irans in dem blutigen achtjährigen Krieg zu verhindern. (Der amerikanische Spitzengesandte, der unter der Reagan-Regierung Saddam Hussein zur Seite stand und solche kriminellen Methoden mit irakischen Vertretern in Bagdad besprach, war niemand anderes als der derzeitige amerikanische Verteidigungsminister Donald Rumsfeld.)

Die überwiegende Mehrheit dieser biologischen und chemischen Waffen wurde vom irakischen Militär gegen den Iran zum Einsatz gebracht oder durch das amerikanische Bombardement während des

Am 23. September 2003 hielt US-Präsident George W. Bush vor der UN-Vollversammlung eine Rede, in der er den Irak-Krieg verteidigte und die Behauptung aufstellte, die Welt sei nach dem Krieg sicherer geworden. „Saddam Hussein habe Beziehungen zu Terroristen gepflegt und Massenvernichtungswaffen gebaut [Anm.: die indes von den Besatzungstruppen auch mehr als ein Jahr nach Beendigung der offiziellen Kampfhandlungen am 1. Mai 2003 noch immer nicht gefunden wurden!], sagte Bush. Überall in der ganzen Welt seien Nationen heute sicherer, weil ein Aggressor [Anm.: Der Aggressor ist wohl derjenige, der völlig grundlos ein anderes Land überfällt!] und Verbündete des Terrorismus [sic!] gestürzt worden seien, betonte Bush."* Hält man sich die vielen verstümmelten und ermordeten Menschen - insgesamt sollen allein während des dreiwöchigen Krieges über 10 000 Zivilisten und rund 30 000 irakische Soldaten getötet worden sein, darunter zahlreiche Frauen und Kinder - vor Augen, fällt es schwer, solche Lügen überhaupt zu kommentieren (jedenfalls kann von einer „Befreiung" des irakischen Volkes wohl kaum gesprochen werden, wenn man sich ansieht, wie dieses Land im letzten Jahr ins Chaos gestürzt worden ist!):

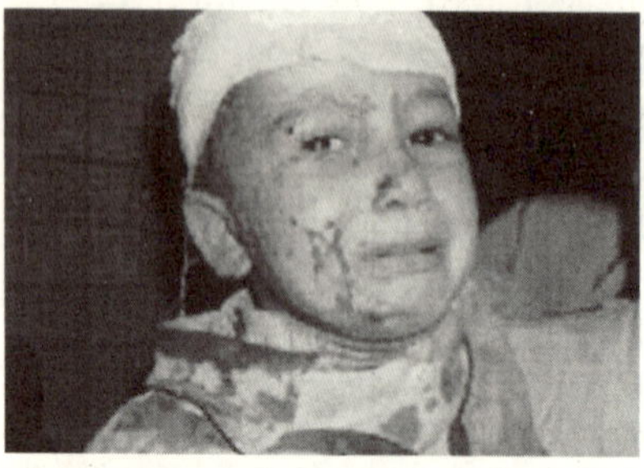
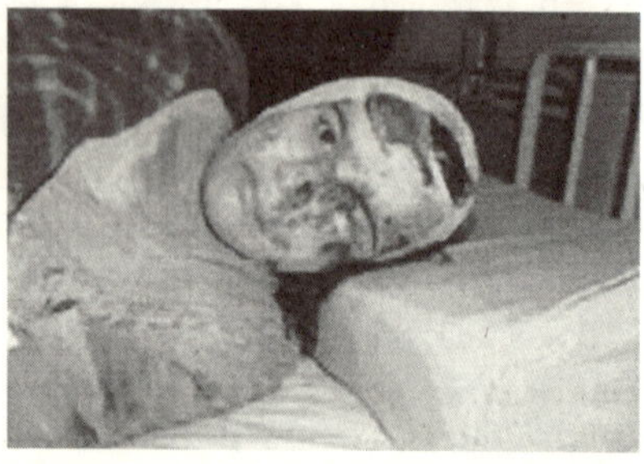
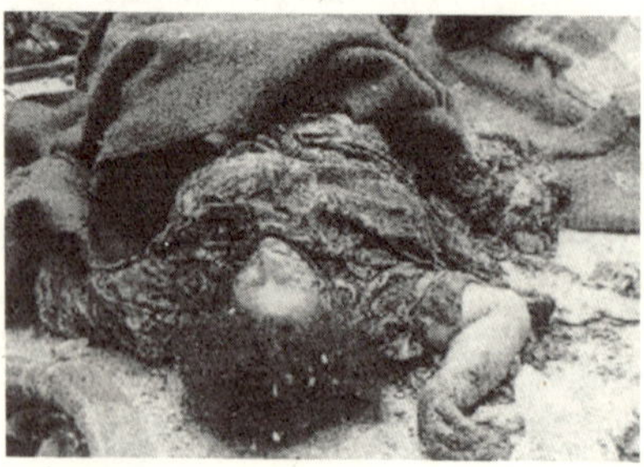
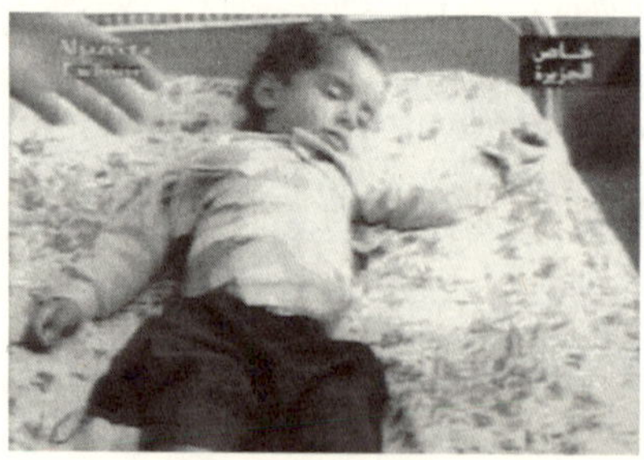

(Quellenhinweise: alle Photos: http://www.faktinfo.de/forum/irakkrieg-bilder; *: ProSieben, 24.9.03, S.112)

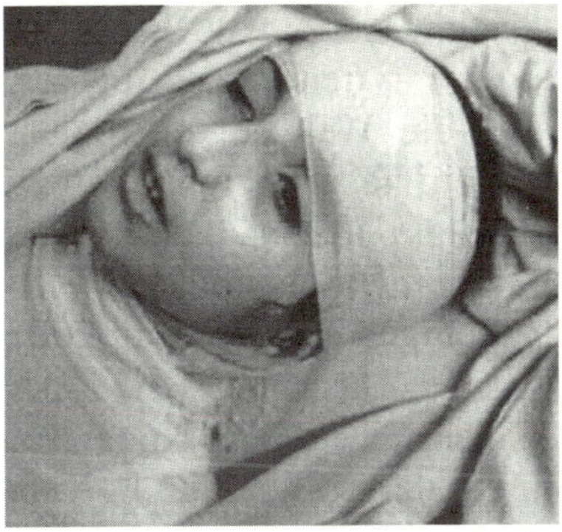

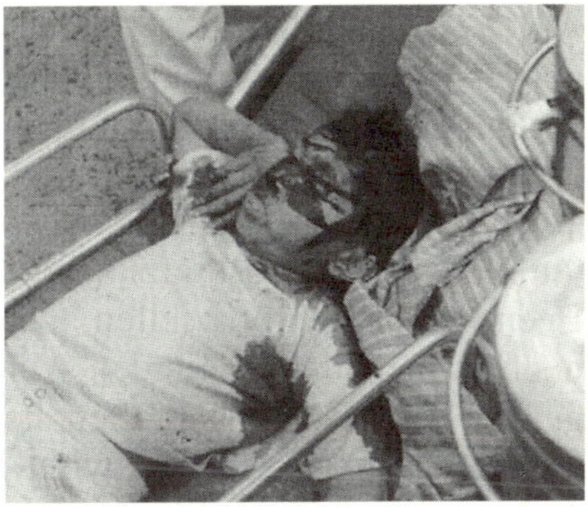

*Zwei Herren, die sich offensichtlich gut verstehen: Bundeskanzler Gerhard Schröder bei einem Treffen mit US-Präsident George W. Bush am 24. September 2003 in New York. Der einstige „Kriegsgegner" Schröder hat seine Vorbehalte beiseite gelegt und sich der Koalition der Kriegswilligen angeschlossen, indem er den Kampf der USA gegen den „internationalen Terrorismus" mit Bundeswehrsoldaten, unter anderem am Horn von Afrika und am Hindukusch, unterstützt. Dabei erkannte Dr. jur. Heribert Prantl, Ressortleiter der „Süddeutschen Zeitung" völlig richtig: „Nähme man die in den Nürnberger Kriegsverbrecherprozessen unter der führenden Beteiligung der USA entwickelten und in den zentralen Normen der UN-Charta verankerten Prinzipien ernst - die Verantwortlichen für einen Irak-Krieg müßten bereits heute vor Gericht gestellt werden. Die wünschenswerte Entmachtung des Diktators macht nämlich aus einem Angriffs- noch keinen Verteidigungskrieg."**

(Quellenhinweise: Photos oben: http://www.faktinfo.de/irakkrieg-bilder; Unten: Der Spiegel, 29.9.03, S.41; *: zit. nach Nation & Europa, Mai 2003, S.8)

Golfkriegs 1991 zerstört. Was übrig geblieben war, wurde von der UNSCOM beschlagnahmt und vernichtet. ...

Bush griff auch die wohl bekannteste - und am stärksten diskreditierte - Anschuldigung gegen den Irak wieder auf und sagte: 'Unseren nachrichtendienstlichen Quellen zufolge hat er versucht, hochfeste Aluminiumrohre zu kaufen, die zur Herstellung von Nuklearwaffen geeignet sind.' Amerikanische Vertreter haben während des vergangenen Herbstes diesen Vorwurf immer wieder erhoben, um die Resolution 1441 des Sicherheitsrats zu erhalten. Irakische Vertreter bleiben dabei, daß die Aluminiumrohre gekauft wurden, um sie für Raketenwerfer mit kurzer Reichweite zu benutzen. Letztere sind nicht durch UN-Resolutionen verboten worden.

El Baradeis Bericht [Anm.: Mohamed El Baradei ist der Leiter der Internationalen Atomenergiebehörde (IAEA)] vor dem Sicherheitsrat am 27. Januar [2003] bestätigt die irakische Darstellung. ...

Daß Bush derart durchsichtige Fälschungen vorbringt, ist allein schon bezeichnend und ein Maßstab für den Zynismus wie auch für die Verzweiflung seiner Administration. Es handelt sich hier um eine Regierung, die der Regel folgt: Je größer die Lüge, desto besser." [46]

Es dauerte mehr als ein Jahr nach dem offiziellen Ende des Krieges am 1. Mai 2003, bis die US-Regierung endlich offen eingestand, was alle Kritiker ihres Feldzuges bereits im Vorfeld wußten: „Der US-Geheimdienst CIA hatte sich nach den Worten von US-Außenminister Powell bei der Behauptung geirrt [sic!], der Irak habe über mobile Labors für biologische Waffen verfügt. Die USA und ihr engster Verbündeter Großbritannien hatten den Irak-Krieg damit begründet, daß der damalige Präsident Saddam Hussein über Massenvernichtungswaffen verfügt habe.

Powell sagte im US-Fernsehsender NBC, er habe sich bei seiner Rede im Februar 2003 vor dem UNO-Sicherheitsrat auf CIA-Informationen gestützt. 'Es hat sich herausgestellt, daß die Quellen ungenau und falsch gewesen sind'", so der „ZDFtext" am 17. Mai 2004 (S. 123). Diese „ungenauen" und „falschen" Quellen sind für den Tod von Zehntausenden Irakern verantwortlich.

Natürlich wußten die Verantwortlichen in Washington und London *sehr wohl*, daß der Irak keine Massenvernichtungswaffen (mehr) besaß, aber sie wollten den Krieg um jeden Preis, weshalb der Verfasser des umstrittenen britischen Irak-Dossiers, John Scarlett, für seine treuen Dienste auch in ganz besonderer Weise belohnt wurde: wie der britische

Außenminister Jack Straw am 6. Mai 2004 in London mitteilte, wird er neuer Chef des Auslandsgeheimdienstes MI6.

„Scarlett hatte 2002 die Federführung bei der Zusammenstellung eines Regierungsdossiers über die irakischen Massenvernichtungswaffen. Kritiker werfen ihm vor, die von Saddam Hussein ausgehende Gefahr darin übertrieben zu haben. Die oppositionellen Konservativen bezeichneten die Ernennung als 'unangemessen', die Liberaldemokraten als 'höchst kontrovers'. ... Scarlett ist schon seit 34 Jahren beim MI6 und war lange selbst britischer Geheimagent." [47]

Tatsächlich bestand Saddams Problem also nicht darin, „daß er Massenvernichtungswaffen hatte, sondern daß er keine [!] hatte ... Es klingt absurd, aber es ist so: Bush ist gut für uns. Er forciert das Streben der USA [bzw. jener Zionisten, die die Vereinigten Staaten wirklich regieren] nach Weltherrschaft derart direkt, arrogant und brutal, daß es alle Welt sofort versteht", so die indische Erfolgsautorin und Globalisierungskritikerin Arundhati Roy. [48]

Hält man sich das Verhalten der Bush-Regierung sowie der von ihr nach Afghanistan und in den Irak beorderten Soldaten, wo wehrlose Zivilisten gefoltert und abgeschlachtet werden, vor Augen, wird man unweigerlich an die Worte des Propheten Isaias von vor Jahrtausenden erinnert: „ ... eure Hände sind besudelt mit Blut und eure Finger mit Schuld; eure Lippen reden nur Lüge, eure Zunge murmelt nur Frevel. Niemand stellt eine gerechte Klage, niemand geht vors Gericht in Wahrheit; man vertraut auf Wahn, redet Falsches, geht schwanger mit Unheil und gebiert Böses. ... Ihre Füße laufen dem Bösen nach, sie eilen, unschuldiges Blut zu vergießen; ihre Gedanken sind böse Gedanken, Zerstörung und Sturz folgen ihren Bahnen. Den Weg des Friedens kennen sie nicht, kein Recht gibt es auf ihren Geleisen; krumme Pfade betreten sie; keiner, der sie betritt, kennt den Frieden" (Is 59, 3-8).

Bei der Blutrünstigkeit des Irak-Feldzuges und der anschließenden Besetzung dieses Landes sticht besonders der eiskalte Mord an den beiden Söhnen Saddam Husseins hervor: „Auf moralischer Ebene gibt es keinen grundlegenden Unterschied zwischen den Mitgliedern des Hussein-Regimes und denen der Bush-Regierung. Letztere operiert in allen Bereichen mit schamloser Gesetzlosigkeit und Gewalt. Wenn ein Unterschied im Grad der Brutalität besteht, die gegen die eigene Bevölkerung angewandt wird, dann ist die 'Zurückhaltung' der Bush-Leute rein den Umständen geschuldet, und nicht etwa ihrer moralischen Überlegenheit über die Killer und Folterer des gestürzten irakischen Regimes.

Im Laufe der Jahre 1991 bis 1992 erklärten alle Teilrepubliken des Vielvölkerstaats Jugoslawien, bis auf Serbien und Montenegro, ihre staatliche Unabhängigkeit, worauf es zu lange anhaltenden kriegerischen Auseinandersetzungen kam, die im bosnisch-kroatischen und im Kosovo-Krieg gipfelten. Von Herbst 1991 bis Sommer 1992 wurde die Stadt Dubrovnik - dieses Photo stammt aus dem Jahr 1992 - von der serbischen Armee belagert; acht Monate lang hämmerten serbische Schiffs- und Artilleriegeschosse auf die Stadt ein. (Kriege und Revolutionen können wie regelrechte Spielfilme inszeniert werden - auf der einen Seite die Guten, die des Schutzes der „internationalen Staatengemeinschaft" bedürfen, und auf der anderen die abgrundtief Bösen, die Frauen und Kinder abschlachten -, um dem Massen-Publikum in aller Welt als „moderne Gladiatorenkämpfe" spannend dargeboten zu werden!)

Bei der Operation gegen die Hussein-Brüder mobilisierte das US-Militär Hunderte Soldaten und Dutzende Fahrzeuge und militärisches Fluggerät. Die amerikanischen Truppen setzten Maschinengewehre, Raketen, Raketenwerfer und Bomben gegen vier Personen ein, die mit automatischen AK-47 Gewehren bewaffnet waren.

Der Angriff hatte den Charakter eines Bandenmords und entsprach der rachsüchtigen Auslöschung einer in die Enge getriebenen Bandenführung durch eine mächtigere und besser ausgerüstete Bande. Ein ungenannter, hoher amerikanischer Militärsprecher im Irak drückte sich gegenüber UPI wie ein Mafia-Pate aus: 'Dies ist ein sehr erfolg-

Seit Jahren schon wird die kleine Kaukasus-Republik Tschetschenien von der russischen Armee systematisch verwüstet - dieses Photo aus dem Jahre 1996 zeigt einen russischen Panzer im zerstörten Grosny. Kaum einer der westlichen Politiker, die so zahlreich immer wieder an die „Greueltaten der Nazis" erinnern, interessiert sich indes für die heute (!) in vielen Ländern in großer Zahl massakrierten Zivilisten.

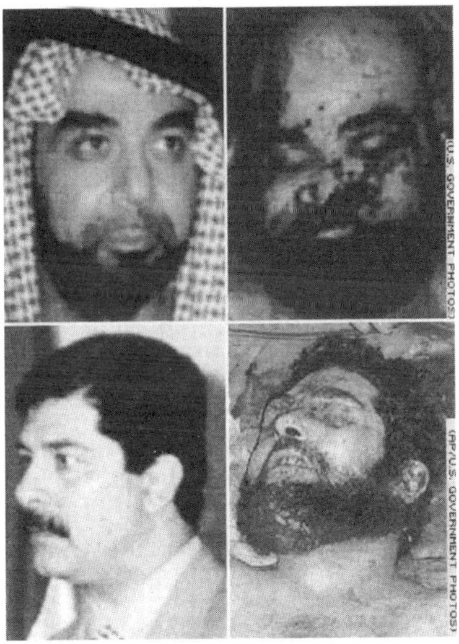

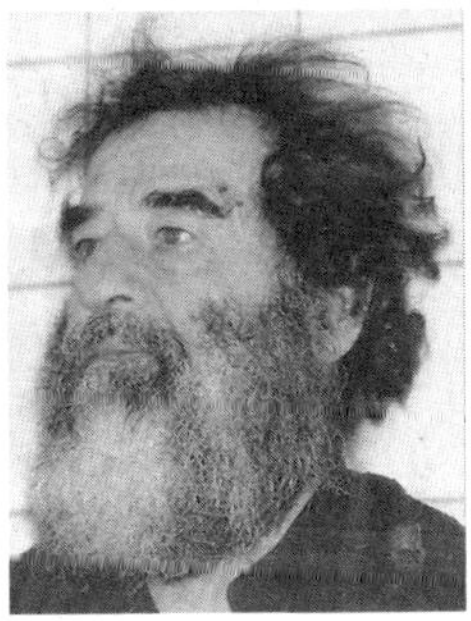

Links: Die brutale Ermordung der beiden Hussein-Söhne wurde von den Medien in aller Welt als großer Triumph gefeiert. Rechts: Unmittelbar nach der Festnahme Saddam Husseins (wenn es sich denn nicht um einen seiner vielen Doppelgänger handelt!) am 13. Dezember 2003 gelangte eine Umfrage in den USA zu dem Ergebnis, daß die Mehrheit der Amerikaner mit Präsident Bush zufrieden ist und ihn wieder wählen würde. „59 Prozent der Befragten sagten, Bush mache seinen Job gut. Das war der höchste Wert seit August [2003]. 50 Prozent der Befragten wollten bei der nächsten Wahl wieder für Bush stimmen, nur 41 Prozent wollten einen demokratischen Kandidaten wählen. Bushs gute Ergebnisse hängen vor allem mit der Festnahme Saddam Husseins und dem wirtschaftlichen Aufschwung [?!?] in den USA zusammen." So leicht lassen sich Menschen in ihrem Wahlverhalten beeinflussen: man braucht ihnen nur einen gefangen genommenen „Bösewicht" zu präsentieren, und schon ist das Volk glücklich und zufrieden!*

(Quellenhinweise: Linke Seite: Der Spiegel, 24.5.99, S.178; Rechte Seite: Oben: The New American, Ausg. 18, Nr. 4, S.14; Unten links: http://www.faktinfo.de/forum/messages/8707.htm; Unten rechts: Fuldaer Zeitung, 15.12.03; *: RTL Text, 23.12.03, S.122)

reicher Schlag. Jetzt müssen sie mit ihrem Untergang rechnen, denn wenn wir diese Kerle zur Strecke bringen konnten, dann können wir jeden zur Strecke bringen.'

Die Hochstimmung der amerikanischen und britischen Vertreter und der Medien über die Toten von Mosul - zu denen auch der 14jährige Sohn von Kusai Hussein, Mustafa, zählte - kann nur Abscheu hervorrufen. **Wie sich diese Kreise an Blutvergießen und Gewalt ergötzen, ist schon pathologisch.**

Präsident George W. Bush prahlte: 'Jetzt können die Iraker sicher sein, daß das alte Regime endgültig weg ist und nicht wiederkommen wird.' Senator Edward Kennedy, der Führer der 'liberalen' Demokraten, gab seiner Befriedigung über den Tod der Brüder Ausdruck. 'Das ist ein Fortschritt', sagte er.

Großbritanniens Premierminister Tony Blair war weniger zurückhaltend. Er sagte: 'Dies ist ein großer Tag für den neuen Irak.'

Die amerikanischen Medien zeigten eine Mischung aus Jubel und **Blutrünstigkeit**. Die *New York Daily* News brachte Photos von Saddam Hussein und seinen zwei Söhnen. Udai und Kusai waren rot durchgestrichen und mit den Worten versehen 'Einer ist noch übrig'. Rupert Murdochs *New York Post* brachte die Schlagzeile 'E-RATICATED!' [*eradicated* - ausradiert; *rat* - Ratte].

Auch die *New York Times* feierte den 'Schlag' von Mossul und nannte die Ermordung der Hussein-Brüder 'die ermutigendste Nachricht aus dem Irak seit Wochen'. Die Herausgeber der *Washington Post* nannten den Tod der beiden 'eine wirklich gute Nachricht' und behaupteten dann, daß er 'ein harter Schlag gegen den hartnäckigen Widerstand ist, von dem die Nachkriegsverwaltung bisher gebeutelt wurde'." [49]

Verständlich also, was angesichts dessen der jüdischstämmige Norman Mailer, einer der bekanntesten, vielseitigsten und kontroversesten amerikanischen Schriftsteller der Gegenwart, über die US-Bürger zu sagen hat: „**Amerikaner mögen Blutbäder**, solange sie selbst nicht die Opfer sind. Seit dem Bürgerkrieg haben wir keine Schlachtfelder in unserem eigenen Land gehabt. **Blutbäder werden hier als Fortsetzung des Kinos gesehen**. Den Unterschied bemerken die Leute heute erst, wenn die Kriege zu Hause stattfinden und sie selbst Gefahr laufen, ihr Heim zu verlieren." [50]

Wie unmenschlich die Politik der US-Regierung geworden ist, zeigt denn auch das Vorgehen gegen jene Amerikaner, die sich gegen den

Irak-Krieg eingesetzt haben: „Während sie in ihrer bescheidenen Wohnung an der Westküste Floridas sitzt, beginnt Faith Fippinger zu weinen, als sie über die Aussicht spricht, ins Gefängnis gehen zu müssen.

Dieses Frühjahr [Anm.: 2003] beschloß die 62jährige, im Ruhestand lebende Lehrerin, als menschliches Schutzschild in den Irak zu reisen.

Für viele ist sie eine Philanthropin, aber in den Augen der US-Regierung ist sie eine Kriminelle.

Im Gegensatz zu den meisten Amerikanern hat Faith Fippinger viele Reisen in alle Welt unternommen.

In den letzten paar Jahren hat sie fast jeden Kontinent besucht, wie die in ihrem Haus verteilten Souvenirs beweisen. ... Aber es war ihre Entscheidung, in den Irak zu reisen, um den Versuch zu unternehmen, den Krieg zu verhindern, der sie in Schwierigkeiten brachte.

'Krieg ist ein Gemetzel, ich verstehe das', sagt sie.

'Krieg ist Tod, ich verstehe das. Dennoch war dieser Krieg meiner Meinung nach illegal, ungerechtfertigt und überflüssig', erzählt sie.

Drei Monate lang reiste sie durch den Irak, wo sie Ölraffinerien bewachte, in Schulen lehrte und in Krankenhäusern arbeitete.

Aber als sie nach Hause zurückkehrte, fand sie einen Brief vom US-Finanzministerium vor.

'Es war Vorschrift, die Gründe für meinen Aufenthalt im Irak zu nennen', erklärt sie.

'Im Brief stand auch die Strafe für einen Verbleib im Irak: bis zu eine Million Dollar und bis zu 12 Jahre Gefängnis.' ... Weil sie in den Irak reiste, verletzte Faith Fippinger das US-Wirtschaftsembargo gegen diesen Staat, das seit vielen Jahren bestanden hat.

Weil sie in das Land [am Euphrat und Tigris] reiste und dort Geld ausgab, könne Frau Fippinger jetzt strafrechtlich verfolgt werden, so der Brief.

Unterstützer argumentieren, daß sie einfach ihr Recht auf Reisefreiheit und auf freie Meinungsäußerung ausübte, und beschuldigen die Bush-Administration, an ihr ein Exempel statuieren zu wollen.

'Wissen Sie, ein Teil dessen, was die Demokratie ausmacht, ist es, daß man unterschiedliche Meinungen haben und sie ausdrücken kann', sagt sie.

'Es ist unter einem Regime wie dem von Saddam Hussein, wo diese Freiheit nicht gewährt wird.'

Aber das US-Finanzministerium beharrt auf seinem Standpunkt.

In einer Erklärung gegenüber der BBC sagt es, seine freie Meinung auszudrücken, sei ein Recht, aber es sei kein Vorrecht, das Gesetz der Vereinigten Staaten zu brechen.

Es sagt, es beabsichtige voll und ganz mit ihrer Strafverfolgung fortzufahren.

Weil sie in den Irak reiste, wird Faith Fippinger jetzt sehr wahrscheinlich ihr Haus und ihre Rente verlieren und ins Gefängnis gehen.“ [51]

Ähnlich erging es Carol Gilbert, Ardeth Platte und Jackie Marie Hudson, Schwestern im Orden des heiligen Dominikus, die im Januar 2003 mit einer aufsehenerregenden Aktion gegen den sich anbahnenden Irak-Krieg protestieren wollten. Im Nordosten Colorados, zwischen den Hügeln des Weld County, drangen sie auf ein Militärgelände der US-Armee vor, auf dem sich Silos mit Interkontinentalraketen befinden, von denen jede mit einem Nuklearsprengkopf bestückt ist.

Die 54jährige Gilbert, Platte (65) und Hudson (67) klopften mit einem Hammer auf dem Deckel eines dieser Silos herum, öffneten dann mitgebrachte Flaschen, die sie mit ihrem Blut gefüllt hatten und malten ein paar Kreuze auf den Deckel. Anschließend sangen, beteten und warteten sie, daß sie von der Militärpolizei verhaftet wurden. Es handelte sich bei ihrer Tat um einen symbolischen Angriff, um zivilen Ungehorsam im Dienste der Nächstenliebe.

Wie dem auch sei, im August 2003 wurde über die drei Nonnen, die von ihrem Anwalt als „Engel im Kampf um mehr Menschlichkeit“ bezeichnet wurden, das Urteil gesprochen. Richter Robert Blackburn charakterisierte das Verhalten der drei Frauen als „gefährlich verantwortungslos“ und bestrafte Gilbert, Platte und Hudson „wegen Beschädigung von Regierungseigentum zu 33, 41 und 30 Monaten Haft. Außerdem haben sie 3080,04 Dollar zu zahlen, für die Beseitigung ihres Bluts vom Deckel des Silos.

Richter Blackburn stellt den drei Nonnen frei, bis zum Antritt der Haft in Freiheit zu bleiben. Das lehnen sie ab, wie sie die Kaution abgelehnt hatten, die ihnen die siebenmonatige Untersuchungshaft erspart hätte. Gilbert, Platte und Hudson wollen makellose Opfer sein, Märtyrerinnen, frei von jeder Kollaboration mit dem Staat.“ [52]

So sieht das Leben auf Erden im Jahre 2004 - dem 15. Jahr nach öffentlicher Ausrufung der „Neuen Weltordnung“ und Anbeginn des Zeitalters des Bösen - aus: Wer Babys, Kinder, Frauen und ältere

Menschen in großer Zahl ermordet, wird als großer Staatsmann gefeiert; wer sich hingegen dem Töten in den Weg zu stellen oder sich dagegen auszusprechen wagt, wird als Krimineller behandelt und bekommt die ganze Härte des Gesetzes zu spüren, selbst wenn es sich dabei um Schwestern im Orden des heiligen Dominikus handelt. In solch einer diabolischen Welt leben wir!

Die Unmenschlichkeit der herrschenden Elite bekommt selbst so mancher im Irak stationierte US-Soldat zu spüren: „Der schönste Tag im Leben eines US-Soldaten wird ihm wahrscheinlich in schlechter Erinnerung bleiben. Im August [2003], während einer Patrouille, ging der Soldat zusammen mit einem Kameraden zu einem irakischen Richter und gab einer Irakerin das Ja-Wort. Die Soldaten zelebrierten eine Doppelhochzeit, auch der Kamerad nahm eine Irakerin zur Frau.

Dem Soldaten wird vorgeworfen die Strecke seiner Fußstreife verraten zu haben. Ihm droht jetzt die Entlassung aus der Armee. Das Schicksal seines Kameraden ist noch ungewiß. Seine Braut durfte der Soldat seit der Trauung nicht mehr sehen“, hieß es Anfang Dezember 2003. [53]

Und obwohl bereits so viele unschuldige Menschen im Irak getötet wurden, denken sich US-Strategen immer neue Mittel und Wege aus, wie dem Widerstand des irakischen Volkes beizukommen ist. Seymour Hersh dokumentierte Verteidigungsminister Rumsfelds jüngsten Plan für den Irak, der kurz gefaßt darin besteht, Todesschwadronen aufzustellen, die von Israelis (!) ausgebildet werden.

„Der Plan besteht darin, einige der Schlimmsten der Schlimmen anzuheuern - Mitglieder von Saddams ehemaliger Geheimpolizei -, um die Widerstandsbewegung zu unterwandern und Hauptakteure ausfindig zu machen, die von den amerikanischen Todesschwadronen ausgeschaltet werden sollen“, so der US-Amerikaner Charley Reese. „Infolgedessen verbünden wir uns mit denjenigen, über die sich unser Präsident als Moralapostel aufspielt - diese gefürchteten Übeltäter. Nur werden diese Übeltäter jetzt auf unserer Gehaltsliste stehen und nicht mehr auf Saddams. Nur werden wir den Irakern jetzt zeigen, daß, anstatt demokratische Werte in den Irak zu bringen, wir genauso gut sind zu morden, wie Saddam.

Sollten Sie zu den Super-Patrioten gehören, die sich gerne mit der amerikanischen Fahne schmücken, während Sie [die Nachrichtensendung] 'Fox News' anschauen, seien Sie nicht schockiert. Wir taten das gleiche während des Vietnam-Kriegs. Ich genehmigte mir von

Seit der „Befreiung“ des Irak am 1. Mai 2003 durch die US-Amerikaner versinkt das Land in Chaos und Anarchie, kommt es immer wieder zu verheerenden Terroranschlägen: Am 7. August 2003 explodierte vor der jordanischen Botschaft in Bagdad eine Autobombe, wobei 19 Menschen, darunter zwei Kinder, den Tod fanden. Nur Wochen später starben am 29. August 2003 mehr als 100 Menschen bei der Explosion einer Autobombe vor einer schiitischen Moschee in der Stadt Nadschaf, darunter Ayatollah Mohammed Bakir el Hakim, der sich der Besetzung seines Landes durch die US-Truppen scharf widersetzt hatte - dieses Photo zeigt die Verwüstung vor der Imam-Ali-Moschee; rechts Hakims brennendes Fahrzeug.

Die Zentrale des Internationalen Komitees vom Roten Kreuz (IKRK) in Bagdad wurde am 27. Oktober 2003 Ziel eines Anschlags. Nach der starken Bombenexplosion versuchten irakische Polizisten und US-Soldaten das Chaos in den Griff zu bekommen. Es ist indes mehr als fraglich, ob hinter den meisten der im Irak verübten Anschläge tatsächlich Iraker stecken. Vielmehr ist davon auszugehen, daß es sich hier um Operationen der beiden Geheimdienste CIA und Mossad handelt, die noch mehr Unsicherheit und Chaos im Land hervorrufen und die verschiedenen irakischen Volksgruppen gegeneinander aufhetzen wollen.

(Quellenhinweise: Oben: Fuldaer Zeitung, 30.8.03; Unten: ebd. 28.10.03)

Am 10. Februar 2004 forderte der Bombenanschlag vor einer Polizeiwache im irakischen Iskandarijah mindestens 50 Todesopfer, bei denen es sich überwiegend um Passanten und Zivilpersonen handelte. „Mehrere Stunden nach dem Anschlag stürmten wütende Iraker die Ruine, nachdem Gerüchte laut geworden waren, eine US-Rakete habe die Detonation verursacht. 'Das Verbrechen wurde von den Amerikanern begangen', riefen die Demonstranten." Im Gegensatz zu vielen Deutschen scheinen wenigstens die Menschen im Irak das selbständige Denken noch nicht ganz verlernt zu haben.*

Bei der blutigsten Anschlagsserie seit Kriegsende wurden bei einer Serie zeitgleicher Anschläge auf heilige Stätten der Schiiten in Bagdad und Kerbela mindestens 280 Menschen getötet - an einem Tag also mehr Menschen, als US-Soldaten während des gesamten dreiwöchigen Krieges ums Leben kamen. Insgesamt kostete die seit dem 1. Mai 2003 stattfindende völkerrechtswidrige anglo-amerikanische Besetzung des Irak bereits Tausenden unschuldigen Zivilisten das Leben - allein in den ersten beiden Wochen des April 2004 wurden bei Kämpfen rund um die irakische Stadt Falludscha bis zu 1000 Iraker getötet.

(Quellenhinweise: Oben: Fuldaer Zeitung, 11.2.04; Unten: die tageszeitung, 3.3.04; *: Fuldaer Zeitung, 11.2.04)

Zeit zu Zeit einen Drink, oder gleich mehrere, mit einem CIA-Agenten, der in Vietnam das berüchtigte Phoenix-Programm leitete.

Dort würden die Südvietnamesen Mitglieder des Vietcongs identifizieren, und wir würden sie töten. Mein Freund sagte in seiner zynischen Art und Weise, daß, hatte das Kontingent für den Monat 50 betragen, die Südvietnamesen natürlich 50 herausfanden; betrug es 500, fanden sie auch 500. Wie viele von den Tausenden, die wir ermordet haben, waren aber tatsächlich Angehörige des Vietcong und wie viele waren unschuldige Vietnamesen? Niemand weiß es genau, außer vielleicht die Südvietnamesen selbst, die an dieser Aktion beteiligt waren. Die Anzahl von Leuten, die wir ermordet haben, reicht von 21 000 (eine offizielle Schätzung) bis hin zu 47 000.

Ein weiterer meiner Freunde, der Mitglied der 'Green Berets' ist, stand ebenfalls auf der Gehaltsliste der CIA. Er hatte Nung-Söldnern fünf Dollar für jeden vietnamesischen Kopf gezahlt, den sie zurückbrachten. Sie brachten ganze Leichensäcke voll, aber natürlich kann ein abgetrennter Kopf Ihnen nicht mehr erzählen, ob derjenige, der ihn einst getragen hatte, ein Vietcong oder einfach nur ein armer Bauer war, auf den die Nungs zufällig trafen. Schließlich haßten sie alle Vietnamesen gleichermaßen, ohne Rücksicht auf irgendeine bestimmte Ideologie.

Das gleiche wird im Irak geschehen. Unsere bezahlten Übeltäter werden mit ihrem Finger auf Leute zeigen, gegen die sie etwas haben oder - wenn sie schlau sind - auf unschuldige Iraker, die tatsächlich auf unserer Seite stehen. Dadurch werden uns unsere Todesschwadronen bei dem irakischen Volk 'beliebt' machen, genau wie die israelischen Todesschwadronen den Palästinensern 'sympathisch' geworden sind.“ [54]

Die Ereignisse der letzten Monate haben gezeigt, daß die unter US-amerikanischer Regie agierenden Todesschwadronen im Irak bereits im Einsatz sind, und daß Hunderte, wenn nicht gar Tausende Morde auf ihr Konto gehen. (Die Bilder der diversen Anschläge können übrigens medienwirksam aufgefangen und in alle Welt ausgestrahlt werden, was ebenfalls der Befriedigung der Blutlust des Publikums dient. Schließlich wird dem Betrachter hier ein filmreifes Schauspiel geboten, mit Chaos, Verwüstung und allem was sonst noch dazugehört.)

Es geht aber nicht nur um die Befriedigung des Appetits nach Blut, wenn Angriffskriege, wie gegen Afghanistan und den Irak, geführt werden: „Die Gebieter haben beschlossen, daß sie gegen jeden Krieg führen werden, der auf einem Öl-Vorrat lebt. Der Gedanke ist, daß es für amerikanische Unternehmen besser ist, das von ihnen benötigte Öl zu stehlen, anstatt es zu bezahlen. Millionen Amerikaner (und Millionen weitere Leute in der ganzen Welt) wollten den Krieg [gegen den Irak] nicht, aber die Regenten begannen ihn trotzdem, indem sie das Volk belogen. Konnten Sie sich dem Krieg widersetzen? Können Sie sich dem widersetzen, angelogen zu werden? Nein? Herzlichen Glückwunsch. Sie sind ein Sklave.

Die Herrscher wollen Ihre Kinder [als Kanonenfutter] für zukünftige Kriege in Besitz nehmen. Die Gesetzgebung für eine Einberufung liegt bereits im Kongreß vor. Können Sie sich der Einziehung Ihrer Kinder widersetzen? Nein? Herzlichen Glückwunsch. Sie sind ein Sklave.

Die Regierung wurde immer wieder der Lüge überführt hinsichtlich Fragen wie: wer wirklich hinter dem 11. September steckte, der Legalität des Steuersystems, Cheneys 'Energie Task Force'-Papiere zu Saddams Massenvernichtungswaffen. Amerikaner sind [neben den Deutschen] das am meisten betrogene Volk auf der ganzen Erde. Können Sie sich dem widersetzen, angelogen zu werden? Können Sie die Lügner bestrafen? Nein? Herzlichen Glückwunsch. Sie sind ein Sklave.

Wahlbetrug ist in der Nation weit verbreitet, und der vorgeschriebene Einsatz nicht überprüfbarer Wahlmaschinen [siehe unten!] bedeutet, daß Wahlen nicht von denen entschieden werden, die zur Urne gehen, sondern von denen, die anschließend die Stimmen auszählen (wie bereits Stalin eingestand). Können Sie sich einem schwindlerischen Wahlprozeß widersetzen? Nein? Herzlichen Glückwunsch. Sie sind ein Sklave.

Daß man die Sklaven-Ketten nicht sehen kann, bedeutet noch lange nicht, daß sie nicht vorhanden sind. Ketten aus Stahl sind offensichtlich, aber Ketten, die aus Überzeugungen geformt sind, sind nicht immer als solche erkennbar. ... [US-Präsident] Lyndon B. Johnson versklavte das amerikanische Volk und verführte es, in den Krieg zu ziehen im Glauben, Vietnam habe im Golf von Tonkin die USS Maddox angegriffen. ... Es gab keine Torpedos im Golf von Tonkin, aber die Sklaven, die durch unsichtbare Ketten aus Überzeugungen gebunden waren, marschierten [trotzdem] in den Krieg. Millionen starben.

Wie dem auch sei, im Jahre 2003 begannen die Ketten sichtbar zu werden. Das verfassungsmäßige Recht auf freie Meinungsäußerung wurde auf 'freie Meinungsäußerungs-'-Zonen beschränkt. Ein Sklave darf ruhig eine Meinung haben, solange er sie nicht öffentlich dort vertritt, wo sie die anderen Sklaven möglicherweise erzürnt. Das verfassungsmäßige Recht auf eine bewaffnete Bevölkerung ... unterliegt einem permanenten Beschuß seitens derjenigen, die sich vor einer Nation freier Bürger fürchten und die nicht ruhig schlafen werden, bis wir eine Nation völliger Sklaven sind. Schließlich könnten bewaffnete Bürger 'nein' sagen und dieser Aussage Nachdruck verleihen. Der Grund, warum es überhaupt ein 'Second Amendment' gibt [Anm.: Bei den „Amendments" handelt es sich um Zusätze zur US-Verfassung; das zweite Amendment billigt jedem US-Bürger ausdrücklich das Recht auf den Besitz einer Schußwaffe zu!], besteht darin, dem Volk zu erlauben, 'nein' zu sagen zu denen, die es in den Zustand der Sklaverei zurückversetzen wollen ... Andere verfassungsmäßige Rechte und Sicherheiten wurden aufgegeben. Die Regierung kann Ihre privaten Aufzeichnungen jetzt ohne Grund und Durchsuchungsbefehl durchstöbern, sogar in ihre Wohnung einbrechen und Ihnen nichts darüber mitteilen. Indem sie einen Bürger einfach als 'unrechtmäßigen Kämpfer' bezeichnet, kann die Regierung US-Bürger jetzt ohne Anklage und ohne einen Rechtsanwalt wegsperren. Man kann davon abgehalten werden, zu reisen, ganz einfach weil man den falschen Namen trägt. Wenn Sie zuviel Gold kaufen oder zuviel Bargeld abheben, oder einen Vorrat an Nahrungsmitteln anlegen, wird die Regierung davon erfahren. Ein 'Farmer-Jahrbuch' zu besitzen, genügt schon, um in Verdacht zu geraten. Über die Verfassung zu sprechen genügt bereits, terroristischer Verbindungen verdächtigt zu werden. Für die Folter einzutreten wird jetzt als 'notwendig' erachtet, um 'mit der Krise fertigzuwerden'. Waren Sie in der Lage, sich diesen Veränderungen der Verfassung zu widersetzen? Nein? Herzlichen Glückwunsch. Sie sind ein Sklave." [55]

„Die Section 215 des 'Patriot Act' erlaubt es FBI-Agenten, im Rahmen ihrer Tätigkeit gegen Terroristen von Buchhändlern und Bibliothekaren Auskunft über Kauf und Lesegewohnheit ihrer Kunden zu verlangen sowie Karteikarten, Benutzerverzeichnisse, Computer und betreffende Notizen zu beschlagnahmen - alles ohne vorherige Einschaltung einer Gerichtsperson und allein auf einen bloßen vagen und nicht zu begründenden Verdacht hin. Dazu verbietet das neue Gesetz den Bibliothekaren und Buchhändlern, ihre Kunden über diese gegen sie getroffenen Maßnahmen zu unterrichten, auch im nachhinein, wenn sich der Verdacht als unbegründet erwiesen haben sollte. Schon vor Monaten hatte die US-Bibliotheksvereinigung, die 'American Library Association', gegen diese 'Bedrohung bürgerlicher

Freiheiten' protestiert, und die Nordamerikanischen Bibliothekstage in Toronto hatten in dem Streit Stellung bezogen. Den Stein ins Rollen für eine breitere Öffentlichkeit brachte die Bibliotheksdirektorin Anne Turner der Santa Cruz Library in dem kalifornischen Bade-Städtchen Santa Cruz. Sie ließ Warnschilder in englischer und spanischer Sprache in ihrer Bücherei aufstellen, auf denen verkündet wurde: »Achtung. Obwohl die 'Santa Cruz Library' sich alle Mühe gibt, Ihre Daten zu schützen, können Bundesbeamte aufgrund des 'USA Patriot Act' die Herausgabe von Aufzeichnungen über die Bücher verlangen, die Sie ausgeliehen haben. Das Gesetz verbietet es den Mitarbeitern der Bibliothek, Sie zu benachrichtigen, wenn Informationen über Sie eingeholt wurden. Fragen zu dieser Regelung richten Sie bitte an den Justizminister der Vereinigten Staaten, John Ashcroft, Washington, DC«." [56]

Dieser John Ashcroft teilte einer Nationalversammlung der Anti-Diffamierungsliga von B'nai B'rith übrigens unlängst mit, „daß er die außergewöhnlichen Machtbefugnisse, die der US-Regierung in Zeiten des Krieges übertragen wurden, gebrauchen werde, um verbale Kritik an Juden zu zerschmettern, weil es sich dabei um einen Vorläufer des Terrorismus handelt", so die US-Publikation „Free American Newsmagazine" [57]. „'Wie die Geschichte gezeigt hat, weisen verbale Angriffe auf jüdische Menschen auf eine zukünftige, viel grausamere Kriminalität hin', erklärte Ashcroft. 'Diese Administration glaubt, daß Akte des Antisemitismus bekämpft, verurteilt und öffentlich gebrandmarkt werden müssen ... In diesem Kampf bedarf es jeder Stimme und jeder Hand, um den Triumph über den Terrorismus herbeizuführen.'

Diese Erklärung deutet bezüglich der Bürgerrechte in den Vereinigten Staaten auf nichts Gutes hin. [Elementare Grundrechte] sind praktisch verschwunden, da die Bush-Administration die Pläne ihrer jüdischen Ratgeber und Hintermänner für eine vollständige Vorherrschaft und Kontrolle über das amerikanische Volk bereits verwirklicht hat.

In den meisten europäischen Ländern haben [einige einflußreiche] Juden bereits erreicht, daß Gesetze verabschiedet wurden, die jegliche Art verbaler Kritik an sich selbst, an ihrem zionistischen Gebilde namens Israel und an ihrem Einfluß auf die internationale Politik und die Finanzen unter Strafe stellen.

[Einzelne zionistische, talmudgläubige] Juden versuchen bereits seit langem, diese Art von Haß hier in Amerika einzuführen, und arbeiteten daran, Hollywood und all die Zeitungen, das Fernsehen und die

Radio-Stationen aufzukaufen, die christlichen Kirchen mit dem Judäo-Christentum, den Konservatismus mit dem Neo-Konservatismus, und den Freisinn mit dem Kommunismus zu korrumpieren, um auf diese Weise die totale Kontrolle über das kulturelle Leben der USA zu erlangen. Dadurch soll die Verfassung untergraben und an ihrer Stelle eine Diktatur errichtet werden." Eine Diktatur, deren Einsetzung bereits vor rund 40 Jahren im berüchtigten Bericht von „Iron Mountain" gefordert und dank des 11. September 2001 nunmehr endgültig auf den Weg gebracht wurde.

Angesichts dessen sollte es nicht verwundern, daß die US-Gefängnisse so voll wie noch nie sind: „Wie US-Medien unter Berufung auf das Statistische Bundesamt in Washington berichteten, waren Mitte vergangenen Jahres [2002] rund 2,02 Millionen Menschen in Bundes- und staatlichen Anstalten inhaftiert.

Insgesamt sitzen den Berichten zufolge in keinem [!] Land der Welt so viele Menschen hinter Gittern wie in den USA. Hier kämen auf 100 000 Einwohner rund 702 Gefangene. Demnach befinden sich 4,8 Prozent aller in den USA lebenden Schwarzen in Haft." [58]

Ein Jahr später war sogar noch eine Steigerung zu vermerken: „Trotz des Rückgangs der Kriminalitätsraten in zahlreichen [!] US-Staaten ist die Zahl der Gefängnisinsassen in amerikanischen Gefängnissen im vergangenen Jahr [2003] um 2,9 % gestiegen.

Inzwischen sitzt jeder 75. amerikanische Mann im Knast. 68 % der Häftlinge gehören ethnischen Minderheiten an." [59] Daß der Anteil der Häftlinge an der Gesamtbevölkerung in den USA der höchste der Welt ist, zeigt, daß die Vereinigten Staaten keineswegs mehr das vielgerühmte „Land der Freiheit" sind.

Und so überrascht es auch nicht, daß in den USA immer wieder Unschuldige zum Tode verurteilt und anschließend auch hingerichtet werden. Nur in den seltensten Fällen wird ein Justizirrtum noch rechtzeitig aufgedeckt, wie im Dezember 2000: „Ein Häftling, der im US-Staat Florida wegen Vergewaltigung und Ermordung eines Mädchens 14 Jahre lang in der Todeszelle saß, hat die Tat nicht begangen. Seine Unschuld stellte sich jetzt bei genetischen Tests heraus - elf Monate, nachdem der vermeintliche Mörder im Gefängnis an Krebs gestorben war, berichtete der 'Miami Herald'. Die einstige Staatsanwältin sagte zu den Gentests: 'Das ist ein Alptraum. Ich war so sicher, daß er schuldig ist.'" [60] Niemand weiß, wieviele Unschuldige in den USA in den letzten Jahrzehnten im Auftrag der Justiz ermordet wurden - sie starben etwa in Gaskammern oder durch die Giftspritze.

Was die US-Regierung von Rechtsstaatlichkeit hält, zeigt sich schon allein auf dem eigens für „unrechtmäßige Kämpfer" aus aller Welt errichteten Gefangenen-Stützpunkt Guantanamo auf Kuba, wo mehr als 600 Inhaftierte unter menschenunwürdigen Bedingungen dahinvegetieren. „Angenehm kühl ist es lediglich in den mit Klimaanlagen ausgestatteten Verhörbaracken, in denen CIA [!] und Militär rund 660 Taliban- und Qaida-Verdächtige vernehmen. Die Befragungen dauern oft zwölf Stunden am Tag, und das manchmal monatelang - und nicht immer sind es nur amerikanische Spezialisten, die den Häftlingen gegenübersitzen. Kaum eine Woche vergeht, in der nicht irgendein Staat einen Verhörtrupp nach Guantanamo schickt. Seit Eröffnung des Gefangenenlagers vor knapp zwei Jahren hat sich der Militärstützpunkt zu einem Taubenschlag für Geheimdienste aus aller Welt entwickelt, der türkische Nachrichtendienst MIT war schon da, die Briten in sechs Monaten gleich dreimal [Anm.: und sicherlich auch der israelische Mossad!]", schilderte der „Spiegel" [61] im November 2003.

Da die Gefangenen von ihren „Bewachern" immer wieder schlimm drangsaliert werden, kam es bereits zu einer Reihe von Selbstmordversuchen: „Ein freigelassener britischer Guantanamo-Häftling hat den USA schwere Mißhandlungen der Gefangenen vorgeworfen. Er selbst sei in dem umstrittenen Lager mit Schlagstöcken [!] verletzt worden, als er eine Impfung [!] verweigert habe, sagte der 37jährige Jamal al-Harith - auch bekannt als Jamal Udeen - der Zeitung 'Daily Mirror' (Freitagsausgabe [12. März 2004]). Der geschiedene Website-Designer, der vor einigen Jahren zum Islam übertrat, berichtete auch, daß die Wächter Prostituierte ins Lager gebracht hätten, um die streng religiösen moslemischen Gefangenen zu erniedrigen.

Die Häftlinge hausen nach seiner Darstellung in Käfigen und sind dort Wind und Wetter ausgesetzt. Vor den Augen der Wächter und der anderen Gefangenen müßten sie einen Eimer als Toilette benutzen: 'Daran habe ich mich nie gewöhnt.' Am schlimmsten sei aber die seelische Folter gewesen: 'In Guantanamo geht es darum, dich psychologisch kleinzukriegen', sagte er.

Al-Harith war nach eigenen Angaben 2001 nach Pakistan gereist, um dort eine islamische Kultur kennenzulernen. Ohne es zu wollen, sei er nach Afghanistan geraten und dort von den Taliban als Spion inhaftiert worden, möglicherweise wegen seines britischen Passes. Die vorrückenden amerikanischen Soldaten hätten ihn dann festgenommen und nach Guantanamo auf Kuba gebracht. Am Dienstag

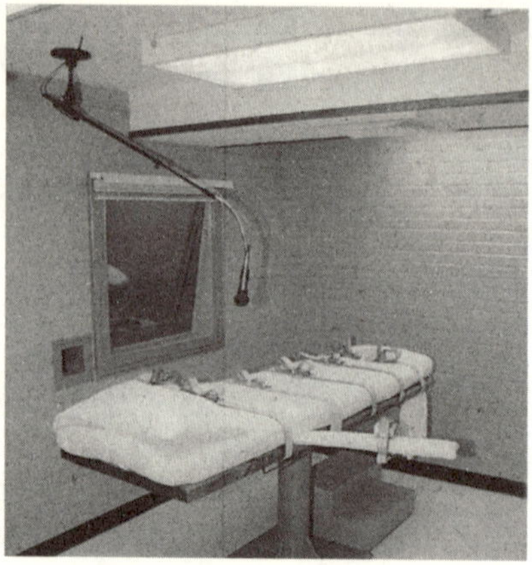

Links: Die USA haben eine lange Geschichte geheimer Militärtribunale, wie sie künftig auch auf ihrem Marinestützpunkt auf Kuba zum Einsatz kommen sollen. Bereits nach dem Mord an Präsident Abraham Lincoln im Jahre 1865 wurden drei Männer und eine Frau der Verschwörung bezichtigt und nichtöffentlich zum Tode verurteilt. „Die Frau, Mary Surratt, wurde für schuldig befunden, weil ihr Sohn in einem ihr gehörenden Gebäude Treffen abhielt, um den Plan zu schmieden, den Präsidenten zu ermorden. Die vier wurden am 1. Juli 1865 gehängt." Rechts: In den letzten Jahrzehnten wurden in den USA eine Reihe Unschuldiger zum Tode verurteilt und ermordet - hier die Hinrichtungskammer von Huntsville im US-Bundesstaat Alabama, in der den Verurteilten die Giftspritze verabreicht wird. An der Decke hängt ein Mikrophon für die letzten Worte der Todeskandidaten.*

Schon seit Jahren sitzen unbescholtene Zivilisten aus aller Welt auf Guantanamo (dem US-Konzentrationslager auf Kuba) ein, und es steht zu befürchten, daß sie dort noch weitere Jahre ausharren müssen, bevor sie wieder in die Freiheit entlassen werden.

(Quellenhinweise: Oben links: The New American, 14.1.02, S.19; Oben rechts: Fuldaer Zeitung, 16.3.02; Unten: Der Spiegel, 24.11.03, S.40; *: The New American, 14.1.02, S.19)

Am 7. Oktober 2001 begann der von den USA geführte „Krieg gegen den Terror", fielen die ersten amerikanischen Bomben auf die afghanische Hauptstadt Kabul. Ohne Rücksicht auf Verluste setzte die US-Armee dabei Flächenbombardements ein, wurden gezielt Dörfer angegriffen (links). Rechts sehen wir einen amerikanischen Bombenangriff auf eine Ortschaft in der Nähe von Kabul. Daß die US-Armee bei ihren Feuerüberfällen auch zivile Einrichtungen attackierte und Lebensmittellager zerstörte - das Zentrallager des Internationalen Roten Kreuzes wurde sogar zweimal getroffen -, rief übrigens kein Entsetzen der „internationalen Staatengemeinschaft" hervor. Schließlich hatte man sich ja demonstrativ auf die Seite von Bush gestellt und sich seinem „gerechten" Feldzug angeschlossen.

Hier sehen wir US-amerikanische Bombenangriffe angeblich auf Taliban-Stellungen bei Kabul. Wieviele Zivilisten durch den Afghanistan-Krieg insgesamt ums Leben kamen, wird streng geheimgehalten (die Schätzungen reichen von 5000 bis zu 10 000 toten Afghanen!).

(Quellenhinweise: Oben links: Der Spiegel, 26.8.02, S.169; Oben rechts: ebd. 12.11.01, S.150; Unten: ebd. 26.11.01, S.172)

Die US-Regierung hat den Irak in ein riesiges Konzentrationslager verwandelt, in dem die angestammte Bevölkerung von den Besatzungstruppen wie Tiere behandelt wird. Diese Szene der Festnahme von Verdächtigen in Tikrit zeigt, daß die US-Truppen nicht als „Befreier" auftreten.

Links: Dieses Bild weist eine verblüffende Ähnlichkeit zu oberem Photo auf. Dabei stammt es nicht aus dem Irak, sondern aus dem zionistischen Judenstaat. Die Bewaffneten sind auch keine US-Soldaten, sondern israelische Soldaten, die indes mit den Einheimischen in einer ganz ähnlichen Weise umspringen, wie die Besatzer des Irak: Bis auf die Unterwäsche ausgezogen, gefesselt und mit verbundenen Augen müssen Palästinenser manchmal Stunden in glühender Sonne ausharren (man beachte das breite Grinsen des Soldaten rechts!). Diese Praxis hängt damit zusammen, daß die USA unter dem maßgeblichen Einfluß zionistischer Kreise stehen, die auch in Israel das Sagen haben. Rechts: Auch hier sieht man, wer in Palästina Herrscher und wer Untergebener ist.

(Quellenhinweise: Oben: Der Spiegel, 20.12.03, S.113; Unten links: National-Zeitung, 19.3.04, S.8; Unten rechts: http://johnw.host.sk/images/civi-50.jpg)

Der Nahe Osten versinkt in einem Meer aus Blut und Tränen: ein israelischer Panzer passiert getötete Palästinenser.

Ein toter irakischer Soldat bei Nassirija. (Während besonders in den westlichen Staaten immer wieder fälschlicherweise vor dem Aufkommen eines „Antisemitismus" - der nämlich als „Anti-Judaismus" bezeichnet werden müßte! - gewarnt wird, sind es in Wahrheit semitische Araber, die tagtäglich [!] in ihren eigenen [!] Ländern erniedrigt und von israelischen und US-Truppen grundlos niedergemetzelt werden.)

(Quellenhinweise: Oben: Der Spiegel, 29.3.04, S.115; Unten: Der Spiegel, 8.9.03, S.145)

[9. März 2004] war al-Harith zusammen mit vier anderen Briten von den USA freigelassen worden." [62]

Was jetzt aber die „Befürchtung" jüdischer Verbände, wie der ADL, vor Ausgrenzung und Verfolgung ihrer Glaubensgenossen anbelangt, so haben wir bereits gesehen, daß es in erster Linie eigentlich die strenggläubigen Christen wären, die einer besonderen Protektion durch den Staat bedürften. Sie sind es nämlich, die von vielen verleumdet und regelrecht angefeindet werden. Bezeichnend ist in diesem Zusammenhang, daß der Hauptdarsteller des Films „Die Passion Christi", der im Frühjahr 2004 weltweit für Furore sorgte, aus Sicherheitsgründen seinerzeit Leibwächter um sich scharen mußte: „Im Anschluß an seine Darstellung des Jesus Christus im Film 'Die Passion Christi' von Mel Gibson wird der Hauptdarsteller James Caviezel von einer Schutztruppe bewacht, um Angriffe religiöser Fanatiker abzuwenden. Studio-Bosse sind besorgt, daß Fanatiker Caviezel wegen seiner Rolle in dem kontroversen Streifen angreifen werden, und haben deshalb eine 'Schutztruppe' angeheuert. Ein aufgebrachter Mob hat bereits 'Antisemit' geschrien und einen Eimer mit dem Blut von Lämmern auf den [für einen früheren Film] mit einem Oscar ausgezeichneten Darsteller und Regisseur Gibson auf einer Straße in New York geschleudert. Aus gut informierten Kreisen im Umfeld des Studios erfuhr die britische Boulevardzeitung *Daily Star On Sunday*: 'Es gibt einige verrückte Leute da draußen und alles wird unternommen, um Mel und Jim vor körperlichem Schaden zu bewahren.' Caviezel, ein strenggläubiger Katholik, sagt: 'Natürlich mache ich mir Sorgen, daß es irgend jemand in seinen Kopf bekommen könnte, mich zu einer Zielscheibe zu machen. Ich werde mich dadurch aber von meiner Arbeit nicht abbringen lassen. Ich bin ein Darsteller und helfe mit, einen Film zu fördern, an den ich wirklich glaube.'" [63]

Wie dem auch sei, ein „wesentlicher Bestandteil der [sozialistisch-kommunistischen] Weltrevolution, die die Demokratien [heute] verschlingt, ist, daß die 'Demokratie' selbst der Kontrolle unterworfen sein wird", so Christopher Story aus London. „Während seines Besuchs in Großbritannien fuhr Präsident George W. Bush damit fort, 'die Verteidigung der Freiheit' im Irak als seine neue Rechtfertigung für präventive militärische Interventionen zu verkünden, im Widerspruch zum Internationalen Recht. Aber die 'Freiheit', die im Mittelpunkt seines Herunterbetens von Schlagworten stand, wurde in den Vereinigten Staaten [bereits] ausgelöscht. Unter dem USA Patriot Act I und dem bevorstehenden Patriot Act II, und durch repressive Maßnahmen, die anderweitiger Gesetzgebung angehängt wurden, und über den Victory Act, ist kein Ausländer, der die US-Regierung kritisiert, fortan in den Vereinigten Staaten mehr sicher, da er ohne Grund verhaftet und in ein Konzentrationslager oder Gefängnis gesperrt werden kann. Er kann unerkannt festgehalten werden, ohne daß seine Familie darüber informiert wird.

Jeder, der sich für seine Freilassung einsetzt oder seinen Aufenthaltsort bekanntgibt, muß mit einer ähnlichen Behandlung rechnen ...

Darüber hinaus wurde dem Federal Bureau of Investigation die Macht übertragen, nach Belieben jedes Betriebsgelände bzw. alle Geschäftsräume zu betreten und Zugang zu sämtlichen Aufzeichnungen zu verlangen. Dieses stalinistische Verhalten trifft man heutzutage auch in Putins Rußland an." [64]

Aber damit nicht genug: „Der US-Kongreß ließ sich dazu verleiten, das Gesetz 'Helft Amerika wählen' (HAVA) zu verabschieden, mit dem die amerikanische Bundesregierung den Einsatz unüberprüfbarer, betrugsanfälliger elektronischer Wahlmaschinen durch die Bundesstaaten finanziell unterstützt.

Über den Umfang, wie weit schon bei der kommenden Präsidentenwahl am 2. November 2004 Wahlmaschinen eingesetzt werden, liegen uns unterschiedliche Informationen vor", so die „Politischen Hintergrundinformationen" [65]. „Die Angaben liegen zwischen 20 % und 56 %. Aber auch wenn nur 20 % aller Wahllokale bereits mit Wählmaschinen ausgestattet sind, ließe sich damit das Endergebnis entscheidend verändern. Bei den Sensorbildschirm-Wahlcomputern haben die Wahlvorsteher keine Möglichkeit, die abgegebenen Stimmen nachzuzählen oder zu überprüfen, da es keine Stimmzettel und auch keine andere Dokumentation gibt. Amerikas Informationstechnik-Verband ITAA, der die Technologie-Firmen vertritt, hat mit Hilfe einer 'Arbeitsgruppe Wahlsysteme' - an der Firmen und Behörden beteiligt sind - das Gesetz durch den Kongreß gebracht. Die wichtigsten daran beteiligten Firmen sind die großen Rüstungskonzerne [Anm.: die durch die Kriegspolitik des George W. Bush Milliarden an Gewinn einstreichen!] Northrop Grumman, Lockheed Martin, Accenture und EDS."

Es sind aber nicht nur die USA, die sich gegenwärtig auf dem besten Weg zur Diktatur befinden: „Der Innenminister Großbritanniens, David Blunkett, veröffentlichte ein Diskussionspapier, das die geplanten Änderungen an Anti-Terror-Gesetzen aufführt.

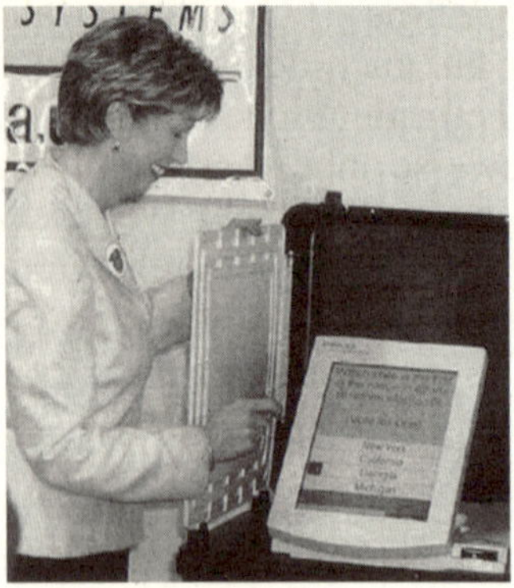

Links: Bei den neuen Wahlmaschinen in den USA handelt es sich um Sensorbildschirm-Wahlcomputer, bei denen die Wahlvorsteher keine Möglichkeit haben, die abgegebenen Stimmen nachzuzählen oder zu überprüfen, da es keine Stimmzettel und auch keine andere Dokumentation mehr gibt. Rechts: Im Jahre 2001 sagte der israelische Premierminister Ariel Scharon gegenüber seinem ehemaligen Außenminister Shimon Peres im Israel-Radio „Kol Yisrael“: „Laß mich eines ganz klar machen. ... Wir, die Juden, kontrollieren Amerika, und die Amerikaner wissen das.“ Demgemäß spielt es für die US-Bürger also gar keine Rolle mehr, wen sie zum Präsidenten wählen - sie wählen immer nur den jeweiligen Vertreter der mächtigen Israel-Lobby. (Bei Scharons Besuch im Weißen Haus Mitte April 2004 zeigte sich erneut, daß Bush alle politischen Entscheidungen aus Israel gutheißt.)

Dieses Photo zeigt den Abtransport festgenommener Iraker, denen ein Sack über den Kopf gestülpt wurde. Wie unlängst bekannt wurde, kam es über einen längeren Zeitraum hinweg immer wieder zu schweren Mißhandlungen irakischer Gefangener durch US-Soldaten.

(Quellenhinweise: Oben links: http://www.davidicke.com/icke/headlines.shtml; Oben rechts: Der Spiegel, 19.4.04, S.132; Unten: ebd. 21.7.03, S.107)

Zu den geplanten Änderungen gehören geheime [!] Gerichtsverfahren, eine Überprüfung sowohl der Richter als auch der Anwälte vor Prozeßbeginn durch die Geheimdienste und eine deutliche Lockerung, was die Eindeutigkeit der vorgebrachten Beweise anbelangt. Demnach würde es bei Terrorismusprozessen in Zukunft ausreichen, wenn ein Richter den Angeklagten 'nach Abwägung der Wahrscheinlichkeiten' für schuldig hält, während bisher die Schuld 'ohne begründete Zweifel' bewiesen werden muß.

Blunkett begründete die geplanten Gesetzesänderungen mit der Gefahr von terroristischen Selbstmordanschlägen.

Die britische Regierung plant also, geheime Prozesse zu führen, zu denen nur ausgewählte Anwälte zugelassen werden und bei denen es für eine Verurteilung ausreicht, wenn der Richter glaubt, daß es 'wahrscheinlich' ist, daß der Angeklagte schuldig ist.

Da der Begriff 'Terrorismus', der als Grundlage für die Anwendung dieser Regelungen dienen soll, sehr ungenau ist und sehr leicht auf andere Vergehen angewendet werden kann, würden die von der britischen Regierung vorgelegten Pläne das Rechtssystem Großbritanniens dem einer Diktatur ähnlicher werden lassen, als dem einer Demokratie.

Es scheint zwar unwahrscheinlich, daß die genannten Änderungen tatsächlich im vollen Umfang Gesetz werden, da sich bereits Widerstand hiergegen regt, andererseits würde auch schon ein 'Kompromiß' einen schweren Schlag für die Rechte von Angeklagten darstellen." [66]

Australien ist ein weiteres Land, das im Zuge des „Kampfes gegen den Terror" dem Wesen einer Tyrannei immer näherkommt: „Ein wesentliches Merkmal einer Diktatur ist die Willkürherrschaft einer herrschenden Person oder Gruppe über das restliche Volk. Mit einem im vergangenen Jahr [Anm.: 2003] eingebrachten und am 4. März 2004 mit Unterstützung der Opposition verabschiedeten Gesetzeszusatz hat sich Australien diesem Merkmal nun sehr weit angenähert.

Dem 'Criminal Code Amendment (Terrorist Organisations) Bill 2003' ('Strafgesetzzusatz [terroristische Organisationen] - Gesetz 2003) zufolge hat der australische Generalbundesanwalt - derzeit Philip Ruddock - nun das Recht, jede Gruppe ohne Gerichtsverhandlung als 'terroristische Organisation' einzustufen - mit allen damit verbundenen Folgen wie Inhaftierungen und Beschlagnahmungen. Dem Gesetz nach reicht es aus, wenn der Generalbundesanwalt 'aus vernünftigen Gründen überzeugt ist, daß die Organisation direkt oder indirekt an der Durchführung, Vorbereitung, Planung, Unterstützung oder Förderung einer terroristischen Handlung [beteiligt ist].' Es ist offensichtlich, daß dieses Gesetz dem australischen Generalbundesanwalt, der in Australien Mitglied der Regierung ist, praktisch uneingeschränkt die Möglichkeit gibt, als Kläger und Richter gleichzeitig eine Gruppe zur 'terroristischen Organisation' zu erklären. In einer Erklärung zeigt Ruddock sich ausdrücklich erfreut darüber, daß es nun nicht mehr nötig ist, daß eine Organisation vom UN-Sicherheitsrat als terroristisch eingestuft worden ist, um entsprechende Maßnahmen ergreifen zu können. Schon zuvor war der Begriff 'Terrorismus' in einem australischen Gesetz äußerst weit gefaßt worden. Demnach handelt es sich um eine terroristische Tat, wenn eine 'Handlung ausgeführt oder damit gedroht wird, um eine politische, religiöse oder ideologische Angelegenheit voranzubringen und die Handlung oder die Drohung mit dem Ziel begangen wird, die Bundesregierung oder die Regierung eines Landes, Gebiets oder eines anderen Staates zu nötigen oder durch Einschüchterung zu beeinflussen [Anm.: Denken wir daran, daß die Regierung in einer Demokratie als Volksvertretung eingesetzt wird, und daß das Volk durch diese Gesetzgebung nunmehr keine Möglichkeit mehr haben soll, sich gegen eine insgeheim von satanistischen Freimaurern und Zionisten geleitete Diktatur, die sich nur dem Namen nach „parlamentarische" oder „repräsentative Demokratie" nennt, zur Wehr zu setzen!] oder die Öffentlichkeit oder einen Teil der Öffentlichkeit einzuschüchtern.' Auch handelt es sich um eine terroristische Tat, wenn die Handlung 'einer Person ernsthaften körperlichen Schaden zufügt oder Eigentum ernsthaften Schaden zufügt oder das Leben einer anderen Person als jener, die die Handlung vornimmt, gefährdet oder ein ernstes Risiko für die Gesundheit oder die Sicherheit der Öffentlichkeit oder eines Teils der Öffentlichkeit darstellt oder ernsthaft in ein elektronisches System eingreift, es ernsthaft unterbricht oder zerstört.' Ruddock könnte also beispielsweise sowohl die Programmierer eines Virus-Programms wie Emule als auch eine Gewerkschaft, wenn bei einer Demonstration jemand verletzt wurde, sofort zu 'terroristischen Organisationen' erklären.

Als Folge würden alle Mitglieder der entsprechenden Organisation sich langjährigen Haftstrafen gegenübersehen. Eine Mitgliedschaft in einer terroristischen Organisation ohne selbst aktiv an Handlungen teilgenommen zu haben, wird mit bis zu 25 [!] Jahren Gefängnis bestraft. Selbst eine 'formlose Mitgliedschaft' oder das Ergreifen von 'Schritten, um Mitglied zu werden', werden noch mit bis zu 10 Jahren geahndet. Nun ist nicht davon auszugehen, daß die australische Regierung tatsächlich in den nächsten Wochen Hunderte von Organisationen, angefangen mit der Friedensbewegung, des Terrors bezichtigt, da dies sicherlich nicht widerspruchslos hingenommen werden würde. Andererseits ist aber davon auszugehen, daß die Machtfülle dieses gummiartigen Gesetzes nicht zum reinen Vergnügen entstanden ist", geben die „Politischen Hintergrundinformationen" [67] am 7. April 2004 zu bedenken.

Fazit: Durch den verlogenen weltweiten „Kampf gegen den Terror" sind die Menschen in einer Reihe angeblich „demokratischer" Staaten *endgültig* zu Sklaven geworden, deren elementare Grundrechte (unter anderem das Recht auf freie Meinungsäußerung) weitgehend außer Kraft gesetzt wurden und die unter fadenscheinigen Vorwänden jederzeit ins Gefängnis gesperrt werden können. Nichts anderes sah der Bericht von „Iron Mountain" vor.

4.) Massive Geburtenkontrolle und künstliche Befruchtung

Die „Denker vom Eisernen Berg" beschlossen, daß eine massive Geburtenkontrolle erforderlich werden würde, sollte der Krieg nicht mehr dazu dienen, die Bevölkerung maßgeblich zu reduzieren.

Man gelangte zu dem Schluß, daß hierbei vor allem Abtreibungen und die Pille zum Einsatz kommen sollten, weshalb Organisationen wie Planned Parenthood und die Vereinten Nationen (UNESCO) mit Millionen und sogar Milliarden von Dollar unterstützt werden. Des weiteren rief man Gesellschaften ins Leben, die im Hinblick auf die Anzahl von Menschen auf unserem Planeten ein Null-Wachstum anstreben, darunter der Club of Rome, ein im Jahre 1968 gegründeter, informeller Zusammenschluß von Wissenschaftlern, Managern und Politikern. Das Ziel, das Wachstum der Weltbevölkerung anzuhalten, wurde später vom UN-Bevölkerungsfonds übernommen und seit der Weltbevölkerungskonferenz in Bukarest 1974 konsequent in die Tat umgesetzt.

Ebenfalls 1968 (nur zwei Jahre nach Abschluß des Berichts von „Iron Mountain"!) gründete Dr. Bernard Nathanson mit drei anderen die „NARAL" (National Abortion Rights Action League), die die erste Bewegung für Abtreibung in den USA war und zu Beginn der

1970er Jahre den Prozeß „Roe vs. Wade" vor dem obersten Gerichtshof finanzierte. Dadurch wurde die Legalisierung der Abtreibung, d. h. der Mord an den Ungeborenen, erzwungen, der bislang rund 40 Millionen Kindern allein in den Vereinigten Staaten das Leben kostete (die Gesamtzahl weltweit ermordeter Kinder im Mutterleib nach Abschluß des Berichts von „Iron Mountain" beträgt bereits mehr als eine Milliarde [1 000 000 000!!!]).

Das genügte der Experten-Kommission aber nicht: „Da der Krieg seine Funktion als selektive Bevölkerungskontrolle so unzulänglich erfüllt, müßte es doch eigentlich verhältnismäßig leicht sein, einen Ersatz für sie zu finden. Theoretisch trifft das auch zu. Was aber die Durchführbarkeit eines jeden denkbaren Ersatzprogramms problematisch erscheinen läßt, ist die Schwierigkeit, den richtigen Zeitpunkt für den Einsatz eines Planes zur Sicherung des ökologischen Gleichgewichts zu bestimmen.

Es muß daran erinnert werden, daß es sich hier um eine rein eugenische Funktion des Kriegs handelt. Der Krieg hat in genetischer Hinsicht nie progressiv gewirkt. Aber als ein System der Gesamtbevölkerungskontrolle, um die Art zu erhalten, kann er gerechterweise nicht verworfen werden. Wie schon aufgezeigt wurde, ist das Kriegssystem seit einigen Jahren selbst im Wandel begriffen. Gegenwärtige Trends der Kriegsführung - die strategisch immer bedeutsamer werdende Bombardierung von Wohngebieten und die Zerstörung von Versorgungsquellen der Zivilbevölkerung (im Gegensatz zur Vernichtung von ausschließlich rein militärischen Basen und Truppen) - legen die Vermutung nahe, daß für die Zukunft eine zuverlässige qualitative Verbesserung der Bevölkerungskontrolle zu erwarten ist. Vorausgesetzt, daß das Kriegssystem beibehalten wird, ist es sehr wahrscheinlich, daß der negative Effekt der Selektion aufgehoben wird, sobald die Opfer des Krieges in genetischer Hinsicht die gesamte Gesellschaft repräsentieren.

Es ist keine Frage, sondern vielmehr eine universale Forderung, daß **eine ausschließlich durch künstliche Befruchtung erfolgende Entstehung von Menschenleben eine vollkommen adäquate Kontrolle des Bevölkerungsstandes garantieren müßte.** Eine solche Fortpflanzungsmethode würde obendrein noch den Vorteil haben, daß die **Lebenszeugung eugenisch manipulierbar** wäre. Die voraussichtlich weitere Entwicklung - Empfängnis und Wachstum des Embryos würden gänzlich unter Laboratoriumsbedingungen stattfinden - könnte diese Kontrolle bis an die äußerste Grenze perfektionieren.

Die **ökologische Funktion des Kriegs würde** unter diesen Umständen nicht nur ersetzt, sondern sogar **weitaus übertroffen werden**.

Eine Zwischenlösung - totale Kontrolle der Empfängnis mit Hilfe eines Präparats, das der heute allgemein üblichen 'Pille' ähnelt, d. h. **eines dem Wasser oder gewissen Hauptnahrungsmitteln beigegebenen 'Gegengifts'** - wird bereits entwickelt [Anm.: Von Biologen-Teams in Massachusetts, Michigan und Kalifornien, ebenso in Mexiko und der UdSSR. Vorbereitungen für die probeweise Anwendung sind in Südostasien sowie in noch nicht genannten anderen Ländern geplant.]." [1]

Das heißt, bevor es zur „ausschließlich durch künstliche Befruchtung erfolgenden Entstehung von Menschenleben" kommen wird - man sollte bedenken, daß die Reagenzglasbefruchtung, die auch als „In-Vitro-Fertilisation" (Retortenbaby) bekannt ist, seit 1978 (vorerst natürlich „nur" zur Behandlung des unerfüllten Kinderwunsches) praktiziert wird; in diesem Jahr wurde zum ersten Mal ein Mensch geboren, der außerhalb eines menschlichen Körpers befruchtet worden war -, würden sie unseren Wasservorräten oder Nahrungsmitteln, wie etwa unserem Salz oder unseren Zucker-Produkten, bestimmte Stoffe beimischen, die beim Menschen Unfruchtbarkeit zur Folge hätten. Sie sagten jedoch, daß es dafür ein Gegenmittel geben würde. Man müßte allerdings die Genehmigung der Regierung einholen, um fruchtbar werden und Kinder zeugen zu können (siehe hierzu die seit langem praktizierte grausame Ein-Kind-Politik im kommunistischen China!).

Ist es also nun nur einer dieser vielen merkwürdigen „Zufälle", daß in den Industriestaaten in den letzten Jahrzehnten immer mehr Paare unfreiwillig kinderlos geworden sind? Nicht, wenn man den Verlautbarungen des Innsbrucker Umweltmediziners Klaus Rhomberg Glauben schenkt, der bei einer Pressekonferenz in Wien erklärte, daß dabei auch die Schadstoffbelastung eine Rolle spiele. „'In den fünfziger Jahren betrug der **Anteil der kinderlosen Paare** noch fünf bis acht Prozent. Wir wissen, daß sich ihre mögliche Anzahl auf [Anm.: mindestens!] **15 bis 20 Prozent** gesteigert hat', sagte Rhomberg bei der Pressekonferenz der Gesellschaft zur Förderung von Wissenschaft und Forschung [im Februar 2002].

Der Umweltmediziner hat für die Gesellschaft eine Dokumentation über Hinweise auf die Beteiligung von **Umweltgiften** und **Schadstoffen** an der angenommenen **Abnahme der Fertilität** zusammengestellt.

Nach ersten Forschungsergebnissen in den fünfziger Jahren sei mittlerweile von Fachleuten akzeptiert, daß sich beispielsweise die Zahl der Spermien im Ejakulat verringert habe.

Rhomberg hält die bisher aus diesen Beobachtungen gezogenen Konsequenzen für völlig unzureichend: **'Man setzt lieber die Normwerte herunter, als daß man sich auf die Suche nach den Ursachen begibt.'**

Wären **1951** noch **120 Millionen Spermien pro Milliliter Samenflüssigkeit** als normal angesehen worden, hätte die WHO [!] **1989** einen Normalwert von nur noch **20 Millionen Spermien pro Milliliter** etabliert.

Für den Umweltmediziner ist jedenfalls gesichert, daß vor allem der in der modernen Welt **ständig vorhandene Cocktail an Pestiziden, Insektiziden, PCB, Hexachlorbenzol, Holzschutzmitteln und Schwermetallen** wie Blei, Kadmium, Quecksilber etc. **an der verringerten Fertilität ursächlich beteiligt** ist.

Hinzu käme, daß manche der Substanzen hormonähnliche Wirkungen hätten und auch noch in geringsten Mengen ihren Effekt auf die Fruchtbarkeit von Mann und Frau entfalteten.

Rhomberg nannte dazu Beobachtungen der Heidelberger Endokrinologin Ingrid Gerhard: Allein durch Information über die größten Expositionsrisiken gegenüber Umweltbelastungen und eine möglichst große Einschränkung der Aufnahme solcher Substanzen hätte die Expertin die IVF-Erfolgsrate (In-Vitro-Fertilisation) stark erhöhen können.

Klaus Kastenhofer von der Umweltorganisation Global 2000 faßte bei der Pressekonferenz die Ergebnisse der von seiner Organisation in Auftrag gegebenen Analyse von zehn Kilogramm aus Spanien importierten Paprikas zusammen.

'Das Ergebnis war erschreckend. Wir haben bis zu acht Pestizide in einer Probe gefunden', so Kastenhofer. So komme es zu einem 'Cocktail-Effekt' der verschiedenen enthaltenen Schadstoffe.

Dazu paßte das Plädoyer des Umweltmediziners Rhomberg für eine Förderung des ökologischen Landbaus: Wer unfreiwillig kinderlos sei, sollte laut dem Innsbrucker Arzt 'beim Biobauern kaufen'." [2]

Greifen wir einige weitere konkrete Beispiele heraus, die die Schadstoffbelastung unserer Lebensmittel und Umwelt verdeutlichen:

1.) **Bananen** sollen sehr gesund sein. In Wahrheit setzen Großkonzerne bei der „Bananenproduktion“ auf riesige Monokulturen. „Ihr Pech dabei ist, daß Bananenpflanzen eine aufwendige Pflege brauchen - vor allem die hochgezüchtete große Obstbanane ist sehr empfindlich. Eine Unzahl von Würmern, Bakterien und Pilzen hat es auf die gelben Energieträger abgesehen.

Ohne den Extremeinsatz von **hochgiftigen Chemikalien** würden sie ganze Plantagen unbrauchbar machen. Daher wird eine Bananenplantage bis zu 40mal pro Jahr im Tiefflug überflogen und mit Pestiziden besprüht. Die chemische Industrie jubelt. Der Großeinsatz der **landwirtschaftlichen Gifte** stellt mittlerweile einen Hauptteil der Bananenproduktionskosten dar.

Die Natur verkraftet diese **Chemie-Keule** jedoch kaum. Unvermeidlich gelangen die **Gifte** über die Bewässerungskanäle der Plantagen in die **natürlichen Flußläufe** und damit in den **Boden**, in die **Nahrungskette** und auch ins **Meer**. Der Boden einer monokulturell genutzten Bananenplantage ist spätestens nach 20 Jahren völlig ausgelaugt. ...

Kein Wunder also, daß die gesunde Frucht die auf den Plantagen arbeitenden Menschen krank macht. Dieser Horror der **Pestizid-Vergiftungen** reicht von Erbrechen, Kopfschmerzen, Krämpfen über Hauterkrankungen und Leberschäden bis hin zu ... **Unfruchtbarkeit undMißgeburten**. Und Vergiftungen kommen relativ häufig vor. Denn die Arbeiter werden meist ohne Schutzkleidung in die Plantagen geschickt. Oft werden sie sogar direkt mit Pestiziden besprüht, von überfliegenden Giftfliegern aus.“ [3]

2.) Im Videotext der „ARD“ hieß es am 16. März 2004 (S. 546; Herv. v. Verf.), die Umweltorganisation Greenpeace halte den Verzehr von **Früh-Erdbeeren** aus Spanien und Marokko für bedenklich.

„Von 22 untersuchten Proben hätten bei einer Untersuchung zwei Drittel **Rückstände von bis zu fünf Pestiziden** aufgewiesen. Zwei importierte Erdbeerproben hätten sogar die **Grenzwerte für Pestizide überschritten** und gar nicht verkauft werden dürfen, teilte die Organisation in Hamburg mit.

Nur fünf Proben waren frei von Rückständen.“ Es wurde von einem regelrechten „Giftcocktail“ bei diesen Erdbeeren gesprochen.

Und schon zwei Monate später machte abermals ein aus Spanien importiertes Lebensmittel negativ Schlagzeilen: „Manche **Salatgurken** enthalten nach einem Bericht des Magazins ‘Öko Test’ einen ganzen

Cocktail aus Pestizid-Rückständen. Bis zu sieben verschiedene Mittel in einer einzigen Frucht wurden bei einer Untersuchung von 27 Gurken gefunden. Von den 19 entdeckten Wirkstoffen waren 14 für den Anbau in Deutschland nicht zugelassen.

Alle fünf mit 'ungenügend' bewerteten Proben stammten aus Spanien und enthielten **Giftmengen** [!], die den Grenzwert nach deutschem Lebensmittelrecht überschritten", so der „RTL Text" am 24. Mai 2004 (S. 118; Herv. v. Verf.).

3.) Gerade in Deutschland kam es in den letzten Jahren immer wieder zu Lebensmittelskandalen, die einen fragen ließen, was man überhaupt noch guten Gewissens essen könne: „ ... nach Antibiotika im Geflügel und zuletzt Nitrofen im Futter sorgen jetzt verbotene **Wachstumshormone in Schweinefleisch** für Alarm. Zu spät: Mit den künstlichen [!] Hormonen belastete Schnitzel oder Steaks sind bereits auf den Tellern gelandet. Wieder einmal rückt die Futtermittelwirtschaft ins Visier und bringt die gesamte Agrarbranche mit in Verruf.

Keine Kontrolle hat verhindert, daß Tausende mit Hormonbeigaben gemästete Schweine von den Niederlanden vor allem in Schlachthöfe im benachbarten Nordrhein-Westfalen (NRW) geliefert und dort verarbeitet wurden. Allein aufgrund geringer Personalstärke seien bestenfalls Stichproben auf Hormonbelastungen möglich, hieß es aus dem NRW-Verbraucherschutzministerium.

Knapp 7000 mit dem verbotenen Hormon belastete Schlachtschweine sollen nach Angaben des Bundesverbraucherschutzministeriums allein im Mai und Juni [2002] aus den Niederlanden nach Deutschland verkauft worden sein. ... Der Großteil davon dürfte verzehrt sein. ...

Das gefundene **Hormon Medroxy-Progesteron-Azetat (MPA) unterdrückt den Sexualzyklus und trägt zu Unfruchtbarkeit bei. Es wird im Humanbereich in Anti-Babypillen** und zur Behandlung von Zyklusstörungen **verwendet**. ... Die nordrhein-westfälische Verbraucherschutzministerin Bärbel Höhn (Grüne) verwies ... auf eine 'gefährliche Langzeitwirkung' für die Fortpflanzung: 'Daß die Unfruchtbarkeit bei Menschen wächst, ist auch eine Folge in der Summe zunehmender Umweltbelastungen durch Hormone.'" [4]

4.) Am 11. Oktober 2003 hieß es, die Zeitschrift Ökotest habe **hormonaktive Substanzen in Babyflaschen** nachgewiesen. „Die in der aktuellen Ausgabe der Zeitschrift veröffentlichte Studie zeigt, daß bedenkliche Mengen an Bisphenol A in Flaschen aus Plastik in die Babynahrung austreten können. **Bisphenol A wirkt** im menschlichen

Körper ähnlich **wie das Hormon Östrogen. Bei Säuglingen kann es zu Unfruchtbarkeit**, Fehlbildungen und verfrühter sexueller Reife **führen**.

Plastikflaschen bestehen aus Polycarbonat, das sich beim Erhitzen spalten kann. Dadurch bildet sich Bisphenol A immer wieder aufs neue. Das heißt bei längerem Gebrauch wird die Substanz nicht ausgewaschen, sondern kann sich im Gegenteil sogar noch anhäufen. Als ungenügend hat sich im Test auch die Zubereitung in der Mikrowelle herausgestellt.“ [5]

Was wissen wir näheres über Hormone? Daß sie im Organismus eine zentrale Rolle spielen. „Sie sorgen für die reibungslose Kommunikation zwischen Zellen und Organen. Hormone wirken bereits in geringsten Mengen. Bei Fischen und Alligatoren entdeckten Biologen, daß Umweltgifte tiefgreifend in die hormonelle Kommunikation eingreifen. Nicht nur Lebensmittel, sondern auch viele Konsumartikel - wie zum Beispiel Elektronikartikel, Plastikflaschen, Konservendosen oder Wegwerfwindeln - enthalten Zusatzstoffe, wie zum Beispiel bromierte Flammschutzmittel oder Weichmacher, die in das Hormonsystem von Mensch und Tier eingreifen können. Sie **schädigen insbesondere die Fortpflanzung und die Entwicklung des Kindes im Mutterleib**.“ [6]

„Nonylphenole, hormonähnliche Substanzen, sind in Haushalts- und Industriereinigern enthalten, werden aber auch in der Industrie eingesetzt. Zum Beispiel Tenside: Sie reduzieren die Oberflächenspannung des Wassers. Dadurch kann Fett und Wasser gelöst werden. Die Abbauprodukte dieser Substanzen findet man nun in den verschiedensten Lebensmitteln aber auch in der Muttermilch und in der Säuglingsnahrung. **Nonylphenole wirken im Körper wie Hormone** und werden für Mißbildungen bei Kindern, **Unfruchtbarkeit** und Krebs verantwortlich gemacht.“ [7]

5.) Im Februar 2001 steuerten die beiden Bundesländer Bayern und Baden-Württemberg in einen neuen Lebensmittelskandal. „Schon seit 1995 ist den Landesregierungen bekannt, daß vermeintlich **naturreiner Honig** aus einem der größten deutschen Obstanbaugebiete am Bodensee häufig **mit dem Antibiotikum Streptomycin verunreinigt** ist. Statt aber ein Verbot des Antibiotikums in der Landwirtschaft zu betreiben, wie es der Wissenschaftliche Lenkungsausschuß der EU-Kommission dringend empfiehlt, vertuschte man das Problem lieber: Verunreinigter Honig wurde durch staatliche Aufkäufe klammheimlich beiseite geschafft.

Viele Lebensmittel werden seit langem mit Aromen, Farb- und allerlei sonstigen Zusatzstoffen „veredelt", die den Menschen krank machen können. „Die E-Nummern sind Bezeichnungen für Lebensmittel-Zusatzstoffe nach Europäischer Vorschrift. Grundsätzlich dürfen diese Zusatzstoffe in der Lebensmittelindustrie eingesetzt werden, weil sie angeblich in normaler Dosierung nicht gesundheitsschädlich sind. Nach Erfahrungen von Ärzten und Heilpraktikern führen die zugelassenen Zusätze dennoch teilweise zu Gesundheitsschäden." So ist E154 ein äußerst bedenklicher synthetischer Farbstoff, der Nieren und sogar das Herz schädigen kann (er wird besonders bei geräucherten Heringen angewandt). E338 hingegen, ein beliebtes Säuerungsmittel in Limonaden und Cola, entzieht in größeren Mengen dem Körper das Calcium. Die Geschmacksverstärker (E620-629) sind aus der Fertignahrung nicht mehr wegzudenken. Dabei handelt es sich nicht um Gewürze, sondern um Substanzen, die ein künstliches Hungergefühl im Gehirn simulieren, um den Absatz theoretisch geschmacklich ungenießbarer Produkte zu ermöglichen. (Neurologisch betrachtet handelt es sich bei den Glutamaten [Natriumglutamat, Kaliumglutamat, Calciumglutamat und Glutaminsäure] um Rauschgifte, da sie eine suchterzeugende Aminosäureverbindung darstellen, die über die Schleimhäute ins Blut und von dort direkt ins Gehirn gelangen!) Bei Überdosierung können sie Kopf- und Brustschmerzen sowie Übelkeit auslösen. Aspartam (E951) wiederum ist ein künstlicher Süßstoff - je nachdem, was gesüßt wird, süßt dieser Stoff ungefähr 110 bis 200 Mal intensiver als Zucker -, der bei häufiger Anwendung zu Verdummung und Depressionen führt. Er wird auch mit dem Auftreten von plötzlichen Angstzuständen in Verbindung gebracht und soll für eine Reihe von Gehirnerkrankungen (u.a. Alzheimer und Parkinson) verantwortlich sein.*

(Quellenhinweise: Photo: Fuldaer Zeitung, 4.1.01; *: Politische Hintergrundinformationen - Deutschlanddienst, Nr. 7-8 / 2004, S.58)

Würden sich Institutionen wie die Weltgesundheitsorganisation ***wirklich*** *für unsere Gesundheit einsetzen, müßten sie* ***an erster Stelle*** *alles dafür tun, daß unserer Nahrung keine schädlichen Zusatzstoffe beigemischt werden. So findet sich in einer Reihe von Soft-Drinks der künstliche Süßstoff Aspartam, der von unabhängigen Experten für die vor einigen Jahren aufgetretene sogenannte „Coca-Cola-Krankheit" verantwortlich gemacht wird: Im Sommer 1999 wurden in Belgien, Luxemburg, den Niederlanden und in Frankreich 50 Millionen Getränkedosen der Firma vom Markt genommen - hier sehen wir, wie am 16. Juni 1999 palettenweise in französischen Supermärkten Getränkedosen mit Coca-Cola und anderen Erfrischungsgetränken des US-Herstellers aus den Märkten entfernt werden. „In Frankreich untersagte die Regierung den Verkauf der Büchsen mit Coca-Cola, Coca-Cola-Light, Sprite und Fanta, nachdem zwei Männer im Norden des Landes über Unwohlsein geklagt hatten. ... Belgien hatte ... den Verkauf aller Coca-Cola-Produkte verboten, nachdem 100 Menschen über Übelkeit und Schwindel geklagt hatten."* Zu den Folgen der Einnahme durch Aspartam gesüßter Nahrungsmittel wie „Cola Light" sollen Hirnschäden, Kopfschmerzen, Multipler Sklerose (MS) ähnliche Symptome, die Parkinson'sche Krankheit und Alzheimer gehören: „Es gibt 92 gut dokumentierte Symptome infolge einer Aspartamvergiftung - vom Koma bis zum Tod. Die meisten davon sind neurologischer Art, da Aspartam das Nervensystem zerstört. Aspartam steckt zum Teil auch hinter der mysteriösen Krankheit nach dem Irak-Krieg 'Desert Storm'. Tausende von Paletten mit Light-Getränken wurden dorthin verschifft (man bedenke, wie Hitze Aspartam noch gefährlicher macht). Diese Paletten lagerten über Wochen unter der heißen arabischen Sonne und mehrmals am Tag tranken die Soldaten von den Getränken."***

(Quellenhinweise: Photo: Fuldaer Zeitung, 17.6.99; *: Fuldaer Zeitung, 17.6.99; **: Süßstoffe - die bittere Wahrheit über das süße Aspartam; http://www.praxisgarbers.de/page49.htm)

In den Honig gelangt das Antibiotikum über den Obstanbau. Plantagenbesitzer versprühen den Bakterienkiller im Kampf gegen den Feuerbrand, eine gefährliche Krankheit, die häufig Apfel- und Birnbäume befällt. Bienen tragen den Stoff dann von der Blüte in ihre Waben, wo er den Honig verunreinigt. Über die eigenwillige Problemlösung durch die zuständigen Ernährungsministerien in München und Stuttgart berichtet ein betroffener Imker aus dem Bodenseeraum: 'Staatliche Bienenzucht-Beratungsstellen bieten an, Streptomycin-Untersuchungen kostenlos durchzuführen.' Enthalte der Honig mehr Streptomycin als erlaubt, dann 'wird ein Kaufangebot an den Imker gerichtet'. Dabei handele es sich nicht um Einzelfälle: 'So wurde es in den letzten Jahren gehandhabt, und verstärkt solle es dieses Jahr so gehandhabt werden', sagt der Imker. Nicht auszuschließen ist allerdings, daß Honig mit Antibiotikumrückständen über dem gesetzlichen Grenzwert zumindest in den regionalen Vertrieb gelangte." [8]

Angesichts all dieser Ungeheuerlichkeiten könnte man fast meinen, den Verantwortlichen läge überhaupt nichts mehr an der Gesundheit „ihres" Volkes. Der Verdacht wird zur Gewißheit, wenn man erfährt, wie Lebensmittelkontrollen in der Bundesrepublik mittlerweile gehandhabt werden: „In Deutschland gibt es offenbar erhebliche [!] Mängel bei den Lebensmittelkontrollen. Pro Jahr würden nur 59 Prozent aller Betriebe überprüft, berichtet die 'Bild am Sonntag' unter Berufung auf eine Statistik des Verbraucherschutz-Ministeriums. Jeder fünfte von ihnen verstoße gegen die Vorschriften.

Grund für die wenigen Überprüfungen sei Personalmangel, sagte der Vorsitzende des Bundesverbands der Lebensmittelkontrolleure, Viedt, der Zeitung.

'Die Lebensmittelkontrolle ist praktisch zusammengebrochen, die Sicherheit der Verbraucher ist nicht mehr gewährleistet', so Viedt weiter" laut „ARD-Text" vom 7. März 2004 (S. 128; Herv. v. Verf.).

In der „Bild am Sonntag" vom gleichen Tag war noch zu lesen, daß bundesweit 2500 Inspekteure in mehr als einer Million Supermärkten, Speiselokalen und Frittenbuden nach verdorbenen oder vergifteten Lebensmitteln stöbern. Dabei wären doppelt soviele nötig.

„Verantwortlich für die Kontrollen sind die Bundesländer und Landkreise. Nach Einschätzung von Matthias Berninger, Staatssekretär im Bundesministerium für Verbraucherschutz, müßten sie etwa 100 Millionen Euro investieren, um die Lage in den Griff zu bekommen [Anm.: Dabei handelt es sich gerade mal um 7 % jenes Betrages, den die deutschen Steuerzahler *jährlich* der Europäischen Union in Brüssel *schenken*!]. 'Die Situation ist dramatisch, aber einige würden das am liebsten auf den Sankt-Nimmerleins-Tag hinausschieben', schimpft er. Oberkontrolleur Viedt sagt resigniert: 'Erst wenn sich der Landrat mal mit einer Lebensmittelvergiftung vor Schmerz im Bett gewälzt hat, bekommt die Kontrollbehörde mehr Geld.'

Auch die nordrhein-westfälische Verbraucherschutzministerin Bärbel Höhn (Grüne) klagt: 'Bei der Lebensmittelsicherheit gibt es klare Defizite. Wir müssen dringend investieren, weil wir künftig immer mehr überprüfen müssen - zum Beispiel wegen der Gentechnik.'

Andere Bundesländer weigern sich dagegen, Millionenbeträge in die Lebensmittelkontrolle zu investieren. Baden-Württembergs Verbraucherschutzminister Willi Stächele (CDU) zu BamS: 'Das ist zu teuer, völlig überzogen und schießt über das Ziel hinaus.'

Baden-Württemberg überprüft pro Jahr lediglich 41 Prozent der rund 64 000 Betriebe. 800 davon werden wegen Krankheitsgefahren dichtgemacht, 8000 müssen Bußgelder zahlen." (ebd.)

Seine Parteikollegin Ursula Heinen, Verbraucherschutz-Expertin der Unionsfraktion, fordert: „Wir müssen dringend handeln. Es ist nicht akzeptabel, daß wir uns weiterhin mit Stichproben zufrieden geben, die zudem in immer größeren Abständen erfolgen." (ebd.)

Wenn übrigens ständig von den vielbeschworenen „Menschenrechten" gesprochen wird, stellt sich die Frage, wie es sich dann mit dem elementaren „Menschenrecht" auf eine gesunde Nahrung verhält. Sind unsere gewählten Volksvertreter nicht dazu verpflichtet, sich energisch dafür einzusetzen, daß die Lebensmittel nicht mit irgendwelchen Pestiziden, Antibiotika und sogar Hormonen (!) angereichert werden und es dadurch, beispielsweise beim Obst, zu irgendwelchen „Giftcocktails" kommt?!?

Bedarf es angesichts all dessen eines weiteren Beweises für das offenkundige Desinteresse weiter Teile unserer Obrigkeit an der Volksgesundheit? Dann sollte eine Meldung des „ARD-Text" vom 14. April 2004 (S. 135) diesbezüglich die letzten Zweifel ausräumen: „Die Verseuchung von Getreide mit dem Herbizid Nitrofen 2002 bleibt ohne strafrechtliche Folgen. Die Ermittlungen gegen die Verantwortlichen zweier Futtermittelfirmen aus Mecklenburg-Vorpommern wurden laut Staatsanwaltschaft Neubrandenburg eingestellt.

Die Nitrofen-Konzentration in Getreide aus einer Lagerhalle in Malchin hatte den Grenzwert um das 2000-fache [!] überschritten."

(Während eine unbedachte öffentliche Meinungsäußerung einem Deutschen in unserem Lande eine mehrjährige Gefängnisstrafe einbringen kann, scheinen Justiz und Politik die Vergiftung unserer Nahrungsmittel mittlerweile als bloßes Kavaliersdelikt anzusehen!)

Fazit: Es ist ein ungeheuerlicher Skandal, daß die industrielle Nahrungsmittelproduktion unserem Essen viele wichtige Nährstoffe entzieht und den Speisen zugleich irgendwelche schädlichen Stoffe beimischt. Diese mit der Vernunft kaum zu begreifende Praxis ist nicht nur für die Unfruchtbarkeit vieler Menschen, sondern auch für die Zunahme einer Reihe schwerer Krankheiten verantwortlich zu machen.

Nicht minder kritisch zu bewerten ist die ständige **Verbreitung des Elektro-Smogs** in unserer Gesellschaft. So ist es unter Experten längst kein Geheimnis mehr, daß eine biologische Wechselwirkung mit elektromagnetischer Umwelt besteht: „In der Physik ist es bekannt, daß elektromagnetische Wechselfelder in leitfähigen Körpern, also im menschlichen auch, elektrische Wirbelfelder induzieren, die dann freie elektrische Ladungsträger treiben und somit 'Wirbelströme' verursachen. Im menschlichen Körper nennt man die 'Reizströme'. ...

Thermische Wirkung:

Die thermische Wirkung im wasserhaltigen Gewebe entsteht durch koerzitive Reibungskräfte von elektrischen Dipolen, die durch Orientierung sich im Rhythmus von induzierten Wechselfeldern bewegen. Solche elektrische Dipole im Körper des Menschen sind überwiegend Wassermoleküle. Der Körper eines erwachsenen Menschen besteht aber zu etwa 65 % aus Wasser. Zwischen verschiedenen Gewebeschichten (z.B. Fett-Muskel) kann Lokalerwärmung, der sog. 'Hot-Spot'-Effekt entstehen. Dabei muß man wohl zwischen physiologischer Wärme, die im Körper durch Redox-Prozeß entsteht, bzw. durch Muskeltätigkeit (bei Kälte zittert man), und zellinnerer Wärme, durch hochfrequente elektromagnetische Strahlen verursacht, unterscheiden. Zwischen beiden Wärmen ist ein Riesenunterschied, sowohl physikalisch als auch biologisch gesehen. Der Thermoregulator unseres Körpers ist der Kreislauf. Kühler unseres Körpers ist die Haut mit ihrem Kapillarsystem (Hautgewicht 5 kg, davon Blutgehalt 1,5 kg). Die hochfrequenten Ströme im Körper verdichten sich an der Körperoberfläche (Skineffekt) je nach frequenzabhängiger Eindringtiefe (z.B. von 0,2 bis 100cm). An der Körperoberfläche, also in der Haut befinden sich Kälte- und Thermorezeptoren ... die die Kapillardilatation in der Haut regeln. Aber **im Blut schwimmende Zellen** (Erythrozyten, Immunsystem, Hormone, usw.) **oder schlecht durchblutete Organe**

(z.B. Augenlinse, Harnblase, Spermien, usw.) können durch von hochfrequenten Strahlen erzeugte innere Lokalwärme beschädigt werden, die sterische Konfiguration von Proteinen deformiert werden ... Die thermischen Wirkungen hochfrequenter Strahlen haben im Haushalt Anwendung, z.B. beim Mikrowellenherd (Hähnchen braten). ...

Es hat sich gezeigt, daß die außerhalb des Körpers befindlichen und schwach durchbluteten Hoden (genauso wie Augenlinsen, Harnblase z.B.) durch hochfrequente Strahlen erwärmt werden und dadurch die 'Spermienqualität' sich verändern kann. Das könnte die Ursache für die oft berichtete Unfruchtbarkeit bei unter hochfrequenten Strahlen lebenden Paaren sein.“ [9]

Die durch Mobilfunk ausgelöste Unfruchtbarkeit belegt auch eine Studie aus Österreich: „Unter hochfrequenten elektromagnetischen Wellen versteht man elektromagnetische Schwingungen und Frequenzen ab 30.000 Hz, wie sie z. B. in GSM-Handys Verwendung finden. Es wird zwischen thermischer und nichtthermischer Wirkung der elektromagnetischen Wellen unterschieden. Thermische Wirkung bedeutet Wärmeentwicklung aufgrund der Einstrahlung. Andererseits werden auch athermische Wirkungen befürchtet, die trotz Einhaltung von Grenzwerten zur Beeinflussung von Stoffwechselvorgängen führen könnten. Ziel unserer Studie ist es, den Einfluß von GSM-Handy's auf die Motilitätsparameter zu evaluieren.

Material und Methode

Es wurde von den Patienten, die wegen Kinderwunsch unsere Ambulanz besucht haben, diejenigen selektioniert, welche laut Anamnese im Besitz eines Handys sind und es fünf Tage vor dem 1. Spermiogramm nicht benutzt hatten. Bei diesen Patienten wurde beim 1. Spermiogramm eine Normozoospermie festgestellt. Alle Patienten waren körperlich anamnetisch gesunde Personen und wurden nach dem 1. Spermiogramm aufgefordert, fünf Tage vor dem nächsten Spermiogramm intensiv ihr Handy bei sich zu tragen (6 Stunden/ Tag). Wir haben die Motilitätsparameter des 2. Spermiogrammes (Motilitätskriterien nach WHO) mit den Motilitätsparametern des 1. Spermiogrammes verglichen. Die subjektive Beeinflussung wurde ausgeschaltet, indem alle Untersuchungen von einer Person ohne Kenntnis des 1. Spermiogrammes durchgeführt wurden.

*Mittlerweile gehören Mobilfunkanlagen an exponierten Stellen wie Schornsteinen oder Hochhäusern (nicht nur in Deutschland!) zum gewohnten Bild. Dabei sind sich nur die wenigsten Bundesbürger über die großen gesundheitlichen Gefahren im klaren, die von solchen Anlagen ausgehen. Und wenn sich im Volk dann doch Widerstand gegen diese gefährlichen Einrichtungen regen sollte, läßt die Justiz die Bürger in der Regel im Stich. So waren am 13. Februar 2004 zwei Klagen gegen eine Mobilfunkanlage auf einem Kirchturm (!) in Bruchköbel bei Hanau endgültig gescheitert. Der Bundesgerichtshof in Karlsruhe urteilte, „die Kläger müßten die von der Sendeanlage ausgehenden elektromagnetischen Felder hinnehmen. Es lägen keine wissenschaftlichen Erkenntnisse über Gesundheitsgefahren von Strahlen vor, die unterhalb des gesetzlichen Grenzwertes liegen. Die Kläger [Anm.: die über gesundheitliche Probleme, wie Tinnitus, klagten] waren in erster Instanz vor dem Landgericht Hanau und im Berufungsverfahren vor dem Oberlandesgericht Frankfurt erfolglos geblieben."**

Resultate

Bei allen Probanten kam es zu einer signifikanten Reduzierung der schnellbeweglichen Spermatozoen ... , meistens zugunsten langsambeweglicher Spermatozoen. Bei einem Patienten, der beim 1. Spermiogramm grenzwertige Motilitätsparameter zeigte, konnte eine Asthenozoospermie (Keine Samenzellen im Ejakulat; Anm.: Funkenflug) festgestellt werden.

Diskussion

Die Rolle der elektromagnetischen Wellen und ihre Wirkung auf die Zellbiologie ist untersucht worden. Dabei wurde bewiesen, daß

Dank einer unentwegten Propaganda in den Medien gibt es heute kaum noch ein Kind oder einen Jugendlichen, der kein Mobiltelephon sein eigen nennt - hier Handy-Nutzer in Nürnberg. Dabei werden die Gefahren, die von diesen Geräten ausgehen, von offizieller Seite weitgehend unter den Tisch gekehrt, und das, obwohl Wissenschaftler unlängst herausfanden, daß sich die natürliche elektrische Aktivität im Gehirn eines Kindes bis zu einer Stunde nach Beendigung eines Telephongesprächs noch verändern kann.

(Quellenhinweise: Linke Seite: Fuldaer Zeitung, 29.11.2000; Oben: Der Spiegel, 4.9.2000, S.72; *: hessentext, 13.2.04, S. 119)

die elektromagnetischen Wellen einen Effekt auf Zellmembranen sowie auf Kalziumkanäle haben [Blackmann]. Auch der Biophysiker Warnke (Universität des Saarlandes) konnte nachweisen, daß bereits minimale elektromagnetische Felder die Zellmembran nachhaltig stören. Dies betrifft besonders die Energieproduktion der Zelle durch das ATP, so daß die Zellmembranionenpumpe, welche für die Aufrechterhaltung des Zellmilieus zuständig ist und durch ATP ihre Energie bezieht, teilweise oder völlig ausfällt. Wie wir wissen, spielen für die Spermatozoenbeweglichkeit die Kalziumkanäle [Kanwar et al. 1993] sowie ATP eine Rolle." [10]

Kein Wunder also, daß Rußlands führende Experten auf dem Gebiet der Wirkungen nicht-ionisierender Strahlung auf die menschliche Gesundheit Kindern, Jugendlichen, Schwangeren und bestimmten Risikogruppen aus gesundheitlichen Gründen komplett (!) von Mobiltelephonen abraten. „Bereits am 19.09.2001 verabschiedete das Russische Nationale Komitee zum Schutz vor nichtionisierender Strahlung folgende 4 Hauptempfehlungen:

1. Kindern und Jugendlichen unter 16 Jahren wird von der Nutzung von Mobiltelephonen vollständig abgeraten.

2. Schwangeren wird während der gesamten Schwangerschaft von der Nutzung von Mobiltelephonen abgeraten.

3. Vorgeschädigten Patienten mit neurologischen und psychischen Erkrankungen wird ebenfalls von der Nutzung von Handys abgeraten.

4. Verkäufer von Handys sollten die Kunden beim Kauf umfangreich über die Gesundheitsrisiken und derzeit laufende epidemiologische Untersuchungen informieren.

Auf der Internetseite des Russischen Strahlenschutz-Komitees http://www.pole.com.ru sind zahlreiche weitere Informationen zu finden, die sicher noch nicht jeder kannte, z.B.:

- Die russischen Grenzwerte für Anwohner von Mobilfunksendern sowie beruflich exponierte Personen sind deutlich niedriger als die deutschen Grenzwerte und nach Aufenthaltsdauer in Stunden und Minuten je Tag gestaffelt.
- Anwohner von großen Rundfunk-/TV-Sendern wie dem Moskauer Fernsehturm Ostankino tragen ein erhebliches Gesundheitsrisiko und müssen mit Folgen wie erhöhter Krebsrate, Herz-Kreislauf-Krankheiten, Schädigungen des Immun- und endokrinologischen Systems, Schädigungen des Nervensystems, Schädigungen des hämatologischen Systems (Blutsystem) rechnen. Die elektromagnetische Situation müsse dort deshalb sehr aufmerksam beobachtet werden, da sie eine ernste Gefährdung für die Gesundheit der Anwohnerbevölkerung darstelle.
- Schwangere dürfen nicht am Computer arbeiten (gesetzlich geregelt!)
- Wer schwanger werden will, sollte 2-3 Monate vor der Schwangerschaft ebenfalls nicht am Computer arbeiten.
- Der Kontakt mit elektromagnetischen Feldern aller Art sollte auf ein Minimum reduziert werden, zu starken Haushaltsgeräten wie elektrischen Herden, Kühlschränken, Grillöfen, Hausstromleitungen usw. sollten Abstände eingehalten werden, die im Detail angegeben sind (z.B. 1,50 Meter bei elektrischen Herden).
- Das Immunsystem ist gegenüber elektromagnetischen Feldern besonders empfindlich. In Tierversuchen kam es zu einer Verschlechterung des Immunstatus im Vergleich zum dauerhaften Aufenthalt in Feldern niedriger Intensität. Es lägen Beobachtungen vor, nach denen Menschen, die unter Allergien leiden, eine erhöhte Empfind-

lichkeit gegenüber elektromagnetischen Feldern zeigen, besonders bei bestimmten Modulationsarten.

- Bei Hochspannungsleitungen werden Schutzzonen empfohlen (z.B. 20 Meter Abstand bei einer 330 kV-Leitung oder 55 Meter bei einer 1100 kV-Leitung.)" [11]

In jüngster Zeit wurden sogar Fälle explodierender (!) oder brennender Handys bekannt, wie das Wochenmagazin „Der Spiegel" [12] zu berichten weiß: „Wer bislang vom 'explodierenden Handy-Markt' sprach, meinte damit die steigenden Verkaufszahlen. Neuerdings muß der Ausdruck wörtlich genommen werden:

* Anfang November [2003] fiel einer Finnin das Handy herunter. Beim Versuch, es wieder aufzuheben, explodierte das Gerät und verletzte die 24jährige so schwer, daß sie ins Krankenhaus mußte.
* Am 8. Oktober wurde eine Vietnamesin verletzt, als ihr Handy hochging. Glück im Unglück: Sie saß gerade beim Frühstück in einer Krankenhauskantine.
* Mitte August fiel einer Amsterdamerin ihr Handy herunter. Als sie es aufhob und wieder einschaltete, begann das Gerät zu brennen.

Auch in Deutschland und Norwegen fangen Handys in jüngster Zeit Feuer ... "

Angesichts all dessen ist es kein Wunder, daß eine Reihe von Wissenschaftlern überhaupt keine Handys mehr benutzen will: „In umfangreichen Studien wurden immer wieder die Gesundheitsrisiken der Mobiltelephone ermittelt und veröffentlicht. Bezeichnend ist, daß die meisten Wissenschaftler, die sich an diesen Studien beteiligten, nach Beendigung der Arbeit keine Mobiltelephone mehr benutzen wollen. Andere achten auf starke Einschränkungen. Bemerkenswert ist die Studie von Prof. Varga an der Universität Heidelberg. Der Biophysiker setzte bebrütete Hühnereier der gleichen Strahlung aus, wie sie vom Mobilfunk ausgeht. Das hatte zur Folge, daß von 180 Küken nur drei Küken geschlüpft sind, und keines dieser drei Küken lebte länger als sechs Wochen." [13]

Und so kommt es also, daß die Mobilfunkbetreiber und Handyhersteller niemanden finden, „der sie gegen Schadensersatzklagen wegen Gesundheitsschäden aufgrund elektromagnetischer Strahlen versichert. Die Versicherungsgesellschaften fürchten ein zweites 'Asbest'-Desaster. ... Schon für 2004 wollen alle Haftpflichtversicherungen für Firmen Schadensersatzforderungen für Schäden durch elektromagnetische Strahlen ausdrücklich ausschließen oder zumindest die Haftungssumme stark einschränken. Die gesundheitlichen Folgen von Handys und Sendeanlagen für Mobilfunk werden von den Herstellern bestritten. Aber nur wenige Handys sind wirklich strahlungsarm.“ [14]

Daß sich der Mobilfunk auch auf Tiere negativ auswirkt, zeigt noch ein Fall aus China von vor einigen Jahren: „Beim Telephonieren mit seinem Handy ist ein junger Chinese von etwa 100 Fledermäusen angegriffen worden. Der Schwarm wurde vermutlich von den Funksignalen seines Mobiltelephons angezogen und verletzte den Mann am Kopf, berichtet die Zeitung ‘Beijing Youth Daily’.

Experten meinen, die Fledermäuse haben die Ultraschalllaute des Handys mit den Tönen ihrer Artgenossen verwechselt. Um ein Bild ihrer Umwelt zu bekommen, senden die Tiere Ultraschallsignale aus und fangen das Echo mit den Ohren auf“, so der Videotext „RTL WORLD“ am 23. September 2002 (S. 127).

Ungeachtet all dessen ist das Mobiltelephon überall weiter auf dem Vormarsch: „Der weltweite Handy-Markt hat im 3. Quartal 2003 mit 132,8 Millionen verkauften Einheiten nach Angaben des Marktforschungsinstituts Gartner um 22 Prozent zugelegt.

‘Wir glauben, daß der Markt in diesem Jahr [Anm.: 2003] eine halbe Milliarde Stück erreichen könnte’, sagte Gartner-Analyst Ben Wood.“ [15]

Die Umsätze im Bereich des Mobilfunks kletterten in Deutschland im auslaufenden Geschäftsjahr um knapp drei Prozent auf 63 Milliarden Euro. „Dabei gaben Verbraucher und Unternehmen etwa jeden dritten Euro für Mobilfunkdienste aus. Dieser Bereich gilt mit einem Zuwachs von 11 Prozent in diesem Jahr [Anm.: 2003] als der dynamischste Sektor in der Telekommunikation. Bis zum Jahresende rechnet Kurth [Anm.: Matthias Kurth, Präsident der Regulierungsbehörde für Telekommunikation und Post] mit 63,5 Millionen Mobilfunkkunden (2002: 59,1 Mio.). Dabei könnte die Marktdurchdringung in den kommenden Jahren noch von 77 auf 90 Prozent steigen.“ [16] Allein im Jahre 2003 wurden in Deutschland 25,4 Millionen neue Handys verkauft, was ein Plus von etwa 25 Prozent zum Vorjahr darstellte.

Dabei geben nicht nur die von Mobiltelephonen ausgehenden unabsehbaren gesundheitlichen Gefahren Anlaß zur Sorge, denn nach „einer Computerpanne beim Mobilfunk-Anbieter O2 haben zahlreiche Handynutzer auf ihren Telefonrechnungen Hinweise auf eine Überwachung ihrer Gespräche entdeckt.

Das bestätigte eine Sprecherin des Bundeskriminalamtes. Es gehe insgesamt um eine zweistellige Zahl von Rechnungen, darunter auch einige, in denen das BKA selbst habe abhören lassen. Nach den gesetzlichen Regelungen dürfen Behörden nur unter strengen Auflagen Telephone abhören.

Betroffen sind laut einem Bericht der 'Frankfurter Rundschau' sowohl Abhöraktionen der Polizei als auch der Geheimdienste. Die Rechnungen seien nur an Kunden von O2 verschickt worden. Bei den Sicherheitsbehörden habe die Panne beträchtlichen Ärger ausgelöst. Ein Software-Fehler bei einem Abrechnungsprogramm sei für die Panne verantwortlich, bestätigte das BKA" laut „Fuldaer Zeitung" vom 1. November 2002.

Fazit: Handys bergen nicht nur große gesundheitliche Risiken, sondern deren Besitzer lassen sich per Satellit auch perfekt überwachen und abhören - kein Wunder, daß die Oberen von Politik und Industrie die Ausbreitung des „drahtlosen Fernsprechers" nach besten Kräften vorantreiben!

Während in den **Industriestaaten** also vor allem durch **Beigabe von Umweltgiften**, wie **Pestiziden und Hormonen**, sowie die ständige **Verbreitung des Elektro-Smogs** (Mobilfunkanlagen, Handys usw.) für eine **Unfruchtbarkeit vieler Menschen** gesorgt wird (allein in Deutschland soll es bereits weit mehr als eine Million Männer geben, die keine Kinder zeugen können!), kommen in den Entwicklungsländern ganz andere Mittel zum Einsatz. Hierzu weiß der amerikanische Enthüllungsautor Texe Marrs Brisantes zu berichten: „Die höchsten Führer der Illuminaten [Anm.: Das Wort „Illuminaten" geht auf den von Adam Weishaupt am 1. Mai 1776 im bayerischen Ingolstadt ins Leben gerufenen Geheimbund zurück und kennzeichnet bis zum heutigen Tage die Verschwörer, die die Weltpolitik von hinter den Kulissen aus tatsächlich dirigieren!] zeigen seit kurzem ein reges Interesse auf dem Gebiet der **Impfungen**. Sie haben eine besondere 'Projektgruppe' eingesetzt, die die Ausgabe von Impfungen an Kinder und Erwachsene in der ganzen Welt überwachen soll. Sie nennt sich die **'Globale Allianz für Impfungen und Immunisierung' (GAVI)**.

Das erste Treffen dieser unheimlichen und unheilverkündenden GAVI-'Task Force' wurde im schweizerischen Davos im Jahre 2000 abgehalten. Ihre Mitglieder umfaßten Microsofts Bill Gates und seine Frau Melinda, die Weltgesundheitsorganisation der Vereinten Nationen (WHO), die Rockefeller-Stiftung und die Weltbank. Die Regierungen Rußlands und der USA sind auch daran beteiligt. Zur Zeit sieht es jedoch so aus, als wäre Bill Gates die treibende Kraft hinter der Arbeit von GAVI.

Microsoft-Gründer Bill Gates, angeblich der reichste Mann der Welt, hilft dabei, das Impfprogramm der Vereinten Nationen zu finanzieren. Der säkulare Jude Gates hat erklärt, daß er nicht an Gott glaubt. Regelmäßig nimmt er am jährlichen 'State of the World Forum' teil, das auf dem ehemaligen Armee-Stützpunkt Presidio in Kalifornien stattfindet und vom einstigen Kopf der kommunistischen Partei [der ehemaligen Sowjetunion] Michail Gorbatschow geleitet wird.

Gates, dessen [Unternehmen] Microsoft im Bereich der Entwicklung neuer Nanotransistor-Technologie führend ist, behauptet, er könne 24 Milliarden Dollar seines Geldes verschenken. Ein Großteil dieses Geldes wird für die Entwicklung neuer Impfstoffe verwendet, die die Weltgesundheitsorganisation der Vereinten Nationen (WHO) mittels Injektionen an die Armen der Welt verabreichen wird. ...

Es ist auch bekannt, daß Gates ... und seine Frau Melinda 'Planned Parenthood' und andere Organisationen unterstützen, die sich für die Abtreibung einsetzen und dadurch der weltweiten Entvölkerung dienen. Laut zuverlässigen Quellen beinhalten einige der neuen Impfstoffe, die von den Vereinten Nationen (WHO) mit dem Geld von Gates entwickelt werden, insgeheim giftige Chemikalien - Chemikalien, die ungeborene Kinder im Mutterleib töten werden.

Im Jahre 1999 war die 'American Life League' entsetzt, herausfinden zu müssen, daß Impfstoffe der UNO als geheime Entvölkerungs-'maßnahmen' verwendet wurden. Die Organisation, die sich gegen Abtreibungen einsetzt, wandte sich mit ihren Erkenntnissen geradewegs an Bill Gates und stellte ihn, wie die folgende Meldung zeigt:

Diente das von Gates geförderte Impfprogramm als eine Entvölkerungsmaßnahme?

Washington, 14. Dezember (LSN.ca) - Die 'American Life League' ... trat dem Software-Mogul Bill Gates letzte Woche gegenüber und teilte ihm mit, daß ein Tetanus-Impf-Programm der Weltgesundheitsorganisation (WHO), das mit Gates' Unterstützung durchgeführt wurde, eine verblüffende Ähnlichkeit mit einem ähnlichen WHO-Programm aufweist, das sich als eine Maßnahme zur unfreiwilligen Sterilisierung junger Frauen auf den Philippinen erwiesen hat. Gates stiftete 26 Millionen Dollar für ein WHO-Tetanus-Programm in mehreren Entwicklungsländern.

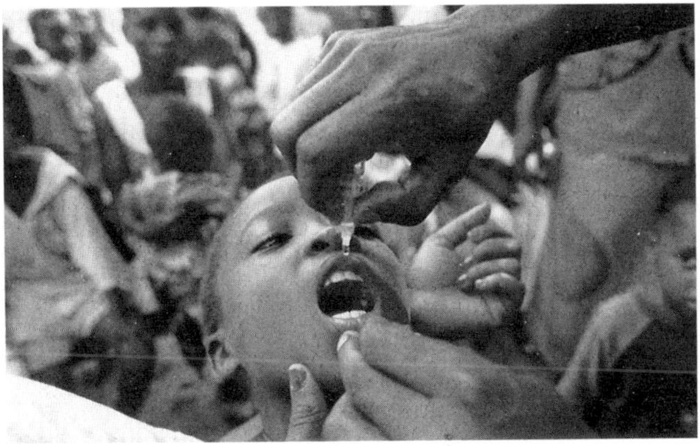

Schluckimpfungen, wie hier von der WHO Anfang 2004 in Nord-Nigeria durchgeführt, sind äußerst kritisch zu sehen, da den Impfstoffen nicht selten irgendwelche ominösen Substanzen beigemischt werden. So war bei der Anfang November 2002 abgehaltenen „3. Internationalen öffentlichen Konferenz" des „National Vaccine Information Centers (NVIC)" die Bombe geplatzt, „daß der orale Polio-Impfstoff (Schluckimpfung gegen Kinderlähmung) heutzutage immer noch mit SV40 kontaminiert ist. Stanley Kops, ein Anwalt, der seine Informationen über Polio-Impfstoffe in mehreren medizinischen Journalen veröffentlichte und seine Daten bei der Konferenz des 'Institute of Medicine' in der Mitte dieses Jahres präsentierte, hat positive Beweise, daß der orale Polio-Impfstoff die ganze Zeit mit SV40 kontaminiert war. SV40 ist ein Affenvirus ... Seit 1963 wurde uns versichert, daß die Polio-Impfstoffe nicht mehr mit dieser infizierten Substanz belastet sind. Stanley Kops verdeutlichte nicht nur, daß dies doch der Fall war, sondern auch, daß die Impfverantwortlichen die ganze Zeit wußten, daß der SV40 nie aus den Impfstoffen entfernt wurde", enthüllten die „Politischen Hintergrundinformationen".*

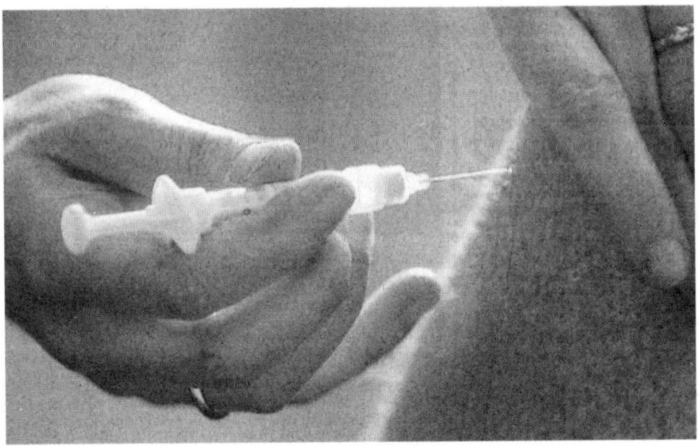

Massen-Schutzimpfungen (bspw. gegen Grippeviren oder Pocken) sind ein grandioser Schwindel, der in erster Linie nicht der Gesundheit des Menschen dient, sondern die Kassen der Pharmaindustrie füllen soll. So ist unter Fachleuten längst bekannt, daß Impfungen mehr schaden als nützen: unter anderem wurde in einer klinischen Studie mit mehr als 100 000 Kindern die „Hämophilus-Meningitus"-Impfung als Verursacher von Diabetes nachgewiesen und eine MMR(Masern-Mumps-Röteln)-Massenimpfung in Brasilien vor einigen Jahren führte gar zu einer Zunahme (!) bei Meningitis und Mumps. Darüber hinaus haben bestimmte, mit Quecksilber verseuchte Impfstoffe Autismus und Gedächtnisverlust zur Folge. Auch werden sie für die starke Zunahme an Alzheimer und Parkinson verantwortlich gemacht.

(Quellenhinweise: Oben: Der Spiegel, 5.1.04, S.119; Unten: Fuldaer Zeitung, 26.4.02; *: Deutschlanddienst, Nr. 50-51/2002, S.392)

In ihrem Pressebericht bemerkt die 'American Life League', daß ein vorangegangenes Tetanus-Programm, das 1995 auf den Philippinen realisiert wurde, den Verdacht von katholischem medizinischen Personal erweckte, da nur Frauen im gebärfähigen Alter daran teilnahmen, eine Merkwürdigkeit, da Tetanus Männer und Frauen - alt und jung - gleichermaßen heimsucht. Eine Untersuchung förderte zutage, daß den Frauen die Tetanus-Impfung in Verbindung mit einer Chemiekalie namens 'Human Chorionic Gonadotrophin' (hCG) verabreicht worden war, um dadurch [im Körper] einen Anti-Schwangerschaftserreger zu erzeugen. Die BBC, in Verbindung mit dem Gesundheitsministerium der Philippinen und der philippinischen Medizinischen Vereinigung, berichtete, daß viele philippinische Frauen aufgrund des Impfstoffs, der eine Immunreaktion zur Schwangerschaft im Körper der Mutter hervorruft, spontane Abtreibungen erlitten. (Anm.: Das Bundesgericht der Philippinen fand heraus, daß insgesamt drei Millionen Frauen im Alter zwischen 12 und 45 der Impfkampagne zum Opfer fielen! Zudem kam der mit B-hCG verseuchte Impfstoff in mindestens vier weiteren Entwicklungsländern zum Einsatz.)

'Das gegenwärtige von Gates mitfinanzierte Programm, an dem die WHO in mehreren Entwicklungsländern beteiligt ist, zielt wieder einmal nur auf Frauen im gebärfähigen Alter ab. Dies ist die Welt der Bevölkerungsbeseitigung', sagte die 'American Life League'", die noch davon sprach, daß mit dem Geld von Gates „unvorstellbares Leid" geschaffen werde. [17]

In Afrika will die Weltgesundheitsorganisation im Jahr 2004 eine Impfung von zig Millionen Kindern gegen Polio durchführen. Jedoch wird diese Kampagne, die angeblich (!) dazu dient, Polio auszurotten, durch das Mißtrauen unter moslemischen Führern in Nigeria gefährdet, „daß das Impfprogramm ein amerikanisches Komplott sein könnte, Muslime unfruchtbar zu machen.

Ein Boykott der Polio-Schluckimpfung weitete sich gestern [Anm.: am 23. Februar 2004] auf zwei weitere von Muslimen dominierte Provinzen in Nord-Nigeria aus, nachdem drei Provinzen die Impfstoff-Kampagne letztes Jahr gestoppt hatten.

Einige moslemische Familien haben Impf-Teams sogar in Provinzen abgewiesen, in denen erlaubt wurde, daß die Maßnahme durchgeführt wird. ...

Die Weltgesundheitsorganisation und Unicef starteten" Ende Februar 2004 „eine gewaltige Bewegung zur Immunisierung gegen die

Kinderlähmung, die darauf abzielt, 63 Millionen [!] Kinder in 10 afrikanischen Ländern gegen den Virus zu impfen.“ [18]

„Die Zurückweisung des von der UNO geförderten Polio-Impfstoffes in Nord-Nigeria avanciert zu einem Skandal beim UN-Childrens Fund. Eine hochrangige Beamtin hat das Verhalten der lokalen Provinzregierungen schärfstens verurteilt. Hintergrund der Geschichte: muslimische Kleriker behaupten, daß dem Polio-Schluckimpfstoff Medikamente beigefügt sind, die Frauen unfruchtbar machen, berichtet BBC-Online (http://news.bbc.co.uk).

Der Gouverneur der Provinz Kano meinte dazu, daß die Krankheit harmlos im Vergleich zur Unfruchtbarkeit sei. ‘Es macht weniger aus, daß zwei, drei, vier, fünf oder sogar zehn Kinder für Polio geopfert werden, als 100 000 oder sogar Millionen junge Mädchen unfruchtbar zu machen’, erklärte Ibrahim Shekarau, Gouverneur von Kano. Auch zwei andere Provinzpolitiker, der von Zamfara und Bauchi, haben sich geweigert, die Impfaktion in ihren Provinzen in dieser Woche [Anm.: Ende Februar 2004] durchzuführen. Die drei Provinzen werden hauptsächlich von Moslems bewohnt.

Als unverzeihlich bezeichnete Carol Bellamy, Direktorin des UN-Childrens Fund das Vorgehen der nigerianischen Politiker. Die Behauptungen entsprächen nicht der Wahrheit. Die UNO ist gerade damit beschäftigt 60 Millionen Kinder in zehn west- und zentralafrikanischen Staaten gegen Polio zu impfen. Plan der WHO ist es, bis Ende 2005 die Kinderlähmung weltweit auszurotten [Anm.: und möglicherweise dabei gleichzeitig eine ganze Generation von Kindern zu sterilisieren!]. Gerade Nord-Nigeria gilt bei den Experten als globaler Polioherd in Afrika: knapp 50 Prozent aller Fälle sind in dieser Region zu finden. ... Generell gilt das Serum gegen Polio als sicher, dennoch **fanden Experten in einer Untersuchung im Januar 2004 Spuren des Hormons Östrogen im Impfstoff**.“ [19]

Der pharmazeutische Wissenschaftler und Dekan der Fakultät „Pharmazeutische Wissenschaften“ der Ahmadu Bello-Universität in Zaire Dr. Haruna Kaita hat die Befürchtung, daß die Kampagne der UNICEF, die Kinder Nigerias gegen Polio zu impfen, ein Vorwand gewesen sein könnte, um die ganze Nation zu sterilisieren. Kaita nahm Proben des Impfstoffes mit zu Labors in Indien, um dort eine Analyse durchzuführen.

Die Weltgesundheitsorganisation (WHO) - hier die Zentrale in Genf - ist in den letzten Jahren immer wieder in die Kritik geraten. So mußte man Ende Februar 2004 Ungeheuerliches erfahren: „Im Auftrag der ... WHO basteln Mediziner an einer tödlichen Kombination aus Vogelgrippe und herkömmlicher Influenza. Die Tests sollen zeigen, wie gefährlich potentielle Erreger sind und wie man sie bekämpft. Was der WHO-Grippeexerpte Klaus Stohr" am 25. Februar 2004 „in Genf bekanntgab, erinnert an Praktiken aus geheimen Militärlabors: Forscher sollen im Auftrag der WHO herkömmliche Influenza-Viren mit Erregern der Vogelgrippe zusammenbringen und schauen, ob daraus tödliche Erreger entstehen. Außerdem will die WHO gezielt bestimmte Virusvariationen züchten [!] lassen, um festzustellen, welche am gefährlichsten sind." Die Versuche, die in den Niederlanden stattfinden, begannen im März 2004.*

Weltweit gibt es eine ganze Reihe „biologischer Sicherheitslabors" (hier in Marburg), in denen fernab der Augen der Öffentlichkeit gefährliche Experimente durchgeführt werden. (Niemand weiß, welche neuen Viren und Bakterien in einigen dieser Labors herangezüchtet werden, um dann irgendwann einmal in den Ländern der Dritten Welt freigesetzt zu werden!)

(Quellenhinweise: Oben: Der Spiegel, 13.3.2000, S.176; Unten: ebd. 10.2.03, S.138; *: 26. Februar 2004; http://www.faktinfo.de/forum/messages/15321.htm)

„Indem er von der WHO vorgeschlagene Verfahren ... einsetzte, fand Dr. Kaita nach der Analyse einen Beweis für eine ernsthafte Verseuchung. 'Einige der Dinge, die wir in den Impfstoffen fanden, sind schädlich, giftig; einige haben direkte Auswirkungen auf das menschliche Fortpflanzungssystem', sagte er in einem Interview mit der 'Weekly Trust' aus Kaduna. 'Ich und einige meiner indischen Fachkollegen, die im Labor anwesend waren, konnten nicht glauben, was wir fanden', sagte er.

Ein nigerianischer Regierungsarzt versuchte Dr. Kaita davon zu überzeugen, daß die verunreinigenden Substanzen keinen Einfluß auf die menschliche Fortpflanzung haben würden.' ... Ich war überrascht, als einer der Regierungsärzte mir etwas erzählte, das im Widerspruch zu dem stand, was ich gelernt, studiert und unterrichtet habe, und was Allgemeinwissen aller pharmazeutischen Wissenschaftler ist, nämlich daß Östrogen angeblich keine Anti-Fruchtbarkeitsreaktion in Menschen hervorrufen kann', erklärte er. 'Ich fand dieses Argument sehr beunruhigend und geradezu lächerlich.'

Als Dr. Kaita von der 'Trust' gefragt wurde, warum er glaubte, die Arzneimittelhersteller hätten den oral zu verabreichenden Polio-Impfstoff verseucht, nannte er drei Gründe: 'Diese Hersteller oder Förderer dieser schädlichen Dinge haben eine geheime Tagesordnung, die nur durch weitere Nachforschungen offenbart werden kann [Anm.: Diese im Bericht von „Iron Mountain" dargelegte Agenda besteht in der radikalen Reduzierung der Weltbevölkerung!]. Zweitens haben sie es immer für ausgemacht gehalten, daß wir Menschen in der Dritten Welt nicht die Möglichkeiten, das Wissen und die Gerätschaften besäßen, Untersuchungen durchzuführen, um solche Verseuchungen festzustellen. Und bedauerlicherweise gibt es in unseren eigenen Reihen Leute, die deren Greueltaten verteidigen, und was noch schlimmer ist: einige dieser Personen sind unsere eigenen Fachleute, auf die wir uns verlassen, daß sie unsere Interessen wahren [Anm.: In Deutschland trifft man ein ganz ähnliches Verhalten an, was die Volksgesundheit betrifft!].'

Dr. Kaita verlangt, daß 'diejenigen, die dieses betrügerische Arzneimittel im Namen der Schluckimpfung ... importiert haben, wie jeder andere Kriminelle strafrechtlich verfolgt werden.'" [20]

Die Menschen in Nigeria haben übrigens guten Grund, den Verlautbarungen von WHO und UNICEF argwöhnisch gegenüberzustehen, wie bereits ein früherer Fall zeigt: „Muslime in Nigeria stehen medizinischen Programmen mißtrauisch gegenüber, nachdem Familien in der Provinz Kano im Jahre 1996 das Pharmaunternehmen Pfizer beschuldigt hatten, eine experimentelle Meningitis-Behandlung an Patienten durchzuführen, ohne die Leute vorher eingehend über die Gefahren in Kenntnis gesetzt zu haben.“ [21]

Dabei ist es für die Industrie nichts ungewöhnliches, Menschenversuche durchzuführen, wie erst jüngst wieder ans Licht kam: „Die großen Chemiekonzerne, wie Bayer oder BASF, wollen durch Giftversuche am Menschen beweisen, daß ihre Pestizide, die in Lebensmitteln zu finden sind, doch nicht so schädlich sind, wie immer behauptet wird.

Giftversuche am Menschen werden von vielen Seiten wegen ethischer Bedenken abgelehnt, doch die Wissenschaftlervereinigung ‘National Academy’ hat sich für Versuche ausgesprochen, sofern gewisse Auflagen erfüllt sind.

Um die Auswirkungen ihrer Produkte zu testen, ließ die Bayer AG z.B. schon im Jahr 1998 acht Männer Gifttabletten schlucken, die 1.000 Euro pro Pille bekamen.“ [22]

Was die WHO betrifft, so weiß man, daß deren Spitze von den weltgrößten Pharma-Konzernen bzw. deren Lobbyisten durchsetzt ist. „Für sie ist die WHO das größte Marketing-Instrument. Mit sogenannten Gesundheits- oder Vorbeuge-Programmen werden gigantische Umsätze erzielt. Zu den größten Umsatzbringern gehören seit Jahrzehnten die Massen-Impfungen in ‘von Seuchen bedrohten Ländern’. So wurde den Kindern im Staat Guinea ein Impfcocktail gegen Keuchhusten, Diphtherie, Tetanus und Polio verpaßt. Jetzt haben dänische Wissenschaftlerinnen in einer Studie mit 15 000 Frauen und deren Neugeborenen herausgefunden, daß die Kinder, die damals geimpft wurden, ein doppelt so hohes Sterberisiko haben wie ungeimpfte Kinder. Die Studie bezog sich auf den Zeitraum zwischen 1990 und 1996, in dem regelmäßig überprüft wurde, ob die geimpften Kinder noch leben. Dabei stellte sich heraus, daß fast alle geimpften Kinder, die gestorben sind, hohes Fieber bekamen und an Malaria und anderen Infektionskrankheiten starben. Die Studie ließ sich nicht verschweigen, nachdem sie im *British Medical Journal* veröffentlicht worden war. Die WHO will jetzt weltweit prüfen lassen, ob es ähnliche Sterberaten auch in anderen Ländern gibt, die mit WHO-Impfprogrammen ‘versorgt’ wurden“, schreiben die „Politischen Hintergrundinformationen“ (Deutschlanddienst) in ihrer Ausgabe vom 6. Februar 2003.

Wie dem auch sei, ein Jahr später (im Februar 2004) hieß es, daß auch am entfernten Hindukusch eine großangelegte Impfaktion durchgeführt werden solle. „In einer Kampagne, die die Regierung als 'Epidemie' bezeichnet, sollen 11 Millionen Menschen in Afghanistan wegen Polio geimpft werden, trotz der Tatsache, daß es in den letzten drei Jahren nur 29 Fälle dieser Krankheit gab. Laut UNICEF werden die Impfungen zwangsweise [!] durchgeführt. Ihre exakten Worte lauten: 'Teams von Impfärzten werden von Dorf zu Dorf und von Haus zu Haus gehen, um sicherzustellen, daß alle [!] Kinder unter fünf Jahren immunisiert werden.'

Das Impfprogramm wird mit der Unterstützung der Vereinten Nationen, des UNICEF, der Weltgesundheitsorganisation [!] und des afghanischen Gesundheitsministeriums realisiert.

Hält man sich die lange Geschichte geheimer Menschenversuche diverser Regierungen vor Augen, muß man sich doch wundern, warum 11 Millionen Menschen geimpft werden sollen, nur weil in drei Jahren 29 Polio-Fälle aufgetreten sind.

Die US-Allianz stürzte Afghanistans souveräne Regierung auf illegale Weise und setzte die gegenwärtige Regierung ein" [23], weshalb stark zu vermuten steht, daß es hier eben *gleichfalls nicht* um das Wohl der Menschen geht.

Schließlich bereitete man sich Anfang Juni 2004 auch im Westsudan darauf vor, Millionen von Kinder zu „immunisieren": „Das Kinderhilfswerk UNICEF [Anm.: handelte es sich bei dieser Organisation *tatsächlich* um ein Werk zur „Hilfe für Kinder", müßte es sich *in erster Linie* gegen den Massenmord an den Ungeborenen einsetzen!] will in der westsudanesischen Bürgerkriegsregion Darfur mehr als 2,2 Millionen Kinder gegen Masern impfen.

Um eine drohende Epidemie zu verhindern, werde an diesem Wochenende mit den Impfungen begonnen, teilte UNICEF in Köln mit. Zudem würden rund 800 000 Kinder mit Vitamin A versorgt. Dadurch würden sie gegen gefährliche Mangelerkrankungen geschützt.

In den Grenzgebieten zum Tschad drohe zudem eine Ausbreitung der Kinderlähmung. Dort würden rund 100 000 Jungen und Mädchen gegen Polio geimpft", meldete der „ARD-Text" am Donnerstag, dem 3. Juni 2004 auf Seite 533.

Es ist gut möglich, daß den Kindern in all diesen Ländern irgendwelche verseuchten Impfstoffe verabreicht werden, die *auch hier* eine weit verbreitete Unfruchtbarkeit zur Folge haben.

Fest steht nämlich, daß die **Massensterilisation der Frauen aus elenden Verhältnissen ein Pilotprojekt der UNO** ist. So wurde in

Peru vor einigen Jahren mit Hilfe der Vereinten Nationen ein „Massensterilisationsprogramm an Frauen aus ärmeren Gesellschaftsschichten durchgeführt. Teilweise werden Sterilisationsfestivale veranstaltet. Dabei werden Frauen, die sich der Sterilisation widersetzen, massiv unter Druck gesetzt. Es werden auch bei Untersuchungen und ärztlichen Behandlungen aus anderem Anlaß Sterilisationen vorgenommen, ohne die Frauen um ihr Einverständnis zu fragen. Der Zwang nimmt verschiedene Gestalt an. Zuerst gibt es wiederholte Besuche in den Häusern von Widerständischen. Wie eine Frau in La Quinta anmerkte, kamen die Mitarbeiter 'Tag und Nacht, Tag und Nacht, Tag und Nacht und bedrängten mich, die Operation durchführen zu lassen.' Verschiedene Bestechungsgelder und Drohungen werden auch eingesetzt. Laut einigen Interviews in Dörfern und Presseberichten in El Commercio wird hungrigen Frauen die Gelegenheit angeboten, kostenlos am Lebensmittelempfang teilzunehmen, wenn sie der Sterilisation zustimmen. Die Frauen, die bereits an den Lebensmittelprogrammen teilnehmen, sind mit dem Ausschluß aus dem Programm bedroht worden.

Im New Yorker UNO-Gebäude weiß jeder mit den NGOs befaßte Funktionär bestens Bescheid, daß eine Debatte über diese Hintergründe nicht aufkommen dürfe. 'Zuerst muß das Welt-Armuts-Problem gelöst werden, bevor wir über die Würde des Menschen diskutieren', wurde Journalisten gesagt [Anm.: Würden die milliarden- und sogar billionenschweren Oligarchen, die sich ihr Vermögen auf meist kriminellem Wege ergaunert haben und heute in Ost und West gleichermaßen herrschen, entmachtet und deren Reichtum den ärmeren Bevölkerungsschichten zur Verfügung gestellt, wäre das „Welt-Armuts-Problem" unmittelbar gelöst!]. Bis zum Jahr 1995 war sogar eine freiwillige Sterilisation in Peru illegal. Mit Herrn Fujimoris Rückendeckung legalisierte der peruanische Kongreß die Sterilisation. Bald machte das Ministerium für Gesundheit, damals geführt von Eduardo Yong Motta, die Sterilisation zur Hauptmethode der 'Familienplanung'. In einem Interview vom 29. Januar 1998 mit David Morrison vom 'Population Research Institute' verteidigte Dr. Yong Motta, damaliger Gesundheitsberater des Präsidenten Fujimori, die Praxis der Sterilisation von Frauen, selbst wenn sie vorher andere empfängnisverhütende Mittel wie das injizierbare Depo-Provera benutzt hatten. 'Depo kostet zuviel', sagte Dr. Yong Motta. 'Darüber hinaus [...] könnten Frauen vergessen, ihre Spritze abzuholen, oder es eventuell nicht wollen.' Dr. Yong Motta verteidigt öffentlich die Quotenregelung. 'Selbstverständlich hat die Kampagne Ziele, deren Erfolg wird gemessen mit Hilfe vieler Methoden, einschließlich der Zahlen der Akzeptierenden gegenüber den Verweigerern.' Er gibt die Gefahren einer solchen Zielsetzung zu, beharrt aber darauf, daß 'die Kampagne ein Erfolg gewesen ist.'" [24]

„**Für PHI** [Anm.: die Politischen Hintergrundinformationen] **ergibt sich die Frage, wie kann die zur NS-Zeit in Deutschland praktizierte Sterilisation von erbkranken Frauen verbrecherisch gewesen sein, wenn die UNO, als höchste weltliche moralische Instanz, der ja auch der 'Gerichtshof für Menschenrechte' untersteht, die Sterilisierung von Frauen finanziert, die nicht erbkrank, sondern nur arm sind.** Trotz dieser Kritik, die natürlich nicht nur von PHI kam, sondern auch von der [konzils-]katholischen Kirche und von Menschenrechtsorganisationen, haben die UNO und ihre Unterorganisationen für die Jahre 2002 bis 2005 weitere 20 Millionen US-Dollar zur Fortsetzung des Programms zugesagt." [25]

Man sollte sich diesbezüglich auch die Aussage von Sir Julian Huxley, dem ersten Generaldirektor der UNESCO (1946-1948), vor Augen führen. Dieser erklärte unverhohlen: „Obwohl es stimmt, daß jede radikale rassenhygienische Maßnahme noch viele Jahre lang politisch und psychologisch unmöglich sein wird, ist es für die UNESCO wichtig, dafür zu sorgen, daß das Eugenik-Problem mit der größten Sorgfalt untersucht und die öffentliche Meinung über die daran beteiligten Streitfragen informiert wird, damit vieles von dem, was jetzt undenkbar ist, zumindest denkbar wird." [26]

Zur Regierungszeit der Nationalsozialisten wurden geistig Behinderte als nutzlose Esser angesehen und in „Pflegeheime" gebracht, wo sie angeblich an Lungenentzündung oder anderen erfundenen Krankheiten starben. Was aber erleben wir heute? „In England fordern jetzt 'fortschrittliche' Ärzte, Menschen über 60 Jahre nicht mehr zu behandeln, da sie angeblich für die Allgemeinheit nichts mehr leisten. Selbst, wenn man sich diesem unethischen und unmoralischen Standpunkt anschließen würde, zu behaupten, daß Menschen über 60 Jahre nichts mehr leisten, ist einfach falsch. Die Niederlande spielen in der Gegenwart die Vorreiter in der Euthanasie. Allerdings sind es hier nicht nur einige sogenannte 'fortschrittliche' Ärzte, sondern die unethische Euthanasie ist in erschreckendem Umfang bereits in der Gesetzgebung verankert. Euthanasie ist in den Niederlanden erlaubt, wenn 'unheilbare Kranke unerträgliche Schmerzen erleiden. Der Kranke muß mehrmals bei vollem Bewußtsein um den Tod gebeten haben'. Außerdem ist Euthanasie erlaubt 'bei Kranken, die im Koma liegen oder an altersbedingtem Gedächtnisschwund leiden und nicht mehr selbst entscheiden können'.

Richtig ist, daß beim Stand der Medizin auch unheilbare Kranke keine unerträglichen Schmerzen erleiden müssen. Bei einem unheilbar Kranken könnte sich der Arzt durchaus auf Linderung der Schmerzen konzentrieren, aber lebenserhaltende Maßnahmen müßte er dennoch nicht unterlassen. Während bei den Nationalsozialisten nur geistig Behinderte der Euthanasie unterzogen wurden, genügt in den Niederlanden der Gegenwart bereits Gedächtnisschwund und Depression, um das Leben eines Menschen durch Euthanasie zu beenden.

Das **Euthanasiegesetz trat 1990 in Kraft**. Bereits im ersten Jahr des Inkrafttretens wurden 20 000 Menschen durch Euthanasie ermordet. Davon hatten 11 500 weder den Wunsch zum Sterben geäußert, noch waren sie gefragt worden. Im Jahr 1995 starben bereits 26 600 Menschen (das sind fast 20 % aller Menschen über 60 Jahre) durch Euthanasie. Davon hatten etwa die Hälfte den Wunsch nach Euthanasie nicht geäußert, obwohl wiederum die Hälfte davon in der Lage gewesen wäre sich zu äußern. Es genügen Depressionen oder Alzheimer oder daß die Angehörigen meinen, der Kranke habe 'sowieso kein schönes Leben mehr'.

Kinder können nach der Gesetzeslage auch ohne Zustimmung ihrer Eltern getötet werden. Belgien hat die niederländische Regelung bereits im Oktober 2003 übernommen. Wenn kein Aufschrei durch die Bevölkerung geht, ist zu befürchten, daß die niederländischen Euthanasie-Gesetze in ganz Europa zum Vorbild werden." [27]

Dessen ungeachtet erwecken „unsere" propagandistischen Hetzmedien ständig den Eindruck, als gehörte die Euthanasie längst der Vergangenheit an und wäre ausschließlich während der „Nazi-Zeit" praktiziert worden. So lief am 15. April 2004 um 23.00 Uhr im ZDF die Geschichtsdokumentation „Ärzte unterm Hakenkreuz", in der es um die unter dem Nationalsozialismus praktizierte „Selektion" ging. In der Zeitschrift „TV Movie" (Nr. 8/2004, S. 203) hieß es hierzu: „'Euthanasie' (zu Deutsch: 'schönes Sterben') nannten die Nazis zynisch den systematischen Massenmord an Behinderten und unheilbar Kranken. NS-Mediziner wie Karl Brandt behaupteten indes, sie hätten nur nach einer 'humanen Art' gesucht, ihre Opfer von 'ihren Leiden zu erlösen'. 1948 wurde Brandt dafür hingerichtet."

Warum wird nicht die heute (!) in Europa stattfindende Euthanasie angeprangert und scharf verurteilt? Was ist mit den modernen Befürwortern und Verfechtern der Euthanasie, die die gleichen Argumente wie die NS-Mediziner vorbringen und ebenfalls davon sprechen, „unheilbar Kranke“, die große Schmerzen hätten, müßten doch von „ihrem Leid erlöst“ werden dürfen?!

Für unsere boshafte, in hohem Maße *heuchlerische* und absolut *verlogene* Zeit ist jedenfalls geradezu bezeichnend, daß vielen alten Menschen im modernen Deutschland sogar der Hungertod (!) droht, worüber sich indes kaum ein Politiker aufzuregen scheint: „Zahlreiche alte Menschen in Deutschland sterben nach Erkenntnis von Experten an den Folgen von Unterernährung - und die Todesursache bleibt meist unerkannt. ‘Mehr als die Hälfte aller Menschen über 70, die ins Krankenhaus kommen, sind unterernährt’, sagt Prof. Lochs von der Berliner Charite.

Würden diese geschwächten Patienten entlassen, sei ihre Sterblichkeitsrate vier mal so hoch.“ [28]

Während sich in Deutschland also eine immer größere Armut breitmacht und gerade viele alte Menschen nicht genug Geld haben, um sich ausreichend mit Nahrungsmitteln zu versorgen (die allermeisten schämen sich jedoch vor dem Gang zum Sozialamt!), fließen jedes Jahr, wie wir gesehen haben, zig Milliarden von Euro des deutschen Steuerzahlers an die EU-Kasse in Brüssel. Und wie man unlängst erfahren mußte, zahlen die Deutschen allein für die Angestellten des EU-Parlaments 1 000 000 000 Euro an Gehältern. So verdient ein junger Bürobote bei der Europäischen Union in Brüssel fast 2200 Euro. „Dutzende EU-Spitzenbeamte beziehen deutlich höhere Gehälter als Bundeskanzler Schröder.

Die Verwaltung mit 24 000 Beamten kostet den Steuerzahler fast fünf Milliarden Euro im Jahr - eine Milliarde davon zahlt Deutschland“ [29] bzw. der dumme deutsche Steuerzahler. (Kein Wunder, daß ein Wirtschaftswissenschaftler unlängst erklärte, die Bundesregierung verhalte sich wie ein Familienvater, dessen Familie zu Hause hungert, während er draußen Lokalrunden schmeißt!)

Während die Deutschen somit ein Fünftel der Gehälter der Angestellten des Europäischen Parlaments finanzieren - nicht zu vergessen auch die jährlichen Ausgaben für die Entwicklungshilfe; allein 2003 zahlte Deutschland 6,7 Milliarden Dollar an die Länder der Dritten Welt! -, nimmt die Herzlosigkeit seitens unserer Politiker und Behörden gegenüber dem eigenen Volk ständig zu, was besonders bei der Gesundheitsreform deutlich wurde, denn auch im Todesfall „sind Ärzte unter Umständen dazu verpflichtet, eine Praxisgebühr von zehn Euro zu berechnen. Wie die 'Bild'-Zeitung berichtet, sind davon Patienten betroffen, die beispielsweise während einer Notfallbehandlung sterben. Der Notarzt müsse die Gebühr eintreiben [!], sofern der Patient beim Eintreffen des Arztes noch lebte." [30]

Am 11. April 2004 war dem „RTL Text" (S. 127) zu entnehmen, daß ein Streit um Pflegekosten im rheinland-pfälzischen Wittlich auf dem Rücken der Betreuten ausgetragen wird. „Nach einem Zeitungsbericht hat ein Pflegedienst eine bettlägrige 70jährige im Gebäude der Kreisverwaltung einfach abgestellt. Bis dahin lebte die Frau in einem Düsseldorfer Altersheim.

Der Dienst streitet jedoch bereits seit längerem mit dem Sozialamt um die Kostenübernahme für ihre Betreuung. Die Kreisverwaltung brachte die Frau inzwischen in einem anderen Altenheim unter."

Und was die in der Bundesrepublik geplante (Wieder-)Einführung der Euthanasie betrifft, so hieß es in der Presse am 7. April 2004 erwartungsgemäß, daß Abgeordnete von SPD, Grünen und FDP eine fraktionsübergreifende Initiative für ein Sterbehilfe-Gesetz in Deutschland planen. „Mit einem gemeinsamen Antrag wollen sie erreichen, daß todkranke Menschen selbst über den Zeitpunkt ihres Todes bestimmen können. Initiator des Gruppenantrags ist der SPD-Abgeordnete Rolf Stöckel. Das Vorhaben werde bislang von 15 bis 20 SPD-Abgeordneten, fünf bis zehn Liberalen und fünf Grünen unterstützt, sagte Stöckel der 'Berliner Zeitung'." [31]

Und etwas mehr als einen Monat später berichtete der „ZDFtext" am 19. Mai 2004 (S. 131), daß die passive Sterbehilfe, also der Verzicht auf lebensverlängernde Maßnahmen bei Todkranken, angeblich straffrei werden soll. „Dazu will eine vom Justizministerium [!] eingesetzte Arbeitsgruppe laut 'Berliner Zeitung' eine Veränderung des Strafgesetzbuches vorschlagen.

Demnach vertritt das Expertengremium die Auffassung, daß Artikel 216, der Tötung auf Verlangen und aktive Sterbehilfe als Straftat regelt, durch zwei Absätze ergänzt werden sollte: Neben passiver Sterbehilfe soll auch indirekte [?!?] Sterbehilfe durch hochdosierte Schmerzmittel straffrei sein." Es ist also nur noch eine Frage der Zeit, bis das „schöne Sterben" auch in Deutschland wieder zum Alltag gehört.

Aber zurück zur **UNO**, die sich nicht nur für die **Sterilisation von Frauen aus ärmeren Gesellschaftsschichten** stark macht, sondern auch ein **radikales Abtreibungsprogramm** vertritt. Dabei zeigt sich erneut, daß die Vereinten Nationen die „Menschenrechte" durch eigenwillige Auslegung geradezu auf den Kopf stellen: „Die UNESCO und die UNHCR sind Hilfsorganisationen der UNO. Sie bedrängen die Regierungen aller Staaten, die Abtreibungen allen jungen Mädchen und jungen Frauen ohne Einschränkung zu ermöglichen. Die Regierungen sollen die Abtreibungen auch noch subventionieren und alle Einschränkungen für den Zugang Jugendlicher zu Abtreibungs- und 'Familienplanungsdiensten' aufheben. Auch soll die Vertraulichkeit solcher Maßnahmen sogar gegenüber den Eltern garantiert werden. In einem Dokument der UNESCO wird anhand von Beispielen dargelegt, wie man auf die Regierungen der einzelnen Staaten Druck ausüben kann. In dem Dokument wird das gesetzliche Verbot der Abtreibung oder deren Einschränkung als Diskriminierung der Frau dargestellt und der Hochkommissar der UNO für Menschenrechtsverletzungen sollte Staaten, welche die Abtreibung verbieten oder einschränken, wegen Menschenrechtsverletzungen anklagen. Bei der UNO und ihren Unterorganisationen wird auch kein Unterschied zwischen Industriestaaten und Dritte-Welt-Staaten und auch kein Unterschied zwischen [nur scheinbar!] übervölkerten Staaten und Staaten mit einer schrumpfenden Bevölkerung gemacht." [32]

Eine Mutter davon abzuhalten, ihr eigenes Kind zu töten, stellt in den Augen der UNO also eine „Diskriminierung der Frau" dar, wobei es für die Verantwortlichen bei dieser „ehrenwerten" Organisation keine Rolle spielt, daß viele dieser Frauen im Laufe ihres Lebens selbst zum Opfer ihrer eigenen Entscheidung werden und sowohl psychische als auch gesundheitliche Schäden davontragen. So drängte der britische Abgeordnete Lord Alton Anfang 2004 seine Regierung, eine ehrliche Untersuchung über die Zusammenhänge zwischen Brustkrebs und Abtreibung durchzuführen. „Es gäbe bei britischen Ärzten schon den festen Begriff ABC (Abtreibung-Brust-Krebs oder 'Abortion-Breast-Cancer'). Routinemäßig fragen die Ärzte bereits eine Frau, bei der Brustkrebs festgestellt werde, ob sie eine Abtreibung habe vornehmen lassen und das Ergebnis läge bei 50 %. Lord Alton äußerte die Vermutung, daß die Königliche Hochschule für Geburtshelfer und Gynäkologen mit gespaltener Zunge spräche. Im Jahre 2002 gab die Königliche Hochschule für Geburtshelfer und Gynäkologen (RCOG) wegen der Brustkrebsgefahr eine Warnung an die Ärzte heraus, die Abtreibungen vornehmen, und im Jahr 2003 hieß es dann, daß die Untersuchung methodisch nicht stichhaltig gewesen sei und mißachtet werden könne, aber die Befragungen der Frauen ergäben immer und überall noch das Ergebnis, daß bei 50 % der Fälle von Brustkrebs eine Abtreibung vorhergegangen sei. Alton meint, man müsse die Frauen, die eine Abtreibung wünschen, vor diesen zu erwartenden Folgen warnen, und er äußerte die Vermutung, daß das RCOG aus politischen Gründen seine Aussage zu den Untersuchungen geändert habe." [33] Es geht den Abtreibungsbefürwortern also *nicht wirklich* um das Wohlergehen von Frauen, sondern um die Ermordung möglichst vieler ungeborener Kinder. (Das Recht auf Tötung des eigenen Kindes ist nicht nur der UNO, sondern auch den Feministinnen wichtiger als das Recht der Frau auf Unversehrtheit!)

Wie unmenschlich die Vereinten Nationen sind, zeigt auch, daß die UNO in Afghanistan die Wiedereinführung des Rechts auf Abtreibung zur Voraussetzung für Hilfsleistungen gemacht hat: „In Afghanistan ist die Abtreibung innerhalb der ersten drei Monate der Entwicklung des Babys im Mutterleib wieder zugelassen worden, obwohl **die Abtreibung** grundsätzlich **ein schwerer Verstoß gegen die islamischen Religionsvorschriften** darstellt. **Zur Zeit des Taliban-Regimes, von 1996-2001, war die Abtreibung verboten.** Die Freigabe der Abtreibung war eine der Bedingungen für eine großzügige Hilfe seitens der UNO und ihrer Hilfsorganisation UNFPA (UNO-Bevölkerungsfonds). Die UNFPA verteilt bereits in den Flüchtlingslagern der Afghanen 'Abtreibungskits', in denen sich die für eine Abtreibung notwendigen Medikamente befinden.

Die Flüchtlinge reagierten teilweise auf das 'Geschenk' empört und verlangten, die Abtreibungskits in Nahrungsmittel, Wasser, Wasserfilter, Wasserpumpen, Decken und 'richtige' Medikamente umzutauschen." [34]

Austin Ruse, Vorsitzender des „Catholic Family and Human Rights Institute" mit Sitz in New York, veröffentlichte bereits im Jahre 1999 einen Artikel, in dem er die „Gesundheitsdienste" der UNO scharf kritisierte: „Die meisten Frauen in der Welt brauchen keine 'reproduktiven Rechte'. Sie benötigen sauberes Wasser, bessere Ernährung und Basisgesundheitsvorsorge. Die Mitgliedsstaaten der Vereinten Nationen sahen dies kürzlich anders, als sie aufstanden, um einem neuen Dokument zu applaudieren, welches Frauen nicht etwa eine Tasse Wasser, eine trockene Brotkruste oder gar ein extra starkes Schmerzmittel anbietet. Stattdessen bietet es ihnen ein größtmögliches Sortiment reproduktiver Gesundheitsdienste an (z. B. Verhütungsmittel, Sterilisation, frühabtreibende Mittel, Ausschabung der Gebärmutter bei Verdacht auf Schwangerschaft und chirurgische Abtreibungen, Anm. d. Übers.).

Zu guter Letzt ist die Sondersitzung der Internationalen Konferenz über Bevölkerung und Entwicklung, 'Kairo+5' genannt, zu Ende gegangen. Sie fand vom 20. Juni bis 1. Juli 1999 statt. Sie galt einem Fünf-Jahres-Rückblick in Bezug auf die Umsetzung des Aktionsprogramms der Kairo-Konferenz von 1994, eines höchst kontroversen Dokuments, das von 150 Mitgliedsstaaten 1994 ausgehandelt worden war.

In Vorbereitung der 'Kairo+5'-Konferenz mühten sich monatelang mehrere hundert Personen, das neue Dokument zustandezubringen. Es wurde über Paragraphen, Sätze, einzelne Wörter und sogar Strichpunkte diskutiert. Am Schluß hatten Eltern, Kinder und die Welt verloren und der radikale Feminismus gewonnen.

Nach der eigenen Schätzung der UN haben 22 Prozent der Frauen von Haiti Zugang zu sauberem Wasser, jedoch 88 Prozent haben Zugang zu Kontrazeption.

Diese Ungleichheit wiederholt sich in Dutzenden von Ländern. Sauberes Wasser ist bei weitem eines der größten Probleme, dem Frauen in den meisten Teilen der Erde gegenüberstehen. Nichtsdestoweniger handelte diese Konferenz, von der man glaubte, sie beträfe Bevölkerung und Entwicklung, fast nur vom Sex.

Das Interesse gewisser UNO-Bürokraten in Sachen Sex läßt den Atem stocken. Allein der Gedanke an das Geschlechtliche läßt sie eine Flut von Dokumenten verfassen. Kaum ein Satz, den sie auf UN-Konferenzen äußern, der nicht irgendwie diese fast pathologische Besessenheit ausdrückt. Und die Vereinten Nationen stehen nicht allein auf diesem internationalen Feld. Die Regierung der Vereinigten Staaten, die Europäische Union und Kanada stürmen voraus.

Was sich in den letzten Monaten abspielte, kommt einem Krieg gleich: Kultureller Imperialismus in der Maske des Humanismus. Verschiedene UNO-Einrichtungen, reiche westliche Stiftungen und mächtige Industriestaaten haben das Glaubensbekenntnis des radikalen Feminismus übernommen. Der (US)-Feminismus ist auf den Hauptpunkt Abtreibung konzentriert, und auf die gleiche Weise liefert die feministische Internationale den Frauen dieser Welt, die nach den wesentlichen Dingen verlangen, fast ausschließlich tragbare Abtreibungsvorrichtungen, um ungeborene Kinder damit in Flüchtlingszelten zu töten (wie es im Kosovo geschah, Anm. d. Übers.)." [35]

Ungeachtet all dessen machte sich der oberste Führer aller vom Glauben abgefallenen Katholiken, namens Karol Wojtyla alias Anti-

Papst Johannes Paul II., in den letzten Jahrzehnten immer wieder *gerade für diese* UNO stark. So hieß es in der „Südthüringer Zeitung“ am 2. Januar 2004, der Scheinpapst habe „in seiner Neujahrspredigt eine neue internationale Ordnung gefordert, um weltweite Probleme zu lösen. Die neue Ordnung müsse in der Lage sein, auf der Grundlage der Menschenwürde ausreichende Lösungen für Probleme wie die Integration der gesamten Gesellschaft, die Solidarität zwischen reichen und armen Staaten oder die Aufteilung von Ressourcen zu schaffen.“ Ausdrücklich verlangte Johannes Paul II. „eine neue internationale Rechtsordnung unter Führung der [satanischen] Vereinten Nationen (UN).“

„... die UNO ist oft nichts anderes als ein verbrecherisches Werkzeug der überstaatlichen Mächte, insbesondere jener in den USA und Israel“, stellt Roland Bohlinger richtig. Er legt dar, daß in den USA zu jener Zeit, als George H. W. Bush Chef der CIA war, eine Studie zusammengestellt wurde zur Frage, „was die USA tun müssen, um weiter die führende Weltmacht zu bleiben. Hierbei wurde u. a. die Doktrin entwickelt, daß die USA auf mindestens ein Fünftel der Rohstoffreserven der Welt ungehinderten Zugriff haben müßten. Dieses Ziel wäre aber angesichts des weltweiten Bevölkerungswachstums auf Dauer nur dann möglich, wenn dafür gesorgt werde, daß die Weltbevölkerung drastisch verringert werde. Die Mittel dazu wären: kostenlose Vergabe von Verhütungsmitteln, Förderung der Abtreibung [Anm.: wie neuerdings im von den US-Truppen „befreiten“ Afghanistan!], Förderung der Sterilisation mit Hilfe der 'Nahrungsmittelwaffe' (Lebensmittel werden nur geliefert, wenn der Empfänger sich vorher hat sterilisieren lassen, in Brasilien sind deshalb etwa 40 % der Frauen sterilisiert), Propaganda gegen die Familie [Anm.: unter anderem durch die weltweite Förderung der Homosexualität in allen wichtigen Medien!]. Unausgesprochen blieb, daß dazu auch die Unterversorgung der Völker der Dritten Welt durch systematische Zerstörung ihrer Lebensräume und durch Ausbeutung gehört, außerdem ... die Förderung von Ausrottungskriegen (vor allem in Afrika).“ [36]

Für diese „Förderung von Ausrottungskriegen“ einige repräsentative Beispiele: Im **Südsudan** herrscht seit 30 Jahren ein bewaffneter Konflikt. „Nahezu **drei Millionen Schwarzafrikaner starben durch Hunger, Krieg, Flucht, Massaker oder Massenvertreibungen**. Der Vernichtungsfeldzug der Regierungen des arabischen Nordsudan gegen die schwarzafrikanischen Völker des Südens, die zu einem Drittel christlichen [!] Glaubens und zu zwei Dritteln Anhänger traditioneller

Religionen sind, ist **eines der schlimmsten Völkermordverbrechen der Gegenwart**.

Seit der Unabhängigkeit des Sudan 1955 soll den Südsudanesen mit aller Gewalt das politische System des islamisch-fundamentalistischen Nordens aufgezwungen werden. In den fünfziger und sechziger Jahren wurden im Südsudan ganze Dorfgemeinschaften liquidiert, **christliche Gemeinden in ihren Kirchen verbrannt**, Führungskräfte systematisch ermordet und **unzählige Menschen zu Tode gefoltert**. Die südsudanesische Widerstandsbewegung handelte 1972 mit dem Norden ein Autonomieabkommen aus. Doch die Regierung in Khartum unterhöhlte die Übereinkunft und setzte sie schließlich außer Kraft.

1983 brach der Bürgerkrieg wieder aus. Von der Armee bewaffnete Milizionäre verübten mehrfach Massaker an der südsudanesischen Zivilbevölkerung, bei denen Tausende ums Leben kamen. Dörfer wurden geplündert, Frauen vergewaltigt und Männer erschlagen oder schwer gefoltert. Einige wurden lebendig verbrannt, anderen Ohren und Genitalien abgeschnitten. Mehr als 10 000 Frauen und Kinder wurden entführt und auf lokalen Märkten zum Kauf angeboten.

Die Militärjunta hat den Völkermord an den Südsudanesen 1992 zum *'Heiligen Krieg'* (Jihad) erklärt. In der Nähe der von der Armee kontrollierten Städte steht kein Stein mehr auf dem anderen: Alle Dörfer im Umkreis von 15 Kilometern sollen dem Erdboden gleichgemacht werden. Mehr als 200 Ortschaften wurden durch diese *Politik der verbrannten Erde* bereits zerstört." [37] Trotz alledem: Kein Eingreifen der „internationalen Staatengemeinschaft". (Schließlich handelt es sich bei vielen dieser Opfer ja „nur" um Christen!)

Am 20. März 2004 berichtete der „ARD-Text" (S. 135) sogar, daß sich die Lage im Sudan weiter zuspitzt: „Die Kämpfe im Westen Sudans haben sich nach UN-Angaben stark ausgeweitet. Arabische Milizen griffen immer wieder Dörfer an und vergewaltigten Frauen, so der Beauftragte für das Land, Kapila. Die Lage komme 'der Definition von ethnischer Säuberung sehr nahe', warnte er." (Anm.: Daß gerade in diesem Moment in *mehreren* Ländern, darunter in Palästina und Tschetschenien, eine „ethnische Säuberung" durchgeführt wird, scheint die Oberen der Weltpolitik nicht sonderlich zu scheren. Viel lieber gedenken sie tatsächlicher [und erdichteter] Ereignisse, die sich vor über 60 Jahren in Deutschland zugetragen haben [sollen]!)

Auch aus der „Süddeutschen Zeitung", der laut eigener Aussage ein bislang nicht veröffentlichter Bericht des UN-Hochkommissariats für

Im Frühjahr 2000 kam es im ostafrikanischen Land Äthiopien zu einer schlimmen Hungersnot, bei der acht Millionen Menschen vom Tod bedroht waren. In der gesamten ostafrikanischen Region waren etwa 16 Millionen Menschen gefährdet. Daß im Norden Äthiopiens die übliche Regenzeit von Februar bis April merkwürdigerweise bereits zum vierten Mal in Folge ausgefallen war, hängt möglicherweise mit dem geheimen Wetterkrieg der US-Regierung zusammen, der unter der Bezeichnung HAARP stattfindet (siehe unten!).

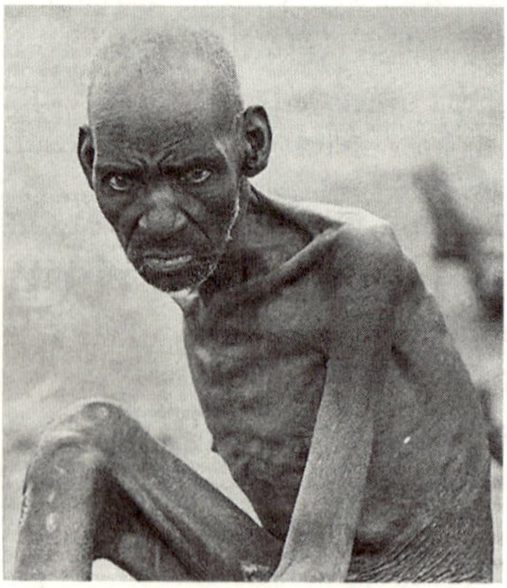

*Links: Im November 2002 breitete sich im südlichen Afrika eine schlimme Hungersnot aus, da die Niederschläge, die die dürren Ackerböden dringend benötigten, auch hier seit längerem ausgeblieben waren. Rund 30 Millionen Afrikaner waren seinerzeit vom Tod bedroht, fast die Hälfte davon in Simbabwe, Sambia, Malawi und angrenzenden Staaten. Experten sprachen davon, daß das Ausmaß der Krise „ohne Beispiel" gewesen war; viele Menschen, wie dieser Bauer aus Malawi, bestanden nur noch aus Haut und Knochen. Rechts: Auch in Afghanistan verloren in den Monaten vor Ausbruch des US-amerikanischen Angriffskrieges im Oktober 2001 zahlreiche Menschen ihr Leben aufgrund Nahrungsmittelmangels - hier das Begräbnis eines verhungerten Kindes. (Wieviele Millionen Menschen in den Ländern der Dritten Welt in den letzten Jahrzehnten **insgesamt tatsächlich** verhungerten, wird man aus den offiziellen Medien wohl nie erfahren!)*

(Quellenhinweise: Oben: Fuldaer Zeitung, 11.4.2000; Unten links: ebd. 26.11.02; Unten rechts: Der Spiegel, 14.5.01, S.164)

Bereits im Sommer 2002 bahnte sich im südlichen Afrika die schwere Hungerkatastrophe an. Dürre, Fluten, krisenbedingte Unterbrechungen in den Farmbetrieben und Mißwirtschaft hatten dort eine der schlimmsten Hungerkatastrophen seit Jahren heraufbeschworen, wobei vor allem Kinder und Gebrechliche betroffen waren. In der „Fuldaer Zeitung" vom 23. Juli 2002 hieß es hierzu: „Die Preise für das Hauptnahrungsmittel Mais, dessen Ernte weniger als ein Viertel des Normalen erbringen dürfte, sind längst in unerschwingliche Höhen geschossen. Bis zur nächsten Ernte ... droht 13 Millionen Menschen [Anm.: Bis zum November 2002 stieg diese Zahl dann auf rund 30 Millionen an!] chronischer Hunger, im schlimmsten Fall der Tod. ... Viele Menschen in Malawi oder Sambia ernähren sich bereits von Wurzeln oder Rinde." Interessant war jedenfalls zu erfahren, mit wie wenig Geld man einem hungernden Menschen ein ganzes Jahr lang helfen kann: „61,6 Millionen US-Dollar benötigt der Dachverband [des Roten Kreuz], um 1,3 Millionen hilfsbedürftige Menschen zwölf Monate lang zu ernähren." (ebd.)

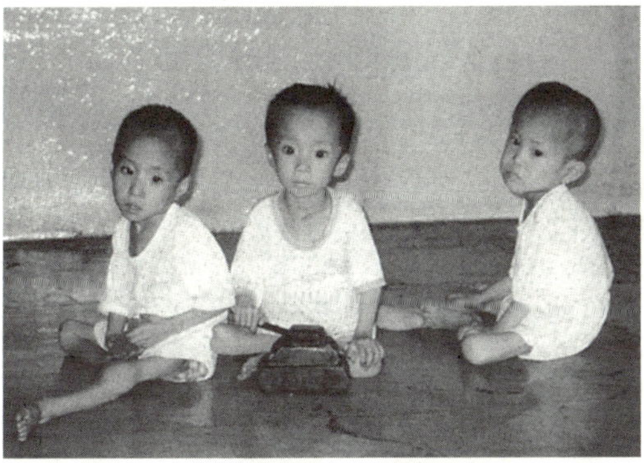

In den letzten Jahren kam es auch in Nord-Korea immer wieder zu dramatischen Engpässen bei der Lebensmittelversorgung, verhungerten in diesem Land allein von Januar bis September 1997 mindestens 500 000 Menschen. Anfang Februar 2004 hieß es in den Medien sogar, mehr als sechs Millionen hungernde Nordkoreaner bekämen keine Nahrungsmittelhilfe mehr, „weil internationale Spenden ausbleiben. Das Welternährungsprogramm WFP richtete in Peking einen dringenden Appell an die internationale Gemeinschaft. Es könnten diesen Monat weniger als 100 000 Menschen versorgt werden." (Mit den 160 Milliarden Dollar, die der neuerliche Krieg gegen den Irak und die anschließende Besetzung dieses Landes bislang kosteten, könnten theoretisch mehr als drei Milliarden [!!!] Menschen für eine lange Zeit ernährt werden; es müßte also* ***nie mehr wieder*** *zu einer Hungersnot auf unserem Planeten kommen!) Rechts: Bis zum heutigen Tag sind in Afrika noch immer Millionen Menschen, darunter zahlreiche Kinder, akut vom Hungertod bedroht, ohne daß die Weltöffentlichkeit von diesen Leuten Notiz nehmen würde.*

(Quellenhinweise: Oben: Fuldaer Zeitung, 23.7.02; Unten links: Der Spiegel, 24.2.03, S.130; Unten rechts: http://www.freepressinternational.com/famine.html; *: ARD-Text, 9.2.04, S.135)

Menschenrechte vorliegen soll, war am 23. April 2004 zu erfahren, daß im Westen des Sudan einige der schlimmsten „Menschenrechtsverletzungen“ der Gegenwart stattfinden sollen. Verantwortlich dafür soll die Regierung im Sudan und eine mit ihr verbündete Miliz sein: „In der Krisenregion Darfur gebe es eine ‘Herrschaft des Terrors’, es komme zu ethnisch motivierten Massenmorden, Vergewaltigungen und Vertreibungen. Das Regime in Khartum verweigerte bislang den UN den Zugang zu der Region [Anm.: Ganz anders verhielt sich der ehemalige irakische Staatschef Saddam Hussein, der sich im Frühjahr 2003 gegenüber der UNO äußerst kooperativ zeigte und alles tat, um einen weiteren Angriffskrieg gegen sein Land zu verhindern, was ihm letzten Endes aber nichts nutzte!]

Seit Wochen schon warnen Menschenrechtsgruppen ... vor einem drohenden Völkermord. Die sudanesische Regierung betreibe eine ‘Politik der verbrannten Erde’ und ‘ethnische Säuberung’. Mehr als eine Million Menschen wurden seit Januar 2003 bereits vertrieben. Wie viele Zivilisten getötet wurden, ist unklar. Der Krieg in Darfur, einer Region, die ungefähr anderthalb Mal so groß ist wie Deutschland, begann Anfang vergangenen Jahres, als sich zwei Rebellengruppen gegen die Regierung erhoben.

Die ‘Bewegung für Gerechtigkeit und Gleichberechtigung’ und die ‘Sudanesische Befreiungsbewegung’ werfen Khartum vor, die Region Darfur zu vernachlässigen und ihre Bewohner zu unterdrücken. Die überwiegend schwarzafrikanischen Muslime würden von der von Arabern dominierten Regierung wie Sklaven behandelt und ausgebeutet. Seit Beginn dieses Jahres verschärft sich der Krieg, die sudanesische Armee verstärke ihre Luftangriffe auf Städte und Dörfer. Unterstützt wird sie durch eine arabische Reitermiliz auf Pferden und Kamelen, die anschließend in die Ortschaften einfällt und sie niederbrennt. Männer werden getötet, Frauen und Kinder vergewaltigt oder entführt.

In dem UN-Bericht heißt es: ‘Die Bomben werden auf überfüllte Plätze wie Märkte oder Gemeindebrunnen geworfen. Manche Flüchtlinge berichteten, daß sie selbst noch während der Flucht zu Zielen dieser Bombardements wurden.’ Der Bericht basiert auf Aussagen von Sudanesen aus Darfur, die ins Nachbarland Tschad geflohen sind. In der dortigen Grenzregion halten sich bereits mehr als 100 000 Flüchtlinge auf, etwa die Hälfte davon sind Kleinkinder.“ Laut Vereinten Nationen bestünde die Gefahr einer Hungerkatastrophe in Darfur, „wo sich mehr als eine Million Vertriebene aufhalten, die nicht versorgt werden können, und auch in den Flüchtlingslagern im Tschad, wo demnächst die Regenzeit beginnt und die Wüstenregion dann in weiten Teilen unzugänglich ist."

Welche Auswirkungen hatten die ethnischen Säuberungen und der Völkermord im Sudan? Hat die „internationale Staatengemeinschaft" im April 2004 etwa *unverzüglich* Schritte eingeleitet, den armen Menschen des Sudan zu helfen und die Massaker zu beenden? Mitnichten: „Die UN-Menschenrechtskommission hat die Menschenrechtsverletzungen im Sudan nur in milder [!] Form verurteilt [Anm.: Wer die wahre Zielsetzung der satanischen Vereinten Nationen kennt, weiß, daß dies nicht anders zu erwarten war!]. Es wurde ein Kompromißentwurf der EU und der Gruppe Afrikanischer Staaten verabschiedet. ... Die USA verglichen die Situation mit dem Völkermord in Ruanda 1994.

Seit Beginn des Konflikts zwischen arabischstämmiger und schwarzafrikanischer Bevölkerung wurden ca. 10 000 Menschen getötet, eine Million sind auf der Flucht", so der „ARD-Text" am 24. April 2004 auf Seite 130.

Es überrascht also nicht, daß Experten nur einen Monat später, am 25. Mai 2004, angesichts des wachsenden Flüchtlingselends infolge der **Darfur-Krise im Sudan** davon sprachen, daß mit bis zu **350 000 Toten** in den kommenden Monaten zu rechnen sei. „Die **Zahl könne noch weiter steigen**, so die International Crisis Group, falls die arabischen Janjaweed-Milizen nicht gestoppt würden, die im Auftrag der Regierung gegen die schwarzafrikanische Bevölkerung vorgehen.

Die Weltgesundheitsorganisation WHO bestätigte indes den Ausbruch von Ebola im Süden Sudans. Gegen das Ebolafieber, das mit massiven inneren Blutungen einhergeht, gibt es [angeblich!] kein Gegenmittel." [38]

Bereits Anfang April 2003 hieß es in den Medien, daß dem seit vier Jahren andauernden **Bürgerkrieg in Kongo** bisher schätzungsweise **3,3 Millionen Menschen zum Opfer gefallen** sind. „Die meisten Bürgerkriegsopfer starben an Mangelernährung oder Krankheiten, wie die Hilfsorganisation Internationales Rettungskomitee (IRC) ... mitteilte. Der Konflikt habe damit inzwischen mehr Todesopfer gefordert als jeder andere seit dem Ende des Zweiten Weltkriegs (Anm.: Das stimmt nicht ganz, denn während des Vietnam-Kriegs wurden sogar 3,5 bis 4 Millionen Menschen von der US-Armee ermordet, während die offizielle Zahl mit „nur" 2 Millionen angegeben wird!).

'Dies ist eine humanitäre Katastrophe von schockierendem Ausmaß', sagte IRC-Präsident George Rapp. Die Opferzahlen übersteigen die des Golfkriegs und aller Kriege auf dem Balkan bei weitem, doch fände der Krieg in dem afrikanischen Land kaum Aufmerksamkeit bei Spendern und den [vor allem in jüdischem Besitz befindlichen internationalen] Medien." [39]

Der **Völkermord in Ruanda** brach aus, „nachdem am 6. April 1994 die Präsidenten Ruandas und Burundis bei dem Abschuß ihres Flugzeuges ums Leben gekommen waren. Die blutige Tragödie nahm ihren verhängnisvollen Lauf. In weniger als drei Monaten wurden mehr als 800 000 Menschen - einzelne Quellen sprechen von **1 000 000 Menschen - ermordet** [Anm.: Das bedeutet, allein in drei Ländern Afrikas (Sudan, Kongo und Ruanda) wurden in den letzten Jahrzehnten mindestens 7 000 000 Menschen ermordet, d.h. entweder starben sie durch direkte Gewalteinwirkung oder infolge von Hunger!]. Die Internationale Völkergemeinschaft konnte sich zu einem Eingreifen [Anm.: wie so oft!] nicht entschließen. 45 Jahre nach Abschluß der Konvention zur Verhinderung von Völkermord unternahm sie nichts [!], das systematische Morden zu stoppen." [40]

„Die von UN-Generalsekretär Kofi Annan eingesetzte Kommission zur Untersuchung des Umgangs der UNO mit dem Völkermord in Ruanda ist zu einem vernichtenden Urteil gekommen: Hinweise auf den geplanten Völkermord, dem 1994 rund 800 000 Tutsi und gemäßigte Hutu zum Opfer fielen, seien ignoriert und, als das Morden im Gange war, ein Eingreifen verweigert worden, heißt es in dem Bericht, der am 16. Dezember [1999] in New York veröffentlicht wurde. Zu der dreiköpfigen Kommission unter Vorsitz des früheren schwedischen Ministerpräsidenten Ingvar Carlsson gehörten der frühere Außenminister Südkoreas, Han Sung-Joo, und der nigerianische General Rufus Modupe Kupolati. Sie hatte Zugang zu allen Akten und Aufzeichnungen der Vereinten Nationen einschließlich interner Dokumente und Telegramme.

Das Versagen der Weltorganisation wird an mehreren Beispielen verdeutlicht. So hatte der Befehlshaber der 1993 entsandten UN-Mission für Ruanda (UNAMIR), der kanadische General Romeo Dallaire, Anfang 1994 in einem Telegramm an die UN-Zentrale in New York auf die Gefahr eines Völkermordes hingewiesen. Diese Information sei aber nicht angemessen beachtet ... worden. Auch ein bereits im August 1993 vorgelegter Bericht des UN-Menschenrechtsermittlers für Ruanda, in dem dieser vor der Gefahr eines Massakers gewarnt hatte, sei ignoriert worden.

Die Hauptkritik des Berichts richtet sich aber gegen die Art und Weise, in der die UN auf den Beginn des Völkermords reagierten. Die Mitglieder des Sicherheitsrates seien nicht bereit gewesen, eine schlagkräftige Friedenstruppe aufzustellen. ... Hingegen waren die in Ruanda stationierten UNAMIR-Blauhelme für einen Kampfeinsatz nicht ausgerüstet.

UN-Generalsekretär Annan, der zur Zeit des Völkermords für die UN-Friedensmissionen zuständig war, erklärte in einer Stellungnahme zu dem Bericht, er gebe das Versagen der UNO zu und bereue es zutiefst." [41]

Damit aber nicht genug: es spricht einiges dafür, daß die UNO die Aufklärung des Präsidentenattentates, das den Konflikt zwischen Hutus und Tutsi überhaupt erst eskalieren ließ, direkt behinderte: „Uno-Generalsekretär Kofi Annan muß eine heikle Schlamperei erklären. In einem Aktenschrank des Uno-Hauptquartiers tauchte ein Flugschreiber auf, der zehn Jahre als verschwunden galt. Er könnte das Attentat auf den ruandischen Staatschef 1994 aufklären, das den Völkermord auslöste." [42]

Annans Sprecher Fred Eckhard gab zu, „daß sich der mögliche Flugschreiber der am 6. April 1994 über Ruanda abgeschossenen Falcon nun doch im Besitz der Uno befindet, nachdem diese zehn Jahre lang das Gegenteil behauptet hatte. Bei dem Anschlag auf die Präsidentenmaschine kamen der damalige Staatschef Juvenal Habyarimana und sein burundischer Amtskollege Cyprien Ntaryamira ums Leben. Das nie aufgeklärte Attentat gilt als Auslöser für den ... Völkermord in Ruanda, bei dem mehr als 800 000 Menschen getötet wurden.

Eckhard sagte, nach dem Absturz vor zehn Jahren sei eine Black Box per Diplomatenpost von Ruanda ins New Yorker Hauptquartier geschickt worden. Die Uno-Luftsicherheitsexperten dort hätten den Flugschreiber dann aber in den Aktenschrank gelegt, weil sie [Anm.: angeblich!] zu dem Schluß gekommen seien, das unbeschädigte Gerät stamme nicht aus der Präsidentenmaschine. Dies hätten sie jedoch nicht auf dem üblichen Dienstweg gemeldet." [43]

Noch Tage zuvor hatte Eckhard sich darüber lustig gemacht, „daß der Flugschreiber bei den Vereinten Nationen sein solle. 'Ich habe ihn gleich hier unter dem Tisch', witzelte er, als er von Reportern dazu

Dem Völkermord in Ruanda fielen im Frühjahr 1994 innerhalb weniger Wochen bis zu 1 000 000 Menschen zum Opfer - hier Schädel von Opfern in der Kirche von Ntarama. Die UNO unternahm nichts, um das Morden zu stoppen.

In einer Reihe von Ländern der Dritten Welt herrscht unvorstellbares Leid, kommt es immer wieder zu ethnisch motivierten Säuberungen und Völkermord, so etwa im Sudan in den Monaten März/April 2004. (Dieses Mitte April 2004 entstandene Photo zeigt Frauen und Kinder, die in der Stadt Mukjar im West-Sudan auf Neuigkeiten über die Verhandlungen zwischen Regierung und Rebellen warten.)

(Quellenhinweise: Oben: Der Spiegel, 19.4.04, S.76; Unten: Süddeutsche Zeitung, 23.4.04)

In den letzten Jahren wurden allein im Kongo Millionen von Menschen - die meisten von ihnen wehrlose Zivilisten - regelrecht massakriert. Dieses Photo zeigt Ermordete in der Stadt Bunia. Die internationale Staatengemeinschaft schaute dem Geschehen hier ebenfalls tatenlos zu.

Links: Seit 1989 schwelt auch in Liberia ein Konflikt zwischen Rebellengruppen, der im Jahr 2003 einen neuen, blutigen Höhepunkt fand. Aus Protest gegen diesen Bürgerkrieg, und die (abermalige!) Untätigkeit der Weltgemeinschaft, brachten aufgebrachte Bürger Ende Juni 2003 die Leichen von Kindern vor die US-Botschaft (insgesamt starben bei den Kämpfen in dem afrikanischen Land bereits rund 200 000 Menschen). Rechts: Ein völlig verzweifelter Iraker vor den Leichen seiner Kinder, die durch einen US-amerikanischen Angriff während des Krieges in den Monaten März/April 2003 ums Leben kamen. (Weder unternimmt die UNO etwas gegen all die Völkermorde in Afrika, noch zieht sie die US-Regierung für die von ihr begangenen Schandtaten zur Rechenschaft!)

(Quellenhinweise: Oben: Der Spiegel, 26.5.03, S.112; Unten links: ebd. 28.7.03, S.100; Unten rechts: http://www.faktinfo.de/irakkrieg-bilder/394e96ao.gif)

befragt wurde. Am selben Tag hatte 'Le Monde' Auszüge aus einem Bericht französischer Ermittler zu dem Flugzeugabschuß veröffentlicht. Der Abschlußbericht einer sechsjährigen Untersuchung wirft der Uno vor, die Untersuchung des Anschlags behindert zu haben, indem sie den Flugschreiber vorsätzlich unterschlage." [44]

Am 10. April 2004 hieß es im „RTL Text" [45], daß im afrikanischen Burundi nach Angriffen einer Rebellengruppe 30 000 Menschen auf der Flucht seien. „Bei den Kämpfen im Süden der Hauptstadt Bujumbura seien in den vergangenen Tagen mindestens neun Menschen ums Leben gekommen, berichtete der britische Sender BBC.

Die Hutu-Rebellen der FNL sind als einzige Gruppe nicht am Friedensabkommen zwischen Rebellen und der Regierung beteiligt. Bei dem **Bürgerkrieg in Burundi** sind **seit 1993 mindestens [!] 300 000 Menschen ums Leben gekommen**." Dabei hat die Republik in Ost-Afrika gerade mal 5,5 Millionen Einwohner, von denen etwa die Hälfte katholisch ist. Somit wurden in nur 11 Jahren rund 5 % der Bevölkerung dieses Landes ausgerottet (zum Vergleich: in Deutschland mit seinen 82 Millionen Einwohnern würden 5 % der Bevölkerung 4 100 000 Menschen ausmachen!).

In **Nigeria** kam es in den letzten Jahren ebenfalls zu einer Reihe von **Massakern an Frauen und Kindern**. Greifen wir dazu eine repräsentative Meldung vom Frühjahr 2004 heraus: „Nach einem Angriff von Bewaffneten sind mehrere tausend Menschen aus der mittelnigerianischen Stadt Yelmwa geflohen. Nach Augenzeugenberichten wurden bei dem Angriff am" 2. Mai 2004 „bis zu 280 Menschen getötet. Die Kämpfe zwischen Christen und Muslimen haben in diesem Jahr bereits Hunderte Opfer gefordert", so der „ARD-Text" am 6. Mai 2004 (S. 136).

Denken wir auch an den barbarischen **Völkermord in Kambodscha** vor rund 30 Jahren zurück. Am 24. Oktober 1997 schrieb die „Fuldaer Zeitung" (Herv. v. Verf.) hierzu, der mittlerweile verstorbene Pol Pot habe auf dreiste Weise in einem Interview versucht, die Geschichte umzuschreiben, indem er den Völkermord der Roten Khmer leugnete. Dabei hat fast jede Familie Angehörige verloren. „In den vier Jahren unter Pol Pots Terrorregime **von 1975 bis 1979 kamen** nach Schätzungen von Experten **zwei Millionen Kambodschaner ums Leben**: erschlagen mit Hacken und Spaten, hingerichtet als 'bürgerliche Intellektuelle', nur weil sie eine Brille trugen, oder jämmerlich gestorben an den Folgen der Fronarbeit auf den 'Killing Fields'. **Ein**

Viertel der Bevölkerung war ausgerottet, als vietnamesische Truppen dem Regime am 7. Januar 1979 ein Ende machten.

Als besonders infam wird bei den Opfern der Roten Khmer empfunden, daß Pol Pot die grausige Folterstätte Tuol Sleng in einer ehemaligen Schule in Phnom Penh als 'Erfindung vietnamesischer Propaganda' bezeichnet. 'Wir haben eine Fülle Dokumente, die beweisen, daß Millionen hingerichtet wurden', sagt Sopheara Chey, der Direktor von Tuol Sleng, heute 'Museum des Völkermordes'. ...

Pol Pot, zur Zeit seiner Herrschaft 'Bruder Nummer Eins' genannt, erinnert sich immerhin an eine gern verdrängte Wahrheit: **Nicht nur in China, auch im Westen hatte der Völkermörder viele politische Unterstützer** ... Auch als in den 80er Jahren Vietnam das Nachfolgeregime von Pol Pots 'Steinzeitkommunisten' stützte, war **der Ex-Diktator den USA und den UN willkommen**."

Nebenher bemerkt: Es war nicht das erste Mal, daß Kommunisten einen Völkermord verübten, wie das Beispiel Lettland zeigt: „Der Sommer 1940 ist in Lettland als Sommer des Schreckens in Erinnerung. Nach dem Abzug der Russen entdeckte man im Hof des Zentralgefängnisses von Riga etwa eintausend Ermordete. Und das war nur der Anfang. Ich habe gedacht, wir könnten diese Vergangenheit ruhen lassen. Aber die Menschen im Westen wissen offenbar nicht genug davon. Also müssen die Osteuropäer jetzt erzählen, was sie erlebt haben. ... Unser Volk ist nicht so groß, und wenn beinahe ein Viertel davon deportiert oder ermordet wird, dann kann man das schon Genozid nennen", klärt uns die lettische Schriftstellerin Amanda Aizpuriete auf. [46]

Fazit: Es ist *eben kein* Zufall, daß weltweit noch nie soviele Kriege ausgefochten wurden, wie *nach* der Konstituierung der UNO im Juni 1945, und daß die „internationale Staatengemeinschaft" bei all den Kriegen und Völkermorden in den letzten sechs Jahrzehnten so erbärmlich versagt hat. (Anm.: Für nähere Informationen zur Boshaftigkeit und zum eigentlichen Daseinsgrund der Vereinten Nationen siehe meine Schrift: „Das Zeitalter der Lügen - Wie der Kommunismus mittels der UNO die Weltherrschaft erlangt hat", S. 68-80!)

Jedenfalls pflegt gerade die Bundesregierung ein ausgezeichnetes Verhältnis zu den freimaurerischen Vereinten Nationen und hat sich deren antichristliche Ideale zu eigen gemacht, vor allem was den Kindermord im Mutterleib anbelangt. Von daher ist es kein Wunder, daß die Massentötung der Ungeborenen auch bei uns im Gesetz fest verankert ist und mit Steuergeldern subventioniert wird, wie Roland Bohlinger ausführt: „Die politische Führung der 'BRD' hat die Abtreibung, also die *Beseitigung = Tötung von Kindern* im Mutterleib, *legalisiert*, teilweise sogar als *'soziale'* Maßnahme eingestuft, indem sie Abtreibung aus *'sozialen'* Gründen freigab - anstatt eine Abtreibung aus solchen Gründen durch *Gewährung sozialer Hilfe* zu *verhindern*, wie das eigentlich die selbstverständliche Pflicht wäre in einem Staat, der Rechtsstaat sein will. Abtreibungen aus *'sozialen'* Gründen erfolgen wohl in über 90 % der insgesamt auftretenden Fälle von Abtreibung. Obendrein werden sämtliche '*sozial*(zwangs)-versicherten' Bürger über ihre 'Sozial(zwangs)versicherung' gezwungen, die aus 'sozialen' Gründen *frei*gegebenen Menschenbeseitigungen zu finanzieren. Dazu kommt weiter, daß diese Beseitigungen ohne Befragung der eigentlichen Opfer, der Kinder im Mutterleib, und ohne Möglichkeit der Opfer zur Gegenwehr erfolgt. Es wurde also durch Gesetz erlaubt, den Mutterschoß, der als Ort der Zeugung von Leben *heilig* sein sollte, zur Mordgrube zu machen, wo Kinder sogar von speziellen Tötungsgeräten lebendig zerfetzt werden dürfen (im Mittelalter war das Zerfetzen von Menschen bei lebendigem Leib die schlimmste Strafe für Verbrechen!) und es wurden durch die Zwangsversicherung, welche die Beseitigung zwangsweise von jedem Versicherten bezahlen läßt, alle derart versicherten Bürger ohne Einholung ihrer Zustimmung *gezwungen*, *Beteiligte* an der *Menschenbeseitigung* zu sein, sozusagen als *Zwangsmitglieder einer Tötungsgemeinschaft*, was auch hier die Verhältnisse unter Hitler weit in den Schatten stellt, nämlich den *Schoß a l l e r Mütter* dieses Staates *freigibt*, *als deutsches Menschenvernichtungslager zu sozialen Zwekken zu dienen* [Humanitätskeulen-Motto über dem Lager statt ,Arbeit macht frei' nunmehr ,sozial macht frei' oder für unsere faden Lustbesessenen: ,Spaß macht frei'] und den *größten Teil des Volkes*, auch jene, die gegen diese staatsumfassende Menschenbeseitigung sind, *zu Beteiligten an der Vernichtung machen*, was ja wohl als Gipfel satanischer Antimoral bezeichnet werden muß! Die Zahl der Getöteten seit Bestehen des angeblichen Rechtsstaats ,BRD' liegt inzwischen weit über 6 Millionen, seit der Legalisierung, also der offiziellen Erteilung der Kindestötungslizenz bei zwei bis drei Millionen." [47] Tatsächlich wurden in Deutschland seit 1945 rund 10 Millionen Kinder im Mutterleib ermordet!

Angesichts dessen verwundert es auch nicht im geringsten, daß die Bundesregierung zum kommunistischen Regime in China engste Beziehungen unterhält. „Bundesfinanzminister Hans Eichel und der chinesische Finanzminister Xiang Huaicheng haben bei einem Treffen in Schanghai am 6. Januar 2002 die sehr guten [!] Beziehungen beider Länder hervorgehoben. China habe einen weiten Sprung nach vorne gemacht und berge ein großes Entwicklungspotential, sagte Eichel. Die Bundesregierung wolle die wirtschaftlichen Beziehungen zur Volksrepublik weiter ausbauen, erklärte der Finanzminister weiter. ...

Deutschland ist Chinas wichtigster [!] europäischer Handelspartner. Der deutsche Handel mit China verzeichnet bereits heute einen jährlichen Zuwachs von 35 Prozent. In den vergangenen beiden Jahren ist Deutschland der größte [!] europäische Investor in China geworden. Diese Zusammenarbeit soll noch weiter ausgebaut werden [Anm.: Derzeit haben die beiden Länder ein Handelsvolumen von jährlich 50 Milliarden Euro!].

Eichel wies darauf hin, daß die Bundesregierung die Handelspartnerschaft erfolgreich mit Hermes-Bürgschaften unterstützt. Insgesamt gebe es derzeit Bürgschaften in Höhe von rund 8 Milliarden Euro für deutsche Liefergeschäfte mit China. Der Bundesfinanzminister betonte, China sei stets ein zuverlässiger Schuldner gewesen.

Hans Eichel will sich gegenüber den deutschen Unternehmen für ein noch stärkeres Engagement in China einsetzen. So möchte er dafür werben, daß sich deutsche Firmen für ein Engagement in den wirtschaftsschwachen Westprovinzen Chinas interessieren. Es sei im Interesse Deutschlands, seine Position als größter europäischer Investor in China auszubauen, erklärte Eichel. Die deutsche Regierung werde das unterstützen.

Der chinesische Finanzminister würdigte gleichermaßen die guten Beziehungen zwischen beiden Ländern. Er sicherte zu, daß sein Land seinen Verpflichtungen als neues Mitglied der Welthandelsorganisation (WTO) in vollem Umfang nachkommen werde. ... Bundesfinanzminister Eichel unterstrich nach dem Treffen mit seinem chinesischen Kollegen auch, daß beide Länder sich einig seien in der Bekämpfung von Geldwäsche und auch in ihrem Bemühen, die Finanzierungsquellen des Terrorismus trockenzulegen", hieß es hierzu auf der regierungsamtlichen Internetseite „www.bundeskanzler.de" am 7. Januar 2002. [48]

Der protestantische Christ Ingo Breuer klärt uns in seinem Brief an die Botschaft der Volksrepublik vom 21. Mai 1997 indes darüber auf, zu was für einem boshaften Regime führende Vertreter der Bundesregierung - die schließlich nie darum verlegen sind, dem deutschen Volk hinsichtlich „seiner“ nationalsozialistischen Vergangenheit ins Gewissen zu reden und es ständig zum energischen „Kampf gegen Antisemitismus und Fremdenfeindlichkeit“ aufzurufen! - engste Beziehungen unterhalten. Darin klagt er unter anderem die bis zum heutigen Tage praktizierte Verfolgung von Christen in China scharf an und schildert auch einige konkrete Beispiele dieser Praxis: „1994 sandten die kommunistischen Behörden militärische Streitkräfte in ein Dorf in der Provinz Jilin, um dort eine winzige Kapelle der Katholischen Untergrundkirche zu zerstören. Die verarmte Gemeinde sammelte etwa $2.000 und baute von diesem Geld eine Kapelle. Sie hofften, daß die Behörden das Gebäude tolerieren würden, wenn es erst einmal fertiggestellt ist. Jedoch als das Öffentliche Sicherheitsbüro über die Existenz der Kapelle erfuhr, wurden Truppen der Volksbefreiungsarmee in den winzigen Ort gesandt. Die Dorfbewohner wurden von den Truppen aufgefordert, die Kapelle selbständig abzureißen. Stattdessen sammelten sich die Gläubigen in der Kapelle und beteten gemeinsam. Daraufhin wurden die Christen von den Soldaten aus der Kapelle hinausgetragen und mit Wasserwerfern vertrieben. Die Streitkräfte zerstörten die Kapelle dann selber.

Die Regierung in Peking erstellte im November 1996 einen Steckbrief, nach dem über 4 000 protestantische Priester gesucht werden. Ein Freibrief der Verfolgung! Darüber hinaus wurde auch ein 15 Seiten starkes Dokument herausgegeben, in dem die Vernichtung [!] der Katholischen Untergrundkirche beschrieben wird. Ständig nimmt die staatliche Überwachung der Kirchen und Gemeinden zu. Mißhandlung und Folter [!] durch staatliche Organe gehören zur Tagesordnung.

Darüber hinaus habe ich immer noch das schreckliche Massaker vom Tiananman-Platz von 1989 in Erinnerung. Zwangsabtreibungen gehören ebenso zur Tagesordnung.

Ich spreche auch vom **Lebensrecht ungeborener Kinder.** Die Abtreibungen und Zwangsabtreibungen in Ihrem Lande sind Ausdruck für den mangelnden Respekt vor dem Leben des Einzelnen. In der Volksrepublik China herrscht eine Kultur des Todes! ... Mit dem Wort China werde ich weiterhin Unterdrückung, Massenmord, Kindermord, Unmenschlichkeit, Greuel und Tod verbinden.“ [49]

„Eine erneute Bestätigung für Zwangsabtreibungen in China präsentierte Steven Mosher vom Population Research Institute bei einer Konferenz in Washington D.C. Der UN-Bevölkerungsfonds unterstütze eine Diktatur, die ihren Frauen, ihren Ungeborenen und Neugeborenen, vor allem den Mädchen, den Krieg erklärt hat, sagte der US-Abgeordnete Christopher Smith. Es ist ein Verbrechen gegen Frauen, ein Verbrechen gegen die Menschheit, und es ist Zeit, daß die internationale Gemeinschaft das deutlich anerkennt.

Mosher berichtete von zahlreichen Zeugen - Ärzten, betroffenen Frauen - die unter anderem von grausamen Methoden berichteten, mit denen Ungeborene, die eine Abtreibung überlebten, behandelt würden. Sie würden ertränkt, die Münder würden ihnen zugehalten, damit die Mütter durch die Schreie nicht beunruhigt würden. Sie bestätigten auch, daß im Zuge der chinesischen Ein-Kind-Politik auch Neugeborene getötet würden. ...

Die Schätzungen über die Abtreibungszahlen in China bewegen sich zwischen mindestens zwei bis hin zu 10 Millionen jährlichen Abtreibungen. Parallel dazu hat in jüngster Zeit eine andere Statistik für Aufregung gesorgt. Chinesische Behörden berichteten von einem regelrechten Ansturm auf die In-Vitro-Fertilisation (IVF). In China gibt es 200 IVF-Kliniken, derzeit lägen rund 10 000 Anträge vor, hieß es in einem Bericht der 'Beijing Morning News'. Die WHO stellte fest, daß aufgrund der selektiven Abtreibungen statistisch gesehen derzeit rund 50 Millionen Frauen in China fehlten. Die 'London Times' berichtete im Dezember, daß auf Grund des Frauendefizits in China jedes Jahr Zehntausende vietnamesischer Frauen entführt und an chinesische Männer verkauft würden.

Vor knapp einem Monat wurde in China die erste Abtreibungsklinik ausschließlich für Teenager eröffnet. 300 Mädchen frequentierten das Spital, unter den vorgenommenen Abtreibungen war ein fünf Monate alter Fötus [bzw. ungeborenes Kind]." [50]

Die letzten Jahrzehnte zeichnen sich allerdings nicht nur durch den mittlerweile weltweit praktizierten Massenmord an den Ungeborenen aus, sondern durch die Geringschätzung des Lebens an sich, wie auch die „Gesellschaft für bedrohte Völker" [51] beklagt: „**Das 20. Jahrhundert ist das Jahrhundert der Genozide**. Zwar hat die UN-Vollversammlung vor 50 Jahren die 'Konvention über die Verhütung und Bestrafung des Völkermordes' verabschiedet. Doch kaum ein UN-Vertragswerk fand so wenig Beachtung wie diese Genozidkonvention. **2,5 Milliarden Menschen sollen seit Beginn der Geschichtsschreibung insgesamt durch Krieg, Kriegsverbrechen und Völkermord ums Leben gekommen sein** [Anm.: Der Schweizer Gelehrte Jean-Jacques Babel kommt sogar zu dem Schluß, daß die

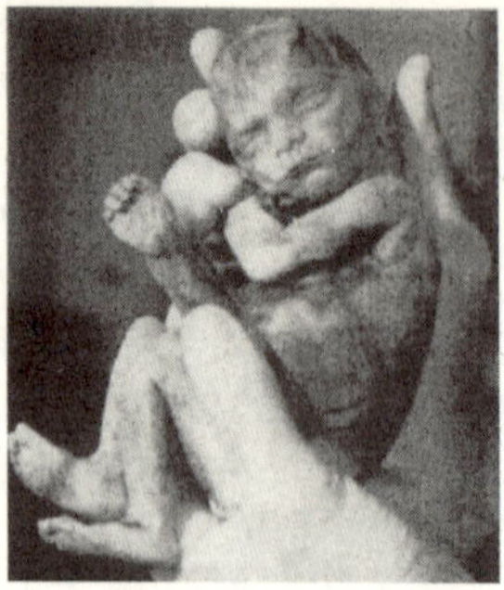

Der weltweit stattfindende Massenmord an den Ungeborenen ist nach dem Mord am Gottessohn Jesus Christus das wohl schlimmste Verbrechen der ganzen Menschheitsgeschichte. Das linke Photo zeigt Leichenteile von im Mutterleib zerfetzter Kinder. Rechts: Die Ungeborenen sind keine „Föten", sondern menschliche Wesen, denen das elementare Recht auf den Schutz ihres Lebens zusteht. (Wie kann man dem deutschen Volk allen Ernstes weismachen, Adolf Hitler sei „das größte Monster" des 20. Jahrhunderts gewesen, wenn gerade in den letzten 40 Jahren - seit dem Bericht von „Iron Mountain" - weltweit mehr als 1 000 000 000 Menschen gezielt ermordet wurden?!?).

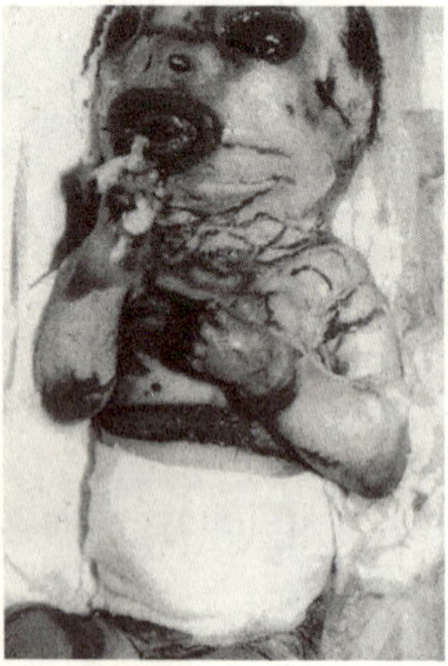
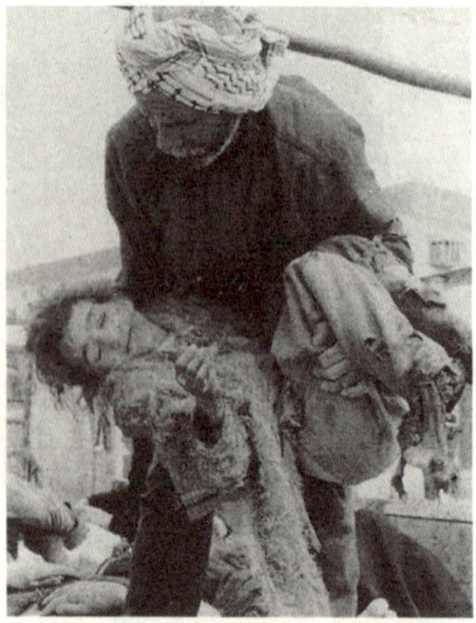

Links: Durch den Einsatz von Uran-Munition der US-Streitkräfte während des ersten Golf-Kriegs kamen im Irak in den letzten 10 Jahren eine große Anzahl Kinder entweder mißgebildet oder tot auf die Welt. Einige der Neugeborenen waren grausam entstellt, wie dieses Bild zeigt. Das rechte, während des nunmehr dritten Irak-Kriegs - bei dem abermals die gefürchteten Uran-Geschosse eingesetzt wurden - gemachte Photo, zeigt einen Iraker, der sein durch einen Bombenangriff der US-Amerikaner getötetes Kind aus den Trümmern birgt. Bei diesem mittels fadenscheiniger Begründungen angezettelten Gemetzel in dem völlig verarmten und wehrlosen Land am Euphrat und Tigris starben rund 10 000 Zivilisten und Zehntausende irakische Soldaten.

(Quellenhinweise: Oben links: http://carmical.net/features/abortionisprolife.html; Oben rechts: ebd.; Unten links: http://www.davidicke.com; Unten rechts: ebd.)

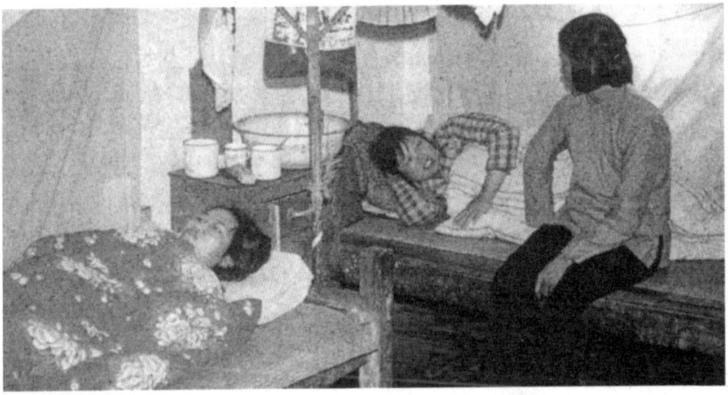

*Frauen, die im kommunistischen China auf „reproduktive Dienste" warten. Das kommunistische China vertritt die unmenschliche Ein-Kind-Politik, die Zwangs-Abtreibungen und Kindesmord mit einschließt. Sie wird von den Vereinten Nationen gebilligt und vom UN-Bevölkerungsfonds als Vorbild der erfolgreichen „Stabilisierung" einer Bevölkerung gepriesen. Angesichts dessen ist es kein Wunder, daß die chinesische Staatsführung auch immer wieder brutal gegen Christen vorgeht, so jüngst Ende Februar 2004, als es hieß, zwei bekannte christliche Bürgerrechtler würden in China wegen des „Verrats von Staatsgeheimnissen" vor Gericht gestellt werden. „Die beiden hatten Informationen über die Unterdrückung verbotener Hauskirchen und den Abriß von mindestens [!] elf Gotteshäusern in der ostchinesischen Provinz Zhejing gesammelt."**

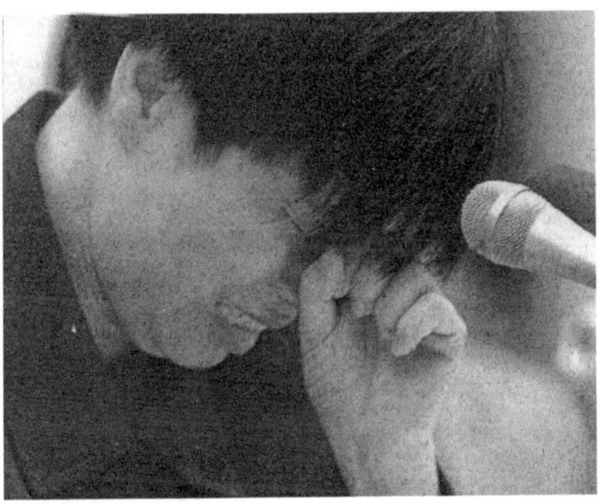

Links: Vor einigen Jahren beschrieb Gao Ziao Duan, ein ehemaliger Beamter der chinesischen Regierung, der für „Bevölkerungsmaßnahmen" zuständig war, völlig aufgelöst vor dem US-Kongreß die satanische Abtreibungspraxis im kommunistischen China. Er schildert, wie er an Programmen der Zwangsabtreibung teilnahm, zu denen auch die Zerstörung der Heime von Frauen gehörten, die verdächtigt wurden, ohne Erlaubnis des Staates schwanger geworden zu sein. Insgesamt wurden in China seit 1970 rund 280 000 000 Kinder im Mutterleib getötet (theoretisch wären damit die gesamten USA entvölkert!). Rechts: Die weltweite Förderung der Homosexualität, vor allem durch die rechtliche Gleichstellung mit der Ehe, dient ebenfalls der im Bericht von „Iron Mountain" geforderten radikalen Entvölkerungspolitik. Schließlich können Schwule und Lesben keine eigenen Kinder bekommen.

(Quellenhinweise: Oben: The New American, 3. Juli 2000, S.37; Unten links: ebd. 26. August 2002, S.5; Unten rechts: ebd. 3. Juni 2002, S.7; *: RTL Text, 25.2.04, S.128)

Menschheit in den letzten 5 600 Jahren rund 14 500 Kriege mit dreieinhalb Milliarden Toten aufzuweisen hat!]. Nach Berechnungen des nordamerikanischen Friedensforschers Kende vom Brooking-Institut in Washington D.C. wurden allein **zwischen 1945 und 1980** in 127 Kriegen und Konflikten **mindestens [!] 32 Millionen Menschen getötet**, eine eher zurückhaltende Schätzung. Die meisten wurden Opfer von Kriegsverbrechen und Genozid. 1995 zählte Rüdiger Dingeman in seinem Handbuch 'Krisenherde der Welt' bereits 190 Kriege seit Ende des Zweiten Weltkrieges. ...

Das ganze Ausmaß der Verbrechen des zweiten großen totalitären Herrschaftssystems, das weltweit 100 Millionen [Anm.: nach einigen Schätzungen sogar bis zu 200 Millionen] Opfer forderte, wurde größeren Teilen der deutschen Öffentlichkeit ... wohl erst 1998 mit dem Erscheinen des 'Schwarzbuchs des Kommunismus' deutlich. Der Genozid an Millionen ukrainischer Bauern oder die Deportationen von 48 ethnischen Gruppen nach Zentralasien waren zwar von Augenzeugen und Historikern ausreichend dokumentiert, wurden aber auch in Deutschland weitgehend tabuisiert - wegen ideologischer Vorbehalte oder um die Ostpolitik nicht zu stören. ...

Die Volksrepublik China beging im Zuge der Besetzung und Annexion Tibets 1950/51 Völkermordverbrechen an etwa 1,2 Millionen Tibetern. Bis heute begeht das kommunistische Regime in Tibet, aber auch in Ostturkistan (Provinz Xinjiang) und in der Inneren Mongolei brutale Menschenrechtsverletzungen. 1971 unterstützte Peking die pakistanische Regierung bei der Niederwerfung Ostbengalens durch Waffenlieferungen und politische Schützenhilfe bei den Vereinten Nationen. Bis zur Intervention Indiens starben etwa zwei Millionen Bengalen. China lieferte Waffen an die Roten Khmer in Kambodscha und war ihr Fürsprecher bei den Vereinten Nationen."

Da das **kommunistische China** also bereits eine **lange Tradition des Völkermords** hat, sollte uns dessen brutales Vorgehen gegen die Ungeborenen nicht überraschen, wobei zum Massenmord an den Kindern im Mutterleib grundsätzlich zu sagen ist, daß man heute dank modernster Technologie weiß, daß das Herz des Ungeborenen bereits achtzehn Tage nach der Befruchtung zu schlagen beginnt, daß Gehirnwellen ab dem vierzigsten Tag gemessen werden können und daß alle (!) Körpersysteme mit acht Wochen vorhanden sind und ab der elften Woche arbeiten. Folglich gibt es nicht den geringsten Zweifel: jede einzelne Abtreibung ist Mord an einem menschlichen Wesen!

Übrigens: Welche Sonderstellung ungeborenes Leben bzw. das Leben an sich im „modernen“ Deutschland hat, zeigt schon allein, daß Bundesgesundheitsministerin Ulla Schmidt (SPD) gegen weitere Sonderregelungen bei der Praxisgebühr war. „Das Rezept für die Pille soll die einzige [!] Ausnahme bei der Praxisgebühr bleiben. Bei der Anti-Baby-Pille sei die Situation anders gelagert, sagte Schmidt ... in Berlin. Schmidt bezeichnete es als Aufgabe des Staates, ungewollte Schwangerschaften zu verhindern. Sie glaubt den Staat dazu verpflichtet.

Für lebensnotwendige Medikamente gegen Asthma oder Schilddrüsenfehlfunktionen für chronisch Kranke lehnt sie es ab, diese von der Gebühr freizustellen.

Kranke werden von diesem Staat schlechter behandelt als Frauen, die nicht schwanger werden wollen.“ [52] Daraus ersieht man, welch antichristliche Gesinnung in Deutschland mittlerweile vorherrscht!

Zu diesem Bild paßt auch, daß man Anfang Juni 2004 davon erfahren mußte, daß die Bundesregierung laut „Bild“-Zeitung die Möglichkeit prüft, „die ‘Pille danach’ von der Verschreibungspflicht zu befreien.

Die sogenannten Notfallkontrazeptiva hätten einen ‘hohen Stellenwert bei der Wahrung der sexuellen und reproduktiven Rechte [!] von Frauen’ ... , begründet das Gesundheitsministerium dem Bericht zufolge sein Vorhaben.

Die Länder müßten der dazu notwendigen Rechtsverordnung noch zustimmen.“ [53] Nie hört man unsere Regierenden aber vom „Lebensrecht des ungeborenen Kindes“ sprechen!

Jedenfalls ist für Kindesmord in unserem Land immer genug Geld da! „Für Familien, Kindergärten und Schulen nicht. Auch die Sozialleistungen in Deutschland werden immer mehr gestrichen und gekürzt, außer die Sozialleistungen für Kindesmord - Kindermord muß weiterhin in voller Höhe von der Allgemeinheit bezahlt werden, dafür reicht das Geld immer!“ [54]

Da unser Vater im Himmel uns dazu ermahnt, mit den unfruchtbaren Werken der Finsternis nichts gemein zu haben, sondern sie vielmehr ans Licht zu bringen (Eph 5, 11), dürfen wir gegenüber alledem nicht schweigen, sondern müssen mit scharfen Worten anklagen. Wir dürfen uns nicht wie die Mehrheit der Deutschen verhalten, die den Massenmord an den Ungeborenen stillschweigend duldet und kritiklos hinnimmt, daß ihr Steuergeld für die Tötung völlig wehrloser

Kinder verwandt wird, was zudem auf lange Sicht dazu führt, daß unserem Volk der Garaus gemacht wird.

In diesem ganzen Zusammenhang ist auch zu bedenken, daß die gezielt herbeigeführte Armut in Deutschland ebenfalls dazu dient, daß weniger Kinder in die Welt gesetzt werden: „Immer mehr deutsche [!] Männer verschieben offenbar wegen fehlender finanzieller Sicherheit ihre Kinderwünsche.

Auch Arbeitslosigkeit oder schlechte Berufsaussichten bremsten bei Männern den Kinderwunsch, so der Berliner Soziologe Schmitt. Es sei zu vermuten, daß damit auf längere Sicht auch **mehr Männer kinderlos** bleiben als früher. **Die ohnehin magere Geburtenrate in Deutschland würde so weiter sinken.**" [55] Deutschlands über lange Jahre hinweg absichtlich herbeigeführte Wirtschaftsmisere erfüllt also einen weiteren für die Hintermänner der Weltpolitik ganz entscheidenden Zweck.

Und somit ist es kein Wunder, daß in keinem (!) anderen Land der Welt der Anteil kinderloser Menschen an der Gesamtbevölkerung so hoch ist wie in Deutschland. „'**Jede dritte Frau in der Bundesrepublik bleibt kinderlos**, bei Akademikerinnen sind es sogar 40 Prozent', so die Deutsche Gesellschaft für Demographie.

Neben Anpassungen bei den Renten- und Pflegekassen sowie besseren Rahmenbedingungen für berufstätige Mütter sei ein Bewußtseinswandel der Bevölkerung nötig. **Heute sei es nicht mehr normal, Kinder zu haben.**" [56]

Das wiederum hat zur Folge, daß in immer weniger Haushalten in Deutschland Nachwuchs anzutreffen ist: „**Nur noch in jedem dritten Haushalt in Deutschland leben Kinder.** Der Anteil jener Haushalte, in denen Männer, Frauen oder Paare alleine leben, stieg seit 1998 von 62,9 auf 65,2 Prozent an. Das geht aus dem 'Statistischen Jahrbuch 2003' hervor, das in Berlin vorgestellt wurde." [57]

Nach mehr als 60 Jahren der Umerziehung zeigt sich, daß gerade in Deutschland das von der „Synagoge Satans" (Offb 3, 9) bereits vor Jahrhunderten aufgestellte Ziel der Zerstörung der Familie weitgehend verwirklicht wurde: „In Deutschland werden immer weniger Kinder geboren und Ehen geschlossen. Die Zahl der Lebendgeborenen habe im vergangenen Jahr [Anm.: 2003] nur noch 715 000 betragen, 9000 oder 1,3 Prozent weniger als im Jahr zuvor, berichtete das Statistische Bundesamt in Wiesbaden. Die Zahl der Eheschließungen ging auf 383 000 zurück nach 388 000 im Jahr 2002.

Angestiegen sind hingegen die Sterbefälle auf 858 000. Das sogenannte Geburtendefizit wuchs damit um 23 000 auf 143 000." [58]

Wenden wir uns aber nun der entscheidenden Frage zu, was überhaupt von der Kampagne zu halten ist, die Weltbevölkerung müsse massiv verringert werden, um die Ernährung der Menschheit nicht zu gefährden. Immerhin leben bereits mehr als sechs Milliarden Menschen auf unserem Planeten, viel zu viel, glaubte man den Verlautbarungen unserer Oberen.

Nun, Tatsache ist, die Behauptung einer „Überbevölkerung unseres Planeten" wurde schon vor Jahrzehnten von mehreren Fachleuten als Lüge entlarvt. So lebten im August 1985 noch vier Milliarden Menschen auf der Erde, wie der amerikanische Enthüllungsautor A. Ralph Epperson darlegt: „Oregon ist ein ziemlich kleiner Bundesstaat in den Vereinigten Staaten, wenn man ihn mit all den anderen vergleicht. Er hat eine Gesamtfläche von 95 607 Quadratmeilen innerhalb seiner Landesgrenze. Die Welt hat etwa 4 000 000 000 Bewohner. Wenn die gesamte Weltbevölkerung, alle vier Milliarden Leute, nach Oregon ziehen und den Rest unseres Planeten vollkommen leer hinterlassen würden, könnte eine vierköpfige Familie ein Stück von Oregon in der Größe von etwa 50 Fuß (15,25 Meter [1 Fuß= 12 Zoll = 30,5 cm]) mal 53 Fuß (16,165 m) haben. Dies ist in etwa die Hälfte der Größe einer typischen Wohnungsparzelle in einer Unterteilung." [59]

Dr. Jaqueline R. Kasun beschäftigte sich in der März/April 1996 Ausgabe des Magazins „ECO-Logic" ebenfalls mit der Frage, ob die Welt überbevölkert sei. In ihrem Artikel weist sie darauf hin, daß das Gebiet, das von allen Menschen unseres Planeten bevölkert wird, etwa ein Prozent der Erde ausmacht. „'Die gesamte Weltbevölkerung könnte in den Bundesstaat Texas hineinpassen und jeder Person könnte der Raum zur Verfügung gestellt werden, den die durchschnittliche amerikanische Familie besitzt (ungefähr 1300 Quadratfuß). Der Rest der Welt wäre dann völlig menschenleer. Die Dichte im Staate Texas würde rund 20 000 Personen je Quadratmeile betragen. Im Vergleich dazu: in San Francisco leben 16 000 Menschen je Quadratmeile, in der Innenstadt von London rund 20 000 und in Brooklyn mehr als 30 000 Menschen je Quadratmeile.'

Hinsichtlich der abnehmenden Bevölkerungszahl erklärt sie: 'Im Jahre 1960 hatte die durchschnittliche amerikanische Frau drei oder vier Kinder. Bis zum Jahre 1992 ist diese Zahl auf zwei Kinder gesunken. In Europa liegt die Geburtenrate momentan bei weniger als zwei Kinder je Frau. Im Jahre 1960 hatte die spanische Frau noch drei Kinder. Heutzutage beträgt die Geburtenrate in Spanien 1,4 und in Italien 1,3.' 'In Entwicklungsländern ist der gleiche Trend zu beobachten. So betrug die Geburtenrate 1992 in Mexiko 3,3 Kinder je Frau, etwa die Hälfte der Rate von 1960; in Süd-Korea liegt die Rate bei 1,7 Kinder, weniger als ein Drittel der Rate von 1960.'" [60]

In einigen Ländern nimmt aber nicht nur die Geburtenrate, sondern auch die durchschnittliche Lebenserwartung immer weiter ab. Vor allem das Beispiel Rußlands zeigt, wie sehr ein Volk unter der Knechtschaft der „Synagoge Satans" zu leiden hat, die dort seit dem Abschluß der ersten erfolgreichen kommunistischen Revolution im Jahre 1917 die unumschränkte Macht innehat. Waren die gesundheitlichen und wirtschaftlichen Bedingungen bereits zu Sowjetzeiten besorgniserregend, hat sich die Lage im Jahrzehnt seit „Perestroika" noch dramatisch verschlimmert: „Infolge der extrem ungünstigen ökologischen und hygienischen Situation ist in Rußland eine rasche und stetige Zunahme vieler Infektionskrankheiten - Cholera, Typhus, Diphterie usw. - zu verzeichnen, die der praktizierende Arzt zu Sowjetzeiten nur aus Lehrbüchern kannte. Besonders alarmierend ist, daß diese Zunahme in erster Linie bei Kindern zu beobachten ist - die Fälle von Diphterie sind auf das 4,2fache, von Masern auf das 3,7fache, von Bauchtyphus auf das Dreifache, von Krätze auf das 2,6fache und von Keuchhusten auf das 1,6fache gestiegen. ... Schon 1994, als es im Sommer zu einer Epidemien begünstigenden Situation kam, wurden wir Zeugen des Ausbruchs der Cholera in Dagestan", schrieb der russische Politiker Alexander Ruzkoi vor mehr als acht Jahren über die Verhältnisse in seiner Heimat (trotz des neuen „starken Mannes" Wladimir Putin hat sich an der Situation bis zum heutigen Tage nicht viel geändert!). Ruzkoi fährt fort: „Massenerkrankungen, fortschreitender Verfall des Gesundheitswesens, blühendes Privatpatiententum für die wenigen Reichen und völlige Gleichgültigkeit des Staates gegenüber der Gesundheit der überwiegenden Mehrheit seiner Bürger [Anm.: Kommt uns Deutschen diese Situation nicht irgendwie bekannt vor?!] - heißt das Demokratie? Sind das die berühmten Menschenrechte?

Trotz des schroffen Rückgangs der Geburtenziffern, mit dem die Geburtenkliniken beträchtlich entlastet wurden, so daß die Gebärenden - und die geborenen Kinder - doch eigentlich besser hätten versorgt werden können, ist die Säuglingssterblichkeit [plangemäß!] nicht zurückgegangen, sondern ständig im Steigen begriffen. Wenn 1991 noch von tausend Neugeborenen 16 starben, dann sind es heute über 20.

Außergewöhnlich hoch liegt die Müttersterblichkeit. Im Jelzinschen Rußland sterben Mütter bei der Geburt fünfmal häufiger als in den USA, zehnmal häufiger als in England und 25mal häufiger als in den skandinavischen Ländern. In den Regionen jenseits des Urals liegt dieser Wert noch einmal so hoch: Ein würdiges Beispiel für den Sieg der Regionalpolitik der Regierung. Am schrecklichsten aber ist die fortschreitende Disqualifizierung der Ärzte. Bezüglich der Müttersterblichkeit belegt die Statistik mit unerbittlicher Deutlichkeit, daß bei 80 % der Verstorbenen nicht einmal die richtige Diagnose gestellt wurde.

Nach dem Zusammenbruch der UdSSR und dem Beginn der 'Therapie' von Wirtschaft und Gesellschaft nahm der Rückgang der mittleren Lebenserwartung geradezu katastrophale Züge an. Innerhalb eines einzigen Jahres - von 1993 auf 1994 - verringerte sich die durchschnittliche Lebenserwartung bei Männern um 3,6 und bei Frauen um 2 Jahre. Heute erreicht der russische Mann ein Durchschnittsalter von nur 59 Jahren.“ [61]

Trotz alledem: In den letzten Jahrzehnten wurde unentwegt Propaganda betrieben, um den Leuten zu suggerieren, sie dürften nicht soviele Kinder zeugen, um die Ernährung der Weltbevölkerung nicht zu gefährden. „Und die 'Rockefeller-Familie unterstützt Bewegungen zur Bevölkerungskontrolle indem sie den *Population Council*, *Planned Parenthood* und das *Population Reference Bureau* finanziert'. Aber diejenigen in China, die weibliche Babys ermorden, weil sie das falsche Geschlecht haben, sind nicht allein. Andere eifern ihrem Verhalten in Amerika nach: Laut einem Artikel in der *Washington Post* haben 'Ärzte im ganzen Land (den Vereinigten Staaten) damit begonnen, einigen schwangeren Frauen ihre Ungeborenen zu ermorden, weil die Eltern sich ein Kind des anderen Geschlechts gewünscht hatten'.

Aber sind solche extremen Maßnahmen überhaupt notwendig? Müssen wir die Bevölkerungszahl der Welt kontrollieren, unabhängig davon, wieviele Menschen es gibt, weil die Menschen auf einem Planeten leben, der bald so übervölkert sein wird, daß es keinen Raum für die Produktion von Nahrungsmitteln mehr geben wird? Verhungern die Menschen unseres Planeten?

Bob Berglund, der Landwirtschaftsminister unter Präsident Jimmy Carter, war einer derjenigen, die daran glaubten, daß die Nahrungsmittelvorräte sogar zunehmen. Er wird wie folgt zitiert: 'Tatsächlich hatten die vier Milliarden Menschen, die die Erde im Jahre 1978 bevölkerten, etwa ein Fünftel mehr an Nahrung je Person zur Verfügung als die 2,7 Milliarden Bürger, die vor 25 Jahren auf unserem Planeten lebten'." [62]

Ein weiterer Experte bestätigt, daß die Nahrungsmittelversorgung der Weltbevölkerung auch in Zukunft noch gewährleistet sein wird: „Roger Revelle, der ehemalige Leiter des 'Harvard-Zentrums für Bevölkerungsstudien' schätzt, daß **die weniger entwickelten Kontinente, diejenigen, deren gegenwärtige Nahrungsmittelvorräte am gefährdetsten sind (hauptsächlich aufgrund des Mangels einer modernen Technik, der Kriege und der inneren Instabilität),** ***in der Lage sind, 18 Milliarden Menschen zu ernähren*****, mehr als viermal soviel wie ihre derzeitige Population.**" [63]

„**'Wir könnten heute locker 28 Milliarden Menschen ernähren'** (Bevölkerungswissenschaftler Colin Clark). Zum Beispiel schon mit den Essensabfällen der USA (Ph. Mikas). Roger Revel: **'Die Erde kann 40 Milliarden Menschen ernähren.'** Ein Mensch benötigt 0,25 ha Ackerland. Afrika hat 789 Millionen ha nutzbare Fläche (nicht gerechnet die dort möglichen 2-3 Ernten pro Jahr). Das ermöglicht Nahrung für mindestens 3 Milliarden Menschen! Technisch könnte man den Hunger besiegen, aber es wird aus politischen Gründen nicht gemacht (**Dogma der Überbevölkerung**)." [64]

„Über die zukünftige zahlenmäßige Entwicklung der Weltbevölkerung gibt es weit auseinander driftende Zahlen", geben die „Politischen Hintergrundinformationen" zu bedenken [65]. „Während die UNO und ihre Unterorganisationen FAO und WHO behaupten, man müsse unbedingt etwas zur Reduzierung der Menschheit unternehmen und die Vermehrung stoppen, kommt das 'International Institute for Applied Systems Analysis' in Laxenburg bei Wien zu ganz anderen Prognosen. Aufgrund der Überalterung der Menschheit würde die Bevölkerung bis etwa 2070 - 2080 noch zunehmen, dann aber rückläufig werden. Um das Jahr 2100 würde die Weltbevölkerung bereits 15 % geringer sein als heute. Die Studie wurde erarbeitet von Wolfgang Lutz und Mitarbeitern und wurde auch im britischen Wissenschaftsmagazin 'Nature' veröffentlicht."

„Unter Demografen, Politikern und Entwicklungshelfern ist derzeit ein großes Umdenken im Gange" bestätigt das Wochenmagazin „Der Spiegel" [66]. „In vielen Köpfen steckt immer noch das Horrorszenario von der 'Bevölkerungsexplosion'. Elf, womöglich gar zwölf Milliarden Menschen würden schon bald einem Heuschreckenschwarm gleich die Ressourcen des Planeten verzehren. Krieg um Wasser, Nahrung und Rohstoffe sollten die Folge sein.

Doch nun dämmert es vielen, daß die Verteilungskämpfe der Zukunft eher um Rente und Altenheimplatz ausgetragen werden - nicht nur in den Industrienationen, sondern zur Überraschung vieler auch in den Schwellen- und Entwicklungsländern.

Bis zum Jahr 2050 wird sich 'eine stille Revolution' vollzogen haben, wie es Uno-Generalsekretär Kofi Annan ausdrückt: In nur zwei Generationen wird es weltweit mehr alte Menschen als junge Leute geben.

'Dieses in der Menschheitsgeschichte einzigartige Phänomen läßt sich von seinen Auswirkungen auf Gesellschaft, Wirtschaft und Politik höchstens mit der letzten großen Pestwelle des Mittelalters vergleichen', erklärt Axel Börsch-Supan vom Mannheim Research Institute for the Economics of Aging.

Das Wachstum der Weltbevölkerung wird nach den neuesten Uno-Zahlen bei acht bis neun Milliarden Menschen Halt machen. 'Demografen haben unterschätzt, wie stark die Geburtenzahlen auch in den bevölkerungsreichen Entwicklungsländern sinken', erklärt Nitin Desai, ein Unter-Generalsekretär Kofi Annans, zuständig für Wirtschaft und Soziales."

Wenn Experten also davon sprechen, es könnten locker 28 oder sogar 40 Milliarden Menschen ernährt werden, während heute gerade mal sechs Milliarden Bewohner unseren Planeten besiedeln, sehen wir, wie wir von unseren Oberen *auch hinsichtlich der „Überbevölkerung unseres Planeten"* lange Zeit an der Nase herumgeführt wurden. Diese boshafte Behauptung wurde gezielt unters Volk gestreut, um die Menschen zu verängstigen und sie zum Benutzen von aller Arten von Verhütungsmitteln zu animieren, die allein dazu dienen, daß weniger Kinder gezeugt werden (was indes der eigentliche Zweck des Geschlechtsverkehrs sein sollte!).

Daher verwundert es nicht, daß selbst das vielgerühmte „luststeigernde" Potenzmittel Viagra sich nach einer Anfang April 2004 veröffentlichten britischen Studie schädlich auf die Fruchtbarkeit auswirken könnte. „Männer, die Kinder zeugen wollten, sollten mit der Einnahme deshalb 'vorsichtig' sein.

Das sagte die Leiterin der Studie, Sheena Lewis von der Queen's University in Belfast. ... Die Studie wurde bei der Jahrestagung der Britischen Fruchtbarkeitsgesellschaft veröffentlicht. Grundlage waren 45 Samenproben, die geteilt wurden: Die eine Hälfte wurde jeweils mit Viagra behandelt, die andere nicht.

Das Ergebnis: Bei den mit Viagra behandelten Samenproben wurde bei bis zu 79 Prozent der Samenzellen der Prozeß des Eindringens in die Eizelle beeinträchtigt. Die dafür nötigen Enzyme wurden zu früh freigesetzt, sodaß bei Erreichen der Eizelle keine mehr vorhanden waren.“ [67]

Was also ist angesichts all dessen von dem von Organisationen wie dem Club of Rome angestrebten „Nullwachstum“ im Hinblick auf die Weltbevölkerung zu halten? „Jede Gesellschaft, die 'Nullwachstum' oder gar negatives Wachstum erfährt, geht notwendig unter, dafür gibt es genügend Beispiele in der Geschichte. Sie geht unter, weil 'Nullwachstum' nicht nur gegen die Vernunft, sondern auch gegen die Gesetzmäßigkeit des Universums verstößt. ... Der Hauptgrund, warum in den sogenannten Industrienationen zunehmend die Tendenz besteht, das Bevölkerungswachstum in den Entwicklungsländern nicht als potentiellen Zuwachs an Reichtum der gesamten menschlichen Gesellschaft zu sehen, sondern als 'überflüssige Esser', liegt in der Ausbreitung eines neuen Nihilismus, der von den Katastrophentheorien des Club of Rome und seinen Nachfolgern genährt und verstärkt wird. Als Folge dessen meinen viele Menschen, im Leben keinen höheren Sinn mehr zu finden, und immer mehr dominiert eine Vorstellung in den Medien, die den Menschen in immer furchtbarerer Niedrigkeit zeigt. Und zugleich scheint der Wert eines Menschenlebens immer weiter abzusinken.“ [68]

Fazit: Das diabolische, durch nichts zu rechtfertigende Ziel einer radikalen Reduzierung der Weltbevölkerung dient einzig und allein dem Ansinnen der „Elite“ - die gerade einmal einige zig Tausend Personen ausmacht -, eine kontrollierbare Anzahl von Erdenbürgern zu erhalten. Und um dieses Vorhaben durchzusetzen, kommen Verhütungsmittel (wie die Pille, Kondome und das Hormon-Pflaster), Massen-Sterilisationen, verseuchte Impfstoffe, Abtreibungen, Völkermorde und Hungersnöte in den Ländern der Dritten Welt zum Einsatz. Darüber hinaus wird besonders in den Industrieländern für eine immer stärkere Verbreitung des Elektro-Smogs gesorgt, und werden den Lebensmitteln giftige Zusatzstoffe beigemischt, die den Menschen unfruchtbar machen und seine Gesundheit auch in anderlei Hinsicht in hohem Maße schädigen können. Die Reduzierung der Anzahl von Erdenbürgern wurde im Bericht von „Iron Mountain“ als Ersatz für die „eugenische Funktion des Krieges“, der der Gesamtbevölkerungskontrolle diente, ausdrücklich gefordert.

5.) Die Eroberung des Weltalls

Im Bericht von „Iron Mountain" heißt es, eine Serie von gigantischen Weltraumforschungs-Programmen sei ein möglicher Ersatz für die Funktion des Krieges im Bereich der Wirtschaft. „Sie haben ihre Nützlichkeit bereits in bescheidenerem Rahmen innerhalb der Rüstungswirtschaft erwiesen. Man hat auch schon die Entwicklung einer Serie von Raumforschungsprojekten mit größtenteils unerreichbaren Zielen erwogen, jedoch noch nicht in Angriff genommen. Ein solches Programm bietet einige Vorteile, die Wohlfahrtsprogrammen fehlen. Erstens ist es unwahrscheinlich, daß es sich eines Tages von selbst erübrigt, trotz der vorhersagbaren 'Überraschungen', die die Wissenschaft stets auf Lager hat; denn das Weltall ist einfach zu groß. Im Falle, daß einzelne Vorhaben unerwarteterweise gelingen, würde doch kein Mangel an neuen Aufgaben herrschen. Falls die Besiedlung des Mondes planmäßig voranschreitet, könnte es z. B. 'notwendig' werden, eine **Landebasis auf dem Mars** oder dem Jupiter einzurichten usw. Zweitens wäre dieses Programm von der Angebot-und-Nachfrage-Wirtschaft nicht mehr abhängig als der militärische Prototyp. Drittens ist es zu zentraler Kontrolle geradezu prädestiniert.

Die Raumforschung ist bisher das beste moderne Pendant zum Pyramidenbau und ähnlichen rituellen [!] Unternehmungen der antiken Völker. Die Bedeutung der Raumforschung für die Wissenschaft steht, auch in Anbetracht dessen, was bereits erreicht worden ist, außer Zweifel." [1]

Die vorgeschlagenen „gigantischen Weltraumforschungs-Programme" sollen die Massen nicht nur fesseln, in Erstaunen versetzen und ihre Abenteuerlust wecken, sondern die einzelnen Völker als Einheit zusammenbringen. Das Ziel besteht darin, deren Energie auf ein gemeinsames Projekt zu dirigieren, wobei es sich um ein völlig wertloses Projekt handeln könnte, wie auch das Wettrüsten letzten Endes ein völlig sinnloses Projekt gewesen war, das der Rüstungsindustrie über Jahrzehnte hinweg Billionen von Dollar in die Kassen brachte. Und auf diese Weise könnten die Leute kontrolliert werden.

Es ist wohl kein Zufall, daß US-Präsident John F. Kennedy 1961, also nur zwei Jahre vor Beginn der ersten Tagung der „Denker vom Eisernen Berg", verkündete, „daß Amerika noch vor Ende des Jahrzehnts auf dem Mond landen werde - und den Russen somit zuvorkommen werde: Der Auftakt zu einer weiteren Runde im Kalten

Krieg und eine zu jenem Zeitpunkt eher waghalsige Behauptung. Selbst die **NASA errechnete eine 0,0017-prozentige Chance** auf Landung.

Seit diesem Tag wurde der wissenschaftliche Nutzen dieses Vorhabens permanent in Frage gestellt. Insgesamt verschlang die **Mondlandung 24 Milliarden Dollar** [Anm.: tatsächlich sogar bis zu 30 Milliarden Dollar, was im Vergleich zu heute etwa 100 Milliarden Dollar ausmachen würde!]. Verständlich, daß man für diese gigantische Summe Erfolge sehen wollte. Hinzu kam, daß Kennedys Politik verstärkt kritisiert wurde, so daß ein Sieg über die kommunistische Sowjetunion in Sachen Mondlandung immens wichtig war.

Die Raumschiffe Apollo 1 bis Apollo 7 führten in den Jahren 1964 bis 1968 unbemannte Probeflüge durch.

Apollo 7 bis 10 in den Jahren 1968 bis 1969 waren bemannt.

Apollo 11 schließlich startete am 16. 7. 1969 und setzte am 20. 7. um 21.18 Uhr (MEZ) auf dem Mond auf. Hier taucht das erste große Rätsel auf. Während Millionen Menschen gebannt an den Fernsehbildschirmen ausharrten, betrat erst am 21. 7. 1969, 3.56 Uhr, also nach über 6 1/2 Stunden, der erste Mensch den Mond.“ [2]

Es gibt viele weitere Merkwürdigkeiten: „Der Mond zeigt der Erde stets dieselbe Seite, daher könnte ein Betrachter auf dem Mond keinen Erdauf- und Untergang sehen.

Die Astronauten hatten vom ‘Erdaufgang’ geschwärmt und auch photographiert. Die angeblichen Bilder der Astronauten von der Mondoberfläche zeigen die Erde sogar an vielen verschiedenen Positionen.

Das wäre ja nicht verwunderlich, wenn sich der Mond (aus Sicht der Erde) um sich selbst drehen würde, denn dann könnte ein Betrachter vom Mond aus tatsächlich einen Erdaufgang und später auch einen Erduntergang sehen.

Aber wie jedermann sich beim Blick aus dem Fenster selbst überzeugen kann, zeigt der Mond der Erde stets dieselbe Seite. Das liegt daran, daß der Mond für einen Umlauf um die Erde dieselbe Zeit benötigt, wie für eine Umdrehung um sich selbst.

Wenn die Astronauten also einen Erdaufgang gesehen (und photographiert) haben wollen, dann hätte die Erde für die gesamte Dauer des Mondaufenthalts an exakt dieser Position verharren müssen. Aber nein - die Erde erscheint auf den Photos an allen möglichen Positionen.

Das ist aber unmöglich“ bekundet Knud Peter Schmid. [3]

In den letzten Jahrzehnten haben eine ganze Reihe angesehener Experten die Lügen der NASA bloßgestellt, wobei einer der wohl bekanntesten Kritiker der „Mondlandung“ der Amerikaner **Bill Kaysing** ist, ehemaliger leitender Ingenieur beim US-Konzern „Rockwell International“, einem der wichtigsten NASA-Zulieferer. Im Jahre 1981 brachte er das Buch heraus „We Never Went to the Moon - America's 30 Billion Dollar Swindle“ („Wir waren nie auf dem Mond - Amerikas 30-Milliarden-Dollar-Schwindel“), worin er unter anderem beanstandet, daß unter der Landefähre kein Krater zu sehen ist, der doch durch den hohen Druck der Bremsrakete entstanden sein müßte. (Tatsächlich ist unter keiner der Mondlandefähren ein Landekrater erkennbar!)

In seinem Buch „Hinter den Kulissen der Politik“ entlarvt auch **Hans Werner Woltersdorf** das Märchen von der Mondlandung und setzt uns unter anderem über den Geologieprofessor John L. Parker in Kenntnis, der in der Maine-Universität das Mondgestein untersucht und analysiert hat. „In diesem Institut arbeitete die Wissenschaftlerin Nelly Wason. Bei Forschungsarbeiten in der Atacama-Wüste im Norden Chiles stieß sie auf ein seltenes Gestein, von dem sie später feststellte, daß dessen Zusammensetzung genau dem entsprach, was Professor John L. Parker als Mondgestein [!] untersucht hatte. Parker war bereits gestorben, als Nelly Wason das entdeckte. Sie wurde mißtrauisch und stöberte in Parkers Nachlaß herum. Unter seinen Notizen fand sie den Beweis, daß Parker und ein PR-Mann der NASA namens Mark Lecoq sehr wohl wußten, daß das Mondgestein nicht vom Mond, sondern aus der chilenischen Atacama-Wüste stammte.“ [4]

„Die in Philadelphia erscheinende Zeitung *ABC News* berichtete bereits 1971 über eine Physikstudentin, die, begeistert von der Mondlandung, sich über die von der NASA veröffentlichten Zahlen und technischen Daten hermachte, über Gewichte der Mondlandefähre, Schubkraft, Anziehungskraft des Mondes, Treibstoffmenge und dergleichen. Sie überprüfte und rechnete nach, daß diese Daten allen möglichen physikalischen Gesetzen widersprachen und nicht stimmen konnten, ganz abgesehen davon, daß die angegebene Treibstoffmenge für ein solches Unternehmen niemals ausgereicht hätte. Ihr Professor, dem sie ihre Arbeit vorlegte, riet ihr, alles schnellstens zu vergessen. Doch die *ABC News* hat diese Arbeit veröffentlicht. Die NASA hatte nicht einmal ihre technischen Daten für die Mondlandung gefälscht.“ [5]

In einem Brief vom 6. Februar 1999 an Bayern 3 TV in München erhob Hans Werner Woltersdorf aus Anlaß der Nachtsendung „Space Night - Mondlandung“ folgende Fragen:

„1. Bereits am Tag der Originalübertragung 1969 hatte ich mich gefragt, warum Armstrong beim Ausstieg aus der Landefähre in eine 5 cm dicke Staubschicht treten konnte. Die Wucht der Bremsraketen müßte Staub und Geröll entsprechend den dort herrschenden ballistischen Sonderbedingungen mindestens etliche 100 Meter fortgeschleudert haben. Wie ist zu erklären, daß die Mondmänner auch in der näheren Umgebung der Fähre in Staubschichten treten und Spuren hinterlassen?

2. In der Schule habe ich gelernt, daß man auf dem Mond (nur 15 % der irdischen Schwerkraft) 6 Meter hohe Sprünge erreichen kann. Mit dem lästigen Raumanzug dürften die Mondmänner mindestens 3 Meter hoch springen können. Doch den Filmaufzeichnungen ist anzumerken, daß man durch Zeitlupenaufnahmen einen schwebenden Gang simuliert. Auch bei den Sprüngen und beim Hüpfen (natürlich in Zeitlupe) kommen die Mondmänner kaum über 30-40 cm. Dagegen gibt es Filmszenen, in denen ein Mondmann einen richtigen Sprint verübt (und anschließend - patsch! - auf die Nase fällt. Wie kann man bei der Fast-Schwerelosigkeit sprinten? Meines Erachtens müßte jeder Sprintschritt nach der irdischen Laufweise in die Höhe gehen und sich langsam wieder herabsenken.

3. Ich füge Ihnen eine Kopie des bekannten Bildes von Armstrong auf dem Mond bei. Auf dem farbigen Original ist weit deutlicher zu sehen, daß sich in seinem Helm eine Szene widerspiegelt, auf der, von Scheinwerfern beleuchtet, sich mehr Personen befinden, als auf dem Mond gewesen sein können. Ferner kann das Photo kaum auf dem Mond gemacht worden sein: Da es dort keine Lufthülle gibt, können die Bilder nur extrem helle und dunkle Partien abbilden, aber keine weichen Übergänge zeichnen, wie sie auf der Schattenseite von Armstrong zu sehen sind.“ [6] Eine Antwort auf diese Merkwürdigkeiten hat Herr Woltersdorf bis heute nicht erhalten!

„Der Filmemacher **Bert Sibrel** ist während seiner Recherchen bei der Raumfahrtbehörde NASA auf unveröffentlichtes Filmmaterial gestoßen, welches die Mondlandefälschung beweisen soll. Daraufhin fing er mit einem japanischen Fernsehteam den zweiten Mann auf dem Mond, Edwin Buzz Aldrin vor einem Hotel in Beverly Hills ab. Sibrel eröffnete ihm, daß die Mondlandung am 20. Juli 1969 ein kompletter Betrug gewesen sei, und hielt ihm die Bibel entgegen und bat ihn zu schwören, daß er auf dem Mond gewesen sei. Der 72jährige Astronaut lehnte dies aber energisch ab. Als Sibrel nicht locker ließ, schlug Aldrin ihn so ins Gesicht, daß er daraufhin ins Krankenhaus gefahren werden mußte." [7]

Im Jahre 2000 erschien das aufsehenerregende Buch „Der größte Betrug des Jahrhunderts? Die APOLLO-Mondflüge" von **Gernot L. Geise**. Darin kommt der Autor unter anderem auf die hohe Radioaktivität im All und auf dem Mond zu sprechen, gegen die es bis heute (!) keine wirksame Abschirmung gibt, und belegt, daß es sich bei einigen der auf dem Mond gemachten Photos um nichts weiter als mehr oder weniger geschickt arrangierte Fälschungen handelt.

Diese Ansicht vertreten auch die beiden britischen Autoren **David Percy** und **Mary Bennet** in ihrem Buch „Dark Moon" („Der Mond im Dunkeln"), in dem sie stichhaltige Beweise liefern, daß der Fernseh- und der photographische Bericht des Apollo-Programms gefälscht waren. Unter anderem beanstanden die Verfasser:

„1. Hasselblad-Kameras (Typenbezeichnung) wären in den extremen Temperaturen der Mondoberfläche überhaupt nicht einsetzbar. Die starke Strahlung hätte den Film verschleiert.
2. Auf der berühmten Portraitaufnahme von Buzz Aldrin erscheint das Bild so, als ob es jemand oberhalb von ihm aufgenommen hätte.
3. Fadenkreuze erscheinen offensichtlich HINTER den photographierten Objekten.
4. Jedes im Schatten befindliche Objekt auf der Mondoberfläche müßte vollkommen schwarz erscheinen. Das ist bei den meisten Photographien [aber] nicht der Fall." [8]

Eine Fülle von Indizien spricht also dafür, daß bis zum heutigen Tage noch nie (!) ein Mensch seinen Fuß auf den Mond gesetzt hat, daß mithin alle sechs bis zum Dezember 1972 durchgeführten Mondlandungen, bei denen insgesamt 12 Leute auf dem uns nächsten Himmelskörper gelandet sein sollen, bloße Fälschungen waren.

Wozu aber all das bzw. aus welchem Grund würde die NASA wohl das Märchen einer Mondlandung in die Welt setzen? Nun, es ging der US-Regierung bzw. ihren geheimen Hintermännern nicht darum, etwa den technologischen Fortschritt der USA gegenüber der Sowjetunion zu propagieren, wie einige heute meinen, sondern um die Verwirklichung der im Bericht von „Iron Mountain" dargelegten Pläne, d.h. zum einen sollte die ganze Erdbevölkerung langsam an den Gedanken der „Einen Welt" gewöhnt werden (jeder fünfte Erdenbürger - 500 bis 600 Millionen Zuschauer in 49 Ländern - saß gebannt vor dem Fernsehen; denken wir auch an die Worte des Astronauten Neil Armstrong, des angeblich ersten Menschen auf dem Mond: „Dies ist ein kleiner Schritt für einen Menschen, aber ein großer für die Menschheit"!); zum anderen ging es um die „Investition von riesigen Summen" in ein im Prinzip völlig unnützes Projekt (der Schwindel der diversen [!] Mondlandungen ließ zig Milliarden Dollar in dunkle Kanäle fließen!).

Die vermeintliche Landung der US-Amerikaner auf dem Mond war denn auch nur der Auftakt zu einer ganzen Reihe weiterer Prestige-Projekte, die allesamt mit der „Eroberung des Weltalls" zu tun haben:

*** Der Bau der Internationalen Raumstation „ISS"**

Am 20. November 1998 fiel der Startschuß zum Bau der Internationalen Raumstation, als eine russische Proton-Rakete das erste Teil in den Weltraum brachte. Damit begann das bislang größte technisch-wissenschaftliche Gemeinschaftsprojekt in der Geschichte der Menschheit, an dem 16 Nationen beteiligt sind. Dutzende Raketenstarts und Shuttleflüge waren notwendig, um alle Bauteile für die häuserblockgroße „ISS" ins All zu transportieren.

Was aber wird mit diesem Vorhaben offiziell bezweckt? „Die Raumstation soll in erster Linie der Wissenschaft dienen, wenngleich **viele Forscher nicht von dem Nutzen des Projekts überzeugt sind**. Manche fürchten gar, daß durch das Engagement im All Fördergelder für irdische Labors spärlicher fließen könnten. Die Befürworter der Raumstation erhoffen sich aber von den erstmals kontinuierlich möglichen Experimenten in der Schwerelosigkeit unter anderem wichtige Fortschritte bei der Behandlung von Herz-Kreislauf-Erkrankungen, Altersleiden und Störungen des Immunsystems. Physiker wollen neue Materialien mit maßgeschneiderten Eigenschaften, etwa reinere Kristalle für Mikrochips herstellen. Geologen versprechen sich eine bessere Beobachtung der Erde, und Astronomen hoffen auf die Entschlüsselung weiterer Geheimnisse des Universums. Zweifelsohne hat das **'ISS'-Projekt** auch **eine kulturelle, politische und wirtschaftliche Ausstrahlung**. Es fördert die Entwicklung von High-Tech in irdischen Labors. **Es eint die Nationen [!!!]** zu einer **friedlichen**

Kooperation im All, wo vormals ideologisch wettgeeifert wurde. Und es **ermöglicht** vielleicht sogar **die Philosophie einer neuen Weltkultur**, die mit einer **multinationalen Einrichtung** den begrenzenden Erdenkreis dauerhaft überwindet." [9]

*** Die Reise zum Mars und die Besiedlung des Kosmos**

„Im Jahre 1989 schon stellte der damalige US-Präsident George Bush den Amerikanern eine Reise zum Mars in Aussicht - was aber nur wenige begeisterte, weil Fachleute die Kosten auf mindestens [!] 400 Milliarden Dollar bezifferten.

Jetzt ist es wieder so weit. Anfang November [2004] wird gewählt, und diesmal hegt sein Sohn im Weißen Haus große Pläne für große Sprünge. 'Heute', erklärte US-Präsident George W. Bush vergangenen Mittwoch [Mitte Januar 2004] im Nasa-Hauptquartier in Washington, 'verkünde ich einen neuen Plan, den Weltraum zu erforschen und die Präsenz des Menschen innerhalb unseres Sonnensystems auszubauen.'

Ausgerechnet Bush, verantwortlich für ein Rekord-Haushaltsdefizit von etwa 500 Milliarden Dollar allein in diesem Jahr [2004], verspricht jetzt mehr als all seine Vorgänger zusammen: Eine Sparversion der Internationalen Raumstation ISS will er schnell noch zu Ende montieren. Dann, in zehn Jahren schon, soll ein neues Fluggerät als Shuttle-Ersatz zum Einsatz kommen. Bereits 2015 könnten Astronauten damit zum Mond fliegen. Bis 2020, so Bush, wird auf dem Erdtrabanten eine bewohnbare Station aufgebaut - und dazu eine Produktionsanlage, in der Raumschiffe zusammengesetzt und mit Energie versehen werden.

Auf dem Mond könnten die Astronauten das außerirdische Leben üben, um schließlich aufzubrechen 'zum Mars und zu Welten jenseits von ihm'. Bush hat für diese Fernziele keinen konkreten Zeitpunkt genannt, doch Weltraumenthusiasten hoffen, daß der erste Mars-Mensch bereits heute in den Kindergarten geht." [10]

„Esa-Planer Franco Ongaro geht davon aus, daß die nächste Etappe des Aurora-Programms (2005 bis 2009) rund 900 Millionen Euro kosten wird. Im vergangenen Sommer wurden erste Aufträge für Designstudien der nächsten unbemannten Mars-Missionen vergeben. Im Jahre 2009 soll der Nachfolger des verstummten 'Beagle 2'-Roboters auf dem Wüstenplaneten landen, um dort nach Lebensspuren zu suchen ('ExoMars').

Nach 2011 will die Esa dann etwas völlig Neues wagen: Ein Roboter-Raumschiff soll auf dem Nachbarplaneten Bodenproben einsam-

Links: Das Kernmodul der russischen Raumstation „Mir" („Frieden") wurde am 20. Februar 1986 in eine Erdumlaufbahn gebracht. „Am 16. Juni 2000 begab sich zum letzten Mal eine Besatzung auf die 'Mir'. Die vorerst letzte rein russische Station ist am 23. März 2001 nach drei planmäßigen Bremsschüben um 6:57 Uhr MEZ kontrolliert zum Absturz in den Süd-Pazifik gebracht worden und dabei größtenteils in der Erdatmosphäre verglüht," nachdem sie unseren Planeten insgesamt 77 000 Mal umkreist hat. Rechts: Dieses Computerbild vom Dezember 2000 zeigt die Raumsonde „Galileo" vor dem Jupiter; zu diesem Zeitpunkt umrundete sie den Riesenplaneten bereits seit fünf Jahren. „Sie besuchte erstmals in der Geschichte der Raumfahrt zwei Asteroiden und war 1994 zur Stelle, als der Komet Shoemaker-Levy 9 spektakulär auf dem Jupiter einschlug. ... Galileo hat eine neue Ära der Planetenforschung eingeleitet."** (Das „Unternehmen Galileo" kostete den US-Steuerzahler 1,3 Milliarden Dollar!)*

Hier sehen wir, wie der US-Astronaut Winston Scott (links) und sein japanischer Kollege Takao Doi (rechts) am 25. November 1997 mit der Bergung des Satelliten Spartan 201 beginnen, der außer Kontrolle geraten war. Die würfelförmige 10 Millionen Dollar teure Sonde sollte zwei Tage lang die Sonnenkorona beobachten, war aber sofort nach dem Aussetzen Tage zuvor außer Kontrolle geraten. (In den letzten Jahrzehnten kam es immer wieder zu heroischen „Arbeitseinsätzen im Weltall", die medienwirksam direkt übertragen wurden!)

(Quellenhinweise: Oben links: Fuldaer Zeitung, 27.8.99; Oben rechts: ebd. 28.12.2000; Unten: ebd. 26.11.97; *: http://www.raumfahrtgeschichte.de/space4/page3c.htm; **: Fuldaer Zeitung, 28.12.2000)

Links: Anfang Januar 1999 startete von Cape Canaveral in Florida die Mars-Sonde „Mars Polar Lander“ ins All, die zur Vorbereitung einer bemannten Erkundung des roten Planeten beitragen sollte. Rechts: Am 10. Dezember 1999 hob die Ariane 5 bei ihrem ersten kommerziellen Start zugleich den „größten europäischen Wissenschaftssatelliten in seine Umlaufbahn. Das darauf steckende Röntgenteleskop XMM soll das Universum zehn Jahre lang nach unsichtbarer Röntgenstrahlung von spektakulären Himmelskörpern wie explodierenden Sternen, Pulsaren oder Schwarzen Löchern durchforschen.“ Bei den Satelliten-Transporten in den Weltraum geht es mittlerweile um ein Milliarden-Geschäft.*

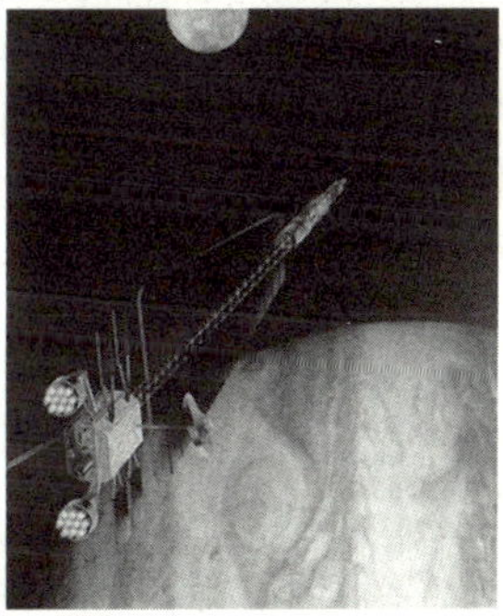

*Links: Mitte Oktober 1997 stieg diese Titan-Centaur-Rakete auf dem Weltraumbahnhof in Cape Canaveral auf, um die Weltraumsonde „Cassini“ auf den Weg zum Saturn zu bringen. „'Cassini' soll nach der Ankunft bei dem Planeten am 1. Juli 2004 weitere vier Jahre um den Saturn kreisen und Meßwerte an die Erde funken.“** So hieß es im „RTL Text“ am 11. April 2004, daß Forscher mithilfe der Raumsonde einen Monat lang auf dem Saturn zwei Wirbelstürme von je 1000 Kilometern Durchmesser beobachtet hatten, die zu einem riesigen verschmolzen. „Der nördliche Sturm sei mit 40 Kilometern pro Stunde rund doppelt so schnell vorangekommen wie der südliche, berichtete die US-Raumfahrtbehörde NASA. Sie hätten sich wie zwei Autos einander angenähert und schließlich entgegen dem Uhrzeigersinn ineinander verwirbelt.“ Rechts: Angeregt durch die Propaganda der Unterhaltungsindustrie, träumen viele Leute davon, daß die Menschheit eines Tages dazu in der Lage ist, das Universum mittels riesiger Raumschiffe zu erforschen.*

(Quellenhinweise: Oben links: Die Welt, 5.1.99; Oben rechts: Fuldaer Zeitung, 30.12.99; Unten links: ebd. 16.10.97; Unten rechts: Der Spiegel, 15.12.03, S.158; *: Fuldaer Zeitung, 30.12.99; **: ebd. 16.10.97)

*Am 20. November 1998 wurde das Versorgungsmodel FGB (1) - das erste Bauteil für die Internationale Raumstation „ISS" - mit einer russischen Proton-Rakete ins All gebracht. Rund zwei Wochen später lieferte das US-Shuttle Endeavour dann den ersten Verbindungsknoten in den Orbit (2), der von Astronauten an das FGB montiert wurde. In der Presse hieß es seinerzeit, daß die Raumstation nach insgesamt 45 Raumflügen fußballfeldgroß sein (3) werde.**

So stellen sich Visionäre das künftige Leben im Weltraum vor: neben der Internationalen Raumstation „ISS" (links im Bild) schwebt ein Weltraumhotel, das Lebensbedingungen wie auf der Erde ermöglichen soll, lautlos im All.

(Quellenhinweise: Oben: Die Welt, 19.11.98; Unten: Der Spiegel, 27.12.99, S.170; *: Die Welt, 19.11.98)

Links: Die Künstler-Vision einer Station auf dem Mars. Einige Leute glauben allen Ernstes, die Menschheit werde eines Tages die Besiedelung des Weltraums in Angriff nehmen, und erhoffen sich allein auf dem Mars einen Lebensraum für 100 Millionen Erdenbürger. Rechts: Die NASA-Vision einer Landung auf dem roten Planeten.

Die Vision einer Mondstation, auf der Menschen leben könnten. (Es ist natürlich reine Utopie anzunehmen, Himmelskörper wie der Mond oder der Mars könnten eines Tages besiedelt und zur neuen Heimstätte der Menschheit werden!)

(Quellenhinweise: Oben links: Der Spiegel, 27.12.99, S.168; Oben rechts: ebd. 19.1.04, S.124; Unten: ebd. 6.1.03, S.123)

Links: Mit solch medienwirksamen Inszenierungen soll die „Besiedelung des Alls" propagiert werden: am 6. Mai 2001 kehrte der erste „Weltraumtourist" Dennis Tito nach acht Tagen in der Schwerelosigkeit mit einer russischen „Sojus"-Kapsel auf die Erde zurück. Der 60jährige Multimillionär, der sich als zahlender Gast in der Internationalen Raumstation (ISS) aufgehalten hatte, landete in der kasachischen Steppe und sprach anschließend überschwenglich von seinem Aufenthalt im All: „'Es war perfekt. Es war wie im Paradies', sagte Tito nach der Landung. ... 'Ich hatte die beste Zeit meines Lebens. Mein Traum hat sich erfüllt, und nichts [!] hätte schöner sein können.'" Es wird bereits davon gesprochen, daß in einigen Jahren jedermann Flüge ins All buchen könne. Rechts: George W. Bush Mitte Januar 2004 im NASA-Hauptquartier, wo er über einen Plan sprach, „den Weltraum zu erforschen und die Präsenz des Menschen innerhalb unseres Sonnensystems auszubauen". Im Hintergrund sind Photos einer zukünftigen Mondbasis zu sehen. (Mit solchen Phantastereien will Bush von innenpolitischen Problemen ablenken!)*

Rechts: Eine graphische Darstellung der Kometensonde „Rosetta", die am 2. März 2004 ins All geschossen wurde, um eine 10jährige Mission anzutreten. Sie soll im Jahre 2014 auf einem Kometen eine Landefähre absetzen, damit diese auf dem Schweifstern huckepack der Sonne entgegenreiten kann.

(Quellenhinweise: Oben links: Fuldaer Zeitung, 7.5.01; Oben rechts: Der Spiegel, Nr. 4/2004, S.122; Unten: Fuldaer Zeitung, 25.2.04; *: ebd. 7.5.01)

Viele Indizien lassen darauf schließen, daß alle sogenannten „Mondlandungen" der US-Amerikaner nichts weiter als Fälschungen waren, die in einem Filmstudio gedreht wurden:

Dieses Photo soll angeblich am 20. Juli 1969 auf dem Mond entstanden sein und den US-Astronauten Edwin Aldrin beim Verlassen der Mondfähre „Eagle" zeigen. Gernot L. Geise, der die vielen Photos der NASA ausgewertet hat, gibt indes zu bedenken: „Fast alle Photos von APOLLO 11 stammen von Neil Armstrong und zeigen Buzz Aldrin beim Ausstieg und bei seinen Aktivitäten. Die Ausstiegsluke der Mondlandefähre 'Eagle' lag auf der Schattenseite, das heißt, Aldrins Ausstiegsszene mußte gegen die Sonne aufgenommen werden. Höchst merkwürdig mutet dabei an, daß Aldrin, obwohl im Schatten, derart gut ausgeleuchtet ist, daß nicht nur Details gut erkennbar sind, sondern sogar ein Lichtreflex auf einem seiner Stiefel entstanden ist. Und das alles gegen die Sonne! Normalerweise dürfte er nicht erkennbar sein." Geise kommt zu dem Schluß: „Wenn Aldrin so gut ausgeleuchtet ist, bedeutet das, daß hier Zusatzscheinwerfer zum Einsatz gekommen sein müssen, doch solche Geräte wurden bei den APOLLO-Missionen nicht mitgeführt. Fand die Ausstiegsszene also in einer Halle statt?"**

Wurde dieses Photo aus dem Jahre 1969, das den Astronauten Edwin Aldrin mit der US-Flagge auf dem Mond zeigen soll, wirklich auf unserem benachbarten Himmelskörper geschossen, oder nicht doch eher in einem ganz irdischen Filmstudio?!

(Quellenhinweise: Oben: Fuldaer Zeitung, 31.7.2000; Unten: Der Spiegel, 31.7.2000, S.121; *: Gernot L. Geise, Der größte Betrug des Jahrhunderts? - Die APOLLO-Mondflüge, S. 103ff)

meln und zur Erde bringen ('Sample Return'). Dieser interplanetare Lastentransport wäre zugleich eine Art Generalprobe für einen bemannten Flug. Wenn die Mission gelingt, wäre erstmals demonstriert, daß Raumschiffe auch aus so riesiger Entfernung heimkehren können.

Ab 2024 wollen die Europäer dann tatsächlich eigene Astronauten hinaus ins All schießen: erst zum Mond - und ein paar Jahre später sogar zum Mars.“ [11]

„**Rational ist eine milliardenteure Reise zum lebensfeindlichen Mars nur schwer zu begründen.** Doch der Gedanke, den Fuß auf einen nie zuvor betretenen Planeten zu setzen, löst bei den meisten Menschen unweigerlich ein magisches Kitzeln aus. Eine solche Reise mag sinnlos sein, dennoch gilt sie vielen als unvergleichlich großartig - vor allem in Amerika, das wie kein anderes Land den Stolz auf seinen Entdeckungsdrang zelebriert.

Wie tief verwurzelt die Sehnsucht scheint, hinter den nächsten Hügel zu schauen, beschreibt der britische Astronom Martin Rees von der University of Cambridge so: 'Als praktisch denkender Mensch und als Wissenschaftler sehe ich keinen Anlaß, Menschen in den Weltraum zu schicken - aber als Mensch hoffe ich, daß irgendwann jemand dieses Abenteuer wagen wird.'“ [12]

Einige „Experten“, wie der Physiker und Kosmologe Stephen Hawking, äußerten „schon die Befürchtung, daß die Menschheit eines Tages dazu gezwungen [!] wäre, einen anderen Planeten als Wohnraum zu erschließen. Nun träumen Experten vom Mars als 'Ausweichplanet'.

Ulrich Walter, Professor an der Technischen Universität (TU) München, ist der Ansicht, daß die hierfür notwendige Technik vorhanden ist. Lediglich die Raumfahrttechnik müßte noch starke Fortschritte machen.

Im Verlauf der Zeit, wird sogar spekuliert, könne die Atmosphäre des Roten Planeten eine ähnliche Zusammensetzung, wie auf der Erde vorhanden, erhalten. Entsprechend ist bereits die Vision von Rasenflächen [!] und Seen [!] entstanden.“ [13]

*** Die Kometensonde „Rosetta“**

Am 25. Februar 2004 hieß es in den Medien, **Europas Raumfahrt** stehe **vor einem einzigartigen Abenteuer**, „das an die Visionen von Jules Verne erinnert. Die Kometensonde 'Rosetta' soll um 08.36 Uhr und 49 Sekunden am Donnerstag [26.2.04] in Kourou ihre mehr als zehnjährige Reise zum Kometen 'Tschurjumow-Gerassimenko' beginnen und 2014 dort eine Landefähre absetzen, die huckepack auf dem Schweifstern der Sonne entgegenreiten wird [Anm.: Aufgrund technischer Probleme verzögerte sich der Start der Sonde um einige Tage auf den 2. März 2004!].

Dieses Mini-Labor soll unter anderem Bodenproben des kosmischen 'Schneeballs' untersuchen. Währenddessen umkreist die Sonde den Kometen und verfolgt auf einem Flug zur Sonne, wie der Komet seinen Schweif bildet." [14]

Angeblich sollen dadurch die Ursprünge der Planeten gesucht werden: „Die europäische Raumfahrtagentur ESA in Paris und die deutsche Raumagentur DLR in Köln sehen die Rosetta-Mission als ihr bislang ehrgeizigstes Vorhaben an.

Die ESA-Sonde Rosetta und das von EADS Astrium in Friedrichshafen gebaute Landegerät Philae sollen einen Kometen 'jagen'.

Weil Kometen wie der vier Kilometer breite 67P/Tschurjumow-Gerassimenko seit Entstehen unseres Sonnensystems vor 4,6 Milliarden [sic!] Jahren weitgehend unverändert, aber kaum erforscht sind, erhoffen sich die Forscher Aufschlüsse über die Ursprünge der Planeten [Anm.: Würden diese „Forscher" die Hl. Schrift lesen, wüßten sie über die Ursprünge und das wahre Alter der Planeten bestens Bescheid!]." [15]

„Rosetta" hat eine lange Reise vor sich:

* „Start: 08:17 MEZ am 02.03.2004
* Erster Erdumflug (November 2005)
* Marsumflug (Februar 2007)
* Zweiter Erdumflug (November 2007)
* Fly-by am Asteroiden Steins (September 2008)
* Dritter Erdumflug (November 2009)
* Fly-by am Asteroiden Lutetia (Juli 2010)
* Deep-space hibernation (Mai 2011 - Januar 2014)
* Annäherung an den Kometen (Januar - Mai 2014)
* Kartografierung des Kometen (August 2014)
* Landung auf dem Kometen (November 2014)
* Eskorte des Kometen um die Sonne herum (November 2014 - Dezember 2015)" [16]

Selbstverständlich weiß niemand, wie es im Jahre 2015 in Deutschland aussehen mag bzw. ob es dann überhaupt noch jemanden geben wird, der sich für eine „Kometen-Eskorte" um die Sonne herum interessieren wird. Gut möglich, daß bis zu diesem Zeitpunkt bei uns das wirtschaftliche Chaos vollends ausgebrochen sein wird und daß es den Menschen dann nur noch um den Kampf ums nackte Überleben geht.

Wie dem auch sei, es ist eine Schande, daß weltweit jedes Jahr zig Milliarden von Euro in die Raumfahrt „investiert" werden, während soviel Leid und Elend auf unserem Planeten vorherrschen. So hieß es im „Spiegel" am 15. Dezember 2003 (S. 158), daß allein der NASA derzeit ein jährliches Budget von 6,1 Milliarden Dollar für bemannte Raumflüge zur Verfügung steht. Nicht zu vergessen auch die 400 Millionen Euro teure Mars-Sonde „Beagle 2" der Europäischen Weltraumbehörde „Esa", die beim Landeanflug auf den roten Planeten Ende Dezember 2003 verloren ging - Geld, das sprichwörtlich in den Sand gesetzt wurde.

Mit all diesen finanziellen Mitteln ließen sich etwa die Obdachlosigkeit bekämpfen (allein in Deutschland sollen rund 800 000 Leute auf der Straße leben), in Ländern der Dritten Welt eine Infrastruktur aufbauen - unter anderem zahlreiche Menschen in Afrika mit sauberem Wasser versorgen - und das Leben vieler Kinder retten, die an Hunger sterben.

Daß das Steuergeld aber weiterhin sprichwörtlich „zum Fenster hinausgeworfen" wird, belegt abermals, daß wir unter einer Welt(un)-ordnung des Bösen leben, in der nur wirtschaftliche Interessen und der Profit zählen.

6.) Die Verschmutzung unseres Planeten

Wie wir gesehen haben, erörterten die in „Iron Mountain" anwesenden Experten ein „breites Feld von Ersatzmöglichkeiten", um mit den „Problemen" umzugehen, die das mögliche Eintreten eines dauernden Friedenszustandes mit sich bringen würde.

So diskutierte man Polizeistaatmaßnahmen der Art, wie sie unter dem „Patriot Act" von George W. Bush mittlerweile eingeführt wurden. Es wurde auch eine internationalistische Polizeitruppe (NATO) vorgeschlagen, die so stark sein sollte, daß kein Land sich dagegen zu erheben wagen würde, und man phantasierte sogar über Bedrohungen aus dem Weltall.

Allerdings versprach keine der vorgeschlagenen Lösungen einen gleichwertigen Ersatz für das „Kriegssystem". Schließlich einigte man sich auf die „zweitbeste Lösung": „'Möglicherweise könnte irgendwann eine **schwere Umweltverschmutzung als scheinbare Hauptbedrohung für das Überleben der Gattung** an die Stelle der Massenvernichtung durch Atomwaffen treten. Die **Vergiftung der Luft, der Grundnahrungsmittel und des Trinkwassers** ist bereits fortgeschritten und könnte auf den ersten Blick in dieser Hinsicht einiges hergeben. Jedenfalls stellt so etwas eine Bedrohung dar, der man nur durch den **Umbau der Gesellschaft [!!!] und mit besonderen politischen Vollmachten [!!!]** begegnen kann'. ...

Damals, 1967, gab es noch keine 'grüne Bewegung'. Das änderte sich ... aber schnell. 1969 gründete ein ehemaliger Mitarbeiter am Minuteman-Programm (also einem Atomraketen-Programm!) der USA, Jim Bohlen, die Organisation, die bald, ab 1971, als 'GreenPeace' in allen Medien von sich reden machte. Im Oktober-Dezember-Heft 1986 des GP-Magazins legen zwei Aktivisten, Fritjof Capra, inzwischen 'anerkannter Physikprofessor', und Randy Hayes, späterer Mitbegründer der öko-terroristischen Organisation 'Earth First', Rechenschaft über ihre grundsätzlichen Ziele ab. 'Wir sehen den Aufstieg des ökologischen Bewußtseins als Teil eines grundlegenden Wandels der Weltsicht ... wir nennen das »Wertewandel«'." [1]

Es ist schon merkwürdig, daß immer wieder von diesem „Wertewandel" gesprochen wird: der Bau der Internationalen Raumstation „ISS" ermögliche vielleicht „die Philosophie einer neuen Weltkultur", hieß es, und der „Aufstieg des ökologischen Bewußtseins" solle Teil „eines grundlegenden Wandels der Weltsicht" - also ebenfalls ein „Wertewandel"! - sein. Die Auftraggeber des Berichts von „Iron Mountain" strebten ganz offensichtlich eine Art von Ersatzreligion für die Menschheit an, wollten den Glauben an Gott als den Schöpfer von Himmel und Erde durch alle möglichen auf das Diesseits bezogenen Illusionen ersetzen.

Jedenfalls faßte die Expertengruppe den Beschluß, daß Unternehmen dazu ermuntert werden sollten, die Vereinigten Staaten und Länder in Übersee massiv zu verdrecken. Und dies würde die damals bereits existierende Verschmutzung der Umwelt noch verschlimmern und die Menschen dazu bringen, nach Kontrollen zu verlangen. Sie sollten eine gewaltige, weltweite Kampagne für den Schutz der „Mutter Erde" herbeisehnen - mit anderen Worten: die Umweltschutz-Bewegung wurde ins Leben gerufen!

Die Expertenkommission von „Iron Mountain" kam zu dem Schluß, daß „irgendwann eine schwere Umweltverschmutzung als scheinbare Hauptbedrohung für das Überleben der Gattung an die Stelle der Massenvernichtung durch Atomwaffen treten" könnte. Damit ist denn auch die Frage geklärt, warum die Politik lange Zeit nichts gegen die Umweltverschmutzung der Großindustrie und des Militärs unternommen hat. (Dieses Photo eines Thyssen-Stahlwerks in Duisburg verdeutlicht die „Politik der hohen Schornsteine".)

Das Baumsterben - hier im Schwarzwald - gilt als eines der dringendsten Umweltprobleme Deutschlands. Dabei weiß kaum ein Bundesbürger, daß die „Elite" unseres Planeten vor rund 40 Jahren die Großindustrie darin bestärkte, die Umwelt gezielt massiv zu verpesten, um dadurch eine Rechtfertigung zu haben, eines Tages (mittels linker Parteien wie der „Grünen") den „Umbau der Gesellschaft mit besonderen politischen Vollmachten" voranzutreiben.

(Quellenhinweise: Oben: Der Spiegel, 21.12.98, S.108; Unten: ebd. S.109)

Nicht der einfache Bürger, sondern viele der großen Industrieanlagen sind für die weltweite Umweltverschmutzung maßgeblich verantwortlich. Dabei kann es wohl kein „Zufall" sein, daß das Waldsterben in Deutschland Mitte der siebziger Jahre, also nur ein knappes Jahrzehnt nach Abschluß des Berichts von „Iron Mountain", eingesetzt hat. Im Jahre 2000 sollen bereits bis zu 65 % des deutschen Waldes schwach oder stark geschädigt gewesen sein.

Die Brandrodung im Tropenwald wird als „größtes Umweltproblem der Zukunft" angesehen. Ein „Problem", das - wie so oft! -, hausgemacht ist. Schließlich hätte die Politik sehr wohl die Macht gehabt, der einsetzenden Zerstörung dieses Naturparadieses rechtzeitig Einhalt zu gebieten, was natürlich im Interesse der gesamten Menschheit gelegen hätte. Immerhin stellen die Pflanzen des Waldes mithilfe der Photosynthese große Mengen an lebensnotwendigem Sauerstoff her; je mehr Bäume, desto mehr Sauerstoff für die Tiere und den Menschen.

(Quellenhinweise: Oben: Der Spiegel, 4.12.2000, S.194; Unten: ebd. 29.5.2000, S.151)

Allerdings wußten die „Denker vom Eisernen Berg“ vor rund 40 Jahren, daß dies nicht über Nacht geschehen könne: „ ... nach den gegenwärtigen Anzeichen zu urteilen, wird es noch eine bis anderthalb Generationen dauern, bevor die **Umweltverschmutzung** eine **ausreichende Gefährdung in globalem Maßstab** darstellt und als 'Ersatzprogramm' in Frage kommt.

Es wäre kein Problem, die Verschmutzung für diesen Zweck zu forcieren; im Grunde würde schon eine Modifizierung der bestehenden Programme gegen die Verschmutzungsgefahr den Prozeß genügend beschleunigen und das für eine glaubwürdige Bedrohung notwendige Ausmaß dadurch bereits etwas eher erreichbar sein.“ [2]

Das war im Jahre 1966. Heute wurde das für „eine glaubwürdige Bedrohung notwendige Ausmaß“ der Umweltverschmutzung längst erreicht, und „unsere“ Medien und Politiker lassen denn auch keine Gelegenheit mehr aus, vor dem drohenden Klima-Kollaps zu warnen, wobei Hollywood ins gleiche Horn bläst.

Interessanterweise hat sich dabei ausgerechnet jener Filmemacher, der bereits den Streifen „Independence Day“ - der auch als „ID4“ bekannt ist - drehte, dieses Themas angenommen und schürt erneut Panik, diesmal allerdings nicht vor einer Invasion Außerirdischer, sondern vor dem Klima-Kollaps. Hören wir dazu die Rezension einer einschlägigen DVD- und Filmzeitschrift: „Steuert die Menschheit auf eine globale Katastrophe zu? Obwohl umweltbewußte Wissenschaftler seit Jahrzehnten zu mehr Rücksicht gegenüber der Natur mahnen, geben gerade wir in den Industrienationen in immer schnelleren Autos Vollgas, bauen überall Klimaanlagen ein, roden weiterhin Wälder und halten uns auch sonst ungern zurück, wenn ein bißchen Spaß sein muß. Wohin dieses rücksichtslose Verhalten führen könnte, zeigt der neue Film von Roland Emmerich.

Das Erschreckende daran: Die zugrundeliegende Idee ist [angeblich!] gar nicht so unrealistisch und wird von renommierten Klimaforschern schon länger diskutiert. Was wäre, wenn der Treibhauseffekt die Polkappen abschmilzt und das kalte Wasser den Golfstrom im Atlantik absinken ließe? Spekulationen zufolge würde dem ein rapides Abfallen der Temperaturen folgen, woraus sich ein massives Schneegestöber entwickeln könnte, das die nördliche Hemisphäre mit einer neuen Eiszeit beglücken würde. Das träfe dann exakt die Länder, die durch Raubbau an der Natur dafür verantwortlich wären.

Mit genau diesem Szenario spielt 'The Day After Tomorrow'. Wie in seinem bisher größten Hit, dem UFO-Invasions-Reißer 'ID4', setzt

Emmerich ganz auf Gigantismus und kennt keine Gnade für Weltmetropolen. So erlebt Tokio ein Hagelkörner-Bombardement, Los Angeles einen Super-Tornado und Neu-Delhi einen Schneesturm." [3]

„Emmerichs Horrorszenario kombiniert Elemente zweier Science-Fiction-Klassiker, die zu den Frühformen des Katastrophenfilms gerechnet werden: 'Der jüngste Tag' (1951) von Rudolph Maté und 'Der Tag, an dem die Erde Feuer fing' (1961) des Engländers Val Guest.

In beiden droht der Untergang der Erde. 'Der jüngste Tag' war die Mutter aller Filme, die New York mit Wassermassen überfluteten. 'Der Tag, an dem die Erde Feuer fing' ... beschrieb die Folgen einer globalen Überhitzung.

Beide entstanden vor dem **Hintergrund des Kalten Krieges** und spiegelten zeittypische **Atomkriegsängste**. Es waren Filme, die den Menschen ihre Grenzen aufzeigten und sie mit den unheilvollen Konsequenzen ihrer selbst geschaffenen Büchse der Pandora konfrontierten. **Die Bombe von damals ist der Treibhauseffekt von heute**" [4] - so wie es im Bericht von „Iron Mountain" vor rund 40 Jahren bereits vorgesehen war.

Bei der ganzen Panikmache seitens Medien, Politik und „Unterhaltungs"industrie zeigt sich indes erneut, daß Tatsachen oftmals geradezu verdreht und wichtige Erkenntnisse einfach unter den Tisch gekehrt werden. So wird von offizieller Seite unter anderem Schwefeldioxid für das Baumsterben verantwortlich gemacht. Wissenschaftler der Universität von Oklahoma haben nach langjährigen Recherchen allerdings eingeräumt, „daß das Sterben der Wälder wahrscheinlich nicht, wie bisher angenommen, durch CO2-Abgase und Schwefeldioxid ausgelöst werde. Bei einem Blick durch ein Mikroskop sei einem der Wissenschaftler aufgefallen, daß auf den Rinden der kranken Bäume, und insbesondere im Bereich von Hohlräumen, große Mengen an Salzen - wie mit einem Salzstreuer auf den Tisch ausgestreut - erkennbar sind. Nachdem er die Salze von den Rinden einiger kranker Bäume mit Wasser und einer Bürste gelöst und die Rinden gereinigt hatte, stellte er zu seiner großen Überraschung fest, daß die so behandelten Bäume nach einigen Monaten wieder ihr volles Blattwerk und auch wieder Früchte trugen. Ganz offensichtlich, so die Wissenschaftler, verstopften diese sauren Salze die Poren und Spalte, die für den Gasaustausch der Bäume verantwortlich zeichnen. Die Bäume würden unter diesen Bedingungen 'ersticken'." [5]

Es gibt allerdings noch eine ganze Reihe weiterer falscher Annahmen und offenkundiger Lügen im Hinblick auf das weltweite Klima, von denen wir nachfolgend einige richtigstellen wollen:

*** Der FCKW-Schwindel, die globale Klimaerwärmung und der Treibhauseffekt**

Seit vielen Jahren schon wird vom Chlor aus den „vom Menschen gemachten FCKWs" als „Ozonkiller" gesprochen, der in der Stratosphäre eine verheerende Wirkung haben soll. In einem einschlägigen Lexikon heißt es hierzu: „Fluorchlorkohlenwasserstoffe, Abkürzung FCKW, fachsprachlich Chlorfluorkohlenstoffe, CFK, organische Verbindungen, in denen Wasserstoffatome durch Fluor- und Chloratome ersetzt sind. Die Fluorchlorkohlenwasserstoffe tragen durch freigesetzte Chlorradikale zur Zerstörung der Ozonschicht der Atmosphäre bei, deshalb wird ihr Einsatz als Treibgas, Kältemittel und zum Schäumen von Kunststoffen reduziert bzw. eingestellt." [6]

In Wahrheit jedoch sind FCKWs träge, „kaum chemisch reagierende, ungiftige, nicht brennbare chemische Verbindungen, die weder Ozon noch sonst irgend etwas zerstören. Um aus diesen gutmütigen FCKWs böse Ozonkiller zu machen, müssen die Ozonloch-Theoretiker die Behauptung aufstellen, daß die UV-Strahlung in der oberen Stratosphäre die FCKW-Moleküle aufbricht und das darin enthaltene Chlor freisetzt. Damit ist der Bösewicht entfesselt, der angeblich die Ozonschicht malträtiert. Immer wenn den gutmütigen FCKWs die Schuld am Megakill in der Ozonschicht zugeschoben wird, wird dabei implizit behauptet, daß die UV-Spaltung von FCKWs die einzige Möglichkeit ist, Chlor in die Stratosphäre zu bringen.

Es wird immer eine ganz wichtige und offensichtliche Tatsache verschwiegen: Die Chlormenge, die in allen FCKWs der Welt enthalten ist, ist unbedeutend klein im Vergleich zu der Chlormenge, die aus natürlichen Quellen in die Atmosphäre aufsteigt. Selbst wenn die Behauptung stimmte, daß harte UV-Strahlung in der Stratosphäre aus FCKWs Ozonkiller macht, wäre ihr Beitrag zur Ozonzerstörung gering." [7]

Warum aber strebt die Industrie dann ein **Verbot von FCKW** an? Weil es **jährlich zwischen drei und fünf Billionen Dollar an Kosten** verursachen wird. „Direkt und indirekt durch die wirtschaftlichen Auswirkungen dieser Fehlinvestitionen werden dem überflüssigen Verbot wahrscheinlich **20-40 Millionen Menschen zum Opfer** fallen. Angesichts dieser Auswirkungen muß man sich doch fragen: Wem nützt das alles? Darauf gibt es zwei grundlegende Antworten. **Erstens gibt es Leute, die sich an dem FCKW-Verbot eine goldene Nase verdienen wollen, und zweitens gibt es Leute, die Umweltverbote und deren internationale Durchsetzung als Mittel benutzen wollen, um die Kontrolle über die Weltwirtschaft zu erlangen.“** [8] (Dabei handelt es sich um die gleiche Gruppe von Personen, die auch den Bericht von „Iron Mountain“ in Auftrag gegeben hat!)

Es ist hinlänglich bekannt, welche Konzerne hinter dem „Ozonloch-Schwindel“ stecken und ein elementares Interesse daran haben, daß ihre Lügen von der breiten Öffentlichkeit verinnerlicht werden. „Unter den ‘Öko-Unternehmen’ hat sich in letzter Zeit besonders die *Du Pont Corporation* hervorgetan. Es wird behauptet, der Begriff ‘Öko-Unternehmen’ sei vom Chef des Unternehmens, Edgar Woolard, geprägt worden. Eingeweihte der Firma wissen, daß bereits 1986 in dieser Firma die Entscheidung gefallen war, das FCKW-Verbot und die damit zusammenhängende Umweltkampagne zu unterstützen. Damals hatten die Brüder Edgar und Charles Bronfman die Firma übernommen. Ihr Vermögen stammte aus dem Whiskeyschmuggel der Bronfman-Familie während der Zeit der Prohibition in den USA. Heute erfüllen die FCKWs die gleiche Rolle wie damals Schnaps und Koks. Die ‘Protokolle von Montreal’ machen FCKWs zu ‘verbotenen Substanzen’, wie in den Vereinigten Staaten Alkohol in den 20er und 30er Jahren verboten war. Mit verbotenen und stark reglementierten Substanzen läßt sich ein sehr einträgliches Geschäft machen, besonders dann, wenn man auch die Patente der Chemikalien kontrolliert, die als Ersatz für die verbotenen Substanzen in Frage kommen.

Die Konsequenzen des FCKW-Verbots für die Unternehmen beschreibt recht zutreffend ein Artikel in der europäischen Ausgabe des *Wall Street Journal*. Er erschien am 29. Juni 1990, dem Tag, an dem man in London die ‘Protokolle von Montreal’ unterzeichnete. Es heißt dort: ‘Ein erwartetes globales Abkommen zum phasenweisen Abbau ozonzerstörender Chemikalien wird die Chemieindustrie zu Umstellungen zwingen, die letztendlich für die Chemiegiganten nützlich sein werden ... Anstelle des heutigen 2 Milliarden Dollar umfassenden FCKW-Markts wird ein neuer Markt von ozonfreundlichen Substanzen treten. Dieser Markt wird die Chemiegiganten bevorteilen, die die Laboratorien und die Ausrüstung haben, ozonfreundliche Ersatzstoffe zu entwickeln. Die globalen Entwicklungskosten werden wahrscheinlich 4 Milliarden Dollar übersteigen - eine Summe, die nur den Riesen erschwinglich ist’ und letztendlich dem Bürger aus der Tasche gezogen wird, weil sie mit Steuergeldern subventioniert und über die Preise auf den Verbraucher abgewälzt wird, der dem 'Angebot' der Multis machtlos gegenübersteht." [9]

Was das „Ozonloch" anbelangt, so handelt es sich dabei in Wahrheit um ein reines Naturwunder, das bereits bei den ersten Ozonmessungen über der Antarktis entdeckt wurde, zu einer Zeit als es überhaupt noch keine FCKWs gab. Das hält den „Brockhaus" [10], eines der angesehensten deutschen Lexika, jedoch nicht davon ab, ebenfalls die „offizielle" Version von Politik und Medien zu verbreiten. Er schreibt, daß es sich bei dem Ozonloch um eine seit etwa 20 Jahren gemessene Verringerung der Ozonkonzentration im September/Oktober in der Ozonschicht der Hochatmosphäre über der Antarktis handelt. „1989 wurde erstmals auch über dem Nordpol eine Verdünnung der Ozonschicht nachgewiesen. Für die Zerstörung des Ozons werden unter anderem die Fluorchlorkohlenwasserstoffe (FCKW) verantwortlich gemacht. Obwohl über 90 % der FCKW von den Industrieländern der Nordhalbkugel ausgehen, sind sie in der Atmosphäre weltweit fast gleichmäßig verteilt."

Der Schwindel von den FCKWs als Ozonkiller läßt sich indes ganz leicht entkräften: „Die Jahresproduktion von **FCKWs** wird derzeit [Anfang der 1990er Jahre] auf etwa 1,1 Millionen Tonnen geschätzt. Darin sind etwa **750 000 Tonnen Chlor** enthalten. Nun vergleichen Sie bitte diese Zahlen mit den natürlichen Chlorgasvorkommen:

* Mehr als **600 Millionen Tonnen Chlor** werden jährlich **durch Meerwasserverdunstung** an die Atmosphäre abgegeben. Meerwasser enthält Salz, das ist bekanntlich die Chlorverbindung Natriumchlorid. Obwohl Natriumchlorid leicht aus der Luft ausgewaschen und auf diese Weise im allgemeinen schnell zur Erde zurückgeführt wird, können beträchtliche Mengen dieses Chlorsalzes durch die Sogwirkung von Gewittern, Orkanen, Taifunen und andere Arten von Wirbelstürmen in die Stratosphäre gelangen. Dort können die Chloratome wieder freigesetzt werden.
* Die ständig **aus Vulkanen aufsteigenden Gase** bringen jährlich auch ohne größere Eruptionen **mehr als 36 Millionen Tonnen Chlorgas** in die Atmosphäre. **Vulkanausbrüche** stoßen **zusätzlich einige Hunderte von Millionen Tonnen Chlor** in die Atmosphäre. Besonders starke Vulkanausbrüche schleudern diese Gase sogar direkt in die Stratosphäre hinauf.
* **8,4 Millionen Tonnen Chlorgas** werden **durch Waldbrände und die Verbrennung von Biomasse** frei. Dies ist unter anderem die

Diese Photos geben eine Vorstellung von der gewaltigen Menge an Chlor bzw. Chlorgas, das von Vulkanen (und damit auf ganz natürlichem Wege!) an die Umwelt abgegeben wird:

Links: Mitte November 2002 brach in Indonesien der Vulkan Papandayan aus und schleuderte gewaltige Mengen an Asche in den Himmel. Über dem Krater stand eine sechs Kilometer hohe Rauchsäule. Rechts: Asche des mexikanischen Vulkans Popocatepetl hatte im Juli 2003 mehrere Tage lang den Himmel über Mexiko-Stadt verdunkelt. Der knapp 5500 Meter hohe Vulkan stieß eine Rauchwolke etwa 3000 Meter in die Luft. Dieser Vulkan ist seit Dezember 1994 hin und wieder aktiv.

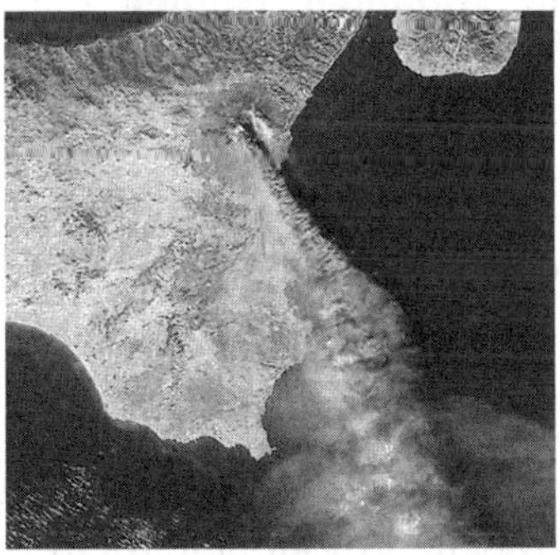

Links: Ende März 2000 brach auf der nordjapanischen Insel Hokkaido der Vulkan Usu aus und schleuderte enorme Aschewolken und heiße Gesteinsbrocken kilometerhoch in den Himmel. Rechts: Der Ätna ist ein aktiver, über 3 300 Meter hoher Vulkan auf der Ostküste Siziliens. Das ganze Ausmaß seiner Eruptionen im Oktober 2002 war erst aus dem All ersichtlich. Dieses Satellitenbild, das einen Teil Siziliens und die riesige Rauchwolke des Vulkans zeigt, gibt eine Vorstellung von der großen Menge an Chlor, die bei Vulkanausbrüchen freigesetzt wird.

(Quellenhinweise: Oben links: Fuldaer Zeitung, 16.11.02; Oben rechts: ebd. 22.7.03; Unten links: ebd. 1.4.2000; Unten rechts: ebd. 31.10.02)

Folge primitiver Ackerbaumethoden wie die Brandrodung, zu denen Entwicklungsländer gezwungen werden, weil ihnen moderne Energietechnik vorenthalten wird.

* Die **Biomasse der Meere**, also Algen, Kelp und Plankton, geben neuen Messungen zufolge **mehr als 5 Millionen Tonnen Methylchlorid** an die Atmosphäre ab. Auch diese Chlorgase aus biologischen Quellen konnten in der Stratosphäre gemessen werden. Inzwischen weiß man, daß auch Landpflanzen erhebliche Mengen Methylchlorid an die Atmosphäre abgeben.
* Schließlich gelangt **Chlor auch aus dem Weltall durch den Meteoritenregen und kosmischen Staub** in die Stratosphäre. Man rechnet, daß es sich um **mehrere Millionen Tonnen** jährlich handelt.“ [11]

Die Ozonthese ist aus wissenschaftlicher Sicht also in keinster Weise haltbar und übt nur eine Alibifunktion zur Durchsetzung malthusianischer Politik aus, denn wenn „Chlor in der Stratosphäre tatsächlich eine derart verheerende Wirkung hätte, wie das von den Vertretern der FCKW-These behauptet wird, dann hätten ‘natürliche’ Prozesse die Ozonschicht bereits lange vor der Erfindung der FCKWs ruiniert“, so die beiden Autoren Roger A. Maduro und Ralf Schauerhammer in ihrem Buch „Ozonloch - das mißbrauchte Naturwunder“ auf Seite 49.

Sind die FCKWs für die Umwelt also doch nicht so schädlich, wie gemeinhin angenommen wird? „FCKWs gehören zu den gutartigsten [!] und vielseitigsten [!] Stoffen, die der Mensch je erfunden hat. Sie sind sehr stabil, nicht brennbar, ungiftig und korrisionsbeständig, was sie für Haushalt und Industrie extrem nützlich macht. Deshalb haben sie eine große Zahl von Verwendungen gefunden: Kühlen und Gefrieren, in Schaumstoffen und Isolierungen, als industrielle Lösungsmittel, als Treibmittel für Kosmetika, Haushaltsprodukte, Pharmazeutika und Reinigungsmittel. Halone, eine Gruppe der FCKWs, sind die wirkungsvollsten Feuerlöschmittel, die man kennt. Für all diese wichtigen Bereiche werden FCKWs bald nicht mehr zur Verfügung stehen.“ [12] Es kommen Ersatzstoffe zum Einsatz, auf die die multinationalen Großkonzerne das Monopol besitzen.

„Die Bevölkerung neigt dazu, den Umweltschützern und Treibhausaktivisten zu glauben, die ‘Industrie’ hintertreibe Maßnahmen gegen den Treibhauseffekt, um ihre Profite auf Kosten der Umwelt zu ‘maximieren’. So etwas ist schnell gesagt und leicht geglaubt. Aber bedenken Sie nur folgendes: Wer zahlt die Rechnung, wenn sich die

Umweltschützer mit ihrer Hauptstrategie gegen die angeblich drohende Klimakatastrophe, nämlich der hohen Besteuerung der fossilen Energienutzung, durchsetzen? Etwa die Elektrizitätsunternehmen, die Mineralölkonzerne, die Stahlwerke, kurz, die güterproduzierende Wirtschaft? Diese muß zwar für die Einsatzenergie höhere Preise bezahlen. Aber das sind für sie nur Kosten. Sie werden im Preis der Endprodukte verrechnet, also weitergegeben. Die Rechnung zahlt nicht die Industrie. Deren 'böse' Profite werden dadurch nicht 'minimiert'. Sie, die Verbraucher, zahlen den Preis für die Produkte und für die Abwehr der vermeintlichen 'Klimakatastrophe'", deckt Gerd R. Weber in seinem Buch „Treibhauseffekt - Klimakatastrophe oder Medienpsychose?" auf Seite 239f auf.

Weber stellt fest: „Offensichtlich brauchen wir eine weniger mit Sonderinteressen 'vernetzte' Herangehensweise an Klima- und Umweltprobleme. Wo ist sie zu suchen, wenn so viele Gruppen auf die unterschiedlichste Weise an den in der Öffentlichkeit verbreiteten Ängsten verdienen?" [13]

Tatsache ist, das Wetter „wird im Wesentlichen von der Sonne bestimmt. Im Verlauf der Erdgeschichte hat es immer Kälte- und Wärmeperioden und Wetterkatastrophen gegeben. Das schon zu Zeiten, in denen es keine Verbrennungsmaschinen gab. Wäre CO2 Ursache der Wetterveränderungen, müßten Menschen und Tiere das Atmen einstellen. Durch Atmen wird CO2 in großen Mengen freigesetzt.

Ohne CO2 gäbe es auf der Erde keinen Pflanzenwuchs. Mensch und Tier könnten auf der Erde nicht leben.

Verwundert zeigt sich [der bekannte ZDF-Meteorologe] Wolfgang Thüne, daß sogar Bundeswirtschaftsminister Müller nichts gegen die Öko-Steuer unternimmt. Er müßte doch wissen, daß die Abschöpfung von mehr als 30 Milliarden je Jahr durch die Öko-Steuern die Wirtschaft schwächen und dadurch die Arbeitslosenzahl erhöhen muß.

Wie wenig sich Politik, Wirtschaft und Industrie sozial verpflichtet fühlen, sieht Wolfgang Thüne darin, daß die 20 Millionen Rentner der Bundesrepublik Deutschland von der Öko-Steuer am stärksten belastet werden. Sie haben keine Ausgleichsmöglichkeiten. Sie müssen für Benzin, Heizöl, Kohle und Strom die volle Öko-Steuer von ihren ohnehin schon bescheidenen Renten bezahlen.

Ebenso ergeht es allen, die auf Sozialhilfe angewiesen sind.

Wolfgang Thüne regt an, durch eine parlamentarische Anfrage abzuklären, wozu die jährliche Öko-Steuer von mehr als 30 Milliarden im Einzelnen verwendet wird.“ [14] Wir sehen, wie die Politiker keine Gelegenheit auslassen, mittels fadenscheiniger Begründungen dem Bürger immer mehr Geld aus der Tasche zu ziehen, wobei es alles in allem sogar 57 Milliarden Euro gewesen sein sollen, die im Jahr 2003 durch die Umweltsteuern eingenommen wurden; 43 Milliarden Euro davon entfielen auf die Mineralölsteuer.

Klimaängste hatten jedenfalls schon immer Konjunktur, bekräftigt Heinz Hug, „und Hungersnöte konnten im Gefolge von Klimaanomalien nicht ausbleiben. Hugh Thomas schreibt: ‘Zu Beginn des 14. Jahrhunderts setzte in Europa eine kalte nasse Periode ein, die durch ein geringfügiges Anwachsen der Gletscher bedingt war. Schwere Regengüsse vernichteten nicht allein die Ernte, sondern auch die englischen Weingärten des frühen Mittelalters ... Man hatte die Jahrhunderte nach dem 14. Jahrhundert auch die ‘kleine Eiszeit’ genannt ... Der Hagelsturm vom 13. Juli 1788 vernichtete die ganze Ernte des Jahres in Frankreich und führte mit zu der berühmten Krise von 1789 ... 1816 war der schlechteste Sommer, den man in Nordeuropa je erlebt hatte. Im Juli gab es Frost.’ Wenn ich mich recht entsinne, regnete es in den frühen 70er Jahren fast durchweg den ganzen Sommer. ... Die Frage, ob uns nicht eine neue Eiszeit bevorstehe, bewegte die Öffentlichkeit und die wissenschaftliche Welt. In einem Wissenschaftsmagazin war nachzulesen, daß von Anfang Oktober 1973 bis Ende September 1974 ununterbrochene Kaltluftvorstöße vom Nordpolargebiet für die Hochgebirgsregionen eine neue Eiszeit erwarten ließen. ... 1975 erschien ein Buch mit dem Titel ‘Die Wettermaschine’. Nigel Calder schilderte darin, mit vielen Daten glaubhaft unterlegt, daß wir einer neuen Eiszeit entgegengingen.“ [15]

Kein Wunder, daß der im Jahre 1992 stattgefundene „Erd-Gipfel“ im Staat Israel als Lüge kritisiert wurde: „‘The Earth-Summit Farce’ (‘Die Erd-Gipfel-Farce’) lautet die Überschrift des Leitartikels in der ‘Jerusalem Post’, der mit der Meinung derjenigen übereinstimmt, die die Versammlung in Rio als ‘das Gipfeltreffen der Hexerei’ charakterisierten. Die ‘Post’ warnt davor, daß die Bewegung der Umweltschützer ‘von den Ludditen, Zwangsutopen, gedankenlosen Bürokraten und Typen der neuen Linken übernommen worden ist, die ihre ungültig gewordenen roten Pässe gegen grüne ausgetauscht haben ... Daß derartige unrealistische, großartige und beinah unnötige Programme reale Umweltschutzbelange verseucht haben, ist nichts weniger als tragisch. Wenn überhaupt zu irgend etwas, dann dienen die Szenarios des ‘Jüngsten Tages’ die von fanatischen Umweltschützern heraufbeschworen werden - wie zum Beispiel die erschreckend wirkenden Voraussagen der Verdünnung der Ozonschicht und der globalen Erwärmung - nur dazu, die Glaubwürdigkeit pragmatischer Umweltschützer zu zerstören. Diejenigen, die ohne weiteres dazu bereit sind, das Wohlergehen der Menschen um der Erhaltung der Unterart einer obskuren Schnecke willen zu opfern, sind Feinde des Fortschritts. Sie werden die Umwelt der Welt nicht verbessern. Sie werden Armut und Tod verursachen [Anm.: Ganz wie im Bericht von „Iron Mountain" auch vorgesehen war!].'

Die 'Jerusalem Post' fährt fort: 'Die Tatsachen untermauern die meisten Theorien der Schwindel-Umweltschützer nicht. Die Verwendung von fossilen Brennstoffen verursacht nicht den Anstieg der Erdtemperatur, auch nicht das Schwefeldioxid.' Die Behauptungen der NASA bezüglich der Vergrößerung des Ozonlochs 'haben sich als gegenstandslos erwiesen. Die Ozonmessung ist eine viel zu junge Wissenschaft für derartige Voraussagungen ... Was die realen Verschmutzungsprobleme bedürfen, ist nüchterne Aufmerksamkeit, kein bombastisches 'Happening' in einer Atmosphäre des Karnevals.'" [16]

Was also ist dann die wahre Ursache für die, zugegebenermaßen *tatsächlich stattfindende* Erwärmung unseres Planeten und die in den letzten Jahren in allen Teilen der Welt zu beobachtenden Wetterkapriolen? „Henrik Svensmark, Physiker am dänischen Weltrauminstitut in Kopenhagen, mischt zurzeit die Szene der etablierten Klimaforschung mit einer ketzerischen Behauptung kräftig auf. Nicht das Kohlendioxid CO2 ist Schuld an der Klimaveränderung, sagt der Klima-Ketzer, sondern die Aktivitäten der Sonne. Sie soll das irdische Klima fester im Griff haben, als wir bisher vermuten. Waren die weltweiten Klimakonferenzen zur Reduzierung des CO2-Ausstoßes und Minderung des Treibhauseffektes alle für die Katz?

Eine Zusammenfassung der Überlegungen des Klima-Ketzers: Ständig treffen kosmische Strahlen aus dem Weltraum auf die Erdatmosphäre. Sie lassen hier als Kondensationskeime Wolken entstehen. Nimmt die kosmische Strahlung zu, breitet sich die Wolkendecke aus, und es wird kälter. Nimmt die kosmische Strahlung ab, schrumpft auch die Wolkendecke, und es wird wärmer. Das weit in den interplanetarischen Raum reichende Magnetfeld der Sonne wirkt, zusammen mit den sogenannten Sonnenwinden, als Schutzschild und Regler gegenüber der kosmischen Strahlung. Die wechselnde kosmische Strahlung hinterläßt ihre Spur in Eisbohrkernen, in Holz und im Moorboden.

Henrik Svensmark belegt mit viel akribischer Kleinarbeit seine Behauptung. Er hat die Klimadaten vergangener Jahrzehnte und die Meßdaten zur kosmischen Strahlung sowie die Sonnenaktivitäten untereinander in Beziehung gesetzt. Heraus kam eine frappierende Übereinstimmung mit dem Klimawandel. Der Schluß liegt nahe, daß die Sonne eine weitaus größere Bedeutung haben muß, als der zivilisationsbedingte CO2-Ausstoß.

Die anfängliche Skepsis und Verachtung aus dem Kreis der etablierten Wissenschaft ist mittlerweile einer breiten Anerkennung von Svensmark und seiner Theorie gewichen. Ein Weltbild gerät ins Wanken, das Umdenken schafft sich nur langsam Raum, bei Umweltpropheten, Politikern und denen, die mit den bisherigen Vorstellungen von den Ursachen einer Klimakatastrophe gut leben konnten.“ [17]

*** Das Geheimprojekt HAARP**

Wenn man über die steigende Erwärmung unseres Planeten spricht, sollte man auch die geheimen Wetter-Experimente der US-Regierung nicht außer acht lassen, die unter dem Namen HAARP im entfernten Alaska durchgeführt werden.

„Die HAARP-Installation befindet sich auf einem extra errichteten Militärstützpunkt in der alaskanischen Wildnis nordöstlich von Anchorage in der Nähe der Ortschaft Gakona. Der Standpunkt ist aus zwei Punkten günstig, zum einen durch die Polnähe (die Magnetfeldlinien der Erde verlaufen in dieser Gegend besonders dicht und führen zu einer erhöhten Konzentration elektrisch geladener Teilchen in der Ionosphäre), zum anderen durch die massiven Vorkommen von Erdgas, das als Nebenprodukt der Erdölförderung anfällt und zum Betrieb der HAARP-Generatoren verwendet wird. Die technische Anlage besteht im wesentlichen aus mehreren Funktionsgruppen, von denen die sog. IRI-Einheit (Ionospheric Research Instrument - Instrument zur Erforschung der Ionosphäre) am meisten interessieren dürfte. Das HAARP-IRI, im Fachjargon Heizer (Heater) genannt, ist der leistungsstärkste Hochfrequenzsender, der je von Menschenhand gebaut wurde. Der Begriff Heizer bezieht sich auf die Eigenschaft der Anlage, die Ionosphäre über die abgestrahlte Leistung elektrisch aufzuladen. Derart angeregt zeigen sich unter gewissen Umständen künstliche, glühend erscheinende Nordlichter - Auroren. (Die stärkste Aufheizung erfolgt in der sogenannten F-Schicht der Ionosphäre, in ca. 200 km Höhe). Die spezifische, teilweise Absorption der abgestrahlten Leistung durch die elektrisch geladenen Teilchen der Ionosphäre bewirkt, daß ein gewisser Teil der gesendeten Strahlung als Wellen niedrigerer Frequenz (ELF [=Extreme Low Frequency]!) auf die Erde zurückreflektiert wird. Die Wirkung solcher elektromagnetischen ELF-Felder auf lebende Systeme war in den letzten dreißig Jahren Gegenstand einer Unzahl wissenschaftlicher Untersuchungen, die nicht selten von Militärs angestrengt oder gesponsert wurden.“ [18]

Mittels Aussendung spezifischer EEG- und anderer physiologischer Signale soll die HAARP-Anlage unter anderem zur tiefgreifenden Bewußtseinsmanipulation großerTeile der Erdbevölkerung in der Lage sein: „Nach vorliegenden Informationen verfügt die HAARP-Anlage über modernste Techniken zur ELF-Modulation des abgestrahlten Hochfrequenzträgers.“ [19] Ist das etwa der Grund für die Apathie weiter Teile der Menschheit gegenüber ihrer ständigen Ausbeutung und Sklaverei?!

Auf jeden Fall geht es bei diesem militärischen Projekt darum, „gewaltige Energiemengen von 10 bis 100 Milliarden Watt in die obersten Schichten der Atmosphäre zu schicken und diese elektrisch aufzuheizen [!!!]. Dies beweisen hierzu angemeldete Patente:

- USA-Patent 4.686.605 ‘Methode und Apparat zur Veränderung einer Region der Erdatmosphäre, Ionosphäre und/oder Magnetosphäre’ vom August 1987

- USA-Patent 4.712.155 ‘Methode und Apparat zur Schaffung einer künstlichen, durch Elektronen-Zyklotronenresonanz erhitzten Region aus Plasma’ von November 1991

Dieses Patent betrifft insbesondere die sog. F-Schicht der Ionosphäre in 200 km Höhe. Hierzu dient in der HAARP-Anlage eine ‘IRI-Einheit’, das ‘Ionospheric Research Instrument’, welches zutreffend als ‘Heizer’ bezeichnet wird. ... HAARP wurde auch für die Veränderung bzw. aktive Beeinflussung der Atmosphäre und des Wetters konzipiert, wie aus der US-Patentschrift Nr. 4.686.605 eindeutig hervorgeht: **‘Wettermanipulation ist möglich, z. B. durch Veränderung von Windmustern in der oberen Atmosphäre oder durch Veränderung von solaren Absorptionsmustern.’**

Dies beweist vorgesehene Wettermanipulierung. Doch die Experimente beschränken sich nicht auf ein zielloses Herumballern in der Atmosphäre. Die beabsichtigten Wirkungen lassen sich durch die Erzeugung atmosphärischer ‘Spiegel’ gezielt auf beabsichtigte Erdregionen lenken, wie in USA-Patent 5.041.834 beschrieben: **‘Künstlicher, lenkbarer aus Plasma geformter atmosphärischer Spiegel’, vom August 1991**.

Ein Blick aus der Luft auf das riesige Areal, auf dem sich in den Wäldern im südöstlichen Teil Alaskas, ganz in der Nähe der Ortschaft Gakona, die riesigen Antennen der HAARP-Anlage befinden. „Offiziell will man uns ... weismachen, hier würden harmlose Wissenschaftler die Entstehung des Nordlichts erforschen. Beteiligt sind neben der US Navy und der US Air Force die Universität Alaska in Fairbanks [und] weitere Universitätsinstitute und Zulieferfirmen. Eigentümer des Geländes ist das amerikanische Verteidigungsministerium", setzen uns Grazyna Fosar und Franz Bludorf in Kenntnis.*

Diese Photos zeigen, wie groß die Antennen sind, die die Ionosphäre elektrisch aufheizen und dadurch das globale Wetter beeinflussen können. Gewaltige Energiemengen von 10 bis 100 Milliarden Watt werden dazu in die obersten Schichten der Atmosphäre geschickt, was denn auch - neben der wechselnden kosmischen Strahlung der Sonne - die wahre Ursache für die Klimaerwärmung sein dürfte. Allerdings wird man diese Erkenntnis kaum aus dem Munde unserer Politiker, allen voran Bundesumweltminister Jürgen Trittin, zu hören bekommen, da sie mit ihrer Reduzierung des „Treibhausgases CO2" ganz bestimmte ***politische*** *Ziele verfolgen.*

(Quellenhinweise: Oben: http://www.conspiration.cc/images/haarp1.jpg; 3 Photos unten links: http://www.earthchangestv.com/pictures/comp.jpg; Unten rechts: http://popularmechanics.com/science/military/1999/6/probing_northern_lights/images; *: Arktisches Wiegenlied, Das HAARP-Projekt - Lautlose Manipulation von Menschen über die Ionosphäre?, http://www.miprox.de/Sonstiges/HAARP.htm)

Ist die der US-Regierung unterstellte HAARP-Anlage etwa für viele Wetterkatastrophen der letzten Jahre verantwortlich? Jedenfalls kommt es in jüngster Zeit gerade in Deutschland ***verdächtig oft*** *zu Wetterextremen: Dieses von einem Hubschrauber aus gemachte Photo zeigt das vom Hochwasser der Mulde völlig überflutete Zentrum der sächsischen Stadt Grimma Mitte August 2002. Insgesamt verursachte das im Sommer 2002 in Deutschland stattgefundene „Jahrhunderthochwasser" einen Schaden von 9,2 Milliarden Euro. (Von der seinerzeitigen schweren Flutkatastrophe waren noch Tschechien, Österreich und England betroffen.)*

Nur ein Jahr später sprachen die Medien im Juli 2003 von einem „Jahrhundertsommer", wurde Deutschland von einer außergewöhnlich langen Hitzeperiode heimgesucht, was dazu führte, daß unser Land in weiten Teilen ein Bild wie aus der Sahel-Zone bot - hier das völlig ausgetrocknete Rheinufer bei Düsseldorf. Am Rhein wurden seinerzeit die niedrigsten Juli-Pegelstände seit 27 Jahren gemessen. Auch in unseren Nachbarländern wurden Hitzerekorde gemeldet, starben insgesamt Zehntausende Menschen an Erschöpfung.

(Quellenhinweise: Oben: Fuldaer Zeitung, 14.8.02; Unten: ebd. 17.7.03)

Unser globales Wettersystem ist jedoch äußerst sensibel, sodaß es durch geringe äußere Beeinflussungen leicht aus dem Gleichgewicht gebracht werden kann." [20]

„Die Forscher Grazyna Fosar und Franz Bludorf nehmen als Ursache der Wetterkatastrophen eine Verlagerung des sogenannten 'Jetstream' an. Sie schreiben dazu: *'Seit Anfang der neunziger Jahre beobachtete Greenpeace bereits eine zunehmende Verlagerung des nördlichen Jetstream in Richtung Süden. Der Jetstream ist ein Starkwindfeld in der oberen Atmosphäre, der eigentlich in der nördlichen Polarregion rund um die Erde verlaufen sollte. Er ist auch stark elektrisch aufgeladen und wirkt daher auch als die größte Schleifenantenne der Welt, über die großräumig elektromagnetische Wellen (z. B. die Schumann-Erdresonanzwellen) rund um die Erde geleitet werden. Außerdem bildet er eine Bahn, entlang derer sich Tiefdruckgebiete bewegen können. In den vergangenen Jahren geschah es nun immer wieder, daß der Jetstream tatsächlich seine normale Bahn im hohen Norden verließ und sich südwärts verlagerte. Sobald er zum Beispiel über Deutschland verlief, kam es fast regelmäßig zu Hochwasserkatastrophen in Jahreszeiten, in denen solche Erscheinungen normalerweise nicht auftreten. Beispiele sind etwa die verheerende Oderflut im August 1997 oder die Hochwasserkatastrophen im Oktober 1998 an Rhein und Neckar, in Niedersachsen, Sachsen-Anhalt und Thüringen.'*

Bereits in ihrem Buch 'Zaubergesang' fragten sie, ' *... ob die »Jahrtausendflut« an der Oder im Sommer 1997, die Tausende von Menschen in Ostdeutschland, Polen und Tschechien um Hab und Gut, einige sogar ums Leben brachte, noch als ein »Zufall« bezeichnet werden kann.'*

Allerdings erkannten die beiden Forscher auch das grundlegende Problem solcher Recherchen: ' *... Das Problem ist allerdings, daß im subtilen Bereich der Wetterkontrolle eine beweiskräftige Verbindung zwischen Ursache und Wirkung praktisch nicht erbracht werden kann.'*

Dennoch kann als erwiesen gelten, daß durch solche HAARP Einwirkungen ortsfeste Störzonen gesetzt werden können, welche von den natürlichen Wetterfronten nicht passiert werden können, die dort gestoppt oder in eine Ausweichrichtung abgelenkt werden.

Diese atmosphärischen Manipulationen sind mit charakteristischen körperlichen Symptomen verbunden - vorherrschenden starken Unruhegefühlen, Magen-Darm-Störungen, Augen- und Kopfschmerzen und

Depressionen, die bei mehreren solcher Wettermanipulationszuständen als typisch beobachtet wurden." [21]

Tatsache ist auch: seitdem HAARP offiziell in Betrieb genommen wurde, kommt es weltweit zu einer nie gekannten Häufung von schweren Unwettern und Wetterextremen: „Europa erlebt die wärmste Zeit seit mindestens [!] 500 Jahren. Zu diesem Schluß kommt eine umfassende Studie zur Klimaentwicklung der Universität Bern. Dem Rekordsommer 2003 waren dabei nicht nur die neun heißesten Sommer des Meßzeitraums vorangegangen, sondern auch die 30 wärmsten Winter in Folge. ... Die Forschung am Geographischen und Statistischen Institut der Universität Bern zeigt, daß im 20. Jahrhundert die durchschnittlichen Wintertemperaturen um rund 0,5 Grad höher lagen als zwischen 1500 und 1900. Das Jahrzehnt zwischen 1989 und 1998 war dabei das wärmste seit 1500. Die 30 wärmsten Winter in Reihe datieren zugleich von 1973 bis 2002. **Die europäischen Sommer von 1994 bis 2003 waren laut Studie die heißesten der vergangenen 500 Jahre, wobei der Sommer 2003 alle Rekorde schlug.** Dieser Aussage sind sich die Forscher zu über 95 Prozent sicher. Einmalig sei auch der starke Sommer-Erwärmungsgrad in den Jahren 1978 bis 2003, der seinesgleichen suche. ...

Bei der Rekonstruktion zogen die Forscher instrumentell gemessene Temperaturen aus ganz Europa ab 1659 heran. Dazu kamen natürliche Klimainformationen wie Eisbohrkerne aus Grönland und Baumringe aus Sibirien. Die Studie, Teil des Nationalen Forschungsschwerpunkts Klima (NFS Klima), wurde ... im Wissenschaftsmagazin 'Science' veröffentlicht." [22]

„**Erste Tests mit der amerikanischen HAARP-Anlage begannen bereits Ende 1994** - noch mit geringeren Leistungen. So erfolgte Juli/August '95 ein Test mit nur 3 600 W Gesamteingangsleistung - statt der späteren 10-100 Milliarden W. Bereits diese Energiemenge führte zum Verdampfen einer 10 cm starken Aluminiumverbindung, offenbar durch unvorhergesehene resonante Kopplungserscheinungen, welche nicht unter Kontrolle gebracht werden konnten.

Die mit HAARP durchgeführten verantwortungslosen Experimente sind ein Verbrechen an der gesamten Menschheit, welches sich wie die Entwicklung von Atom-, bakteriologischen und chemischen Waffen durch nichts rechtfertigen läßt.

Allein unorientiert ausgeführte Experimente wirken auf die oberen Atmosphärenschichten ein und müssen dort zwangsläufig wesentliche

Veränderungen bewirken, deren globale Auswirkungen bei der Komplexität des Wettergeschehens nie absehbar sind.“ [23]

Denken wir dabei nur an das „Klima-Ungeheuer“ El Niño, das vor mehr als sechs Jahren weltweit für verheerende Katastrophen sorgte. „Buschbrände tobten in Australien, Feuersbrünste legten Teile des indonesischen Regenwalds in Asche. Auf der gegenüberliegenden Seite des Pazifiks peitschten Sturmfluten gegen die westlichen Gestade Südamerikas. In Peru ließen sintflutartige Regenfälle die Felder der Bauern im Schlamm versinken. In der chilenischen Atacama-Wüste schwemmten Sturzbäche den Boden weg.

Rund um den Stillen Ozean gerieten in den Wintermonaten 1997/98 die Elemente außer Rand und Band. Weltweit starben 22 000 Menschen. Sie kamen in Sturmfluten und Feuersbrünsten um, sie verhungerten, weil die Ernte auf den Feldern verdarb, oder sie fielen Seuchen zum Opfer, die sich im Gefolge des Wetterdurcheinanders ausbreiteten.“ [24]

Die Experten rätseln bis heute, was der Grund für dieses gewaltige „Wetterdurcheinander“ gewesen sein mag und warum diese Unwetter-Konstellation „neuerdings immer häufiger [!] und stärker [!] über den Planeten hereinbricht. Liegt es an der mutmaßlich [!] vom Menschen verursachten Erwärmung der Erdatmosphäre? Oder sind die Turbulenzen eher auf eine natürliche Schwankung der Sonnenaktivität zurückzuführen? Noch fischen die Klimatologen ziemlich im trüben.“ [25]

Selbstverständlich kommt niemand auf die Idee, HAARP für die Wetterkapriolen verantwortlich zu machen, stehen die meisten etablierten Wissenschaftler doch im Sold derjenigen Kreise, die ihre Lügen von einer „vom Menschen selbst“ hervorgerufenen Erderwärmung aus politischen Gründen auch weiterhin aufrechterhalten wollen.

Es sind aber längst nicht mehr nur die riesigen Antennen im entfernten Alaska, die im Auftrag der US-Regierung die Ionosphäre aufheizen, die Anlaß zur Sorge geben. „Auch wenn HAARP theoretisch von Alaska aus die ganze Erde bestrahlen könnte, finden sich diese Art von Sendeanlagen auf fast jedem Kontinent in einem oder mehreren Ländern (Karibik, Schweden, Deutschland, Rußland, u. v. a.). Der globale Begriff dieser Anlagen lautet EISCAT, denn sie sind untereinander vernetzt und könnten auch bei einem Ausfall einzelner Stationen ihre Arbeit weiter verrichten. Zusätzlich besitzt jede Station eine eigene Stromversorgung und ist somit völlig unabhängig von äußeren Gegebenheiten.

Aber der Knüller von EISCAT dürfte dem Ganzen noch eins draufsetzen. Denn nicht nur, daß die Strahlung über 3 verschiedene Arten zum Zielort geschickt werden kann (Satellit, Kabel, Antenne). Nein, die meisten Menschen müssen heutzutage auch noch einen passenden Empfänger FREIWILLIG bei sich tragen. Die Rede ist natürlich vom Handy! Leider wird seitens der Industrielobby die wirkliche Gefahr dieser kleinen Dinger verheimlicht oder unterdrückt. Dennoch ist es Gott sei Dank selbst dem Laien möglich, sich trotzdem hierzu Informationen zu beschaffen, auch wenn man sie nicht gerade auf dem silbernen Teller serviert bekommt. Es wird aber an jedem Einzelnen von uns liegen, ob wir weiterhin tatenlos zusehen, wie unser Recht auf Unversehrtheit von der Macht des Geldes untergraben wird, oder ob wir uns wehren und uns gegen die (Bewußtseins-)Kontrolle der Mächtigen auflehnen werden!

Denn jeder einzelne Sende- und Funkturm (die heutzutage wie Giftpilze aus dem Boden sprießen!), der in eurer Nähe aufgestellt wird, zieht das Netz immer enger und nimmt euch die Kraft, frei zu denken! Wenn man nun die Prognosen des neuen UMTS-Standards herannimmt, die uns einen Zuwachs von ca. 40 000 neuen Sendetürmen in Deutschland prognostizieren, dann kann es nur eines geben das noch zu tun bleibt: Jeden einzelnen Aufbau zu verhindern und eine umfassende und wahre Aufklärung seitens der Regierung zu fordern.

Es kann nicht angehen, daß eine Regierung ihr Volk verrät und verkauft und zuläßt, daß eine äußere Macht es nach Belieben manipulieren und vergiften kann!", kritisiert der „Bund für echte Demokratie e.V." mit Sitz in Vellmar bei Kassel diesen ganzen Zusammenhang. [26]

„Moderne Hochfrequenzkanonen aus den Arsenalen der Supermächte sind heute bereits so weit fortentwickelt, daß sie in der Lage sind, Gehirnfunktionen und Zentralnervensystem von Zielpersonen in einem größeren Umfeld und auf Distanz von mehreren Kilometern auszuschalten. Durch den gezielten und massierten Einsatz von Hochfrequenzkanonen lassen sich beispielsweise die Gehirne von Raketenbedienungsmannschaften lahm legen.

Des weiteren ist es möglich, Kommandozentralen so mit Hochfrequenz zu bestrahlen, daß die dort anwesenden Offiziere zu keinem klaren Gedanken mehr fähig sind. Leistungsstarke Hochfrequenz- bzw. Radiowellensender waren bereits zur [vorletzten] Jahrhundertwende bekannt. Berühmter Vorreiter auf diesem Gebiet war der Forscher Nikola Tesla (1856-1943).

Links: Dieses außergewöhnliche Photo vom 12. Januar 2004 aus dem US-Bundesstaat Alabama stammt von Joel Knain. Es zeigt, wie ein gewaltiges Loch in den Himmel „geschossen" worden zu sein scheint. Seit Jahren schon entstehen weltweit mysteriöse Wolkenbilder, die auf die geheimen Wetterexperimente und das „Chemtrail"-Phänomen zurückzuführen sind, wie auch das rechte Bild vermuten läßt: „'Spielt der liebe Gott ... Lotto?', fragt FZ-Leserin Ingrid Groth, die diese Himmelszeichen über der katholischen Kirche St. Hubertus im Fuldaer Stadtteil Oberrode entdeckt hat." Es handelt sich hier nicht um „himmlische Kreuzchen", sondern um satanische „Chemtrails" - chemische Kondensstreifen - die (insgeheim!) angeblich gegen die globale Klimaerwärmung versprüht werden, in Wahrheit jedoch die Vergiftung des Menschen und seiner Umwelt bewirken.*

Seit Jahren schon werden über weiten Teilen Deutschlands die extrem giftigen Chemtrails zerstäubt, die sich nicht wie normale Kondensstreifen nach wenigen Minuten wieder auflösen, sondern sich nach Stunden über den ganzen Himmel ausbreiten, wie dieses Photo aus Bad Salzschlirf, einem Dorf in der Nähe der Bischofsstadt Fulda, zeigt. Im Vordergrund sind noch einige natürliche Wolken zu sehen. (Weitere Informationen zu den „Chemtrails" in meiner mit vielen Farbphotos gestalteten, im Verlag Anton A. Schmid erschienenen Schrift „Chemische Kondensstreifen über Deutschland"!)

(Quellenhinweise: Oben links: http://www.lightwatcher.com/chemtrails/hos.html; Oben rechts: Fuldaer Zeitung, 20.09.03; *: ebd.)

Anlagen wie HAARP zur Beeinflussung der Ionosphäre befinden sich nicht nur im entfernten Alaska, sondern unter anderem auch in ***Arecibo*** *in Puerto Rico, in* ***Nischni Nowgorod*** *in Rußland, in* ***Duschanbe*** *in Tadschikistan und in* ***Ramfjordmoen*** *ganz in der Nähe der Stadt Tromso in Norwegen, von wo dieses Photo stammt. Auch hier stehen riesige Antennen, die die Ionosphäre aufheizen.*

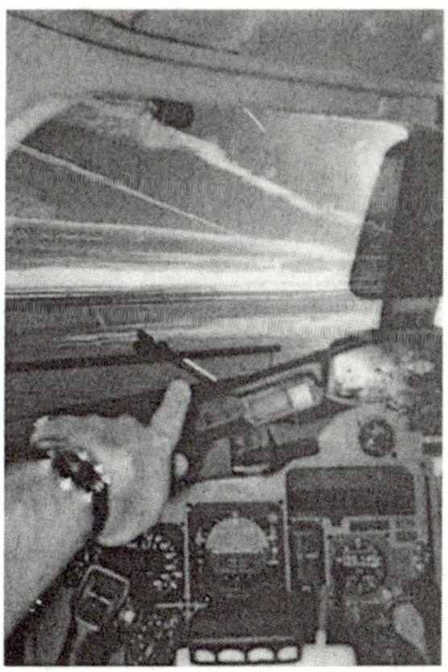

Links: Aus einem Flugzeug heraus wurde dieses Photo in den Vereinigten Staaten gemacht. Man sieht, wie der Pilot (oder Co-Pilot) auf die vielen Chemtrails zeigt, die den Himmel bedecken. Rechts: Eine gigantische EISCAT-Antenne, die sich in Svalbard befindet. Am Projekt EISCAT (European Incoherent Scatter Radar) sind die Länder Großbritannien, Frankreich, Deutschland, Norwegen, Schweden, Finnland und Japan beteiligt.

(Quellenhinweise: Oben: http://www.eiscat.com/tromso.html; Unten links: http://www.chemtrailcentral.com/imgdb/img/567-img.jpg; Unten rechts: http://stdb2.stelab.nagoya-u.ac.jp/div2/eiscat.jpg)

Wenn die absorbierte Energie eines RF-Feldes (RF = Radio Frequency) in lebenswichtige Bereiche gelenkt wird, etwa an die Schädelbasis, wo das Rückenmark in das Gehirn übergeht, kann ein Mensch mit ganz geringen Mengen an absorbierter Energie getötet werden. Es reicht aus, diese Region des Zentralnervensystems auf 44 Grad Celsius zu erhitzen, was mit einem Puls von einer Zehntelsekunde Dauer geschehen kann. Versuchstiere wurden durch kurze Pulse mit Energiedichten von nur 1mW/cm2 getötet.

Das Verhältnis zwischen der Wellenlänge der verwendeten Hochfrequenzwellen und den Abmessungen des Körpers ist wie bei jeder Empfangsantenne von großer Bedeutung. Ein aufrechtstehender Mensch von durchschnittlicher Größe hat eine Resonanzfrequenz von 43 MHz, während der Kopf als Topfkreis etwa 242 MHz haben soll. Laut neuester Forschungsergebnisse gibt es keinen Zweifel daran, daß kleine Mengen elektromagnetischer Energie bei richtiger Wahl von Frequenzen und Impulsform die Funktion der Neurotransmitter erheblich stören und die Funktion des Gehirns stören können. Arbeiten an RF-Waffen verstecken sich weitgehend hinter 'reiner Forschung' auf dem Gebiet der Hochenergiephysik." [27]

Die HAARP-Anlage, die von dem US-Amerikaner Jerry E. Smith in seinem Buch als „die mächtigste Waffe der [geheimen Welt-]Verschwörung" bezeichnet wird, dient folglich der Bewußtseinsmanipulation, der gezielten Induktion von Krankheitsmustern, der Manipulation geophysikalischer und ökologischer Systeme und schließlich der globalen Wettermanipulation.

Smith schreibt: „Machthungrige Despoten versuchen seit antiker Zeit, ihre Mitmenschen zu unterjochen. Könnte das globale 'Krisenmanagement' diesen Geistesgestörten in die Hände spielen und ihnen einen Vorwand liefern, einen weltweiten Polizeistaat zu errichten... ? Es ist sicherlich nicht undenkbar. ... Einige betrachten die Bemühungen für eine globale ökologische Behörde als die letzte und größte Hoffnung der Menschheit. Andere sehen sie als eine verräterische, kriminelle Verschwörung, um die rechtmäßigen Regierungen der Welt zu zerschlagen und sie durch ein einziges totalitäres Regime zu ersetzen ..." [28], was indes schon längst geschehen ist, hält man sich die überstaatliche Politik der letzten 15 Jahre - seit dem Beginn der Neuen Weltordnung in den Jahren 1989/90 - vor Augen.

Und deshalb ist die angebliche Bedrohung der Erde durch den „Treibhauseffekt", der durch Klimakillergase wie CO2 usw. verursacht werden soll, auch bloß ein gigantischer Betrug! „Diese Gase können aufgrund von einfachst nachprüfbaren physikalischen Eigenschaften niemals die ihnen angedichtete Wirkung wie ein Glasdach eines Treibhauses haben. Bei den als Beweis für den 'Treibhauseffekt' angeführten Computersimulationen wird auf dilettantische Weise vernachlässigt, daß es außer einem Wärmeverlust durch Strahlung auch Wärmeverlust durch Konvektion und Advektion (Wärmeleitung und Wärmeströmung) gibt. Auch hier sind viele unverständlich dumme und/oder maßlos skrupellose 'Wissenschaftler' aktiv, die Atomstrom verharmlosen wollen, und Politiker, die 'Klimasteuern', 'Öko-Steuern', 'Energiesteuern', 'CO2-Steuern' und 'Umweltabgaben' fordern.

GREENPEACE, GRÜNE, BUND, ÖDP usw. stehen auf der falschen Seite !!!

Sie machen bei den Megaverbrechen an der Menschheit brav, gehorsam und unkritisch mit." [29]

Fazit: Daß eine Erwärmung unseres Planeten stattfindet, scheint wissenschaftlich erwiesen. Allerdings liegt die Ursache hierfür nicht bei den FCKWs, sondern bei den Aktivitäten der Sonne und den riesigen HAARP- bzw. EISCAT-Antennen, die die Ionosphäre aufheizen. Abermals gelangen wir also zu dem Schluß, daß das ganze Volk von den Medien und der Politik an der Nase herumgeführt wird und daß die unters Volk gestreuten Lügen in erster Linie mit einer immer besseren Kontrolle über die Menschen zu tun haben. Sie sollen den „Umbau der Gesellschaft mit besonderen politischen Vollmachten" bewerkstelligen.

Das Endziel: Die absolute Kontrolle über die ganze Menschheit

Wie wir sehen, sollten die Physiker, Politologen, Psychologen und Militärexperten, die sich in den Jahren 1963 bis '66 im „Eisernen Berg" zusammenfanden, für die Hintermänner der Weltpolitik einen perfekten Plan zur Unterdrückung und Beherrschung der gesamten Menschheit ausarbeiten. Dabei geht es der „Elite" letzten Endes um die Kontrolle über:

1. die Anzahl der Weltbevölkerung,
2. die Gedanken bzw. Emotionen und
3. den Wohlstand der Menschen.

Die Essenz des Berichts von „Iron Mountain" läßt sich deshalb mit zwei Worten zusammenfassen: Lüge und Täuschung. Um die ganze Menschheit zu kontrollieren, wird sie ständig in die Irre geführt: Während die Oberen der Weltpolitik vorgeben, für den Umweltschutz zu streiten, waren sie es (insgeheim) selbst, die den Befehl zur Verpestung unseres Planeten gegeben haben; während sie öffentlich von den „Menschenrechten" sprechen und den Anschein erwecken, als würden sie durch die von ihnen kontrollierten Organisationen (wie UNO, UNICEF, WHO) für die Menschlichkeit streiten, setzen sie sich schon seit Jahrzehnten für eine massive Reduzierung (=Abtötung!) der Weltbevölkerung ein und tun alles, um dem Individuum in jeder nur erdenklichen Hinsicht zu schaden (unter anderem durch den Einsatz der zahlreichen Gifte in der Nahrung); während sie vorgeben, den „internationalen Terrorismus" zu bekämpfen, sind sie es selbst, die hinter den verheerenden Terroranschlägen der letzten Jahre stehen; während sie unentwegt von „Freiheit" und „Demokratie" faseln, unternehmen sie alles, um auch die letzten noch verbliebenen Grundrechte auszumerzen und eine weltweite (!) Diktatur zu errichten.

Durch die gezielt herbeigeführte Armut, allgegenwärtige elektronische Überwachung und die Kriegsspiele auf nationaler und internationaler Bühne sollen die Völker nicht mehr zur Ruhe kommen. So drohte George W. Bush bei seiner Ansprache an die Nation vor beiden Häusern des Kongresses am 20. September 2001 als Reaktion auf die „Anschläge" auf das World Trade Center und das Pentagon unverhohlen: „Unsere Antwort beinhaltet viel mehr als unmittelbare Vergeltung und isolierte Schläge. Die Amerikaner sollten nicht eine einzige Schlacht erwarten, sondern eine lang andauernde Kampagne, unvergleichbar mit irgendeiner anderen, die wir je erlebt haben. Sie kann vielleicht dramatische Militärschläge umfassen, die wir im Fernsehen sehen, und verdeckte Operationen, die selbst im Erfolgsfall geheim bleiben.“ [1]

„Nach den Worten von US-Vizeaußenminister Richard Armitage befinden sich die USA in einem globalen Krieg“, pflichtet der niederländische Enthüllungsautor Robin de Ruiter [2] diesen Ausführungen bei. „Außenminister Colin Powell, Vizepräsident Dick Cheney und eine Reihe weiterer ... Figuren aus der herrschenden Polit-Elite versicherten, daß aus amerikanischer und westlicher Sicht ebenfalls ... Somalia, ... Syrien und Iran als mutmaßliche Unterstützer des internationalen Terrornetzes in die Überlegungen einbezogen werden müssen. Wie ... erwähnt, gibt es eine schwarze Liste von 60 Ländern.“ Da scheint uns in den nächsten Jahren also noch einiges bevorzustehen!

Jedenfalls werden der Menschheit nicht nur hinsichtlich der Anschläge des 11. September 2001 bzw. des „Kampfes gegen den internationalen Terrorismus“ ständig irgendwelche unverschämten Lügen als Wahrheit aufgetischt (siehe hierzu den FCKW-, Mondlande- und Überbevölkerungsschwindel) und mit ihren Emotionen Schindluder getrieben - einerseits werden falsche Hoffnungen geweckt (etwa über ein zukünftiges Leben im All), während die Massen andererseits ständig in Angst und Schrecken versetzt werden (durch scheinbare Seuchen wie Aids und SARS, die Bedrohung durch El Kaida, das Szenario einer Klimakatastrophe usw.).

Es ist geradezu bezeichnend, daß sich auch in den Jahren nach Abschluß des Berichts von „Iron Mountain“ die klügsten, selbstverständlich im Sold der Hintermänner der Weltpolitik stehenden Köpfe darüber Gedanken machten, wie dem Freiheitswillen des Einzelnen beizukommen ist: „Die YALE-University ... im US-Staat Connecticut (CT) wurde 1701 gegründet und ist das Zentrum des US-Satanismus. Dort ist der ‘Skull & Bones’-Orden angesiedelt, aus dem Bush und andere Führungskader hervorgingen und weiter hervorgehen. In YALE begann vor über 30 Jahren unter Führung des Neuropsychiaters Dr. José Delgado das globale Bevölkerungs-Manipulationsprogramm. Delgado sagte damals: ‘Die Menschheit hat nicht das Recht, ihr eigenes Bewußtsein zu entwickeln. Wir brauchen ein psychochirurgisches Programm, mit dem man unsere Gesellschaft politisch kontrollieren kann. Der Zweck ist die physikalische Kontrolle des Bewußtseins.

Die Befreiung der US-Soldatin Jessica Lynch (links) während des Irak-Kriegs wurde von den US-Propaganda-Medien als großer Triumph gefeiert - rechts US-Militärsprecher Brooks vor einem Lynch-Video. Eine Million Dollar zahlte ein US-Verlag für die „Lebensgeschichte" von Lynch, die zu einem regelrechten Medien-Star avancierte. „Ihre 'Befreiung' aus einem irakischen Krankenhaus gilt als amerikanische Heldentat, obwohl die 19jährige nach einem Autounfall [!] dort lediglich medizinisch behandelt wurde. Niemand wollte ihr etwas Böses. Der 'Sturm' auf das unbewachte [!] Krankenhaus war, wie man mittlerweile weiß, eine fürs Fernsehen gedrehte Propaganda-Show. Daraus soll nun Pulitzer-Preisträger Rick Bragg ein Buch fertigen - wobei die Lüge wiederum als Wahrheit verkauft wird." Mittlerweile fanden vier US-Soldaten, die an der Befreiungsaktion beteiligt waren, unter mysteriösen Umständen den Tod (David M. Tapper starb in Afghanistan; Sok Khak Ung wurde durch Schüsse aus einem vorbeifahrenden Fahrzeug heraus getötet; Josh Daniel Speer starb, als sein Wagen ohne ersichtlichen Grund eine Uferbefestigung durchbrach; Edward Williams, der in der gleichen Kompanie wie Lynch diente, starb durch einen „Selbstmord"!)*

Jeder, der von der vorgegebenen Norm abweicht, kann chirurgisch verändert werden.'" [3] Man hat es hier mit einer Menschenverachtung zu tun, die ihresgleichen sucht!

All das zeigt, daß die US-Regierung im Weltgeschehen bereits seit langem eine zentrale Rolle spielt, die man beileibe nicht positiv bewerten kann, wie unter anderem der US-Amerikaner John Kaminski darlegt: „Amerika ist zu einem verkommenen Land geworden. Aufgrund ihrer völlig selbstsüchtigen Nachlässigkeit gegenüber dem, was geschehen ist, gegenüber dem, was in ihrem Namen angerichtet worden ist, verdienen es die Amerikaner auch nicht besser. Und genau wie mit der Ausrottung von 60 Millionen eingeborener Amerikaner, die als Vorbild für die Völkermorde sowohl von Stalin als auch von

*Man darf sich von den Bildern des Fernsehens niemals täuschen lassen: Sogar der Truthahn, den George W. Bush bei seinem Blitzbesuch bei den Truppen im Irak Ende November 2003 so medienwirksam in die Kamera hielt, soll lediglich eine Attrappe gewesen sein. Das schrieb Mike Allen, der einzige Zeitungsreporter, der auf dem geheimgehaltenen Trip dabei war, im Dezember 2003 in der „Washington Post". „Das Bild, das um die Welt ging, zeigte Bush in einem Armee-Parka, breit lachend, umgeben von US-Soldaten und mit einem riesigen Tablett in der Hand. Darauf lag der Truthahn, reich garniert mit Obst und Gemüse - das Festessen, das an diesem Abend, dem in den USA groß gefeierten Erntedankfest, traditionell serviert wird. Tatsächlich habe es sich nur um eine Dekoration gehandelt, berichtete Allen. Die Soldaten wurden wie üblich aus der Kantinenküche bedient."***

(Quellenhinweise: Linke Seite links: Der Spiegel, 17.11.03, S.142; Linke Seite rechts: ebd. S.144; Oben: ebd. 1.12.03, S.130; *: Nation & Europa, Oktober 2003, S.49; **: http://www.faktinfo.de/forum/messages/13300.htm)

Scharon gedient hat, scheren sich die Amerikaner nicht wirklich darum, wer ermordet wird, solange die Verkaufspreise niedrig bleiben.

Es ist ein sonniger Tag. Ich fühle mich, als ob ich im Todestrakt sitzen würde. Ich habe das Empfinden, als ob die Erde im Todestrakt säße und Amerika, George W. Bush im besonderen, der Vollstrecker wäre.

Es scheint, als werde es bald zu einer weiteren Katastrophe kommen. Wird es sich dabei um eine Umweltkatastrophe handeln, ausgelöst etwa durch das Bersten der atmosphärischen Seifenblase der Erde durch Amerikas satanisches Herumpfuschen mit der Ionosphäre [durch die in Alaska stattfindenden HAARP-Experimente] ... ?

Dieser Mann wird von den Medien als größte Bedrohung für die Sicherheit der „freien Welt" hingestellt: der saudische Multi-Millionär Osama bin Laden, der aus einer Höhle (!) im entfernten Afghanistan die Fäden über ein globales Terrornetzwerk namens „El Kaida" ziehen soll, dem Hunderte, wenn nicht gar Tausende sogenannte „Schläfer" angehören sollen. In Wahrheit handelt es sich bei diesen Behauptungen um Märchen aus 1001 Nacht. Bin Laden ist nämlich nur der Buhmann, den die Hintermänner der Politik brauchen, um ihre menschenverachtenden Pläne durchsetzen zu können und den verdummten Massen eine Rechtfertigung zu liefern, warum sie künftig keinerlei Grundrechte mehr haben werden, was allerdings in Wahrheit nur dazu dient, all diejenigen - vornehmlich „fundamentalistische" (also gläubige!) Christen und Patrioten - auszuschalten, die sich der völligen Sklaverei widersetzen werden. (Und überhaupt: Warum sollte man der US-Regierung, die seit dem 11. September 2001 schließlich soviele Lügen erzählt hat - sogar über den Truthahn von Bush bei seinem Besuch im Irak! -, im Hinblick auf den „internationalen Terrorismus" auch nur noch ein einziges Wort glauben?!)

Wird das Inferno durch irgendeine im Labor künstlich geschaffene Seuche wie ... Ebola hervorgerufen werden, die plötzlich außer Kontrolle gerät, weil die amerikanische Regierung weiterhin darauf besteht, daß sie mit diesen Pocken[viren] nur zu Verteidigungszwecken herumexperimentiert?

Werden es die Chemtrails sein, die uns letzten Endes die Luft zum Atmen nehmen [Anm.: siehe hierzu meine Schrift: „Chemische Kondensstreifen („Chemtrails") über Deutschland - Wettermanipulation oder bakteriologische Kriegsführung"?] , oder ... werden wir alle des Durstes sterben, wenn sämtliche Wasservorräte endlich privatisiert

*Als Beweis für die Gefährlichkeit des „El Kaida-Netzwerks" dienen solche dubiosen Aufnahmen - angeblich stammt dieses im Jahre 2001 gemachte Photo aus Afghanistan -, die Trainingslager der „islamistischen Terroristen" zeigen sollen. Tatsächlich könnten sie genauso gut mit US-Schauspielern in der israelischen Negev-Wüste oder woanders gedreht worden sein. Und wenn sie denn tatsächlich aus Afghanistan stammen, könnten dabei afghanische Statisten eingesetzt worden sein, die sich für Geld ein düsteres Image verpaßt haben. Fakt ist: Es ist nicht nur in hohem Maße lächerlich, sondern geradezu krankhaft, zu behaupten, am entfernten Hindukusch, in einem der ärmsten Länder der Welt, liege die Brutstätte des „internationalen Terrorismus". Schließlich war es kein geringerer als der polnischstämmige antizionistische US-Jude Haviv Schieber, der bereits vor rund 20 Jahren offen aussprach, was alle unabhängigen Publizisten heute bestätigt finden: Daß das Hauptquartier des internationalen Terrorismus nicht in Tripolis, Libyen, auch nicht in Syrien oder im Iran zu finden ist. „Das Hauptquartier des internationalen Terrorismus ist Tel Aviv, Israel, und in den Vereinigten Staaten in New York, Los Angeles, San Diego, Miami und anderen Citys. Und das ist nur möglich mit Unterstützung des amerikanischen Außenministeriums."**

(Quellenhinweise: Linke Seite: Der Spiegel, 24.11.03, S.129; Oben: ebd. S.133; *: zit. nach Diagnosen, April 1985, S.15)

sind und sich unter der eisernen Kontrolle von multinationalen Unternehmen befinden? Wer wird die Entscheidung darüber treffen, wer noch trinken darf und wer nicht?

Möglicherweise wird eine neue elektromagnetische Stromstoß-Waffe in einem einzelnen, massiven Augenblick unsere Gehirne durch unsere Ohren pusten.

Werden wir von einer Atombombe in Stücke gerissen, die vom Mossad in einem Reisekoffer deponiert wurde, und dann der El Kaida in die Schuhe geschoben wird? Weiß bereits jeder, daß all diese Explosionen [bzw. Terroranschläge] in der ganzen Welt von der CIA/ Mossad-Operation durchgeführt werden, die als 'El Kaida' bekannt ist? Und wo wir schon beim Thema sind: Haben Sie irgend etwas neues von der offiziellen Regierungsuntersuchung des 11.9. gehört? Nein? Das dachte ich mir!

Werden wir zu Tode geprügelt, oder zumindest schlimm verletzt werden wie die Menschen auf den Straßen von Miami, die [Mitte November 2003] einfach versucht haben, ihre Rechte aus dem 'First Amendment' wahrzunehmen (das Recht auf freie Meinungsäußerung; oh Verzeihung, es tut mir leid, wir haben nicht länger verfassungsmäßige Sicherheiten), und den Versuch unternahmen, gegen die fortgesetzte Zerstörung der amerikanischen Wirtschaft zu protestieren?

Werden wir mitten in der Nacht abtransportiert werden, weil wir darauf aufmerksam machen, daß all die armen Leute, die in Afghanistan und dem Irak ermordet wurden, ihr Leben aus Gründen verloren haben, die erwiesenermaßen unwahr sind? Oder daß die US-Regierung arme Leute für einen von ihnen begangenen Verstoß, den sie möglicherweise begangen haben, weil sie am Leben bleiben wollen, strafrechtlich verfolgt, nicht aber reiche Leute juristisch belangt, die Millionen töten und Millionen stehlen? Das ist wahrhaftig amerikanische Gerechtigkeit und sollte vielleicht im 'Patriot Act' kodifiziert werden. Wer weiß, vielleicht ist es schon geschehen. ...

Das ist es, worin sich die sagenumwobene Geschichte von Amerika entwickelt hat. Freiheit und Gerechtigkeit sind verlorengegangen, und der Ausdruck 'unter Gott' ist ein bedeutungsloser Wahlspruch geworden, der Kirchgänger betäuben soll, die sich weigern, nachzudenken oder zuzuhören. Amerikas Neigung, Gefängnisse zu errichten, ist jetzt zu einer weltweiten Angelegenheit geworden. Es gibt niemanden, der es aufhalten könnte ... außer Ihnen. Welche Chance haben wir? Wir sitzen jetzt alle im Todestrakt.

Außer für eine bestimmte, auserwählte kleine Minderheit - diejenigen, die willens sind, zu lügen, zu betrügen, zu stehlen und zu töten, und das Geld für ihre Schandtaten zu akzeptieren - sind wir alle zu Palästinensern geworden." [4]

John Kaminski brachte die Weltpolitik treffend auf den Punkt. Beinahe tagtäglich werden in Afghanistan, dem Irak und Palästina wehrlose Zivilisten abgeschlachtet, ohne daß es zu einem Aufschrei oder gar Eingreifen der „Weltgemeinschaft" käme, womit bewiesen wäre, daß dieser letztere Begriff auch nur die Gleichschaltung der Nationen kennzeichnet.

Wen interessiert es überhaupt noch, daß die US-amerikanischen Besatzungstruppen in den von ihnen überfallenen Ländern ständig Unschuldige niedermetzeln? Greifen wir dazu die Ereignisse des 9. Dezember 2003 in Afghanistan auf: „Nur wenige Tage nach dem Tod von neun Kindern sind erneut Kinder bei einem Bombenangriff der US-Luftwaffe in Ostafghanistan getötet worden. Unter insgesamt acht toten Zivilisten seien zwei oder drei Kinder und eine Frau, sagte der Gouverneur der Provinz Paktia.

Eine Bombe habe in der Nacht das Ziel verfehlt und sei irrtümlich in einem Nachbarhaus eingeschlagen. Erst am" 6. Dezember 2003 „waren bei einem Angriff der US-Luftwaffe im ostafghanischen Ghasni neun Kinder getötet worden." [5]

Daß bei Einsätzen der US-Armee am Hindukusch allein im Dezember 2003 insgesamt (mindestens!) 15 Kinder ums Leben kamen, belastet das neue afghanisch-amerikanische Verhältnis jedoch nicht sonderlich. Schließlich erklärte der afghanische Minister für Wiederaufbau, Amin Farhang über die Massaker der US-Regierung: „Die tragischen Vorfälle bei der Bombardierung der Taliban- und Qaida-Stellungen, die zum Tod unschuldiger Zivilisten geführt haben, sind leider die negativen Folgen des Kampfs gegen den internationalen Terrorismus. Sie werden die Beziehungen zwischen Afghanistan und den USA nicht so stark belasten, daß der Kampf eingestellt wird." [6] Natürlich nicht, handelt es sich bei der neuen afghanischen Regierung doch bloß um Marionetten von Washingtons Gnaden.

Und so gingen in Afghanistan die Morde an wehrlosen Zivilisten auch im Januar 2004 weiter: „Bei dem Angriff eines US-Kampfflugzeuges in der südafghanischen Provinz Urusgan sind nach afghanischen Angaben elf Zivilisten getötet worden, darunter vier Kinder.

'Wir wissen nicht, warum die Amerikaner diese Menschen bombardiert und getötet haben', sagte der Distrikt-Gouverneur Rahman. 'Es waren überhaupt keine Taliban dort.'

Der Angriff soll am Sonntag [18.1.04] erfolgt sein. Bereits am Vortag hatten US-Truppen nach Rahmans Aussage Häuser durchsucht

Das Geschehen im Nahen Osten - in den Ländern Irak und Palästina - ähnelt sich heute auf erschreckende Weise: Hier sehen wir eine von Trauer ergriffene Familie, deren Vater und Sohn Anfang April 2003 von US-Marines erschossen wurden, weil sie angeblich in ihrem Wagen ein Stopsignal nicht beachtet hatten. (Die US-Truppen bringen mittlerweile das gleiche unsägliche Leid über die irakischen Zivilisten, wie die israelischen Truppen schon seit Jahrzehnten über die palästinensischen Zivilisten bringen, was allerdings kein Wunder ist, denn schließlich bestimmen in Washington D.C. längst radikale Zionisten wie Richard Perle und Paul Wolfowitz die Außenpolitik!)

Auch diese Mädchen, Schwestern eines 15jährigen palästinensischen Jungen, der bei einem israelischen Überfall getötet wurde, sind in Tränen aufgelöst. Die Leiche wird gerade aus dem Zuhause der Familie getragen, um in Rafah beerdigt zu werden.

Dieses während des Irak-Kriegs des Jahres 2003 gemachte Photo zeigt eine völlig verzweifelte Irakerin. (Sieht so etwa eine von dem Regime des Saddam Hussein „befreite“ Frau aus?!)

(Quellenhinweise: Oben: Der Spiegel, 14.4.03, S. 22; Unten links: Raja Mattar; http://www.thetruthseeker.co.uk/gallery.asp; Unten rechts: http://www.faktinfo.de/irakkrieg-bilder/030328.war_03.jpg)

Es spielt keine Rolle, welcher Kandidat die US-Präsidentenwahl im November 2004 gewinnen wird, denn sowohl George W. Bush als auch John Kerry gehören beide der satanischen freimaurerischen Geheimloge „Skull and Bones" („Schädel und Knochen") an, setzen sich beide für den zionistischen Staat Israel ein und befürworteten beide die US-amerikanische Invasion des Irak. Deshalb steht auf diesem fiktiven Wahlplakat auch zu lesen: „Eine Partei - Eine Welt - Eine Ordnung" („order" steht auch für [Geheim-]Orden!). Rechts: Dieses entlarvende Photo stammt aus dem US-Magazin „Newsweek" (9. Februar 2004, S. 45) und zeigt, wie Senator Kerry hinter den Kulissen hervorlugt. Wie der US-Enthüllungsautor Professor Texe Marrs darlegt, besteht die darin verborgene Botschaft, die nur von den Wissenden verstanden wird, in folgender Aussage: „Unser Illuminaten/Skull & Bones-Eingeweihter John Kerry verbirgt sein Geheimnis sehr geschickt vor den leichtgläubigen, in die Irre geführten Massen."

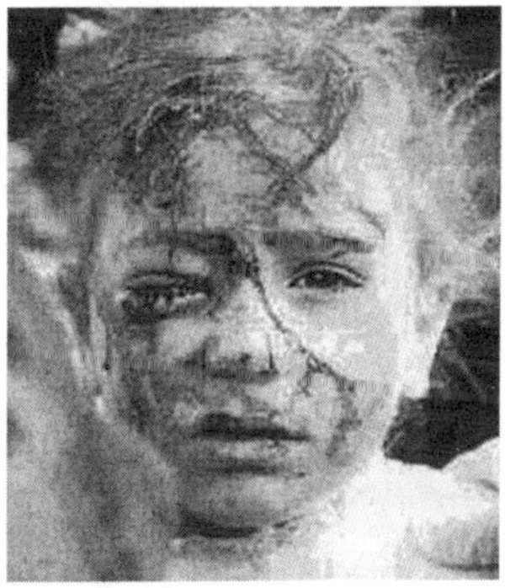

Links: Die Weltpolitik besteht heute aus einem einzigen Verbrechen an der Menschlichkeit. So kommt es vor allem in Palästina immer wieder zu Massakern an der angestammten Bevölkerung, muß ein ganzes Volk seit nunmehr über 55 Jahren tagtäglich unsägliche Erniedrigungen über sich ergehen lassen, ohne daß die „internationale Staatengemeinschaft" eingreifen würde. Hier sehen wir von zionistischen Truppen am 6. März 2003 im Flüchtlingslager Jabalya im Gazastreifen getötete Palästinenser (man beachte, daß der Mann im Vordergrund in den Rücken geschossen wurde, da sich in seiner Brust eine Austrittswunde befindet!). Rechts: Als Senator stimmte auch John Kerry für den Irak-Krieg des Jahres 2003 und trägt daher die Mitschuld für die mittlerweile weit mehr als 10 000 toten Zivilisten und Zigtausend Verletzten dieses barbarischen Gemetzels, darunter eine große Anzahl verstümmelter Kinder.

(Quellenhinweise: Oben links: http://www.rense.com; Oben rechts: http://www.texemarrs.com/order_skull_and_bones.htm; Unten links: http://www.thetruthseeker.co/uk/gallery.asp; Unten rechts: http://www.davidicke.com/icke/headlines.shtml)

Auf dieser und der nächsten Seite sehen wir die Früchte der von Freimaurern und Zionisten in den letzten 15 Jahren hervorgebrachten ***Neuen Weltordnung*** *des Bösen! Links: Die „Black Metal"-Gruppe Gorgoroth, deren Mitglieder die Namen „King", „Kvitrafn", „Gaahl" und „Infernus" tragen, mit dem umgekehrten Kreuz, das in einschlägigen Kreisen als Satanszeichen bekannt ist. Das Antichristentum und der offene Satanismus breiten sich in Kultur und Medien rasant aus und feiern gerade in den Ländern des ehemaligen christlichen Abendlandes große Triumphe. Rechts: Diese Demonstration gegen die Globalisierung am 10. September 2003 im mexikanischen Cancún zeigt, daß die armen Leute gegen die Hilfstruppen (Polizei und Militär) der Oligarchen aus Großindustrie und Hochfinanz, die eigentlich für das eigene Volk da sein sollten, kaum etwas auszurichten vermögen.*

Mittels fadenscheiniger Begründungen (wie: „Kampf gegen den Terror"!) werden heute weltweit zahllose Zivilisten massakriert; links ein Photo aus dem Irak. Dabei hört man aus den etablierten Medien nur selten etwas über das ganze Ausmaß der Greueltaten, die an Völkern wie den Palästinensern, Sudanesen, Tschetschenen, Afghanen und Irakern verübt werden. Rechts: Daß die US-Truppen bei ihren diversen Kampfeinsätzen der letzten 15 Jahre immer wieder Uran-Geschosse verwendeten, zeigt ihre völlige Geringschätzung des menschlichen Lebens; schließlich werden dadurch auch die eigenen Soldaten in Mitleidenschaft gezogen. So berichtete die Vereinigung der US-Veteranen aus dem ersten Irak-Krieg, daß heute mindestens 300 000 ehemalige US-Soldaten an Krankheiten leiden, die zu Invalidität führen. Das ist indes kein Wunder, denn allein 1991 wurden 320 Tonnen DU (Depleted Uranium = abgereichertes Uran) gegen den Irak eingesetzt. Und das Einatmen von DU verursacht die Symptome, die seit Jahren als „Golf-Krieg-Syndrom" bekannt sind. Der Uran-Staub entsteht beim Aufprall der Geschosse. Er ist krebserregend und kann das Erbgut schädigen, weshalb viele der vom Krieg geschädigten US-Soldaten auch mißgebildete Kinder haben.

(Quellenhinweise: Oben links: http://www.aftenposten.no/english/local/article.jhtml?articleID=723414; Oben rechts: Der Spiegel, 29.9.03, S.56; Unten links: http://www.davidicke.com/icke/headlines.shtml; Unten rechts: http://www.rense.com/general43/echo.htm)

Anstatt viele Milliarden Euro für völlig unnötige Weltraum-Projekte auszugeben, sollte das Geld lieber dazu verwendet werden, das unsägliche Leid auf unserem Planeten zu lindern. So hätten allein die 1,3 Milliarden Dollar, die das „Unternehmen Galileo" verschlang, mehr als 20 Millionen Menschen ein ganzes Jahr lang ernähren können (dieses Photo fand sich Anfang November 2001 im „Spiegel" und zeigt Hungernde in Äthiopien).

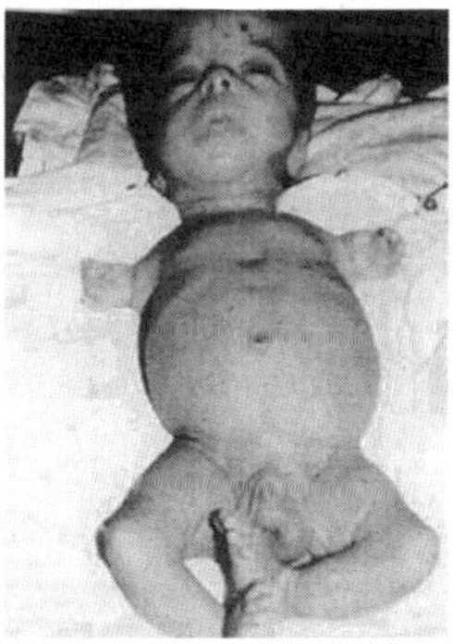

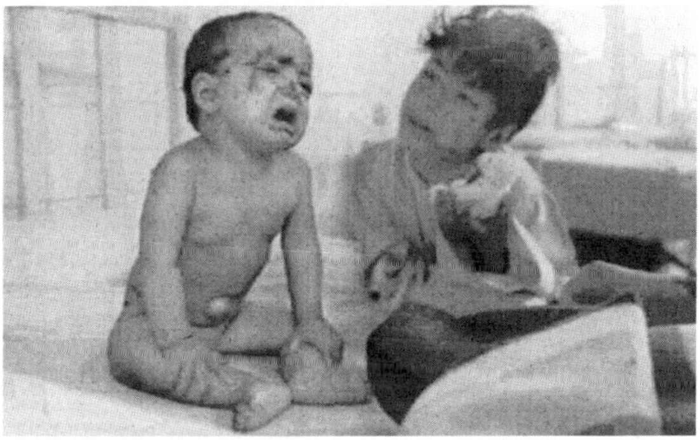

Links: Studien der Universität Frankfurt, die Anfang April 2004 veröffentlicht wurden, lieferten „neue Hinweise auf die Gefährdung von Menschen durch Uran-Munition. Die Untersuchungen legten nahe, daß uranhaltiger Staub auch über die Atemwege in den Körper gelange, sagte der Geologe Axel Gerdes vom Mineralogischen Institut. Bislang sei von offizieller Seite erklärt worden, daß das sogenannte abgereicherte Uran nur über Wunden oder Nahrung aufgenommen und schnell wieder ausgeschieden werde." Im Irak kamen zahlreiche Kinder zur Welt, die die gleichen Mißbildungen aufwiesen, wie sie auch die Kinder der US-Golfkriegsveteranen hatten (siehe links!). Rechts: Bis auf seine Schwester kam die ganze Familie dieses Kleinkindes bei den Bombenangriffen der US-Amerikaner auf Afghanistan ums Leben.*

(Quellenhinweise: Oben: Der Spiegel, 5.11.01, S.207; Unten links: http://www.afsc.org/pwork/0102/010216a.jpg; Unten rechts: http://www.rense.com/general35/perp.htm; *: Fuldaer Zeitung, 3.4.04)

und keine Rebellen dort gefunden.“ [7] Während heute immer noch 80- oder sogar 90jährige deutsche Greise vor Gericht gestellt werden für Taten, die sie vor über 60 Jahren angeblich begangen haben, muß für diese unschuldigen Toten - „die negativen Folgen im Kampf gegen den internationalen Terrorismus“ - niemand büßen.

Diese heuchlerische Praxis führt dazu, daß immer mehr Leute die Verlogenheit der Weltpolitik zu ergründen suchen, darunter der US-Amerikaner Donald Cassidy: „Amerika ist besorgt, irgend etwas ist sehr faul. Wir sind in einem schrecklichen Aggressionskrieg gefangen, aber Nachrichten darüber werden in unserer zionistischen Medienschutzhülle zensiert. Die Schrecken des Krieges und der Massenmord sind geheim, unsichtbar. Die zionistische Medienkontrolle besänftigt UNS mit der ‘Normalität’ und lenkt UNS ab mit fingierten Kontroversen [Anm.: Die gleiche Taktik erlebt man auch in Deutschland. So dient der Streit ums Dosenpfand ebenfalls als Ablenkung von ernsten Problemen: „Eis-Tee mit Kohlensäure kostet Pfand, Eis-Tee ohne Kohlensäure kostet kein Pfand. Die Büchse Cola kostet Pfand. Da alkoholische Getränke kein Pfand kosten, deshalb ist Whisky-Cola vom Dosenpfand befreit. Müllers Multivitamin-Drink im Becher kostet Pfand. Müllermilch mit Erdbeere kein Pfand, weil Milchgetränke vom Pfand befreit sind. Aus dem Dosenpfand machen die Grünen eine Wissenschaft, um welches ernsthaft mit verbissener Miene gekämpft wird, aber dem Anbau von genverändertem Saatgut wird zugestimmt und die Atomkraftwerke dürfen noch 20 Jahre in Betrieb bleiben.“ [8]], ‘Theater’, Sportspektakeln und den Meldungen über die ‘Reichen und Schönen’. Die Apathie herrscht vor, nach dem Motto: ‘Was kann ich schon tun?’

Wir haben eine verbrecherische Regierung; sie hat die Verfassung und das verfassungsmäßige Gleichgewicht der Macht abgeschafft. Der Kongreß verabschiedet Gesetze, ohne sie vorher gelesen zu haben. Obwohl Washington längst bankrott ist, fährt unsere Regierung mit ihrem historischen Handelsdefizit und ihrer öffentlichen Verschuldung fort. Die ‘Federal Reserve’ transferiert insgeheim unser Gold ... der Kapitalismus, die Globalisierung und Deregulierung herrschen vor; die Industrie wird liquidiert, und die Erlöse werden in Spekulationen investiert; Millionen sind arbeitslos, Hunger und Armut weit verbreitet; der Wohlstand ist nur Propaganda; die Preise steigen, ohne daß der Lohn in gleichem Maße zunimmt; erdrückende Lohnsteuern ... scharfe Sicherheitsmaßnahmen gegenüber dem ‘Terrorismus’-Schwindel (der 11. September wurde von Kreisen innerhalb der

Regierung durchgeführt); Unabhängigkeit und Freiheit werden Tag für Tag ausgelöscht; eine Armee von Geheimpolizisten durchstreift die Nation; die geheime Überwachung ist allgegenwärtig; die Menschen werden entwaffnet und streng reguliert; wir sind nur um Haaresbreite vom Kriegsrecht entfernt. ... Die Familie ist zerstört und die Kinder befinden sich in Tagesstätten; Babies und Kinder werden auf grausamste Weise und völlig grundlos abgeschlachtet; sogar das Recht zu wählen wird ausgehöhlt; die Pornobranche blüht; ein furchterregendes Waffenarsenal wurde errichtet (für wen?); unser Militär hat UNS an unsere Feinde verraten. Tausende Amerikaner werden ermordet und die Hintergründe dieser Taten vertuscht, was zur Folge hat, daß ein jüdisches Syndikat Anspruch auf mehrere Milliarden Dollar hat und ein mörderischer Krieg für den Zionismus ausgefochten wird.

Seit 1980 wurde [nicht nur] ein naives Amerika durch den Zionismus überwältigt. Israel prahlt damit: 'Wir kontrollieren Amerika und sie [die Amerikaner] wissen das.' Die Außenpolitik Israels ist automatisch die Außenpolitik Washingtons. Eine Minderheit von weniger als 4 % der Gesamtbevölkerung [der USA] ist in so viele Machtpositionen eingedrungen und hat soviel Einfluß in der Regierung, den Industrien, dem Erziehungs- und Finanzwesen und der akademischen Vereinigung erlangt. Sie besitzt ein Monopol oder dominiert gewaltige Industrien wie den Handel, Banken und Finanzen, Immobilien, das Fernsehen, Zeitungen, Spielfilme, Verlagshäuser, Magazine, Telekommunikation und die Computerbranche, aus denen sie sagenhafte Vermögen zusammengerafft hat.

(Anm.: Daß es sich dabei nicht um „antisemitische Hetze“ handelt, zeigen schon allein die Vermögen folgender jüdischstämmiger Medienmagnaten:

Rupert Murdoch	5.000.000.000 Dollar
David Geffen	3.800.000.000 Dollar
Steven A. Spielberg	2.200.000.000 Dollar
Haim Saban	1.700.000.000 Dollar)

Sie leiten die bedeutendsten Stiftungen, die angesehensten Universitäten und die reichsten Unternehmen. Sie fusionieren [ihre Firmen] zu gewaltigen Großbanken und Großkonzernen.

Sie besitzen bereits einen Großteil des Reichtums der Nation. In den 1990er Jahren dirigierten Juden: den Staat, das Verteidigungs- und Finanzministerium, die [Bundesbank] 'Federal Reserve', die

Weltbank, die CIA und so weiter und so fort. Das amerikanische Volk wurde gezwungen, seinen Lebensstandard für Israel aufzugeben ... ; die Schulden Israels werden erlassen, seine brutale Ermordung amerikanischer Seeleute übergangen [Anm.: beim israelischen Angriff auf das US-amerikanische Kriegsschiff „USS Liberty", bei dem am 8. Juni 1967 insgesamt 37 Seeleute starben und weitere 172 Amerikaner verletzt wurden!]. Wird ein Jude, Klinghoffer [Anm.: bei der Kaperung des Kreuzfahrtschiffs „Achille Lauro" im Jahre 1985], ermordet, erklärt Washington den Krieg. Wird hingegen eine Nichtjüdin, wie Rachel Corrie, ermordet [Anm.: Die 23jährige US-amerikanische Sozialarbeiterin wurde Mitte März 2003 im Gazastreifen von einem israelischen Bulldozer zu Tode gequetscht, als sie versuchte, die Zerstörung eines palästinensischen Hauses in einem Flüchtlingslager zu verhindern!], rümpft Washington darüber nur die Nase. Das von Washington verursachte Massaker an einer Million Menschen in Ruanda wurde nur mit einigen wenigen zynischen Worten bedacht. Milliarden in fehlgeschlagenen jüdischen Spekulationen in Mexiko wurden durch öffentliche Gelder gerettet; Milliarden in steuerbefreiten zionistischen Stiftungen unterstützen zionistische Belange; russisch-jüdische Immigranten erfreuen sich einer großzügigen finanziellen Unterstützung, die für sie allein maßgeschneidert wurde; verheerende Betrügereien, Schwindel und Steuerhinterziehungen werden nicht geahndet. ... 'Die Passion Christi' wird verurteilt, während 'Schindlers Liste' gelobt wird. Der Senat hat den Anti-Zionismus auf Universitätsgeländen verboten. Keine andere Sekte erfreut sich einer solchen Bevorzugung oder einer solchen Überlegenheit. Bei dem Zionismus handelt es sich um Politik und nicht um Religion. Wie dem auch sei, die meisten Juden sind Zionisten und verbinden beides miteinander. Politische Gegnerschaft wird immer als 'Antisemitismus' verleumdet und zerschmettert [Anm.: siehe Jürgen Möllemann und Martin Hohmann in Deutschland!]. Was geht hier vor sich??" [9]

Eine gute Frage, die wohl nur diejenigen beantworten können, die Einblick in die wahren Machtstrukturen hinter den Kulissen der offiziellen Politik erlangt haben und die sich nicht von der pausenlosen Propaganda aus Presse, Rundfunk und Fernsehen die Sinne haben vernebeln lassen.

Machen wir uns nichts vor: Wir befinden uns auf dem besten Wege in eine Welt der völligen Sklaverei, in eine Welt des nie enden wollenden Schreckens, in der „Terroristen" („Fundamentalisten" des muslimischen [und später auch christlichen] Glaubens) und „Staatsfeinde" (Patrioten, die als „Neonazis" und „Rechtsextremisten" diffamiert werden) auf bloßen Verdacht (!) hin, in Konzentrationslagern interniert und dort brutal mißhandelt werden; eine Welt, in der es keine souveränen Länder mehr geben wird und die gesamte Erdbevölkerung dem Diktat der „Elite" unseres Planeten unterworfen ist.

Alle Menschen - unabhängig von ihrer Herkunft bzw. Nationalität -, die dies verstanden haben und denen Freiheit und Gerechtigkeit am Herzen liegen, sollten sich deswegen *schnellstens zusammenschließen*, wie auch der jüdischstämmige Kanadier Henry Makow immer wieder fordert: „Sollten Christen immer noch glauben, Muslime steckten hinter dem Anschlag auf das World Trade Center [sowie hinter den meisten anderen in den letzten vier Jahren verübten Terroranschlägen!], mögen sie bitte aufwachen. Die internationalistische Elite, in Zusammenarbeit mit den Spitzen der amerikanischen Regierung und des Militärs, hat diesen Anschlag ausgeführt. Er lieferte den Rechtfertigungsgrund, in die moslemische Welt einzumarschieren und dem Volk im eigenen Lande einen Polizeistaat aufzuzwingen.

Einige Christen glauben, George W. Bush sei ein wiedergeborener Christ. Wie wenig sie doch über ihre eigene Religion Bescheid wissen. Die Essenz des Christentums besteht darin, Christus nachzueifern. Glauben sie wirklich, Christus hätte die Taliban mit einem Bombenteppich überzogen oder die Invasion des Iraks befohlen? George W. und seine Handlanger ziehen einen Profit aus Öl- und Militär-Verträgen, während amerikanische Soldaten sterben und das Land [Anm.: die USA] ausgeplündert wird." [10]

Schließlich sollte man bedenken, daß Bush Manager der Ölfirmen „Arbusto/Bush-Exploration" (1978 bis 1984) und „Harken" (1986 bis 1990) war, sein Vize Dick Cheney Chef des Öl-Dienstleisters „Halliburton" (1995 bis 2000), seine Sicherheitsberaterin Condoleezza Rice im Aufsichtsrat von „Chevron" (1991 bis 2000) saß - „Chevron" benannte sogar einen Öltanker nach ihr - und Handelsminister Donald Evans Präsident der Erdölgesellschaft „Tom Brown" (1979 bis 2000) war.

Kein Wunder also, daß die Spitze der US-Regierung keine Gelegenheit ausläßt, aus ihrem Massen-Morden im Nahen Osten einen Profit zu schlagen, wie man unlängst Ende Mai 2004 erfahren mußte: „US-Vizepräsident Cheney hat offenbar einen Auftrag für den US-Ölkonzern Halliburton im Irak erteilt. Das enthüllt das Nachrichtenmagazin 'Time'. ... Laut 'Time' hat Pentagon-Staatssekretär Feith den Milliarden-Auftrag an den Konzern gebilligt, ‘vorbehaltlich der Zustimmung des Weißen Hauses’.

Mit Problemen werde [natürlich!] nicht gerechnet, ‘da die Aktion mit dem Büro des Vizepräsidenten abgestimmt ist’, heißt es in einer Pentagon-E-Mail.“ [11]

Somit versteht man, warum selbst der ehemalige, politisch völlig unverdächtige UNO-Generalsekretär (1992 bis 1996) Butros Butros Ghali die Meinung vertritt, daß George Bush nach einer starken physischen US-Präsenz im arabischen Teil der Welt strebt (Anm.: selbstverständlich auch, um dadurch die Interessen des zionistischen Judenstaates besser wahren zu können!): „Die USA verhalten sich da wie ehedem die Kolonialmächte im 19. und 20. Jahrhundert. Wir erleben eine von den USA protegierte Globalisierungspolitik, die selbst die Ansätze echter Demokratie und Multipolarität zu zerstören droht ... Auch der direkte Zugriff auf das Erdöl Bagdads spielt für den amerikanischen Präsidenten ganz offensichtlich eine gewichtige Rolle.“ [12]

Der israelische Friedensaktivist Uri Avnery hat eine ähnliche Meinung: „George Bush ist ein primitiver Mensch, aber die Leute hinter ihm sind bei weitem nicht dumm. Sie sind die Ölbarone und Giganten der Waffenindustrie. Sie wollen das tun, was alle Großmächte immer getan haben: ihre Militärmacht nutzen, um wirtschaftliche Hegemonie zu erlangen. In simplen Worten: die armen Völker ausbeuten, um sich selbst noch mehr zu bereichern.“ [13]

Gegen dieses Verbrechen an der gesamten Menschheit und all die von der US-Regierung verbreiteten Lügen gilt es seine Stimme zu erheben: „Sie können die Massenvernichtungswaffen nicht finden, Herr Bush?“, richtet ein kritischer US-Bürger das Wort an sein Staatsoberhaupt. „Ich kann Ihnen helfen. Vergessen Sie den Irak, Iran oder Syrien.

Die wahren Massenvernichtungswaffen, die das körperliche, geistige, mentale oder finanzielle Wohlergehen der Massen zerstören, sind nicht in irgendeiner Höhle versteckt. Sie werden jeden Tag verwendet oder können zu jeder Zeit verwendet werden. Dies mag überraschend klingen, aber ich weiß, wo sich die wahren Massenvernichtungswaffen befinden. Ich teile Ihnen jetzt mit, worum es sich dabei handelt und wo sie sich befinden:

1. Sie sind die Saugmaschinen, Zangen und Eisenklammern, die in jeder Abtreibungsfabrik in Amerika gefunden werden können.

2. Sie sind die Papierfetzen und Plastikkarten in Ihren Brieftaschen, die als Zahlungsmittel bekannt sind.
3. Sie sind die Milliarden von kleinen Pillen in den Apotheken in jeder Stadt in der Nation.
4. Sie sind die Kisten, die sich in jeder Wohnung befinden und 'Fernseher' genannt werden.
5. Sie sind die Millionen säkularer Schulbücher, die im Klassenzimmer einer jeden öffentlichen Schule gefunden werden können.
6. Sie sind die Nuklearwaffen, die sich im Arsenal des US-Militärs befinden.
7. Sie sind die Zwangsimpfungen, die bald in einer Regierungsklinik ganz in Ihrer Nähe durchgeführt werden.
8. Sie sind die umfangreichen Richtlinien, die die US-Behörden [unter anderem das Finanzamt IRS] ... täglich in Richtung jedes Amerikaners schleudern.
9. Sie sind die wucherischen Prozentpunkte, die jedem Kredit ... hinzugefügt werden.
10. Sie sind die Kriegsherren, die in einem Gebäude namens 'Pentagon' residieren.
11. Sie sind die Idole der Unterhaltungsindustrie und die kontrollierten Sendestationen der Medien, die Tag für Tag das Leben der Massen beeinflussen.
12. Aber die tödlichste aller Massenvernichtungswaffen ist die geistige, gegenseitige Beeinflussung im Ungehorsam oder in der SÜNDE. Und sie wird besonders in jeder 501(C)3-Kirche in Amerika gefunden [Anm.: Dabei handelt es sich um jene Kirchen, die sich den Verordnungen der US-Regierung unterwerfen und damit steuerbefreit sind!] Und, in Ihnen und in mir.

Dies sind die wahren Massenvernichtungswaffen, die Herr Bush und seine Genossen ironischerweise nicht einmal erwähnen." [14]

Der US-Amerikaner Christopher Hansen, Mitglied der „Kampagne gegen den Patriot Act" [15], schreibt: „Ich glaube, Sie haben bei Ihrer Einschätzung der Gestapo und des KGB und deren Mißerfolge einen Fehler gemacht.

Diese [Behörden] hatten keine Sozialversicherungsnummern, Computer, Erkennungs-Software und Kameras an jeder Straßenecke und Verkehrsampel.

Sie hatten nicht den Titel 42, Abschnitt 666, der nach der Verwendung von Sozialversicherungsnummern verlangt, um von einem Bundesstaat irgendwelche Genehmigungen ausgestellt zu bekommen oder um kaufen oder verkaufen zu können.

Sie hatten keine elektronischen Implantate, die nur darauf warten, Amerikaner [und Deutsche!] per Satellit überwachen zu können.

Sie hatten nicht den 'USA PATRIOT Act'.

Der Kongreß versprach den Amerikanern, daß die Sozialversicherungsnummern NIEMALS für irgend etwas anderes verwendet werden sollten als für die Fürsorgeunterstützung. Er log!

Die Registrierung von Schußwaffen sollte niemals gegen 'ehrliche Amerikaner', die nichts zu verbergen hätten, benutzt werden. Er log.

Der Sohn von George H. W. Bush teilte uns mit, im Irak befänden sich Massenvernichtungswaffen. Er log.

Es sind nicht die amerikanischen Bürger, die überwacht werden müssen, damit wir Terroristen finden können.

Die gefährlichsten Terroristen in Amerika sind diejenigen, die uns überwachen und uns erzählen, es wäre zu unserem eigenen Schutz.

Wir müssen in JEDEM Regierungsbüro in den Vereinigten Staaten von Amerika eine Video- und Audio-Überwachung anbringen, die eine direkte Verbindung zum weltweiten Netz (dem Internet) hat, damit unsere Oberen permanent beobachtet werden können, so daß jeder Amerikaner sehen [und hören] kann, was jeder Regierungsvertreter tut [Anm.: Dies wäre auch für die deutschen Politiker und die Kommissare in Brüssel angebracht!].

Es darf keine Geheimnisse [unserer Politiker] mehr geben. KEIN EINZIGES.

Warum sollten wir bloßgestellten Lügnern und Kriminellen in der Regierung vertrauen?

Was um alles in der Welt haben sie dort überhaupt noch zu suchen?

Sie sind zu Feinden der Freiheit geworden, und man kann ihnen bei GLEICH WELCHEN Geheimnissen nicht mehr trauen.

Wir müssen an JEDEM Angestellten der Regierung elektronische Apparate anbringen, die sich überwachen lassen, damit wir wissen, wo er sich zu jeder Zeit befindet [Anm.: Auf diese Weise wüßten auch die Deutschen sofort, wann und wo sich ihre Volksvertreter in Freimaurerlogen oder sonstigen elitären Zirkeln zusammenfinden!].

Was wir in Amerika wirklich brauchen, ist eine offene Regierung, und dann hätten wir wirklich keine gefährlichen Terroristen mehr. Durch den Einsatz der 'Schwarzen Hubschrauber', die an Neujahr über Las Vegas flogen, um uns zu beobachten, gewöhnen uns die Verräter der Freiheit im Namen der Sicherheit Schritt für Schritt an eine Tyrannei."

All das verpflichtet uns zum Handeln, nicht nur in unserem eigenen Interesse, sondern vor allem im Interesse unserer Kinder und Enkel. Wir wissen jetzt nämlich definitiv, daß die Gefahr nicht von FCKWs, Außerirdischen oder etwa vom „Terrornetzwerk El Kaida" ausgeht, sondern von denjenigen Leuten, die der Menschheit zu Beginn des dritten Jahrtausends eine regelrechte Hölle auf Erden beschert haben, die die Nahrungsmittel vergiften, mittels HAARP und den Chemtrails die Umwelt beeinflussen und Massaker an wehrlosen Frauen und Kindern (wie in Waco und dem Irak) verüben. Diese Mächte stehen dem Wohlergehen ihrer Mitmenschen (besonders in den Ländern der Dritten Welt) völlig gleichgültig gegenüber und wollen nach eigenem Bekenntnis sogar weite Teile unseres Planeten entvölkern (unter anderem durch absichtlich hervorgerufene Hungersnöte und verseuchte Impfstoffe). Sie hassen das Christentum, und näherhin den Katholizismus, abgrundtief und streben danach, es auf subtilem Wege auszumerzen. Sie schreiben die Geschichte um, beuten die Völker mittels ihres verbrecherischen Zinseszinssystems unentwegt aus und wollen auch noch die letzten unserer elementaren Grundrechte abschaffen. Darüber hinaus verfügen sie zu jeder Zeit über ein globales Killernetzwerk, das meist dann zum Einsatz kommt, wenn ihre ganz besonders hartnäckigen Gegner ausgeschaltet werden sollen (siehe hierzu mein im Verlag Anton A. Schmid erschienenes Buch: „Das Globale Killernetzwerk - Warum John F. Kennedy, Prinzessin Diana und Jürgen W. Möllemann sterben mußten"!)

Von daher ist es auch so wichtig, daß sich *alle Menschen*, denen Frieden und Gerechtigkeit am Herzen liegen, *verbünden*, um *gemeinsam* das gewaltige Lügengeflecht zu durchdringen, das sich über die ganze Welt ausgebreitet hat. Sie müssen begreifen, wie sehr sie von „ihren" Medien tagtäglich an der Nase herumgeführt werden, und alles versuchen, um ihre Familienangehörigen, Freunde, Bekannten, Nachbarn und Arbeitskollegen mit aufzuwecken. „Die Wahrheit siegt. Aber sie kann nur siegen, wenn sie gesagt wird", so Johann Hus zutreffend. [16]

Deshalb möchte ich jeden Leser dieser Zeilen bitten, alles in seiner Macht Stehende zu unternehmen, damit die hier dargelegten Informationen an die breite Öffentlichkeit kommen. Weisen Sie beispielsweise ruhig darauf hin, daß ich bereits 1998 in meiner Schrift „Eine Welt des Bösen III - Die Erde im Chaos" auf Seite 142ff vor in Menschen einzupflanzenden Mikrochips, die mittlerweile schon einer ganzen Reihe von Leuten eingesetzt wurden, gewarnt habe, oder daß ich in meinem Buch „Die USA in der Hand des Großen Bruders" bereits über zwei Jahre (!) vor dem 11. September 2001 geschrieben habe, daß entweder im Jahre 2000 oder 2001 in den USA ein Terroranschlag verübt werden sollte, um dadurch den Ausnahmezustand ausrufen und den US-Bürgern elementare Grundrechte nehmen zu können. Nachdrücklich wies ich darauf hin, daß dieser Anschlag entweder den „christlichen Rechtsextremisten" oder den „moslemischen [= islamistischen] Terroristen" in die Schuhe geschoben werden sollte (nachzulesen auf Seite 43f meines Buches!), was dann auch tatsächlich geschehen ist. Oder, daß ich in meiner im Jahre 2000 erschienenen Schrift „Die Weltordnung des Antichristen" (S. 60) prophezeite, daß die Zeit nach der Jahrtausendwende eine große Herausforderung für alle wahren Christen und Patrioten darstellen würde, da die „Synagoge des Satans" noch nie einen derart verderblichen Einfluß auf die Völker der Welt ausübte.

Woher ich diese Dinge wußte? Nicht, weil ich ein Hellseher bin, sondern weil ich von meinem mir von Gott geschenkten Verstand Gebrauch und mir die Mühe gemacht habe, *eigene, unabhängige* Nachforschungen anzustellen, um die Machenschaften und Pläne der Internationalisten aufdecken zu können. Wie unser Herr und Erlöser bereits vor rund 2000 Jahren erklärte, ist nämlich nichts verhüllt, „was nicht offenbar, und nichts verborgen, was nicht bekannt werden wird" (Lk 12, 2). *Jeder* kann also die Wahrheit herausfinden. Nur verhält es sich leider so, daß sich viele für die Realität gar nicht mehr interessieren, sondern mit ihrer schön zurechtgesponnenen Scheinwelt vollauf zufrieden sind.

Nichtsdestotrotz empfinde ich es als meine mir von meinem Schöpfer im Himmel auferlegte Pflicht, andere Menschen vor drohenden Gefahren zu warnen und ihnen aufzuzeigen, wie sie diese dunklen Zeiten besser durchstehen können, weshalb ich in den letzten Jahren auch eine Reihe von Büchern zu den Hintergründen des Weltgeschehens verfaßt habe, in denen ich jeweils nicht nur den unumstößlichen Beweis liefere, daß es in der Tat eine Verschwörung finsterer Mächte gibt, die uns alle betrifft, sondern immer auch verschiedene Aspekte dieses gewaltigen Komplotts aufdecke. Wer also weitergehende Informationen zu den hier dargelegten Themen sucht, greife zu folgenden Büchern (Anm.: Denken Sie bitte daran, daß Sie durch den Kauf dieser Bücher meine Arbeit unterstützen, die von größten Anstrengungen und Widerständen begleitet ist, weil es Kräfte gibt, die natürlich nicht wollen, daß diese Dinge an die Öffentlichkeit gelangen, sondern daß möglichst viele Menschen auf dem Pfad der Täuschung fortfahren!):

Das Globale Killernetzwerk - Warum John F. Kennedy, Prinzessin Diana und Jürgen W. Möllemann sterben mußten

337 Seiten, durchgehend bebildert

Das Zeitalter der Lügen - Wie der Kommunismus mittels der UNO die Weltherrschaft erlangt hat

103 Seiten, durchgehend bebildert

Terror im „Heiligen Land" und die Machtergreifung der „Feinde aller Menschen" - Teil 1

172 Seiten, durchgehend bebildert

Terror im „Heiligen Land" und die Machtergreifung der „Feinde aller Menschen" - Teil 2

185 Seiten, durchgehend bebildert

Chemische Kondensstreifen („Chemtrails") über Deutschland - Geheime Wettermanipulation oder bakteriologische Kriegsführung

ca. 75 Seiten, durchgehend bebildert

Die Evolutionstheorie - Lüge des Teufels und Fundament der Neuen Weltordnung - Teil 1

ca. 380 Seiten, durchgehend bebildert

Die Evolutionstheorie - Lüge des Teufels und Fundament der Neuen Weltordnung - Teil 2

ca. 340 Seiten, durchgehend bebildert

Der Private Waffenbesitz - Letztes Bollwerk gegen die Tyrannei

ca. 100 Seiten, durchgehend bebildert

Geschichte des Schreckens - Teil 1

293 Seiten, viele Photos

Geschichte des Schreckens - Teil 2

253 Seiten, viele Photos

Satanismus - Die ideologische Grundlage der Neuen Weltordnung

319 Seiten, viele Photos

Die Erde im Chaos

264 Seiten, viele Photos

Deutschland im Würgegriff seiner Feinde

126 Seiten, viele Photos

Die USA in der Hand des Großen Bruders

173 Seiten, viele Photos

Die Weltordnung des Antichristen

75 Seiten, viele Photos

Die Entschlüsselung der Apokalypse und die Gerechtigkeit Gottes - Teil 1

198 Seiten, durchgehend bebildert

Die Entschlüsselung der Apokalypse und die Gerechtigkeit Gottes - Teil 2

185 Seiten, durchgehend bebildert

Das Chaos zur Jahrtausendwende

146 Seiten, durchgehend bebildert

(Wer zum Verbreiten mehrere Exemplare der hier aufgeführten Werke bestellen möchte, kann gerne beim Verlag Anton A. Schmid nach günstigen Mengenrabatten fragen!)

Aufgrund der beinahe perfekten Medienkontrolle der „Feinde aller Menschen" (1 Thess 2, 15) liegt es an jedem von uns selbst, für eine möglichst breite Aufklärung zu sorgen, wobei man bedenken sollte, daß sich die weltpolitischen Ereignisse in Zukunft immer mehr zuspitzen werden, wie eine Rede des amerikanischen Staatsoberhauptes zum Jahrestag des dritten Irak-Kriegs vermuten läßt: „Die Anschläge von Madrid [am 11. März 2004] belegen nach den Worten von US-Präsident Bush, daß sich die Welt [!!!] im Krieg gegen den Terrorismus befindet. Es sei im Interesse jedes [!] Landes, gemeinsam mit anderen die 'mörderische Bedrohung durch den internationalen Terrorismus' zu bekämpfen und zu besiegen, sagte Bush in seiner Rede zum Jahrestag des Irak-Krieges in Washington.

Im Kampf gegen den Terror könne es keine Neutralität geben. Keine Konzession werde die Terroristen beschwichtigen können." [17]

Bush hat Recht; die Welt befindet sich tatsächlich „im Krieg". Allerdings richtet sich dieser Krieg in Wahrheit nicht gegen irgendwelche fiktiven Schreckgespenster unter dem Sammelbegriff „islamischer Fundamentalismus", sondern gegen die milliardenschweren Hintermänner der Neuen Weltordnung, die unter der Bezeichnung „Globalisierung" die Welt nach ihren eigenen gottlosen Idealen umgestalten wollen. Gerade diesen Raubtier-Kapitalismus kritisierte auch die indische Schriftstellerin Arundhati Roy in der FAZ [18] scharf: „Die These vom freien Markt, der nationale Schranken überwindet, ist ein Mythos. Der freie Markt untergräbt die Demokratie ... Die Globalisierung (oder, um sie beim Namen zu nennen: der Imperialismus) braucht eine Presse, die so tut, als wäre sie frei. Sie braucht eine Justiz, die so tut, als spräche sie Recht ... Was können wir tun? Wir können unsere Erinnerung aktivieren, aus der Geschichte lernen. Wir können unsere Stimme erheben, bis sie ein ohrenbetäubender Donner ist. Wir können die Exzesse der [zionistischen] amerikanischen Regierung anprangern. Wir können [die beiden Freimaurer] Bush und Blair - und ihre [freimaurerisch-zionistischen] Verbündeten - als die feigen Babykiller, Wasservergifter und kleinmütigen Fernbomber bloßstellen, die sie sind."

Und das sollten wir möglichst bald tun, denn in Wirklichkeit „war der Angriff auf den Irak nur ein Testfall [!!!], gegen 'brutale und unterdrückerische Systeme', sagte am 4. Januar [2004] der britische Premierminister Blair, der sich unter großer Geheimhaltung in die irakische Stadt Basra gewagt hatte. Blair hielt die Propagandalüge von den angeblichen Massenvernichtungswaffen aber aufrecht und sagte, daß es ohne die Militäraktion gegen den Irak nicht möglich gewesen wäre, gegen andere Staaten vorzugehen, 'die die Sicherheit der ganzen Welt bedrohen.' Deren Ziel sei es, ein Chaos auszulösen, das den Zusammenbruch des gesamten weltweiten politischen und wirtschaftlichen Systems zur Folge habe." [19]

In Wirklichkeit sind es die Hintermänner von Bush und Blair selbst, die ein weltweites Chaos hervorrufen und (nicht nur!) in Ländern der Dritten Welt „brutale und unterdrückerische Systeme" fest etablieren wollen, wobei sie gleichzeitig durch die von ihnen angezettelte Eskalation der Gewalt Milliarden an Gewinn einstreichen. So legt uns der US-Armee-General Smedley D. Butler denn auch den wahren Grund für die Inszenierung von Kriegen dar: „Bei einem Krieg handelt es sich um eine Geschäftemacherei. Es war schon immer so. Es ist die einzige (Geschäftemacherei), bei der die Profite in Dollar und die Verluste in Menschenleben errechnet werden. ... Nur eine kleine 'Insider'-Gruppe weiß darüber Bescheid. [Der Krieg] wird geführt zum Nutzen der ganz wenigen, jedoch zum Schaden und zum Leid der ganz vielen. Aus einem Krieg erzielen nur ganz wenige gewaltige Profite." [20]

Der amerikanische Großindustrielle Henry Ford schloß sich dieser Meinung an: „Niemand kann leugnen, daß Kriege ein gutes Geschäft für diejenigen bedeuten, die diese Art von Geld lieben. Kriege sind eine Orgie von Geld nicht minder als eine Orgie von Blut“ [21] - daher auch der 11. September 2001 und der unter der Regie der US-Regierung geführte weltweite „Krieg gegen den Terror“, der bislang Afghanistan und den Irak ins Visier nahm.

Fazit: Angesichts all dessen steht meiner Meinung nach außer Frage, daß wir in den nächsten Jahren in den USA und in Europa mit weiteren, von den internationalen Geheimdiensten inszenierten „Terroranschlägen“ rechnen müssen, bei denen möglicherweise chemische, biologische oder sogar atomare Waffen zum Einsatz kommen. Die „Synagoge des Satans“ (Offb 2, 9), d.h. die wahren Lenker dieser Welt, „die ganz im Bösen liegt“ (1 Joh 5, 19) , braucht diese Anschläge nämlich, um ihre Eroberungskriege fortführen und ihren globalen Überwachungsstaat weiter ausbauen zu können. Gemeinsam mit dem eventuellen Zusammenbruch der Weltwirtschaft (um dadurch eine einzige Weltwährung ins Leben rufen zu können!) werden sie möglicherweise als Ausrede dienen („Schutz vor dem allgegenwärtigen Terrorismus“!), den Leuten einen Mikrochip unter die Haut zu pflanzen, der dann zu jeder Zeit und an jedem Ort ihre wahre Identität preisgeben soll. Der von unseren Oberen ständig propagierte Einsatz „biometrischer Verfahren“, wozu unter anderem der Fingerabdruck im Personalausweis zählt, ist da nur der erste Schritt zu diesem Ziel.

Letzten Endes geht es den „Feinden aller Menschen“ also um die „Errichtung einer die Erde umspannenden, zentralistisch gesteuerten Gewaltherrschaft unter der Leitung eines von Plutokraten dominierten Senatregimes“, das bei aller Gewaltbereitschaft nur dann zu stabilisieren und aufrechtzuerhalten sein wird, „wenn die da[durch] zu Beherrschenden zu geistig niedrigsten Kreaturen herabmanipuliert werden (Anm.: die jede noch so lächerliche Behauptung glauben werden [wie etwa: „Abstammung des Menschen vom Affen“, „weltweite Gefahr durch El Kaida“, „globale Klimaerwärmung durch CO2“, „Überbevölkerung der Erde“, „zukünftige Besiedelung des Mars“ usw.]!).

Denn nur so können sie ihr System, welches ihnen Reichtum und Herrschaft ermöglicht, vor dem endgültigen Zusammenbruch bewahren. Liegen doch die größten Hindernisse des gesamten materialistischen Denkens nicht etwa in begrenzten Ressourcen oder einer ungleichen Wohlstandsverteilung - beides einzig Resultate dieses Denkens

-, sondern das größte Hindernis ist das, was jeder Form des Materialismus grundlegend immer im Wege stand, der Mensch!

Ihn gilt es zu ändern! Der Mensch muß für den Materialismus passend gemacht werden! Wie solche Anpassungen bekanntlich und üblicherweise erfolgen, das lehrt die Vergangenheit. In ihr wurde immer dergestalt verfahren, daß eine Menschengruppe horizontal aufgespalten wurde in die, welche [infolge des ihnen erteilten] Beherrschungsauftrag[s] meinen, selbst zu herrschen und solche, welche beherrscht werden. Die wahren Herrscher können wie bisher weiterhin im Hintergrund bleiben. Nur wird man diesmal dafür sorgen", daß die Beherrschten auf ein absolut niedriges geistiges Niveau zurückgeführt und dort gehalten werden. „Und damit diese Pläne nicht etwa von irgendwelchen 'Terroristen' sabotiert werden, wird seit Jahren an flächendeckenden Überwachungs- und Kontrolleinrichtungen gearbeitet, die alles heute Vorstellbare noch weit in den Schatten stellen werden." [22]

Hören wir dazu Leonard C. Lewin, dem wir die Veröffentlichung des Berichts von „Iron Mountain" zu verdanken haben. Im Vorwort zu seinem Buch „Verdammter Friede" faßt er die wichtigsten Erkenntnisse der „Denker vom Eisernen Berg" zusammen, über die der einfache, „mit den Erfordernissen höherer politischer und militärischer Aufgaben nicht vertraute" Bürger selbstverständlich keine Kenntnis erlangen soll, denn auf „einige Behauptungen ist er einfach nicht gefaßt - z. B. daß die meisten medizinischen Fortschritte im Hinblick auf die Zukunft sich wohl eher negativ als segensreich auswirken werden [Anm.: Siehe hierzu eine Pressemeldung vom 15. August 2003: „In deutschen Kliniken sterben nach Angaben des Forschers Jürgen Frölich weitaus mehr Menschen durch Arzneimittel als angenommen. Als Folge von Nebenwirkungen müsse mit jährlich 58 000 Toten allein in internistischen Abteilungen gerechnet werden, sagte der Pharmakologe" [23] - das sind rund 160 Todesfälle am Tag allein in Deutschland!] oder daß Armut notwendig [!] ist und sogar erwünscht [!], ungeachtet aller gegenteiligen öffentlichen Beteuerungen der Politiker [Anm.: Deshalb steigt die Anzahl von Armen in den meisten Ländern auch stetig an!] ... Der Laie wird sich ferner wundern, daß eine plausible Erklärung für das Phänomen der 'Fliegenden Untertassen' nur beiläufig in einem Nebensatz gegeben wird. Dagegen wird es ihn weniger überraschen, daß die Hauptziele eines Raumforschungsprogramms ... nicht der Fortschritt in Wissenschaft und nationaler Verteidigung sind, sondern die Investition von riesigen Summen ...

Er wird empört sein, daß die planmäßige Unterdrückung von Minderheitsgruppen [Anm.: vor allem der Patrioten und jenes kleinen Rests gläubig gebliebener Katholiken!], ja sogar die Wiedereinführung der Sklaverei ernsthaft und unter positiven Vorzeichen als möglicherweise wichtige Faktoren für das Leben in einer friedlichen Welt [Anm.: einer Welt, die unter der Kontrolle einer Eine-Welt-Regierung steht!] diskutiert werden. Und er wird gewiß nicht sehr erfreut von der wünschenswerten Zunahme der Luft- und Wasserverseuchung ... Kenntnis nehmen" [24]. (Durch die mit Chemikalien angereicherten Kondensstreifen [Chemtrails] hat die Luftverseuchung gerade in den letzten Jahren erschreckende Ausmaße angenommen!)

„Wiederum werden nur wenige nicht empört sein, wenn sie in der *Zusammenfassung* am Schluß des Berichts und noch einmal in den *Empfehlungen* der Sonderstudiengruppe lesen, daß die 'Berechnung' einer Optimumzahl von Menschenleben, die alljährlich durch Krieg vernichtet werden müßten, in der Liste der vordringlichen Aufgaben des Staates bei andauerndem Frieden ganz oben steht" [25], womit endgültig geklärt sein dürfte, was es mit dem von internationalen Organisationen, wie dem Club of Rome, geforderten Nullwachstum und dem in vielen Ländern praktizierten Massenmord an den Ungeborenen *wirklich* auf sich hat.

Denken wir deshalb immer daran: Die *realen Terroristen* sitzen heute nicht etwa mit einem „Holzgewehr" bewaffnet in einer Höhle irgendwo am entfernten Hindukusch, sondern in den Parlamenten der „internationalen Staatengemeinschaft". Immerhin verfügen die „fundamentalistischen Islamisten" weder über die HAARP-Antennen in Alaska noch über die globale EISCAT-Anlage; sie bereiten auch nicht den großangelegten Einsatz einpflanzbarer Mikrochips vor und haben keine Kontrolle über den Schwarm hochtechnologischer Satelliten, der unseren gesamten Planeten ständig umgibt. Das „El-Kaida-Terrornetzwerk" kontrolliert auch nicht die Massenmedien der westlichen Welt oder das internationale Finanzwesen und hat auch nicht den Bericht von „Iron Mountain" in Auftrag gegeben. Muslime haben nicht das Massaker an wehrlosen Frauen und Kindern in Waco verübt oder die Menschheit über die Massenvernichtungswaffen des Irak belogen, sondern die US-Regierung, zu der gerade die Bundesregierung ausgezeichnete Beziehungen unterhält.

In Wahrheit hat Deutschland im Kosovo, im Irak, in Afghanistan oder am Horn von Afrika ebensowenig zu suchen, wie der deutsche Steuerzahler dazu verpflichtet wäre, den zionistischen US-Imperialismus finanziell zu unterstützen.

Machen wir uns nichts vor: Die Feinde der Freiheit verstecken sich hinter dem Deckmantel der Rechtsstaatlichkeit und der demokratischen Legitimität. Sie bezeichnen sich selbst als „Volksvertreter", während sie insgeheim in vielen Ländern nur als Vasallen der Großindustrie und der internationalen Hochfinanz agieren und ihr eigenes Volk rund um die Uhr verraten. Und obwohl der Kampf um die Freiheit bereits seit Jahrhunderten ausgefochten wird, sind die Internationalisten erst in unserer Zeit in der Lage, „ein positives Bild ihrer Ziele und Methoden zu zeichnen, während sie uns als Terroristen, Dissidenten und Extremisten hinstellen", so der amerikanische Patriot Clayton R. Douglas, Herausgeber der Publikation „Free American Newsmagazine". „Wir werden ihre Bewegung nicht mit Spott oder Erfindungen aufhalten. Wir können nur hoffen, die Wahrheit hinter den Lügen aufzudecken und dann mit einem Scheinwerfer die Schatten [der Politik] auszuleuchten." [26]

Erst wenn genügend mündige Bürger die Hintergründe des Weltgeschehens erfaßt haben, besteht die Möglichkeit, kriminelle Politiker, Staatsanwälte und Richter aus ihren Ämtern zu entfernen, und wieder ehrenhafte Leute einzusetzen. Schließlich ist es „seit Bestehen der BRD durchgängige Rechtspraxis, daß täglich [!] von Rechtsanwälten, Staatsanwälten, Richtern und Justizministern Verbrechen begangen werden. Durch Nötigung, Betrug, Rechtsbeugung und Strafvereitelung im Amt, Beweiswillkür und Unterlassen von Ermittlungen wird dafür gesorgt, daß die Mißstände des Kapitalismus aufrechterhalten werden und diejenigen, die dagegen Widerstand leisten, massiv daran gehindert werden. Als Ergebnis werden diese Menschen u.a. finanziell und wirtschaftlich ruiniert, indem ihnen Geldstrafen bis zu 500.000 DM [Anm.: rund 250.000 Euro] oder Haftstrafen bis zu sechs Monaten angedroht werden, wenn sie in Zukunft die Wahrheit aussprechen. Die Verbrecher werden geschützt, die Politiker werden nicht als Verbrecher belangt und unvorstellbare Verbrechen am Volk können, von der Pseudojustiz geschützt, ungehindert durchgeführt werden." [27]

Für einen Katholiken kann es jedoch gar keine andere Alternative geben, als sich unentwegt für Wahrheit und Gerechtigkeit einzusetzen, wie schon der hl. Paulus forderte: „Wir mahnen euch, Brüder, weiset die Ungeordneten zurecht, ermuntert die Kleinmütigen, nehmt euch der Schwachen an, seid geduldig gegen alle! Sehet zu, daß keiner dem andern Böses mit Bösem vergelte; sondern seid stets auf das Gute bedacht, untereinander wie gegenüber allen! ... Prüfet alles! Das Gute behaltet! Haltet euch fern von jeder Art des Bösen!" (1 Thess 5, 14-22)

Vor allem auf theologischem Gebiet ist es unabdinglich, sich vor den vielen boshaften Lügnern und Irrlehrern in acht zu nehmen, die schon seit langer Zeit versuchen, die Kirche Christi zu unterwandern und aus dem innersten heraus umzugestalten. Sie „sind wie vernunftlose Tiere, von der Natur hervorgebracht zu Fang und Untergang; sie lästern, was sie nicht verstehen, und werden in ihrer Verderbtheit auch selber verderben, indem sie Strafe erleiden als Entgelt für ihre Ruchlosigkeit. Ihr Vergnügen sehen sie in der Schwelgerei mitten am Tage, Schand- und Schmutzflecken sind sie, wenn sie in ihren Betrügereien schwelgen und dabei mit euch zusammen schmausen. Ihre Augen sind erfüllt von ehebrecherischer Gier und unersättlicher Sünde; sie locken haltlose Seelen an sich; ihr Herz ist geübt in gierigem Verlangen, Kinder des Fluches sind sie. ... Sie sind wasserlose Brunnen, Nebelwolken, vom Sturmwind gejagt; auf sie wartet der Abgrund der Finsternis.

Sie führen hochtrabende Reden ohne Inhalt und verlocken mit fleischlichen Lüsten und Ausschweifungen jene, die kaum entronnen sind den im Irrtum lebenden Menschen. Sie verheißen ihnen Freiheit, obgleich sie selber Sklaven des Verderbens sind; denn von wem einer beherrscht wird, dem ist er versklavt." (2 Petrus 2, 12-19)

Folgerichtig schrieb der hl. Papst Pius X. in „Notre Charge Apostolique" (Nr. 36) über den „Sillon", 25. August 1910: „ ... es gibt keine wahre Zivilisation ohne eine moralische Zivilisation, und keine wahre moralische Zivilisation ohne die wahre Religion; das ist eine bewiesene Wahrheit, eine historische Tatsache." [28]

Vergessen wir bei unserem beständigen Einsatz für das Gute daher nie, daß der Kampf um die Wahrheit letzten Endes immer nur ein Kampf für die Gebote Gottes und für Seine heilige Kirche ist und daß wir uns ob all der Drangsal deshalb nicht zu fürchten haben: „Sei getreu bis in den Tod, und ich werde dir den Kranz des Lebens geben" (Offb 2, 10), spricht unser Herr und Erlöser Jesus Christus einem jeden von uns Mut zu.

Anmerkungen

Worum handelt es sich bei dem Bericht von „Iron Mountain“?

[1] Leonard C. Lewin, Verdammter Friede, S. 8
[2] http://www.geocities.com/Schlauberger_info/Schlau2.html
[3] ebd.
[4] ebd.
[5] ebd. Herv. v. Verf.
[6] ebd.
[7] http://www.seebo.net/iron.html
[8] ebd.

Die Ergebnisse der Kommission

[1] Leonard C. Lewin, Verdammter Friede
[2] ebd. S. 100

1.) Eine moderne Form der Sklaverei

[1] Leonard C. Lewin, Verdammter Friede, S. 106f; Herv. v. Verf.
[2] Geschrieben von Hermes am 18. Oktober 2003 12:09:01; http://www.faktinfo.de/forum/messages/11153.htm; Herv. v. Verf.
[3] Rainer Rupp; zit. nach http://www.klaus-krusche.de/superkluft.htm
[4] Nation & Europa, Juli/August 2003, S. 41; Herv. v. Verf.
[5] Des Griffin, Midnight Messenger, Juli - August 2003, S. 14
[6] http://www.klaus-krusche.de/rente.htm; Herv. v. Verf.
[7] ProSieben, 28.12.03, S. 116
[8] zit. nach Nation & Europa, Oktober 2003, S. 58
[9] Nation & Europa, Februar 2004, S. 20-23
[10] Juli/August 2003, S. 35; Herv. v. Verf.
[11] Geschrieben von NEWS-MelderI am 19. September 2003 13:48:09; http://www.faktinfo.de/forum/messages/10086.htm; Herv. v. Verf.
[12] Fuldaer Zeitung, 14.3.02; Herv. v. Verf.
[13] ebd. 26.11.03; Herv. v. Verf.
[14] ebd. 18.12.03; Herv. v. Verf.
[15] Nation & Europa, November/Dezember 2003, S. 23
[16] RTL Text, 27.12.03, S. 122; Herv. v. Verf.
[17] Fuldaer Zeitung, 7.1.04; Herv. v. Verf.
[18] ebd. 6.1.04, Herv. v. Verf.
[19] ebd. 3.2.04; Herv. v. Verf.
[20] ebd. Herv. v. Verf.
[21] ebd. 4.2.04; Herv. v. Verf.
[22] RTL II, 7.2.04, S. 109; Herv. v. Verf.
[23] ARD-Text, 13.2.04, S. 704; Herv. v. Verf.
[24] ZDFtext, 18.2.04, S. 136; Herv. v. Verf.
[25] SAT.1, 18.2.04, S. 116; Herv. v. Verf.
[26] ARD-Text, 26.2.04, S.123; Herv. v. Verf.
[27] ZDFtext, 26.2.04, S.125; Herv. v. Verf.
[28] ARD-Text, 28.2.04, S. 125; Herv. v. Verf.
[29] Fuldaer Zeitung, 28.2.04; Herv. v. Verf.
[30] SAT.1, 2.3.04, S. 116; Herv. v. Verf.
[31] RTL Text, 4.3.04, S. 117
[32] Der Spiegel, 26.1.04, S. 51
[33] Geschrieben von Peter am 21. April 2004 20:46:15; http://www.faktinfo.de/forum/messages/17378.htm

[34] RTL Text, 18.3.04, S. 116; Herv. v. Verf.
[35] SAT.1, 24.4.04, S. 112; Herv. v. Verf.
[36] RTL Text, 4.5.04, S. 116; Herv. v. Verf.
[37] ebd. 29.4.04, S. 114; Herv. v. Verf.
[38] ebd. S. 117; Herv. v. Verf.
[39] Nation & Europa, November/Dezember 2003, S. 23; Herv. v. Verf.
[40] ebd. Juli/August 2003, S. 27
[41] ebd. März 2004, S. 36
[42] National-Zeitung, 27.2.04
[43] Nation & Europa, März 2004, S. 16
[44] ebd.; Herv. v. Verf.
[45] WDR Radio - Nachrichten; http://www.wdr.de/radio/nachrichten/search.phtml
[46] Nation & Europa, Januar 2004, S. 45
[47] Propyläen-Verglag; zit. nach Nation & Europa, November/Dezember 2003, S. 21
[48] Fulda aktuell, 15.2.04
[49] ebd.
[50] Politische Hintergrundinformationen - Deutschlanddienst, Nr. 45/2003, S. 331
[51] Nation & Europa, April 2000, S. 53
[52] E. Kemper, Deutschland - Schrift für neue Ordnung, Folge 1/2 - 2003, S. 74
[53] http://www.thetruthseeker.co.uk/article.asp?ID=202; Herv. v. Verf.
[54] ebd.
[55] ARD-Text, 9.12.03, S. 551
[56] http://www.cryingvoice.com/Endtimes/Mark9.html
[57] ebd. Herv. im Orig.
[58] ebd.
[59] hessentext, S. 124; Herv. v. Verf.
[60] http://www.faktinfo.de/forum/messages/13326.htm; geschrieben von NEWS-MelderI am 06. Dezember 2003 13:20:22
[61] ARD-Text, 28.12.03, S.128; Herv. v. Verf.
[62] Der Spiegel, 29.12.03, S. 27
[63] Uwe Lipowski, Quelle: Weltnetz; zit. nach Klaus Krusche; http://www.klaus-krusche.de/orwell.htm; Herv. v. Verf.
[64] http://futurezone.orf.at/futurezone.orf?read=detail&id=117966
[65] ebd.
[66] Die Deutsche Amalgam-Page, Der Fall Vogelsang; http://www.ariplex.com/ama/ama_voge.htm
[67] http://futurezone.orf.at/futurezone.orf?read=detail&id=4655&tmp=3825
[68] Die Deutsche Amalgam-Page, Der Fall Vogelsang; http://www.ariplex.com/ama/ama_voge.htm
[69] Ist George Orwell's „1984" schon Realität?, geschrieben von Hermes am 13. März 2004 21:58:14; http://www.faktinfo.de/forum/messages/15859.htm; Herv. v. Verf.
[70] http://www.cryingvoice.com/Endtimes/Mark4.html
[71] http://www.infowars.com/print/bb/bajaimplant.htm
[72] ebd.
[73] http://www.datenschutz.de/news/detail/?nid=1094; Herv. v. Verf.
[74] Politische Hintergrundinformationen - Deutschlanddienst, Nr. 29-30 / 2002, S. 228f; Herv. v. Verf.
[75] ebd.
[76] What Really Happened.com, 1.1.04; zit. nach http://www.rense.com/general47/slave.htm
[77] Leserbrief in: Nation & Europa, Januar 2004, S. 70

2.) Die Furcht vor einer allgegenwärtigen Bedrohung

[1] Leonard C. Lewin, Verdammter Friede, S. 102; Herv. v. Verf.
[2] Nation & Europa, November/Dezember 1996, S. 58f
[3] TV Movie Programm vom 29.7. - 11.8.2000
[4] ebd. Programm vom 6.5. bis 19.5.2000
[5] ebd. Heft 7/99, S. 190
[6] ProSieben, 25.6.2000, S. 121

[7] Fuldaer Zeitung, 6.12.03
[8] ARD-Text, 24.8.2002, S. 127; Herv. v. Verf.
[9] ZDFtext, 31.8.2002, S. 129; Herv. v. Verf.
[10] ARD-Text, 26.1.2003, S. 123; Herv. v. Verf.
[11] Fuldaer Zeitung, 16.11.98
[12] RTL WORLD, 19.2.03, S.118; Herv. v. Verf.
[13] http://www.heute.t-online.de/ZDFheute/artikel/10/0,1367,POL-0-2045738,00.html; Herv. v. Verf.
[14] n-tv Text, 5.1.03, S. 116
[15] RTL II, 6.4.04, S. 107; Herv. v. Verf.
[16] tagesschau.de, Stand: 17.05.2004 22:36 Uhr; http://wwwtagesschau.de/aktuell/meldungen/0,1185,OID3282762_TYP4,00.html; Herv. v. Verf.
[17] Interview mit dem niederländischen Magazin „ELSEVIER"; zit. nach Unabhängige Nachrichten, Januar 2003, S. 4
[18] Die Welt, 5.4.04
[19] ebd.
[20] ebd.
[21] Geschrieben von News am 23. März 2004 01:14:16; http://www.faktinfo.de/forum/messages/16228.htm
[22] Geschrieben von News am 15. April 2004 22:05:36; http://www.faktinfo.de/forum/messages/17202.htm
[23] Leonard C. Lewin, Verdammter Friede, S. 107; Herv. v. Verf.
[24] SAT.1, 10.4.04, S. 114
[25] ZDFtext, 10.4.04, S. 135
[26] Fuldaer Zeitung, 23.3.04
[27] RTL Text, 17.4.04, S. 115
[28] Leonard C. Lewin, Verdammter Friede, S. 100
[29] Geschrieben von News am 10. April 2004 00:13:30, http://www.faktinfo.de/forum/messages/17073.htm
[30] Allensbach (dpa), 1. Mai 2004, 14:06 Uhr; http://www.freenet.de/freenet/politik_kontrovers/aktuell/artikel/index.html?id=4a5bb3
[31] Leonard C. Lewin, Verdammter Friede, S. 121; Herv. v. Verf.

3.) Die Ausrichtung von „Blutspielen" für die Massen

[1] Leonard C. Lewin, Verdammter Friede, S. 108; Herv. v. Verf.
[2] http://de.wikipedia.org/wiki/Christenverfolgung
[3] ebd.
[4] TV Movie, Nr. 4/2004, S 134
[5] ebd. Nr. 8/2004, S.10
[6] Der Spiegel, 9.7.01, S. 166
[7] http://www.gfbv.de/dokus/russ.htm
[8] Aktuelle Situation in Tschetschenien; http://www.caucasusaid.org/deu/situatn.html; Herv. v. Verf.
[9] ARD-Text, 20.4.2000, S. 135
[10] Aus der Radio & Rätsel-Zeitung, einer Beilage des „Gong", 50. Sendewoche 2000; zit. nach Nation & Europa, Februar 2001, S. 18; Herv. v. Verf.
[11] http://www.freenet.de/freenet/wissenschaft/archaeologie/raetsel/colosseum/04.html
[12] http://www.freenet.de/freenet/wissenschaft/archaeologie/raetsel/colosseum/03.html
[13] http://www.freenet.de/freenet/wissenschaft/archaeologie/raetsel/colosseum/03.html; Herv. v. Verf.
[14] Geschrieben von NEWS-MelderIV am 3. Dezember 2003 10:15:47; http://www.faktinfo.de/forum/messages/13255.htm
[15] zit. nach Nation & Europa, Juli/August 2003, S. 42
[16] zit. nach ebd. März 2003, S. 14
[17] Politische Hintergrundinformationen - Deutschlanddienst, Nr. 3-4 / 2004, S. 22
[18] Arutz Sheva IsraelNationalNews.com; http://w.israelnationalnews.com/print.php3?what=news&id=61640
[19] Neue Zürcher Zeitung, 28. Apirl 2004, 06:30, NZZ Online; http://www.nzz.ch
[20] zit. nach Dr. Kent Hovind, Seminar Notebook, S. 44

[21] Kyrie éleison, Oktober-Dezember 2003, S. 56
[22] Nation & Europa, November/Dezember 2003, S. 29
[23] Fuldaer Zeitung, 07.02.04
[24] Nation & Europa, Januar 2000, S. 42
[25] ebd. Januar 1997, S. 48
[26] ebd. Juli/August 2002, S. 40
[27] ARD-Text, 20.6.03, S. 533
[28] ZDFtext, 17.2.04, S. 143
[29] zit. nach Johannes Rothkranz, Katholikenverfolgung durch die Konzilskirche, S. 103
[30] http://www.trosch.org/in-leu-o.htm
[31] zit. nach Nation & Europa, Januar 2004, S. 14
[32] ebd. Januar 2003, S. 59; Herv. v. Verf.
[33] zit. nach ebd. Juli/August 2002, S. 8
[34] Gustav Sichelschmidt, Deutschland - eine amerikanische Provinz, S. 100f
[35] Politische Hintergrundinformationen - Deutschlanddienst, Nr. 3/2003, S. 1; zit. nach Informations- und Dokumentationsdienst, Nr. 27, 2004 - Folge 1, 1446
[36] zit. nach Nation & Europa, April 2003, S. 73
[37] Bertrand Russell; zit. nach John Steinbacker, The Child Seducers, S. 76; hier zit. nach A. Ralph Epperson, The Unseen Hand, S. 383
[38] zit. nach Nation & Europa, Januar 2004, S. 20
[39] http://www.thetruthseeker.co.uk/article.asp?ID=37
[40] http://www.faktinfo.de/forum/messages/15520.htm
[41] http://www.faktinfo.de/forum/messages/15579.htm
[42] http://www.faktinfo.de/forum/messages/15487.htm
[43] http://www.hoffman-info.com/wire6.html
[44] Rabbi David Algaze, „The Jewish Press“ (Brooklyn, New York), 10. Januar 2003, S. 59; zit. nach http://www.hoffman-info.com/wire6.html
[45] Der Spiegel, 11.11.02, S. 222; Herv. v. Verf.
[46] Patrick Martin, 5. Februar 2003, aus dem Englischen (1. Februar 2003); zit. nach World Socialist Web Site, Bush lügt über irakische Waffen um seinen Krieg durchzusetzen; http://www.wsws.org/de/2003/feb2003/irak-f05.shtml
[47] Rhein-Main.Net - Ein Tag. Ein Dienst.; http://www.rhein-main.net/sixcms/detail.php?id=1650767&_mode=profiler_addpage
[48] zit. nach Spiegel, Nr. 15/03; hier zit. nach Nation & Europa, Mai 2003, S. 22
[49] Die Ermordung der Hussein-Söhne: Der kriminelle Charakter der herrschenden Elite in den USA, David Walsh, 26. Juli 2003, aus dem Englischen [24. Juli 2003]; zit. nach http://www.klaus-krusche.de/verkohlt.htm; Herv. v. Verf.
[50] Der Spiegel, 23.10.2000, S. 278; Herv. v. Verf.
[51] Fergal Parkinson, BBC News, 22. September 2003; http://news.bbc.co.uk/1/hi/world/americas/3126220.stm; zit. nach http://www.rense.com/general41/hhumn.htm
[52] Der Spiegel, 18.8.03, S. 72
[53] Geschrieben von NEWS-MelderIV am 2. Dezember 2003 11:13:21; http://www.faktinfo.de/forum/messages/13223.htm
[54] Charley Reese, 13. Dezember 2003; wwwantiwar.com/reese/reese9.html; zit. nach http://www.thetruthseeker.co.uk/article.asp?ID=1339
[55] What Really Happened.com, 1.1.04; zit. nach http://www.rense.com/general47/slave.htm
[56] Politische Hintergrundinformationen - Auslandsdienst, Nr. A1-A2 / 2004, S. A9
[57] Free American Newsmagazine, Januar 2004, S. 25
[58] RTL WORLD, 7.4.03, S. 116
[59] ARD-Text, 28.5.04, S. 532
[60] Fuldaer Zeitung, 16.12.2000
[61] Der Spiegel, 24.11.03, S. 40
[62] Geschrieben von News am 12. März 2004 10:17:29; http://www.faktinfo.de/forum/messages/15790.htm
[63] http://www.imdb.com/PeopleNews; 8.3.04
[64] zit. nach Midnight Messenger, Januar - Februar 2004, S. 4

[65] Politische Hintergrundinformationen - Auslandsdienst, Nr. A6-A7 / 2004, S. A44
[66] ebd. S. A41f
[67] ebd. Nr. A10-A11 / 2004, S. A75f

4.) Massive Geburtenkontrolle und künstliche Befruchtung

[1] Leonard C. Lewin, Verdammter Friede, S. 109f; Herv. v. Verf.
[2] http://science.orf.at/science/news/44726; Herv. v. Verf.
[3] Geschrieben von GeriLu am 12. Dezember 2003 12:15:13; http://www.faktinfo.de/forum/messages/13416.htm; Herv. v. Verf.
[4] vista verde news - Hormone in Schweinesteaks, 5.7.2002; Von Edgar Bauer, dpa; http://www.vistaverde.de/news/Politik/0207/05_hormonfleisch.htm; Herv. v. Verf.
[5] Autor: pressetext.austria Nachrichtenagentur; http://wwumweltjournal.de/fp/archiv/AfA_gesundheit/5498.php; Herv. v. Verf.
[6] http://www.zdf.de/ZDFde/inhalt/29/0,1872,2017949,00.html; Herv. v. Verf.
[7] ebd.
[8] Der Spiegel, Nr. 5/2001, S. 17; Herv. v. Verf.
[9] A. Laszczka und J. Slawinski, Bul.Inf.I.z. 5-16/95)" (Was sollte man vom „Elektrosmog" halten, Prof. Dipl.-Ing. Dr. Dr. Andr†s Varga, Kurt-Schumacher-Str. 11, 69226 Nußloch; zit. nach http://www.spd.keltern.de/Aktivitaten/Elektrosmog/body_elektrosmog.html
[10] Studie aus Österreich: Unfruchtbar durch Mobilfunk - Abstracts der 17. Jahrestagung der österreichischen Gesellschaft für Reproduktionsmedizin und Endokrinologie, 4. bis 6. Oktober 2001, Linz; M. Davoudi, C. Brössner, W. Kuber Urologische Abteilung, LKH Oberwart; Quelle/Informant/in: J. FERTIL. REPROD. 4/2001 42; Nachricht von Volker Hartenstein (MdL Bayern); http://www.funkenflug1998.de/inhalt/wissen/w_b_ausf/unfruchtbar.html; Herv. v. Verf.
[11] Quelle: Russisches Nationales Komitee zum Schutz vor nicht-ionisierender Strahlung, Moskau; zit. nach Politische Hintergrundinformationen - Deutschlanddienst, Nr. 45/2003, S. 337f
[12] Der Spiegel, 17.11.03, S. 210
[13] Politische Hintergrundinformationen - Deutschlanddienst, Nr. 1-2 / 2004, S. 4
[14] ebd. Nr. 5-6 / 2004, S. 37
[15] ARD-Text, 9.12.03, S. 713
[16] Fuldaer Zeitung, 12.12.03
[17] Texe Marrs, Deadly Vaccines of the New World Order, http://texemarrs.com/072002/deadly_vaccines.htm
[18] Jeevan Vasagar, The Guardian, Großbritannien, 24.2.04; zit. nach http://www.rense.com/general49/polio.htm
[19] 26.2.04; http://www.faktinfo.de/forum/messages/15363.htm; Herv. v. Verf.
[20] UNICEF Nigerian Polio Vaccine Contaminated with Sterilizing Agents Scientist Finds; LifeSite Daily News; http://www.lifesite.net/ldn/2004/mar/04031101.html
[21] Jeevan Vasagar, The Guardian, Großbritannien, 24.2.04; zit. nach http://www.rense.com/general49/polio.htm
[22] 5.3.04; http://www.faktinfo.de/forum/messages/15525.htm
[23] http://www.freepressinternational.com
[24] Politische Hintergrundinformationen, Nr. A9-A10 / 2002, S. 78
[25] ebd.; Herv. v. Verf.
[26] zit. nach Alex Jones, 9 - 11, Descent Into Tyranny, S. 12
[27] Politische Hintergrundinformationen - Auslandsdienst, Nr. A1-A2 / 2004, S. A2; Herv. v. Verf.
[28] RTL Text, 21.2.04, S. 124
[29] ebd. 1.2.04, S. 122
[30] ARD-Text, 20.1.04, S. 137
[31] Geschrieben von News am 07. April 2004 01:46:22; http://www.faktinfo.de/forum/messages/16993.htm
[32] Politische Hintergrundinformationen - Auslandsdienst, Nr. 5 / 2004, S. A39
[33] Politische Hintergrundinformationen - Deutschlanddienst, Nr. 9-10 / 2004, S. 74
[34] Politische Hintergrundinformationen - Auslandsdienst, Nr. A16-A17 / 2002, 20.7.2002, S. A130-A131; hier zit. nach Informations- und Dokumentationsdienst Nr. 27, 2004 - Folge 1, 1455; Herv. v. Verf.

[35] „Die Pläne der UNO" - Beiträge von J. Mallon und A. Ruse; http://www.aktion-leben.de/Hintergruende/sld03.htm
[36] Informations- und Dokumentationsdienst Nr. 27, 2004 - Folge 1, 1455
[37] Gesellschaft für bedrohte Völker; http://www.gfbv.de/voelker/afrika/sudan.htm; Herv. v. Verf.
[38] ZDFtext, 25.5.04, S. 131
[39] http://www.ftd.de/cgi-bin/gx.cgi/AppLogic+FTContentServer?pagename=PrintArticle.html; Herv. v. Verf.; 8.4.2003
[40] 11/04 Zehn Jahre danach: Völkermord in Ruanda, Internationale Tagung der Evangelischen Akademie Loccum vom 5. bis 7. März 2004; http://www.loccum.de/program/p0411.html
[41] Völkermord in Ruanda: Kommission wirft UNO völliges Versagen vor, Karin Adelmann, Deutsche Stiftung für internationale Entwicklung; Quelle: Entwicklung und Zusammenarbeit (E+Z), Nr. 2, Februar 2000, S. 50; http://www.dse.de/aktuell/ruanda.htm
[42] http://www.spiegel.de/politik/ausland/0,1518,290436,00.html
[43] ebd.
[44] ebd.
[45] RTL Text, S. 121; Herv. v. Verf.
[46] FAZ [2.4.04]; zit. nach Nation & Europa, Mai 2004, S. 65
[47] Roland Bohlinger, Informations- und Dokumentationsdienst, Nr. 27, 2004 - Folge 1, 1468
[48] http://www.bundeskanzler.de/Weitere-Meldungen-.8307.56115/a.htm?printView=y
[49] http://www.solidrockfaith.com/Chin.html
[50] China: Zwangsabtreibungen sind „Krieg gegen Frauen"; http://members.aol.com/_ht_a/alfarvkastutz/Frame376.html
[51] Völkermord im 20. Jahrhundert. Bis heute macht sich die Staatengemeinschaft mitschuldig, Gesellschaft für bedrohte Völker, Tilman Zülch; http://www.gfbv.de/dokus/pogtil.htm; Herv. v. Verf.
[52] Politische Hintergrundinformationen - Deutschlanddienst, Nr. 3-4 / 2004, S. 22
[53] ARD-Text, 3.6.04, S. 547
[54] http://members.aol.com/_ht_a/alfarvkastutz/Frame376.html
[55] ARD-Text, 7.2.04, S. 535
[56] RTL Text, 3.3.04, S. 127; Herv. v. Verf.
[57] ARD-Text, 8.10.03, S. 534; Herv. v. Verf.
[58] RTL Text, 5.4.04, S. 123
[59] The Unseen Hand, S. 226
[60] zit. nach David A. Russell, Special Report - Who is Leading the Attack on American Libery?, S. 97
[61] Vom Reich, S. 11f
[62] zit. nach A. Ralph Epperson, The Unseen Hand, S.228f
[63] zit. nach David A. Russell, a.a.O., S. 98; Herv. v. Verf.
[64] http://www.wasserauto.de/html/okostaat.html; Herv. v. Verf.
[65] Politische Hintergrundinformationen, Nr. A9-A10 / 2002, S. 78
[66] Der Spiegel, 15.4.02, S. 198f
[67] 4.4.04; http://www.freenet.de/freenet/nachrichten/brennpunkt/viagra/index.html
[68] Neue Solidarität 42/2002: Aus dem Gründungsaufruf des Club of Life; http://www.solidaritaet.com/neuesol/2002/42/col8.htm

5.) Die Eroberung des Weltalls

[1] Leonard C. Lewin, Verdammter Friede, S. 97f; Herv. v. Verf.
[2] http://www.klaus-krusche.de/apollo.htm
[3] zit. nach http://www.klaus-krusche.de/apollo.htm
[4] Hans Werner Woltersdorf, Hinter den Kulissen der Politik, S. 223
[5] ebd. S. 225
[6] Deutschland - Schrift für neue Ordnung, Folge 3/4 - 1999, S. 33
[7] Germanen-Magazin 34; zit. nach ebd. Folge 9/10 - 2002, S. 62; Herv. v. Verf.
[8] Michael Hanlon, Wissenschaftskorrespondent, Sunday Express, 28. März 1999; zit. nach Deutschland - Schrift für neue Ordnung, Folge 3/4 - 1999, S. 37
[9] Die Welt, 19.11.98; Herv. v. Verf.

[10] Der Spiegel, 19.1.04, S. 122
[11] ebd. S. 124
[12] ebd. S. 125; Herv. v. Verf.
[13] Geschrieben von News am 15. April 2004 22:30:59; http://www.faktinfo.de/forum/messages/17204.htm
[14] ZDFtext, 25.2.04, S. 123; Herv. v. Verf.
[15] ebd. S. 124
[16] http://de.wikipedia.org/wiki/Rosetta_(Sonde)

6.) Die Verschmutzung unseres Planeten

[1] http://www.spatzseite.de/20030921.htm; Herv. v. Verf.
[2] Leonard C. Lewin, Verdammter Friede, S. 103; Herv. v. Verf.
[3] DVD VISION, Ausgabe 06/2004, S. 104
[4] Cinema, Juni 2004, S. 36; Herv. v. Verf.
[5] Politische Hintergrundinformationen - Deutschlanddienst, Nr. 15-16 / 2004, S. 115
[6] Der Brockhaus in einem Band, S. 286f
[7] Roger A. Maduro / Ralf Schauerhammer, Ozonloch das mißbrauchte Naturwunder, S. 13f
[8] ebd. S. 201; Herv. v. Verf.
[9] ebd. S.203
[10] Der Brockhaus in einem Band, S. 671
[11] Roger A. Maduro/Ralf Schauerhammer, Ozonloch das mißbrauchte Naturwunder, S. 25f; Herv. v. Verf.
[12] ebd. S.193f
[13] Gerd R. Weber, Treibhauseffekt - Klimakatastrophe oder Medienpsychose?, S. 244
[14] Konrad Krüger, Deutschland - Schrift für neue Ordnung, Folge 9/10 - 2002, S. 75
[15] Heinz Hug, Der tägliche Ökohorror, S. 279
[16] zit. nach CODE, September 1992, S. 56
[17] Prisma-Dokumentation: 13. November 2001, 22.15 Uhr, Film von Lars Mortensen; zit. nach http://members.internettrash.com/medwiss2/sonneozon4.html
[18] http://www.miprox.de/Sonstiges/HAARP.htm
[19] ebd.
[20] Thomas Ritter, http://www.lonlygunmen.de/natur/wetter/haarp/regenmacher.html
[21] ebd.
[22] http://www.faktinfo.de/forum/messages/15516.htm; Herv. v. Verf.
[23] Thomas Ritter, http://www.lonlygunmen.de/natur/wetter/haarp/regenmacher.html
[24] Der Spiegel, 18.3.02, S. 236
[25] ebd. S. 237
[26] http://www.bfed.de/bfed/bfedlinks.htm
[27] http://www.klima.business.t-online.de/hochfrequenzwaffen.htm
[28] Jerry E. Smith, HAARP: The Ultimate Weapon of the Conspiracy, S. 210
[29] http://www.klaus-krusche./anonym.htm

Das Endziel: Die absolute Kontrolle über die ganze Menschheit

[1] zit. nach http://www.beepworld.de/members48/gegen_intoleranz/us-verschwoerung.htm
[2] Robin de Ruiter, Der 11. September 2001, S. 87
[3] Congressional Record Nr. 26, Vol.1118, 24. Februar 1974, zitiert nach Dr. Helmut Lammer: „Verdeckte Operationen"; hier zit. nach Risiken der Volksgesundheit, http://www.klaus-krusche.de/vogelsang.htm
[4] John Kaminski, Autor von „America's Autopsy Report", Kolumnen des Autors finden sich auf der Internet-Seite: http://www.rudemacedon.ca/kaminski/kam-index.html; zit. nach John Kaminski; http://www.rense.com/general45/theothershoe.htm
[5] RTL Text, 9.12.03, S. 120
[6] Interview mit dem Wochenmagazin „Der Spiegel", 15.12.03, S. 113
[7] RTL Text, 20.1.04, S. 124
[8] Politische Hintergrundinformationen - Deutschlanddienst, Nr. 9-10 / 2004, S. 69

[9] Donald Cassidy, doncass@verizon.net, 19.3.04; zit. nach http://www.rense.com/general50/prott.htm
[10] Henry Makow, Ph.D., 5. Oktober 2003; http://www.savethemales.ca/000111.html
[11] ZDFtext, 31.5.04, S. 131
[12] zit. nach Der Spiegel, 13.1.03, S. 106
[13] Uri Avnery, israelischer Publizist, Träger des Alternativen Nobelpreises; zit. nach Nation & Europa, Mai 2003, S. 6
[14] zit. nach Midnight Messenger, Januar-Februar 2004, S. 2
[15] http://www.reviewjournal.com/lvrj_home/2004/Jan-11-Sun-2004/opinion/22961926.html; zit. nach http://www.rense.com/general47/impend.htm
[16] zit. nach Deutschland - Schrift für neue Ordnung, Folge 7/8 - 1999, S. 76
[17] RTL Text, 19.3.04, S. 116
[18] zit. nach Nation & Europa, Juli/August 2003, S. 34
[19] Politische Hintergrundinformationen - Auslandsdienst, Nr. A3-A4 / 2004, S. A19
[20] US-Armee General Smedley D. Butler, War Is A Racket; zit. nach Aid & Abet, Nummer 40.7 - Frühling 2002, S. 6
[21] Henry Ford, „Mein Leben und Werk“, Paul List Verlag, Leipzig, 1923; zit. nach Hasso Daniel, „Offener Brief“ an Bundeskanzler Willi Brandt, 11. Oktober 1973
[22] G. Ullrich, Demokratische Freiheit Woher? Wohin?, S. 25
[23] RTL Text, 15.8.03, S. 120
[24] Leonard C. Lewin, Verdammter Friede, S. 10f
[25] ebd. S. 11
[26] Free American Newsmagazine, Mai 2003, S. 6
[27] http://www.klaus-krusche.de/anonym.htm
[28] zit. nach http://www.mostholyfamilymonastery.com/quotations.html

Auswahl der verwendeten Literatur

Der Brockhaus in einem Band, 7. (vollst. überarb. u. aktual.) Aufl. Mannheim 1996

Epperson, A. Ralph: *The Unseen Hand. An Introduction to the Conspiratorial View of History*, 16. Aufl. Tucson 1995

Hovind, Dr. Kent: *Creation Science Evangelism - Seminar Notebook. A resource designed to supplement the Creation Seminar Series*, Pensacola o.J.

Jones, Alex: 9-11: *Descent into Tyranny. The New World Order's Dark Plans to Turn Earth Into a Prison Planet*, Austin 2002

Lewin, Leonard C. (Hrsg.): *Report from Iron Mountain on the Possibility and Desirability of Peace*, New York 1967

Lewin, Leonard C. (Hrsg.): *Verdammter Friede*, München 1968

Rothkranz, Johannes: *Katholikenverfolgung durch die Konzilskirche*, Durach o.J.

Ruzkoi, Alexander: *Vom Reich*, Berlin 1996

Sichelschmidt, Gustav: *Deutschland - eine amerikanische Provinz. Der große Seelenmord*, Berg o.J.

Sichelschmidt, Gustav: *Der Tanz auf dem Vulkan. Auch ein Bericht zur Lage der Nation*, Kiel 1996

Smith, Jerry E.: *HAARP: The Ultimate Weapon of the Conspiracy*, 2. Aufl. Kempton 1999

Ullrich, G.: *Demokratische Freiheit Woher? Wohin?*, Kerpen 2004

Woltersdorf, Hans Werner: *Hinter den Kulissen der Politik. Was die Deutschen nicht wissen sollen*, Tübingen 1997

Verwendete Zeitungen und Zeitschriften

Der Spiegel
Diagnosen
die tageszeitung
DVD VISION
Free American Newsmagazine
Fulda aktuell
Fuldaer Zeitung
Informations- und Dokumentationsdienst
Kyrie eléison
Midnight Messenger
Nation & Europa
Politische Hintergrundinformationen - Auslandsdienst
Politische Hintergrundinformationen - Deutschlanddienst
Prisma Infodienst
Süddeutsche Zeitung
The Nationalist Times
Unabhängige Nachrichten

gefügt, um dem Leser verständlich zu machen, wie wichtig diese Ereignisse der Vergangenheit für unsere gegenwärtige Weltordnung gewesen sind. Ohne diese Revolutionen, Kriege und Attentate der Vergangenheit wären wir heute nicht in der Lage, in der wir uns (leider) befinden.
Über diese Themen ist schon sehr viel geschrieben worden; deshalb hat der Autor sich dazu entschlossen, nur die wichtigsten Punkte anzuführen und sein Buch für den Leser so spannend und faktenreich wie möglich zu gestalten. Nur die Aufklärung über alle Zusammenhänge kann den Verschwörern das Handwerk legen, denn die Unwissenheit unserer Bevölkerung ist ihr größter Triumph! Dieses Buch gibt Ihnen die Waffen in die Hand, Ihre Mitmenschen über die wirklichen Zusammenhänge aufzuklären und die Gegenwart besser verstehen zu können!

Satanismus - Die ideologische Grundlage der Neuen Weltordnung

Frank Hills, 319 Seiten, reich bebildert, 20,40 EUR

Welche Geisteshaltung steht hinter den Verschwörern, die unsere Welt in den Abgrund führen? Warum sind all die Abscheulichkeiten in unserer heutigen Welt überhaupt möglich? Welch grausame und menschenverachtende Ideologie muß jemand besitzen, der die Völker der Welt eiskalt und berechnend in Krieg und Chaos stürzt? Welche Geisteshaltung muß Menschen innewohnen, die unsere Mitgeschöpfe quälen, unsere Umwelt zerstören und sich nichts geringeres in den Kopf gesetzt haben, als den Untergang der Schöpfung Gottes anzustreben, um ihre Neue Ordnung auf den Ruinen der alten Ordnung zu errichten?
Auf all diese Fragen finden Sie in diesem zweiten Band die entsprechenden Antworten! Dieses Buch stellt gleichsam ein Lexikon der bösen Mächte, Logen und Orden dar. Es schildert das Wirken der geistigen Führer der Weltverschwörung, die mit Hilfe ihrer finanziellen Organisationen unsere gesamte Welt versklaven wollen. Dieses Buch lüftet den dunklen Schleier, hinter dem sich die Verbindungen hinter all den Geheimgesellschaften und Ideologien versteckt halten. Der Untergang unserer ganzen Gesellschaftsordnung nähert sich, und mit ihm nähert sich auch die Herrschaft der geistigen Elite hinter der Weltverschwörung.
Um die Handlungen und die Ziele der Weltverschwörer zu verstehen, müssen wir uns mit deren Ideologie und geistigen Führern auseinandersetzten. Dieses Buch will Sie darauf vorbereiten, was wir in (sehr) naher Zukunft auf unserer Welt erwarten können. Es liefert in spannender Form die definitiven Antworten und räumt mit vielen Lügen und Halbwahrheiten auf!

Die Erde im Chaos

Frank Hills, 261 Seiten, reich bebildert, 16,80 EUR

Auf den beiden vorhergehenden Büchern baut dieser dritte Band auf und schildert schließlich in allen Einzelheiten unseren heutigen Stand in der Welt. Alle wichtigen aktuellen Themen werden berücksichtigt:
Woher kommt die Entmündigung des Bürgers in der Politik und wer entscheidet in den höchsten Gremien wirklich über die Zukunft unseres Landes? Wie weit ist der Überwachungsstaat gereift? Wieviele Hinweise gibt es, daß wir im Jahre 2000 mit der Ankunft des Weltherrschers, also des Antichristen, rechnen können?
In diesem Buch wird der Leser erfahren, warum unsere heutige Welt tatsächlich „Eine Welt des Bösen" ist. Es wird in diesem Band außerdem eine umfangreiche Auflistung von politischen Morden geliefert, unter anderem der Mord an der Prinzessin Diana, der ebenfalls auf das Konto der Verschwörer geht. Auch wird der Leser vor den „falschen

Propheten" gewarnt, die, mit dem Mantel des Guten bedeckt, scheinbar die Welt retten wollen, sich jedoch als eiskalt kalkulierende „Trojanische Pferde" entpuppen.
Wie die beiden vorausgegangenen Bände bietet dieses Buch die ganze Wahrheit, und keine Vermutungen oder Halbwahrheiten! In diesem Band wird der Leser anhand eindeutiger Fakten erfahren, daß wir uns bereits heute in der vom Satan höchstpersönlich angestrebten Neuen Weltordnung befinden. Der Autor möchte jedoch nicht deprimieren. Er ist bemüht, dem Leser auch die positiven Aspekte des ganzen Geschehens zu präsentieren und praktische Hilfen zu geben, wie er die kommenden Schrecken besser überstehen kann. Es geht um das richtige Erkennen der Zeichen der Zeit und um die entsprechenden Gegenmaßnahmen, die jeder einzelne ergreifen kann!

Die Entschlüsselung der Apokalypse und die Gerechtigkeit Gottes - Über die Identität des Antichristen und die „Neue Messe" als DAS Zeichen der Endzeit

Frank Hills, Teil 1: 198 Seiten, durchgehend bebildert, 12,80 EUR
Teil 2: 189 Seiten, durchgehend bebildert, 12,80 EUR

Endlich ist es da! Das Buch, auf das die Christenheit so sehnsüchtig gewartet hat. Das Buch, das anhand der Heiligen Schrift in *verständlicher* Form und anhand *konkreter Beispiele* aufzeigt, daß die in der geheimen Offenbarung geschilderten Ereignisse der letzten Tage längst angebrochen sind. Das Buch, das die Bedeutung der Erscheinungen der Muttergottes in Fatima offenlegt. Das Buch, das erstmals die sensationelle mögliche Identität des Antichristen verkündet. Das Buch, das eindeutig belegt, daß die „Neue Messe" der Kirche des Zweiten Vatikanischen Konzils als das Zeichen der Endzeit gewertet werden muß und daß die Ereignisse des 3. April 1969 schon vor tausenden von Jahren vom Propheten Daniel vorausgesagt worden sind. Das Buch, das die verblüffende Übereinstimmung des Alten mit dem Neuen Testament zum Ausdruck bringt. Und schließlich das Buch, das deutlich macht, daß es zahlreiche Beispiele für die Gerechtigkeit Gottes aufführt, die nicht nur einzelne Menschen, sondern ganze Nationen betrifft.
Alle die in dieser Schrift gelieferten Informationen werden mit Hilfe von über 220 brisanten Fotos untermauert. Kurz und gut - dieses Buch gehört in die Hände eines jeden gläubigen Christen, der in diesen schweren Zeiten bestehen will. Und eines ist bereits jetzt klar: nach der Lektüre dieses Buches werden Sie die Welt mit ganz anderen Augen sehen.

Deutschland im Würgegriff seiner Feinde

Frank Hills, 126 Seiten, 11,20 EUR

Seit einigen Jahren können wir Deutsche uns alle angeblich glücklich schätzen, mit unseren Nachbarvölkern im neu errichteten, gemeinsamen „Haus Europa" zu „wohnen". Was aber hat *unserem Volk* das Wohnen in diesem „Haus Europa" bis heute tatsächlich eingebracht?
Nun, alle wachsamen Menschen konnten in den letzten Jahren mitverfolgen, wie einige unserer Grundrechte (siehe §13 GG) faktisch abgeschafft wurden, wie sich eine regelrechte Kriminalitätsflut ungehindert über unser ganzes Land ausbreiten konnte, wie die Staatsverschuldung und die Arbeitslosenzahl in astronomische Höhen kletterten und ein noch nie dagewesener kultureller Zersetzungskampf beginnen konnte.
In dieser Schrift wird die äußerst wichtige Frage gestellt, wie gerecht sich das von unseren Politikern vielgepriesene „Haus Europa" bis jetzt tatsächlich für uns Deutsche entwickelt hat. Es zeigt sich, wie sehr das deutsche Volk, zugunsten des geeinten

Europa von Maastricht, auf allen (!) Ebenen ins Abseits gedrängt und in vielen Bereichen quasi entmündigt wurde. Beispiele sind solche Maßnahmen zur *Verbrechensbekämpfung* wie der „große Lauschangriff", EUROPOL oder neuerdings sogar eine „Gen-Datei". Warum benötigen wir all diese Dinge ausgerechnet *jetzt*? Warum erst im *Vereinten Europa*? Und warum spricht unser Bundespräsident ganz aktuell sogar von einem "neuen Zeitalter der Demokratie"?
Wenn es stimmt, daß „große Ereignisse ihre Schatten vorauswerfen", dann können wir uns in den nächsten Jahren jedenfalls auf einiges gefaßt machen. Diese wichtige und hochbrisante Schrift zeigt auf, daß unser Volk zum Ende dieses Jahrtausends einen Tanz auf dem Vulkan vollführt. Ist Deutschland überhaupt noch zu retten, oder ist sein Schicksal, das Aufgehen in der antichristlichen Einen Welt, bereits besiegelt?

Die USA in der Hand des Großen Bruders

Frank Hills, 168 Seiten, 11,80 EUR

Wie bitte? Die Vereinigten Staaten sollen sich bereits heute in der Hand des *Großen Bruders* befinden? Entstammt diese Behauptung nicht etwa der Phantasie eines übereifrigen *Verschwörungsfanatikers*? Ist es tatsächlich möglich, daß sich die USA in den letzten Jahren zu einem totalitären und faschistischen Polizeistaat entwickelt haben? Wenn das wirklich den Tatsachen entsprechen sollte, so würde sich allerdings die Frage stellen, wer denn an solch einer Entwicklung überhaupt ein Interesse besitzen könnte. Diese, für uns „Europäer" sehr wichtigen Fragen werden in dem brandaktuellen und hochbrisanten Buch **Die USA in der Hand des Großen Bruders** behandelt. Es weist nach, wie sehr das amerikanische Volk gegenwärtig unter dem Diktat einer unheimlichen Macht zu leiden hat, die aus dem Hintergrund heraus agiert.
Sie erfahren im einzelnen etwas über die geheimnisvollen *unmarkierten schwarzen UN-Hubschrauber*, die bereits seit über 20 Jahren in den Vereinigten Staaten gesichtet werden. Außerdem, wie gefährlich es schon heute sein kann, in den USA noch frei und unabhängig leben zu wollen. Weiter, daß es in den Vereinigten Staaten der Gegenwart regelrechte *Konzentrationslager* gibt, die zur Zeit noch leer sind, künftig jedoch mit den Gegnern der sog. Neuen Weltordnung gefüllt werden sollen. Eine wie große Rolle spielt die geheimnisvolle NSA, die National Security Agency, bei diesem Szenario?
Wenn wir Anhaltspunkte dafür erhalten möchten, was uns noch relativ freien „Europäern" demnächst blüht, brauchen wir nur die aktuellen Begebenheiten und politischen Entscheidungen in den USA zu verfolgen. Angesichts der menschenverachtenden Machenschaften der (wahren) Hintermänner unserer Weltpolitik können wir zumindest in einer Beziehung sicher sein: Der *Große Bruder*, vor dem uns der Engländer George Orwell in seinem aufsehenerregenden Roman **1984** vor mittlerweile über 50 Jahren gewarnt hat, sitzt heute längst in den Startlöchern. Demnächst wird er die offene Herrschaft über eine manipulierte, irregeführte und gleichgeschaltete Menschheit übernehmen.

Das Chaos zur Jahrtausendwende

Die größte Finanzkatastrophe in der Geschichte der Menschheit?

Frank Hills, 156 Seiten, 11,60 EUR

Getreu ihrem berüchtigten Motto „Ordnung aus dem Chaos" bereiten die freimaurerischen Hintergrundmächte fürs neue Jahrtausend ein großes Durcheinander vor. Aus diesem scheinbaren, jedoch von ihnen durchaus kontrollierten „Chaos" soll dann die berüchtigte „Neue Weltordnung" hervorgehen.
Nur wer *weiß*, was gespielt wird (oder besser: gespielt serden soll), kann sich dagegen vorsehen. Leiblich wie geistlich! „Augen zu und durch!" oder „Kopf in den Sand!" sind da absolut die verkehrten Ratschläge.

Unser Autor Frank Hills hat umfassend recherchiert und sagt Ihnen, worauf Sie sich für die nahe Zukunft unbedingt einstellen sollten. Noch ist es Zeit! Bestellen Sie sofort - es lohnt sich!

Die Weltordnung des Antichristen

Frank Hills,75 Seiten, 7,20 EUR

Tagtäglich wird die Mehrheit der Bundesbürger mittels der Massenmedien in die Irre geleitet und erfolgreich an der Nase herumgeführt. Schlagworte wie „Rechtsextremist" und „Neonazi" kommen immer m Einsatz, wenn sich im Volk Widerstand gegen die antichristlichen Bestimmungen der Oberen regt. Aus diesen Gründen begreifen leider nur wenige unserer Mitmenschen die immense Bedeutung der, durch den „Fall" der Berliner Mauer und den Golfkrieg eingeleiteten, „Neuen Weltordnung" für jeden einzelnen Bürger unseres Staates. Auch erkennen sie nicht, daß sich die gesamte westliche Staatengemeinschaft schon längst auf einer Spirale ins Verderben befindet. Dabei sind Aspekte wie Schuldenfalle, Korruptionsskandale der Politiker und Massenarbeitslosigkeit nur einige der vielen Anzeichen für den drohenden (planmäßig herbeigeführten) Kollaps.
Aber woran liegt es eigentlich, daß sich kaum jemand aus der „Oberschicht" den gravierenden Verfallserscheinungen entgegenstemmt? Warum genießt lediglich der Mini-Staat Israel das besondere Wohlwollen der sog. „Staatengemeinschaft"? Aus welchen Gründen vereint die gegenwärtige Weltpolitik - vor allem im Hinblick auf den Kosovo- und Tschetschenienkrieg! - lauter Widersprüche in sich? Und wer hat überhaupt ein Interesse daran, daß sich in Deutschland die Ausländerkriminalität immer mehr ausbreitet?
Ein Blick in die Hl. Schrift offenbart uns, in welch bedeutender Zeit wir leben, denn die von führenden Politikern propagierte „Neue Weltordnung" stellt nichts anderes als die vor rund 2000 Jahren prophezeite „Weltordnung des Antichristen" dar. Die vorliegende Schrift beantwortet die oben aufgeführten Fragen, beschreibt in verständlicher Form die wichtigsten Aspekte dieser Welt(un)ordnung, bringt Beispiele für die ungerechte Behandlung der Deutschen in ihrem eigenen Land und liefert Antworten auf häufig hervorgebrachte Fragen bzw. auf Argumente unserer im Unwissen gehaltenen Mitmenschen.

Das Zeitalter der Lügen - Wie der Kommunismus mittels der UNO die Weltherrschaft erlangt hat

Frank Hills, 109 Seiten, 10,20 Euro

Dieses Buch belegt, daß der totgeglaubte Kommunismus unter dem Deckmantel des „demokratischen Sozialismus" längst seinen Siegeszug um die ganze Welt angetreten hat. Es bringt die Wahrheit über die Hintergründe des Zweiten Weltkriegs ans Tageslicht und zeigt, warum es sich bei der UNO um eine absolut boshafte Organisation handelt. Zahlreiche Fotos führen dem Leser unter anderem das Leben in der Neuen Welt(un)ordnung des Bösen vor Augen.

Der Vertrag von Maastricht - Endlösung für Europa

Johannes Rothkranz, Band 1: 352 Seiten, 32 Bildtafeln, 16,80 EUR
Band 2: 368 Seiten, 32 Bildtafeln, 16,80 EUR

Ob diese Schrift ein exzellenter Polit-Knüller oder ein hochbrisanter Polit-Krimi ist, mag der Leser entscheiden. Jedenfalls kommt sie geradezu fünf Minuten vor Zwölf, um den ahnungslosen Europäern mit überzeugenden Argumenten klarzumachen, was mit ihnen und dem Abendland geplant ist. Es ist ein verruchter Plan, der mit Hilfe des sog. Vertrags über die Europäische Union vom 7. Februar 1992 die europäischen Völker endgültig und total den finsteren, weltweit organisierten Mächten ausliefern soll, deren vorrangiges Ziel die „Zerstörung des Christentums, der Nationalität und der Freiheit in Europa“ ist, wie ein erleuchteter ehemaliger Chefkorrespondent der „Times“ bereits 1948 schrieb. Der Autor legt mit diesem Buch den schmutzigen Plan der Endlösung für Europa im Detail offen. Ob er damit die schlafenden Europäer noch motivieren kann, ihre regierenden Polit-Marionetten, die zum Teil mit pathologischer Hartnäckigkeit den geplanten epochalen Zerstörungsprozeß „unumkehrbar“ machen wollen, rechtzeitig in die Wüste oder zum Teufel zu schicken? (Dies freilich nicht mit roher Gewalt, sondern nur mit legitimen „demokratischen“ Mitteln, versteht sich.) Alles in allem gebührt dem Autor Anerkennung und Dank, hat er sich doch um die Völker Europas verdient gemacht. Bleibt nur zu wünschen, daß die Europäer auch seine Schrift mit gebotenem Ernst lesen und die notwendigen Konsequenzen ziehen.

666 - Die Zahl des Tieres

Johannes Rothkranz, 2. erheblich erweiterte und aktualisierte Ausgabe, 150 Seiten, viele Abbildungen, 9,90 EUR

Wer sie nicht tragen will, auf seiner Hand oder Stirn, der kann nicht mehr kaufen oder verkaufen! Wer sie aber trägt, bekennt sich damit zur Anbetung SATANS - ihm droht gemäß Apk 14, 9-10 die ewige Höllenstrafe! Die Rede ist von der „Zahl des Tieres” (Apk 13,16-18), der Zahl 666.

Versteckt lauert sie hinter dem sogenannten EAN-Code, dessen Streifen längst fast sämtliche Konsumartikel „schmücken”. Mit wachsender Dreistigkeit bringt man sie nun auch offen ins Spiel: sie steht auf jedem deutschen Arztrezept, sie wird von Banken, Zeitungen und großen internationalen Konzernen als „Hausnummer” zur Schau getragen, als vielbenutzte Telefonnummer hoffähig gemacht oder als Warenpreis getarnt. Sogar die Computer der Europäischen Union benutzen einen 666-Code zur Umsetzung des Schengener Abkommens; genau 66 Satelliten ermöglichen inzwischen nicht nur das weltweit drahtlose Telefonieren, sondern überwachen zugleich lückenlos jede Bewegung der Handy-Besitzer auf der gesamten Erdoberfläche!

Auch das bargeldlose Bezahlen im Zeichen der 666 wird stetig vorangetrieben. In einigen Ländern müssen mittlerweile die Altersrenten per elektronischer Chipkarte vom Konto abgehoben werden; in manchen Kirchen können die Gläubigen nur noch am elektronischen Terminal ihre „Opfergroschen” loswerden; das bargeldlose Kaufen und Verkaufen am Computer per Internet wird bereits grenzübergreifend erprobt - mit einer Chipkarte als „elektronischer Unterschrift”.

Schlimmer noch: der „sanfte” Druck auf die Menschen, sich die Einpflanzung eines Identifikations- und Zahlungs-Chips unter die Haut an Handgelenk oder Stirn gefallen zu lassen, wächst zusehends. Hotelgäste in Mittelamerika erhalten Armbänder mit Personen-Kennziffern, Touristen in Österreich „dürfen” mit einem Chip in einer Uhr am Handgelenk Eintrittsgelder und Hotelrechnungen bezahlen, in Deutschland wird diskutiert, Kindern elektronische Kennmarken unter die Haut zu pflanzen, um sie ggf. leichter wiederzufinden!

In Singapur ging man bereits 1988 aufs Ganze: 10000 Einwohnern dieser Millionenstadt wurde ein Vierteljahr lang probeweise ein elektronisch ablesbares Malzeichen auf das Handgelenk und die Stirn verpaßt, mittels dessen sie nunmehr kaufen und verkaufen mußten, rund um die Uhr perfekt kontrolliert von einem Zentralcomputer!

Es ist höchste Zeit, aufzuwachen! Nur wer diese antichristlichen Machenschaften kennt, kann sich dagegen wappnen!